小企业会计准则培训指定用书

U0955088

小企业会计准则解读

小企业会计准则与企业会计准则的比较

小企业会计准则条文解读+账务处理

企业会计准则编审委员会 编著

立信会计出版社
LIXIN ACCOUNTING PUBLISHING HOUSE

图书在版编目（CIP）数据

小企业会计准则解读：2021年版/企业会计准则编审委员会编著.—上海：立信会计出版社，2021.1
ISBN 978-7-5429-6628-5

Ⅰ.①小… Ⅱ.①企… Ⅲ.①中小企业—会计准则—中国 Ⅳ.①F279.243.52

中国版本图书馆CIP数据核字（2020）第223761号

责任编辑 蔡伟莉

小企业会计准则解读（2021年版）

出版发行 立信会计出版社
地　　址 上海市中山西路2230号　　邮政编码 200235
电　　话 （021）64411389　　传　　真 （021）64411325
网　　址 www.lixinaph.com　　电子邮箱 lixinaph2019@126.com
网上书店 http://lixin.jd.com　　http://lxkjcbs.tmall.com
经　　销 各地新华书店

印　　刷 北京鑫海金澳胶印有限公司
开　　本 787毫米×1092毫米 1/16
印　　张 26
字　　数 538千字
版　　次 2021年1月第1版
印　　次 2021年1月第1次
书　　号 ISBN 978-7-5429-6628-5/F
定　　价 66.00元

前　言

有研究表明中小企业总数占我国企业总数的90%以上。基数之庞大，发展之迅猛，使其在我国国民经济中扮演着重要角色，并为我国经济发展，促进民生，稳定就业做出非常突出的贡献。在这一背景下，规范小企业会计确认、会计计量和财务报告则显得尤为重要。虽然是小企业，但“麻雀虽小，五脏俱全”，资产、负债、所有者权益以及收入、成本、利润在完整的会计体系中缺一不可，小企业财务也不例外。

2006年《企业会计准则》发布后，2010年为完善小企业会计核算，兼顾小企业自身“小而全”的特点，建立与之匹配的会计准则，我国财政部印发《关于征求〈小企业会计准则〉意见的通知》（财会〔2010〕15号），着手制定小企业会计准则，进一步促进我国会计准则体系的国际趋同。新制定的《小企业会计准则》（财会〔2011〕17号），旨在促进小企业可持续发展，发挥小企业在国民经济和社会发展中的重要作用。该准则自2013年1月1日起在全国小企业范围内施行，并鼓励小企业提前执行。适用于在中华人民共和国境内依法设立的、符合《中小企业划型标准规定》所规定的小型企业标准的企业。

本书分为两部分，第一部分《小企业会计准则》共10章，包括总则、资产、负债、所有者权益、收入、费用、利润及利润分配、外币业务、财务报表和附则。第二部分为本书重点，将《小企业会计准则》进行全面梳理，力争做到全面、准确、细致入微的解读。综合全书，本书特点如下：

1. 尽可能将《小企业会计准则》与小企业业务经营情况相结合。

书中编入的案例立足于小企业的规模特点，具有针对性地进行案例选取。小企业业务纷繁复杂，既有“取现补库存”这类基础性业务，又可能会涉及外币计量等实务中不常见内容，对此，本书中均有相应实务解析。读者可以将讲解与实操结合，快速掌握该准则核心内容，规范账务处理，提升业务水准，使财务数据更准确。

2. 针对行业特点进行讲解。本准则讲解所囊括行业包括商贸业、生产加工业、建筑安装业以及农业等，根据不同行业自身特质及业务类型，结合准则要求及会计科目使用方法进行解读。一方面使读者对《小企业会计准则》在实务中的运用有更系统认知，另一方面也体现出该准则适用范围的广泛性。

3. 对两部准则进行区分。解读部分中每章最后一节会对《小企业会计准则》和《企业会计准则》进行比较，避免读者在使用两部准则时存在混淆。因为《小企业会计准则》总则中明确规定，小企业可以选择执行《小企业会计准则》，也可以执行《企业会计准则》。而选择执行《企业会计准则》的小企业，不得在执行《企业会计准则》的同时，选择执行《小企业会计准则》的相关规定。执行《小企业会计准则》的小企业公开发行股票或债券的，应当转为执行《企业会计准则》；因经营规模或企业性质变化导致不符合《小企业会计准则》第二条规定而成为大中型企业或金融企业的，应当从次年1月1日起转为执行《企业会计准则》。已执行《企业会计准则》的上市公司、大中型企业和小企业，不得转为执行《小企业会计准则》。两种准则的选用存在一定原则和前提。

本书会根据准则变化及实际情况进行不断修订与更新，以便更好地服务读者。书中内容以及案例讲解如有疏漏之处，还望广大读者批评指正，以便在今后的修订中不断完善。

编　者

目　录

第一部分　小企业会计准则

第二部分　小企业会计准则解读

第一部分

小企业会计准则

小企业会计准则

财会〔2011〕17号

第一章 总 则

第一条 为了规范小企业会计确认、计量和报告行为，促进小企业可持续发展，发挥小企业在国民经济和社会发展中的重要作用，根据《中华人民共和国会计法》及其他有关法律和法规，制定本准则。

第二条 本准则适用于在中华人民共和国境内依法设立的、符合《中小企业划型标准规定》所规定的小型企业标准的企业。

下列三类小企业除外：

（一）股票或债券在市场上公开交易的小企业。

（二）金融机构或其他具有金融性质的小企业。

（三）企业集团内的母公司和子公司。

前款所称企业集团、母公司和子公司的定义与《企业会计准则》的规定相同。

第三条 符合本准则第二条规定的小企业，可以执行本准则，也可以执行《企业会计准则》。

（一）执行本准则的小企业，发生的交易或者事项，本准则未作规范的，可以参照《企业会计准则》中的相关规定进行处理。

（二）执行《企业会计准则》的小企业，不得在执行《企业会计准则》的同时，选择执行本准则的相关规定。

（三）执行本准则的小企业公开发行股票或债券的，应当转为执行《企业会计准则》；因经营规模或企业性质变化导致不符合本准则第二条规定而成为大中型企业或金融企业的，应当从次年1月1日起转为执行《企业会计准则》。

（四）已执行《企业会计准则》的上市公司、大中型企业和小企业，不得转为执行本准则。

第四条 执行本准则的小企业转为执行《企业会计准则》时，应当按照《企业会计准则第 38 号——首次执行企业会计准则》等相关规定进行会计处理。

第二章 资　　产

第五条 资产，是指小企业过去的交易或者事项形成的、由小企业拥有或者控制的、预期会给小企业带来经济利益的资源。

小企业的资产按照流动性，可分为流动资产和非流动资产。

第六条 小企业的资产应当按照成本计量，不计提资产减值准备。

第一节 流 动 资 产

第七条 小企业的流动资产，是指预计在 1 年内（含 1 年，下同）或超过 1 年的一个正常营业周期内变现、出售或耗用的资产。

小企业的流动资产包括：货币资金、短期投资、应收及预付款项、存货等。

第八条 短期投资，是指小企业购入的能随时变现并且持有时间不准备超过 1 年（含 1 年，下同）的投资，如小企业以赚取差价为目的从二级市场购入的股票、债券、基金等。

短期投资应当按照以下规定进行会计处理：

（一）以支付现金取得的短期投资，应当按照购买价款和相关税费作为成本进行计量。

实际支付价款中包含的已宣告但尚未发放的现金股利或已到付息期但尚未领取的债券利息，应当单独确认为应收股利或应收利息，不计入短期投资的成本。

（二）在短期投资持有期间，被投资单位宣告分派的现金股利或在债务人应付利息日按照分期付息、一次还本债券投资的票面利率计算的利息收入，应当计入投资收益。

（三）出售短期投资，出售价款扣除其账面余额、相关税费后的净额，应当计入投资收益。

第九条 应收及预付款项，是指小企业在日常生产经营活动中发生的各项债权。包括：应收票据、应收账款、应收股利、应收利息、其他应收款等应收款项和预付账款。

应收及预付款项应当按照发生额入账。

第十条 小企业应收及预付款项符合下列条件之一的，减除可收回的金额后确认的无法收回的应收及预付款项，作为坏账损失：

（一）债务人依法宣告破产、关闭、解散、被撤销，或者被依法注销、吊销营业执照，其清算财产不足清偿的。

（二）债务人死亡，或者依法被宣告失踪、死亡，其财产或者遗产不足清偿的。

（三）债务人逾期3年以上未清偿，且有确凿证据证明已无力清偿债务的。

（四）与债务人达成债务重组协议或法院批准破产重整计划后，无法追偿的。

（五）因自然灾害、战争等不可抗力导致无法收回的。

（六）国务院财政、税务主管部门规定的其他条件。

应收及预付款项的坏账损失应当于实际发生时计入营业外支出，同时冲减应收及预付款项。

第十一条　存货，是指小企业在日常生产经营过程中持有以备出售的产成品或商品、处在生产过程中的在产品、将在生产过程或提供劳务过程中耗用的材料和物料等，以及小企业（农、林、牧、渔业）为出售而持有的、或在将来收获为农产品的消耗性生物资产。

小企业的存货包括：原材料、在产品、半成品、产成品、商品、周转材料、委托加工物资、消耗性生物资产等。

（一）原材料，是指小企业在生产过程中经加工改变其形态或性质并构成产品主要实体的各种原料及主要材料、辅助材料、外购半成品（外购件）、修理用备件（备品备件）、包装材料、燃料等。

（二）在产品，是指小企业正在制造尚未完工的产品。包括：正在各个生产工序加工的产品，以及已加工完毕但尚未检验或已检验但尚未办理入库手续的产品。

（三）半成品，是指小企业经过一定生产过程并已检验合格交付半成品仓库保管，但尚未制造完工成为产成品，仍需进一步加工的中间产品。

（四）产成品，是指小企业已经完成全部生产过程并已验收入库，符合标准规格和技术条件，可以按照合同规定的条件送交订货单位，或者可以作为商品对外销售的产品。

（五）商品，是指小企业（批发业、零售业）外购或委托加工完成并已验收入库用于销售的各种商品。

（六）周转材料，是指小企业能够多次使用、逐渐转移其价值但仍保持原有形态且不确认为固定资产的材料。包括：包装物、低值易耗品、小企业（建筑业）的钢模板、木模板、脚手架等。

（七）委托加工物资，是指小企业委托外单位加工的各种材料、商品等物资。

（八）消耗性生物资产，是指小企业（农、林、牧、渔业）生长中的大田作物、蔬菜、用材林以及存栏待售的牲畜等。

第十二条　小企业取得的存货，应当按照成本进行计量。

（一）外购存货的成本包括：购买价款、相关税费、运输费、装卸费、保险费以及在外购存货过程发生的其他直接费用，但不含按照税法规定可以抵扣的增值税进项税额。

（二）通过进一步加工取得存货的成本包括：直接材料、直接人工以及按照一定方法分配的制造费用。

经过1年期以上的制造才能达到预定可销售状态的存货发生的借款费用，也计入存货的成本。

前款所称借款费用，是指小企业因借款而发生的利息及其他相关成本。包括：借款利息、辅助费用以及因外币借款而发生的汇兑差额等。

（三）投资者投入存货的成本，应当按照评估价值确定。

（四）提供劳务的成本包括：与劳务提供直接相关的人工费、材料费和应分摊的间接费用。

（五）自行栽培、营造、繁殖或养殖的消耗性生物资产的成本，应当按照下列规定确定：

1. 自行栽培的大田作物和蔬菜的成本包括：在收获前耗用的种子、肥料、农药等材料费、人工费和应分摊的间接费用。

2. 自行营造的林木类消耗性生物资产的成本包括：郁闭前发生的造林费、抚育费、营林设施费、良种试验费、调查设计费和应分摊的间接费用。

3. 自行繁殖的育肥畜的成本包括：出售前发生的饲料费、人工费和应分摊的间接费用。

4. 水产养殖的动物和植物的成本包括：在出售或入库前耗用的苗种、饲料、肥料等材料费、人工费和应分摊的间接费用。

（六）盘盈存货的成本，应当按照同类或类似存货的市场价格或评估价值确定。

第十三条 小企业应当采用先进先出法、加权平均法或者个别计价法确定发出存货的实际成本。计价方法一经选用，不得随意变更。

对于性质和用途相似的存货，应当采用相同的成本计算方法确定发出存货的成本。

对于不能替代使用的存货、为特定项目专门购入或制造的存货以及提供的劳务，采用个别计价法确定发出存货的成本。

对于周转材料，采用一次转销法进行会计处理，在领用时按其成本计入生产成本或当期损益；金额较大的周转材料，也可以采用分次摊销法进行会计处理。出租或出借周转材料，不需要结转其成本，但应当进行备查登记。

对于已售存货，应当将其成本结转为营业成本。

第十四条 小企业应当根据生产特点和成本管理的要求，选择适合于本企业的成本核算对象、成本项目和成本计算方法。

小企业发生的各项生产费用，应当按照成本核算对象和成本项目分别归集。

（一）属于材料费、人工费等直接费用，直接计入基本生产成本和辅助生产成本。

（二）属于辅助生产车间为生产产品提供的动力等直接费用，可以先作为辅助生产成本进行归集，然后按照合理的方法分配计入基本生产成本；也可以直接计入所生产产品发生的生产成本。

（三）其他间接费用应当作为制造费用进行归集，月度终了，再按一定的分配标准，分配计入有关产品的成本。

第十五条 存货发生毁损，处置收入、可收回的责任人赔偿和保险赔款，扣除其成本、相关税费后的净额，应当计入营业外支出或营业外收入。

盘盈存货实现的收益应当计入营业外收入。

盘亏存货发生的损失应当计入营业外支出。

第二节 长期投资

第十六条 小企业的非流动资产，是指流动资产以外的资产。

小企业的非流动资产包括：长期债券投资、长期股权投资、固定资产、生产性生物资产、无形资产、长期待摊费用等。

第十七条 长期债券投资，是指小企业准备长期（在1年以上，下同）持有的债券投资。

第十八条 长期债券投资应当按照购买价款和相关税费作为成本进行计量。

实际支付价款中包含的已到付息期但尚未领取的债券利息，应当单独确认为应收利息，不计入长期债券投资的成本。

第十九条 长期债券投资在持有期间发生的应收利息应当确认为投资收益。

（一）分期付息、一次还本的长期债券投资，在债务人应付利息日按照票面利率计算的应收未收利息收入应当确认为应收利息，不增加长期债券投资的账面余额。

（二）一次还本付息的长期债券投资，在债务人应付利息日按照票面利率计算的应收未收利息收入应当增加长期债券投资的账面余额。

（三）债券的折价或者溢价在债券存续期间内于确认相关债券利息收入时采用直线法进行摊销。

第二十条 长期债券投资到期，小企业收回长期债券投资，应当冲减其账面余额。

处置长期债券投资，处置价款扣除其账面余额、相关税费后的净额，应当计入投资收益。

第二十一条 小企业长期债券投资符合本准则第十条所列条件之一的，减除可收回的金额后确认的无法收回的长期债券投资，作为长期债券投资损失。

长期债券投资损失应当于实际发生时计入营业外支出，同时冲减长期债券投资账面余额。

第二十二条 长期股权投资，是指小企业准备长期持有的权益性投资。

第二十三条 长期股权投资应当按照成本进行计量。

（一）以支付现金取得的长期股权投资，应当按照购买价款和相关税费作为成本进行计量。

实际支付价款中包含的已宣告但尚未发放的现金股利，应当单独确认为应收股利，不计入长期股权投资的成本。

（二）通过非货币性资产交换取得的长期股权投资，应当按照换出非货币性资产的评估价值和相关税费作为成本进行计量。

第二十四条 长期股权投资应当采用成本法进行会计处理。

在长期股权投资持有期间，被投资单位宣告分派的现金股利或利润，应当按照应分得的金额确认为投资收益。

第二十五条 处置长期股权投资，处置价款扣除其成本、相关税费后的净额，应当计入投资收益。

第二十六条 小企业长期股权投资符合下列条件之一的，减除可收回的金额后确认的无法收回的长期股权投资，作为长期股权投资损失：

（一）被投资单位依法宣告破产、关闭、解散、被撤销，或者被依法注销、吊销营业执照的。

（二）被投资单位财务状况严重恶化，累计发生巨额亏损，已连续停止经营 3 年以上，且无重新恢复经营改组计划的。

（三）对被投资单位不具有控制权，投资期限届满或者投资期限已超过 10 年，且被投资单位因连续 3 年经营亏损导致资不抵债的。

（四）被投资单位财务状况严重恶化，累计发生巨额亏损，已完成清算或清算期超过 3 年以上的。

（五）国务院财政、税务主管部门规定的其他条件。

长期股权投资损失应当于实际发生时计入营业外支出，同时冲减长期股权投资账面余额。

第三节 固定资产和生产性生物资产

第二十七条 固定资产，是指小企业为生产产品、提供劳务、出租或经营管理而持有的，使用寿命超过 1 年的有形资产。

小企业的固定资产包括：房屋、建筑物、机器、机械、运输工具、设备、器具、工具等。

第二十八条 固定资产应当按照成本进行计量。

（一）外购固定资产的成本包括：购买价款、相关税费、运输费、装卸费、保险费、安装费等，但不含按照税法规定可以抵扣的增值税进项税额。

以一笔款项购入多项没有单独标价的固定资产，应当按照各项固定资产或类似资产的市场价格或评估价值比例对总成本进行分配，分别确定各项固定资产的成本。

（二）自行建造固定资产的成本，由建造该项资产在竣工决算前发生的支出（含相关的借款费用）构成。

小企业在建工程在试运转过程中形成的产品、副产品或试车收入冲减在建工程成本。

（三）投资者投入固定资产的成本，应当按照评估价值和相关税费确定。

（四）融资租入的固定资产的成本，应当按照租赁合同约定的付款总额和在签订租赁合同过程中发生的相关税费等确定。

（五）盘盈固定资产的成本，应当按照同类或者类似固定资产的市场价格或评估价值，扣除按照该项固定资产新旧程度估计的折旧后的余额确定。

第二十九条 小企业应当对所有固定资产计提折旧，但已提足折旧仍继续使用的固定资产和单独计价入账的土地不得计提折旧。

固定资产的折旧费应当根据固定资产的受益对象计入相关资产成本或者当期损益。

前款所称折旧，是指在固定资产使用寿命内，按照确定的方法对应计折旧额进行系统分摊。应计折旧额，是指应当计提折旧的固定资产的原价（成本）扣除其预计净残值后的金额。预计净残值，是指固定资产预计使用寿命已满，小企业从该项固定资产处置中获得的扣除预计处置费用后的净额。已提足折旧，是指已经提足该项固定资产的应计折旧额。

第三十条 小企业应当按照年限平均法（即直线法，下同）计提折旧。小企业的固定资产由于技术进步等原因，确需加速折旧的，可以采用双倍余额递减法和年数总和法。

小企业应当根据固定资产的性质和使用情况，并考虑税法的规定，合理确定固定资产的使用寿命和预计净残值。

固定资产的折旧方法、使用寿命、预计净残值一经确定，不得随意变更。

第三十一条 小企业应当按月计提折旧，当月增加的固定资产，当月不计提折旧，从下月起计提折旧；当月减少的固定资产，当月仍计提折旧，从下月起不计提折旧。

第三十二条 固定资产的日常修理费，应当在发生时根据固定资产的受益对象计入相关资产成本或者当期损益。

第三十三条 固定资产的改建支出，应当计入固定资产的成本，但已提足折旧的固定资产和经营租入的固定资产发生的改建支出应当计入长期待摊费用。

前款所称固定资产的改建支出，是指改变房屋或者建筑物结构、延长使用年限等发生的支出。

第三十四条 处置固定资产，处置收入扣除其账面价值、相关税费和清理费用后的净额，应当计入营业外收入或营业外支出。

前款所称固定资产的账面价值，是指固定资产原价（成本）扣减累计折旧后的金额。

盘亏固定资产发生的损失应当计入营业外支出。

第三十五条 生产性生物资产，是指小企业（农、林、牧、渔业）为生产农产品、提供劳务或出租等目的而持有的生物资产。包括：经济林、薪炭林、产畜和役畜等。

第三十六条 生产性生物资产应当按照成本进行计量。

（一）外购的生产性生物资产的成本，应当按照购买价款和相关税费确定。

（二）自行营造或繁殖的生产性生物资产的成本，应当按照下列规定确定：

1. 自行营造的林木类生产性生物资产的成本包括：达到预定生产经营目的前发生的造林费、抚育费、营林设施费、良种试验费、调查设计费和应分摊的间接费用等必要支出。

2. 自行繁殖的产畜和役畜的成本包括：达到预定生产经营目的前发生的饲料费、人工费和应分摊的间接费用等必要支出。

前款所称达到预定生产经营目的，是指生产性生物资产进入正常生产期，可以多年连续稳定产出农产品、提供劳务或出租。

第三十七条 生产性生物资产应当按照年限平均法计提折旧。

小企业（农、林、牧、渔业）应当根据生产性生物资产的性质和使用情况，并考虑税法的规定，合理确定生产性生物资产的使用寿命和预计净残值。

生产性生物资产的折旧方法、使用寿命、预计净残值一经确定，不得随意变更。

小企业（农、林、牧、渔业）应当自生产性生物资产投入使用月份的下月起按月计提折旧；停止使用的生产性生物资产，应当自停止使用月份的下月起停止计提折旧。

第四节 无形资产

第三十八条 无形资产，是指小企业为生产产品、提供劳务、出租或经营管理而持有的、没有实物形态的可辨认非货币性资产。

小企业的无形资产包括：土地使用权、专利权、商标权、著作权、非专利技术等。

自行开发建造厂房等建筑物，相关的土地使用权与建筑物应当分别进行处理。外购土地及建筑物支付的价款应当在建筑物与土地使用权之间按照合理的方法进行分配；难以合理分配的，应当全部作为固定资产。

第三十九条 无形资产应当按照成本进行计量。

（一）外购无形资产的成本包括：购买价款、相关税费和相关的其他支出（含相关的借款费用）。

（二）投资者投入的无形资产的成本，应当按照评估价值和相关税费确定。

（三）自行开发的无形资产的成本，由符合资本化条件后至达到预定用途前发生的支出（含相关的借款费用）构成。

第四十条 小企业自行开发无形资产发生的支出，同时满足下列条件的，才能确认为无形资产：

（一）完成该无形资产以使其能够使用或出售在技术上具有可行性；

（二）具有完成该无形资产并使用或出售的意图；

（三）能够证明运用该无形资产生产的产品存在市场或无形资产自身存在市场，无形资产将在内部使用的，应当证明其有用性；

（四）有足够的技术、财务资源和其他资源支持，以完成该无形资产的开发，并有能力使用或出售该无形资产；

（五）归属于该无形资产开发阶段的支出能够可靠地计量。

第四十一条　无形资产应当在其使用寿命内采用年限平均法进行摊销，根据其受益对象计入相关资产成本或者当期损益。

无形资产的摊销期自其可供使用时开始至停止使用或出售时止。有关法律规定或合同约定了使用年限的，可以按照规定或约定的使用年限分期摊销。

小企业不能可靠估计无形资产使用寿命的，摊销期不得低于 10 年。

第四十二条　处置无形资产，处置收入扣除其账面价值、相关税费等后的净额，应当计入营业外收入或营业外支出。

前款所称无形资产的账面价值，是指无形资产的成本扣减累计摊销后的金额。

第五节　长期待摊费用

第四十三条　小企业的长期待摊费用包括：已提足折旧的固定资产的改建支出、经营租入固定资产的改建支出、固定资产的大修理支出和其他长期待摊费用等。

前款所称固定资产的大修理支出，是指同时符合下列条件的支出：

（一）修理支出达到取得固定资产时的计税基础 50% 以上；

（二）修理后固定资产的使用寿命延长 2 年以上。

第四十四条　长期待摊费用应当在其摊销期限内采用年限平均法进行摊销，根据其受益对象计入相关资产的成本或者管理费用，并冲减长期待摊费用。

（一）已提足折旧的固定资产的改建支出，按照固定资产预计尚可使用年限分期摊销。

（二）经营租入固定资产的改建支出，按照合同约定的剩余租赁期限分期摊销。

（三）固定资产的大修理支出，按照固定资产尚可使用年限分期摊销。

（四）其他长期待摊费用，自支出发生月份的下月起分期摊销，摊销期不得低于 3 年。

第三章　负　　债

第四十五条　负债，是指小企业过去的交易或者事项形成的，预期会导致经济利益流出小企业的现时义务。

小企业的负债按照其流动性，可分为流动负债和非流动负债。

第一节 流动负债

第四十六条 小企业的流动负债，是指预计在 1 年内或者超过 1 年的一个正常营业周期内清偿的债务。

小企业的流动负债包括：短期借款、应付及预收款项、应付职工薪酬、应交税费、应付利息等。

第四十七条 各项流动负债应当按照其实际发生额入账。

小企业确实无法偿付的应付款项，应当计入营业外收入。

第四十八条 短期借款应当按照借款本金和借款合同利率在应付利息日计提利息费用，计入财务费用。

第四十九条 应付职工薪酬，是指小企业为获得职工提供的服务而应付给职工的各种形式的报酬以及其他相关支出。

小企业的职工薪酬包括：

（一）职工工资、奖金、津贴和补贴。

（二）职工福利费。

（三）医疗保险费、养老保险费、失业保险费、工伤保险费和生育保险费等社会保险费。

（四）住房公积金。

（五）工会经费和职工教育经费。

（六）非货币性福利。

（七）因解除与职工的劳动关系给予的补偿。

（八）其他与获得职工提供的服务相关的支出等。

第五十条 小企业应当在职工为其提供服务的会计期间，将应付的职工薪酬确认为负债，并根据职工提供服务的受益对象，分别下列情况进行会计处理：

（一）应由生产产品、提供劳务负担的职工薪酬，计入产品成本或劳务成本。

（二）应由在建工程、无形资产开发项目负担的职工薪酬，计入固定资产成本或无形资产成本。

（三）其他职工薪酬（含因解除与职工的劳动关系给予的补偿），计入当期损益。

第二节 非流动负债

第五十一条 小企业的非流动负债，是指流动负债以外的负债。

小企业的非流动负债包括：长期借款、长期应付款等。

第五十二条 非流动负债应当按照其实际发生额入账。

长期借款应当按照借款本金和借款合同利率在应付利息日计提利息费用，计入相关资产成本或财务费用。

第四章 所有者权益

第五十三条 所有者权益，是指小企业资产扣除负债后由所有者享有的剩余权益。

小企业的所有者权益包括：实收资本（或股本，下同）、资本公积、盈余公积和未分配利润。

第五十四条 实收资本，是指投资者按照合同协议约定或相关规定投入小企业、构成小企业注册资本的部分。

（一）小企业收到投资者以现金或非货币性资产投入的资本，应当按照其在本企业注册资本中所占的份额计入实收资本，超出的部分，应当计入资本公积。

（二）投资者根据有关规定对小企业进行增资或减资，小企业应当增加或减少实收资本。

第五十五条 资本公积，是指小企业收到的投资者出资额超过其在注册资本或股本中所占份额的部分。

小企业用资本公积转增资本，应当冲减资本公积。小企业的资本公积不得用于弥补亏损。

第五十六条 盈余公积，是指小企业按照法律规定在税后利润中提取的法定公积金和任意公积金。

小企业用盈余公积弥补亏损或者转增资本，应当冲减盈余公积。小企业的盈余公积还可以用于扩大生产经营。

第五十七条 未分配利润，是指小企业实现的净利润，经过弥补亏损、提取法定公积金和任意公积金、向投资者分配利润后，留存在本企业的、历年结存的利润。

第五章 收　　入

第五十八条 收入，是指小企业在日常生产经营活动中形成的、会导致所有者权益增加、与所有者投入资本无关的经济利益的总流入。包括：销售商品收入和提供劳务收入。

第五十九条 销售商品收入，是指小企业销售商品（或产成品、材料，下同）取得的收入。

通常，小企业应当在发出商品且收到货款或取得收款权利时，确认销售商品收入。

（一）销售商品采用托收承付方式的，在办妥托收手续时确认收入。

（二）销售商品采取预收款方式的，在发出商品时确认收入。

（三）销售商品采用分期收款方式的，在合同约定的收款日期确认收入。

（四）销售商品需要安装和检验的，在购买方接受商品以及安装和检验完毕时确认收入。安装程序比较简单的，可在发出商品时确认收入。

（五）销售商品采用支付手续费方式委托代销的，在收到代销清单时确认收入。

（六）销售商品以旧换新的，销售的商品作为商品销售处理，回收的商品作为购进商品处理。

（七）采取产品分成方式取得的收入，在分得产品之日按照产品的市场价格或评估价值确定销售商品收入金额。

第六十条 小企业应当按照从购买方已收或应收的合同或协议价款，确定销售商品收入金额。

销售商品涉及现金折扣的，应当按照扣除现金折扣前的金额确定销售商品收入金额。现金折扣应当在实际发生时，计入当期损益。

销售商品涉及商业折扣的，应当按照扣除商业折扣后的金额确定销售商品收入金额。

前款所称现金折扣，是指债权人为鼓励债务人在规定的期限内付款而向债务人提供的债务扣除。商业折扣，是指小企业为促进商品销售而在商品标价上给予的价格扣除。

第六十一条 小企业已经确认销售商品收入的售出商品发生的销售退回（不论属于本年度还是属于以前年度的销售），应当在发生时冲减当期销售商品收入。

小企业已经确认销售商品收入的售出商品发生的销售折让，应当在发生时冲减当期销售商品收入。

前款所称销售退回，是指小企业售出的商品由于质量、品种不符合要求等原因发生的退货。销售折让，是指小企业因售出商品的质量不合格等原因而在售价上给予的减让。

第六十二条 小企业提供劳务的收入，是指小企业从事建筑安装、修理修配、交通运输、仓储租赁、邮电通信、咨询经纪、文化体育、科学研究、技术服务、教育培训、餐饮住宿、中介代理、卫生保健、社区服务、旅游、娱乐、加工以及其他劳务服务活动取得的收入。

第六十三条 同一会计年度内开始并完成的劳务，应当在提供劳务交易完成且收到款项或取得收款权利时，确认提供劳务收入。提供劳务收入的金额为从接受劳务方已收或应收的合同或协议价款。

劳务的开始和完成分属不同会计年度的，应当按照完工进度确认提供劳务收入。年度资产负债表日，按照提供劳务收入总额乘以完工进度扣除以前会计年度累计已确认提供劳务收入后的金额，确认本年度的提供劳务收入；同时，按照估计的提供劳务成本总额乘以完工进度扣除以前会计年度累计已确认营业成本后的金额，结转本年度营业成本。

第六十四条 小企业与其他企业签订的合同或协议包含销售商品和提供劳务时，销售商品部分和提供劳务部分能够区分且能够单独计量的，应当将销售商品的部分作为销售商品处理，将提供劳务的部分作为提供劳务处理。

销售商品部分和提供劳务部分不能够区分，或虽能区分但不能够单独计量的，应当作为销售商品处理。

第六章 费 用

第六十五条 费用，是指小企业在日常生产经营活动中发生的、会导致所有者权益减少、与向所有者分配利润无关的经济利益的总流出。

小企业的费用包括：营业成本、税金及附加、销售费用、管理费用、财务费用等。

（一）营业成本，是指小企业所销售商品的成本和所提供劳务的成本。

（二）税金及附加，是指小企业开展日常生产经营活动应负担的消费税、城市维护建设税、资源税、土地增值税、城镇土地使用税、房产税、车船税、印花税和教育费附加、矿产资源补偿费、排污费等。

（三）销售费用，是指小企业在销售商品或提供劳务过程中发生的各种费用。包括：销售人员的职工薪酬、商品维修费、运输费、装卸费、包装费、保险费、广告费、业务宣传费、展览费等费用。

小企业（批发业、零售业）在购买商品过程中发生的费用（包括：运输费、装卸费、包装费、保险费、运输途中的合理损耗和入库前的挑选整理费等）也构成销售费用。

（四）管理费用，是指小企业为组织和管理生产经营发生的其他费用。包括：小企业在筹建期间内发生的开办费、行政管理部门发生的费用（包括：固定资产折旧费、修理费、办公费、水电费、差旅费、管理人员的职工薪酬等）、业务招待费、研究费用、技术转让费、相关长期待摊费用摊销、财产保险费、聘请中介机构费、咨询费（含顾问费）、诉讼费等费用。

（五）财务费用，是指小企业为筹集生产经营所需资金发生的筹资费用。包括：利息费用（减利息收入）、汇兑损失、银行相关手续费、小企业给予的现金折扣（减享受的现金折扣）等费用。

第六十六条 通常，小企业的费用应当在发生时按照其发生额计入当期损益。

小企业销售商品收入和提供劳务收入已予确认的，应当将已销售商品和已提供劳务的成本作为营业成本结转至当期损益。

第七章　利润及利润分配

第六十七条　利润，是指小企业在一定会计期间的经营成果。包括：营业利润、利润总额和净利润。

（一）营业利润，是指营业收入减去营业成本、税金及附加、销售费用、管理费用、财务费用，加上投资收益（或减去投资损失）后的金额。

前款所称营业收入，是指小企业销售商品和提供劳务实现的收入总额。投资收益，由小企业股权投资取得的现金股利（或利润）、债券投资取得的利息收入和处置股权投资和债券投资取得的处置价款扣除成本或账面余额、相关税费后的净额三部分构成。

（二）利润总额，是指营业利润加上营业外收入，减去营业外支出后的金额。

（三）净利润，是指利润总额减去所得税费用后的净额。

第六十八条　营业外收入，是指小企业非日常生产经营活动形成的、应当计入当期损益、会导致所有者权益增加、与所有者投入资本无关的经济利益的净流入。

小企业的营业外收入包括：非流动资产处置净收益、政府补助、捐赠收益、盘盈收益、汇兑收益、出租包装物和商品的租金收入、逾期未退包装物押金收益、确实无法偿付的应付款项、已作坏账损失处理后又收回的应收款项、违约金收益等。

通常，小企业的营业外收入应当在实现时按照其实现金额计入当期损益。

第六十九条　政府补助，是指小企业从政府无偿取得货币性资产或非货币性资产，但不含政府作为小企业所有者投入的资本。

（一）小企业收到与资产相关的政府补助，应当确认为递延收益，并在相关资产的使用寿命内平均分配，计入营业外收入。

收到的其他政府补助，用于补偿本企业以后期间的相关费用或亏损的，确认为递延收益，并在确认相关费用或发生亏损的期间，计入营业外收入；用于补偿本企业已发生的相关费用或亏损的，直接计入营业外收入。

（二）政府补助为货币性资产的，应当按照收到的金额计量。

政府补助为非货币性资产的，政府提供了有关凭据的，应当按照凭据上标明的金额计量；政府没有提供有关凭据的，应当按照同类或类似资产的市场价格或评估价值计量。

（三）小企业按照规定实行企业所得税、增值税、消费税等先征后返的，应当在实际收到返还的企业所得税、增值税（不含出口退税）、消费税时，计入营业外收入。

第七十条　营业外支出，是指小企业非日常生产经营活动发生的、应当计入当期损益、会导致所有者权益减少、与向所有者分配利润无关的经济利益的净流出。

小企业的营业外支出包括：存货的盘亏、毁损、报废损失，非流动资产处置净损失，坏账损失，无法收回的长期债券投资损失，无法收回的长期股权投资损失，自然灾害等不可抗力因素造成的损失，税收滞纳金，罚金，罚款，被没收财物的损失，捐赠支出，赞助支出等。

通常，小企业的营业外支出应当在发生时按照其发生额计入当期损益。

第七十一条 小企业应当按照企业所得税法规定计算的当期应纳税额，确认所得税费用。

小企业应当在利润总额的基础上，按照企业所得税法规定进行纳税调整，计算出当期应纳税所得额，按照应纳税所得额与适用所得税税率为基础计算确定当期应纳税额。

第七十二条 小企业以当年净利润弥补以前年度亏损等剩余的税后利润，可用于向投资者进行分配。

小企业（公司制）在分配当年税后利润时，应当按照公司法的规定提取法定公积金和任意公积金。

第八章 外币业务

第七十三条 小企业的外币业务由外币交易和外币财务报表折算构成。

第七十四条 外币交易，是指小企业以外币计价或者结算的交易。

小企业的外币交易包括：买入或者卖出以外币计价的商品或者劳务、借入或者借出外币资金和其他以外币计价或者结算的交易。

前款所称外币，是指小企业记账本位币以外的货币。记账本位币，是指小企业经营所处的主要经济环境中的货币。

第七十五条 小企业应当选择人民币作为记账本位币。业务收支以人民币以外的货币为主的小企业，可以选定其中一种货币作为记账本位币，但编报的财务报表应当折算为人民币财务报表。

小企业记账本位币一经确定，不得随意变更，但小企业经营所处的主要经济环境发生重大变化除外。

小企业因经营所处的主要经济环境发生重大变化，确需变更记账本位币的，应当采用变更当日的即期汇率将所有项目折算为变更后的记账本位币。

前款所称即期汇率，是指中国人民银行公布的当日人民币外汇牌价的中间价。

第七十六条 小企业对于发生的外币交易，应当将外币金额折算为记账本位币金额。

外币交易在初始确认时，采用交易发生日的即期汇率将外币金额折算为记账本位币金额；也可以采用交易当期平均汇率折算。

小企业收到投资者以外币投入的资本，应当采用交易发生日即期汇率折算，不得采用合同约定汇率和交易当期平均汇率折算。

第七十七条 小企业在资产负债表日，应当按照下列规定对外币货币性项目和外币非货币性项目进行会计处理：

（一）外币货币性项目，采用资产负债表日的即期汇率折算。因资产负债表日即期汇率与初始确认时或者前一资产负债表日即期汇率不同而产生的汇兑差额，计入当期损益。

（二）以历史成本计量的外币非货币性项目，仍采用交易发生日的即期汇率折算，不改变其记账本位币金额。

前款所称货币性项目，是指小企业持有的货币资金和将以固定或可确定的金额收取的资产或者偿付的负债。货币性项目分为货币性资产和货币性负债。货币性资产包括：库存现金、银行存款、应收账款、其他应收款等；货币性负债包括：短期借款、应付账款、其他应付款、长期借款、长期应付款等。非货币性项目，是指货币性项目以外的项目。包括：存货、长期股权投资、固定资产、无形资产等。

第七十八条 小企业对外币财务报表进行折算时，应当采用资产负债表日的即期汇率对外币资产负债表、利润表和现金流量表的所有项目进行折算。

第九章 财务报表

第七十九条 财务报表，是指对小企业财务状况、经营成果和现金流量的结构性表述。小企业的财务报表至少应当包括下列组成部分：

（一）资产负债表；

（二）利润表；

（三）现金流量表；

（四）附注。

第八十条 资产负债表，是指反映小企业在某一特定日期的财务状况的报表。

（一）资产负债表中的资产类至少应当单独列示反映下列信息的项目：

1. 货币资金；
2. 应收及预付款项；
3. 存货；
4. 长期债券投资；
5. 长期股权投资；
6. 固定资产；
7. 生产性生物资产；
8. 无形资产；
9. 长期待摊费用。

（二）资产负债表中的负债类至少应当单独列示反映下列信息的项目：

1. 短期借款；
2. 应付及预收款项；
3. 应付职工薪酬；
4. 应交税费；
5. 应付利息；
6. 长期借款；
7. 长期应付款。

（三）资产负债表中的所有者权益类至少应当单独列示反映下列信息的项目：

1. 实收资本；
2. 资本公积；
3. 盈余公积；
4. 未分配利润。

（四）资产负债表中的资产类应当包括流动资产和非流动资产的合计项目；负债类应当包括流动负债、非流动负债和负债的合计项目；所有者权益类应当包括所有者权益的合计项目。

资产负债表应当列示资产总计项目，负债和所有者权益总计项目。

第八十一条 利润表，是指反映小企业在一定会计期间的经营成果的报表。

费用应当按照功能分类，分为营业成本、税金及附加、销售费用、管理费用和财务费用等。

利润表至少应当单独列示反映下列信息的项目：

（一）营业收入；

（二）营业成本；

（三）税金及附加；

（四）销售费用；

（五）管理费用；

（六）财务费用；

（七）所得税费用；

（八）净利润。

第八十二条 现金流量表，是指反映小企业在一定会计期间现金流入和流出情况的报表。

现金流量表应当分别经营活动、投资活动和筹资活动列报现金流量。现金流量应当分别按照现金流入和现金流出总额列报。

前款所称现金，是指小企业的库存现金以及可以随时用于支付的存款和其他货币资金。

第八十三条 经营活动，是指小企业投资活动和筹资活动以外的所有交易或事项。

小企业经营活动产生的现金流量应当单独列示反映下列信息的项目：

（一）销售产成品、商品、提供劳务收到的现金；

（二）购买原材料、商品、接受劳务支付的现金；

（三）支付的职工薪酬；

（四）支付的税费。

第八十四条 投资活动，是指小企业固定资产、无形资产、其他非流动资产的购建和短期投资、长期债券投资、长期股权投资及其处置活动。

小企业投资活动产生的现金流量应当单独列示反映下列信息的项目：

（一）收回短期投资、长期债券投资和长期股权投资收到的现金；

（二）取得投资收益收到的现金；

（三）处置固定资产、无形资产和其他非流动资产收回的现金净额；

（四）短期投资、长期债券投资和长期股权投资支付的现金；

（五）购建固定资产、无形资产和其他非流动资产支付的现金。

第八十五条 筹资活动，是指导致小企业资本及债务规模和构成发生变化的活动。

小企业筹资活动产生的现金流量应当单独列示反映下列信息的项目：

（一）取得借款收到的现金；

（二）吸收投资者投资收到的现金；

（三）偿还借款本金支付的现金；

（四）偿还借款利息支付的现金；

（五）分配利润支付的现金。

第八十六条 附注，是指对在资产负债表、利润表和现金流量表等报表中列示项目的文字描述或明细资料，以及对未能在这些报表中列示项目的说明等。

附注应当按照下列顺序披露：

（一）遵循小企业会计准则的声明。

（二）短期投资、应收账款、存货、固定资产项目的说明。

（三）应付职工薪酬、应交税费项目的说明。

（四）利润分配的说明。

（五）用于对外担保的资产名称、账面余额及形成的原因；未决诉讼、未决仲裁以及对外提供担保所涉及的金额。

（六）发生严重亏损的，应当披露持续经营的计划、未来经营的方案。

（七）对已在资产负债表和利润表中列示项目与企业所得税法规定存在差异的纳税调整过程。

（八）其他需要在附注中说明的事项。

第八十七条 小企业应当根据实际发生的交易或事项，按照本准则的规定进行确认和计量，在此基础上按月或者按季编制财务报表。

第八十八条 小企业对会计政策变更、会计估计变更和会计差错更正应当采用未来适用法进行会计处理。

前款所称会计政策，是指小企业在会计确认、计量和报告中所采用的原则、基础和会计处理方法。会计估计变更，是指由于资产和负债的当前状况及预期经济利益和义务发生了变化，从而对资产或负债的账面价值或者资产的定期消耗金额进行调整。会计差错包括：计算错误、应用会计政策错误、应用会计估计错误等。未来适用法，是指将变更后的会计政策和会计估计应用于变更日及以后发生的交易或者事项，或者在会计差错发生或发现的当期更正差错的方法。

第十章　附　　则

第八十九条 符合《中小企业划型标准规定》所规定的微型企业标准的企业参照执行本准则。

第九十条 本准则自 2013 年 1 月 1 日起施行。财政部 2004 年发布的《小企业会计制度》（财会〔2004〕2 号）同时废止。

附录　小企业会计准则——会计科目、主要账务处理和财务报表

附　录

小企业会计准则

——会计科目、主要账务处理和财务报表

一、会计科目

会计科目和主要账务处理依据小企业会计准则中确认和计量的规定制定，涵盖了各类小企业的交易或者事项。小企业在不违反会计准则中确认、计量和报告规定的前提下，可以根据本企业的实际情况自行增设、分拆、合并会计科目。小企业不存在的交易或者事项，可不设置相关会计科目。对于明细科目，小企业可以比照本附录中的规定自行设置。会计科目编号供小企业填制会计凭证、登记会计账簿、查阅会计账目、采用会计软件系统参考，小企业可结合本企业的实际情况自行确定其他会计科目的编号。

顺序号	编号	会计科目名称
		一、资产类
1	1001	库存现金
2	1002	银行存款
3	1012	其他货币资金
4	1101	短期投资
5	1121	应收票据
6	1122	应收账款

（续表）

顺序号	编号	会计科目名称
7	1123	预付账款
8	1131	应收股利
9	1132	应收利息
10	1221	其他应收款
11	1401	材料采购
12	1402	在途物资
13	1403	原材料
14	1404	材料成本差异
15	1405	库存商品
16	1407	商品进销差价
17	1408	委托加工物资
18	1411	周转材料
19	1421	消耗性生物资产
20	1501	长期债券投资
21	1511	长期股权投资
22	1601	固定资产
23	1602	累计折旧
24	1604	在建工程
25	1605	工程物资
26	1606	固定资产清理
27	1621	生产性生物资产
28	1622	生产性生物资产累计折旧
29	1701	无形资产
30	1702	累计摊销

（续表）

顺序号	编号	会计科目名称
31	1801	长期待摊费用
32	1901	待处理财产损溢
		二、负债类
33	2001	短期借款
34	2201	应付票据
35	2202	应付账款
36	2203	预收账款
37	2211	应付职工薪酬
38	2221	应交税费
39	2231	应付利息
40	2232	应付利润
41	2241	其他应付款
42	2401	递延收益
43	2501	长期借款
44	2701	长期应付款
		三、所有者权益类
45	3001	实收资本
46	3002	资本公积
47	3101	盈余公积
48	3103	本年利润
49	3104	利润分配
		四、成本类
50	4001	生产成本
51	4101	制造费用

（续表）

顺序号	编号	会计科目名称
52	4301	研发支出
53	4401	工程施工
54	4403	机械作业
		五、损益类
55	5001	主营业务收入
56	5051	其他业务收入
57	5111	投资收益
58	5301	营业外收入
59	5401	主营业务成本
60	5402	其他业务成本
61	5403	税金及附加
62	5601	销售费用
63	5602	管理费用
64	5603	财务费用
65	5711	营业外支出
66	5801	所得税费用

二、主要账务处理

资　产　类

1001　库存现金

一、本科目核算小企业的库存现金。

小企业有内部周转使用备用金的，可以单独设置“1004 备用金”科目。

二、库存现金的主要账务处理。

小企业增加库存现金，借记本科目，贷记“银行存款”等科目；减少库存现金，作相反的会计分录。

三、小企业应当设置“库存现金日记账”，由出纳人员根据收付款凭证，按照业务发生顺序逐笔登记。每日终了，应当计算当日的现金收入合计额、现金支出合计额和结余额，将结余额与实际库存额核对，做到账款相符。

有外币现金的小企业，还应当分别按照人民币和外币进行明细核算。

四、每日终了结算现金收支、财产清查等发现的有待查明原因的现金短缺或溢余，应通过“待处理财产损溢”科目核算：属于现金短缺，应按照实际短缺的金额，借记“待处理财产损溢——待处理流动资产损溢”科目，贷记本科目；属于现金溢余，按照实际溢余的金额，借记本科目，贷记“待处理财产损溢——待处理流动资产损溢”科目。

五、本科目期末借方余额，反映小企业持有的库存现金。

1002 银行存款

一、本科目核算小企业存入银行或其他金融机构的各种款项。

二、银行存款的主要账务处理。

小企业增加银行存款，借记本科目，贷记“库存现金”“应收账款”等科目；减少银行存款，作相反的会计分录。

三、小企业应当按照开户银行和其他金融机构、存款种类等设置“银行存款日记账”，由出纳人员根据收付款凭证，按照业务的发生顺序逐笔登记。每日终了，应结出余额。

“银行存款日记账”应定期与“银行对账单”核对，至少每月核对一次。小企业银行存款账面余额与银行对账单余额之间如有差额，应编制“银行存款余额调节表”调节相符。

有外币银行存款的小企业，还应当分别按照人民币和外币进行明细核算。

四、本科目期末借方余额，反映小企业存在银行或其他金融机构的各种款项。

1012 其他货币资金

一、本科目核算小企业的银行汇票存款、银行本票存款、信用卡存款、信用证保证金存款、外埠存款、备用金等其他货币资金。

二、本科目应按照银行汇票或本票、信用卡发放银行、信用证的收款单位，外埠存款的开户银行，分别“银行汇票”“银行本票”“信用卡”“信用证保证金”“外埠存款”等进行明细核算。

三、其他货币资金的主要账务处理。

小企业增加其他货币资金，借记本科目，贷记“银行存款”科目；减少其他货币资金，作相反的会计分录。

四、本科目期末借方余额，反映小企业持有的其他货币资金。

1101 短期投资

一、本科目核算小企业购入的能随时变现并且持有时间不准备超过1年（含1年，下同）

的投资。

二、本科目应按照股票、债券、基金等短期投资种类进行明细核算。

三、短期投资的主要账务处理。

（一）小企业购入各种股票、债券、基金等作为短期投资的，应当按照实际支付的购买价款和相关税费，借记本科目，贷记“银行存款”科目。

小企业购入股票，如果实际支付的购买价款中包含已宣告但尚未发放的现金股利，应当按照实际支付的购买价款和相关税费扣除已宣告但尚未发放的现金股利后的金额，借记本科目，按照应收的现金股利，借记“应收股利”科目，按照实际支付的购买价款和相关税费，贷记“银行存款”科目。

小企业购入债券，如果实际支付的购买价款中包含已到付息期但尚未领取的债券利息，应当按照实际支付的购买价款和相关税费扣除已到付息期但尚未领取的债券利息后的金额，借记本科目，按照应收的债券利息，借记“应收利息”科目，按照实际支付的购买价款和相关税费，贷记“银行存款”科目。

（二）在短期投资持有期间，被投资单位宣告分派的现金股利，借记“应收股利”科目，贷记“投资收益”科目。

在债务人应付利息日，按照分期付息、一次还本债券投资的票面利率计算的利息收入，借记“应收利息”科目，贷记“投资收益”科目。

（三）出售短期投资，应当按照实际收到的出售价款，借记“银行存款”或“库存现金”科目，按照该项短期投资的账面余额，贷记本科目，按照尚未收到的现金股利或债券利息，贷记“应收股利”或“应收利息”科目，按照其差额，贷记或借记“投资收益”科目。

四、本科目期末借方余额，反映小企业持有的短期投资成本。

1121　应收票据

一、本科目核算小企业因销售商品（产成品或材料，下同）、提供劳务等日常生产经营活动而收到的商业汇票（银行承兑汇票和商业承兑汇票）。

二、本科目应按照开出、承兑商业汇票的单位进行明细核算。

三、应收票据的主要账务处理。

（一）小企业因销售商品、提供劳务等而收到开出、承兑的商业汇票，按照商业汇票的票面金额，借记本科目，按照确认的营业收入，贷记“主营业务收入”等科目。涉及增值税销项税额的，还应当贷记“应交税费——应交增值税（销项税额）”科目。

（二）持未到期的商业汇票向银行贴现，应按照实际收到的金额（即减去贴现息后的净额），借记“银行存款”科目，按照贴现息，借记“财务费用”科目，按照商业汇票的票面金额，贷记本科目（银行无追索权情况下）或“短期借款”科目（银行有追索权情况下）。

（三）将持有的商业汇票背书转让以取得所需物资，按照应计入取得物资成本的金额，借记“材料采购”或“原材料”“库存商品”等科目，按照商业汇票的票面金额，贷记本科目，如有差额，借记或贷记“银行存款”等科目。涉及按照税法规定可抵扣的增值税进项税额的，还应当借记“应交税费——应交增值税（进项税额）”科目。

（四）商业汇票到期，应按照实际收到的金额，借记“银行存款”科目，贷记本科目。

因付款人无力支付票款，或到期不能收回应收票据，应按照商业汇票的票面金额，借记“应收账款”科目，贷记本科目。

四、小企业应当设置“应收票据备查簿”，逐笔登记商业汇票的种类、号数和出票日、票面金额、交易合同号和付款人、承兑人、背书人的姓名或单位名称、到期日、背书转让日、贴现日、贴现率和贴现净额以及收款日期和收回金额、退票情况等资料。商业汇票到期结清票款或退票后，在备查簿中应予注销。

五、本科目期末借方余额，反映小企业持有的商业汇票的票面金额。

1122 应收账款

一、本科目核算小企业因销售商品、提供劳务等日常生产经营活动应收取的款项。

二、本科目应按照对方单位（或个人）进行明细核算。

三、应收账款的主要账务处理。

（一）小企业因销售商品或提供劳务形成应收账款，应当按照应收金额，借记本科目，按照税法规定应交纳的增值税销项税额，贷记“应交税费——应交增值税（销项税额）”科目，按照其差额，贷记“主营业务收入”或“其他业务收入”科目。

（二）收回应收账款，借记“银行存款”或“库存现金”科目，贷记本科目。

（三）按照小企业会计准则规定确认应收账款实际发生的坏账损失，应当按照可收回的金额，借记“银行存款”等科目，按照其账面余额，贷记本科目，按照其差额，借记“营业外支出”科目。

四、本科目期末借方余额，反映小企业尚未收回的应收账款。

1123 预付账款

一、本科目核算小企业按照合同规定预付的款项。包括：根据合同规定预付的购货款、租金、工程款等。

预付款项情况不多的小企业，也可以不设置本科目，将预付的款项直接记入“应付账款”科目借方。

小企业进行在建工程预付的工程价款，也通过本科目核算。

二、本科目应按照对方单位（或个人）进行明细核算。

三、预付账款的主要账务处理。

（一）小企业因购货而预付的款项，借记本科目，贷记“银行存款”等科目。

收到所购物资，按照应计入购入物资成本的金额，借记“在途物资”或“原材料”“库存商品”等科目，按照税法规定可抵扣的增值税进项税额，借记“应交税费——应交增值税（进项税额）”科目，按照应支付的金额，贷记本科目。补付的款项，借记本科目，贷记“银行存款”等科目；退回多付的款项，作相反的会计分录。

（二）出包工程按照合同规定预付的工程价款，借记本科目，贷记“银行存款”等科目。按照工程进度和合同规定结算的工程价款，借记“在建工程”科目，贷记本科目、“银行存款”等科目。

（三）按照小企业会计准则规定确认预付账款实际发生的坏账损失，应当按照可收回的金额，借记“银行存款”等科目，按照其账面余额，贷记本科目，按照其差额，借记“营业外支出”科目。

四、本科目期末借方余额，反映小企业预付的各种款项。

1131　应收股利

一、本科目核算小企业应收取的现金股利或利润。

二、本科目应按照被投资单位进行明细核算。

三、应收股利的主要账务处理。

（一）小企业购入股票，如果实际支付的购买价款中包含已宣告但尚未发放的现金股利，应当按照实际支付的购买价款和相关税费扣除已宣告但尚未发放的现金股利后的金额，借记“短期投资”或“长期股权投资”科目，按照应收的现金股利，借记本科目，按照实际支付的购买价款和相关税费，贷记“银行存款”科目。

（二）在短期投资或长期股权投资持有期间，被投资单位宣告分派现金股利或利润，应当按照本企业应享有的金额，借记本科目，贷记“投资收益”科目。

（三）小企业实际收到现金股利或利润，借记“银行存款”等科目，贷记本科目。

四、本科目期末借方余额，反映小企业尚未收到的现金股利或利润。

1132　应收利息

一、本科目核算小企业债券投资应收取的利息。

购入的一次还本付息债券投资持有期间的利息收入，在“长期债券投资”科目核算，不在本科目核算。

二、本科目应按照被投资单位进行明细核算。

三、应收利息的主要账务处理。

（一）小企业购入债券，如果实际支付的购买价款中包含已到付息期但尚未领取的债券利息，应当按照实际支付的购买价款和相关税费扣除应收的债券利息后的金额，借记“短期投资”或“长期债券投资”科目，按照应收的债券利息，借记本科目，按照实际支付的购买价款和相关税费，贷记“银行存款”科目。

（二）在长期债券投资持有期间，在债务人应付利息日，按照分期付息、一次还本债券投资的票面利率计算的利息收入，借记本科目，贷记“投资收益”科目；按照一次还本付息债券投资的票面利率计算的利息收入，借记“长期债券投资——应计利息”

科目，贷记“投资收益”科目。

（三）实际收到债券利息，借记“银行存款”等科目，贷记本科目。

四、本科目期末借方余额，反映小企业尚未收到的债券利息。

1221 其他应收款

一、本科目核算小企业除应收票据、应收账款、预付账款、应收股利、应收利息等以外的其他各种应收及暂付款项。包括：各种应收的赔款、应向职工收取的各种垫付款项等。

小企业出口产品或商品按照税法规定应予退回的增值税款，也通过本科目核算。

二、本科目应按照对方单位（或个人）进行明细核算。

三、其他应收款的主要账务处理。

（一）小企业发生的其他各种应收款项，借记本科目，贷记“库存现金”“银行存款”“固定资产清理”等科目。

出口产品或商品按照税法规定应予退回的增值税款，借记本科目，贷记“应交税费——应交增值税（出口退税）”科目。

（二）收回其他各种应收款项，借记“库存现金”“银行存款”“应付职工薪酬”等科目，贷记本科目。

（三）按照小企业会计准则规定确认其他应收款实际发生的坏账损失，应当按照可收回的金额，借记“银行存款”等科目，按照其账面余额，贷记本科目，按照其差额，借记“营业外支出”科目。

四、本科目期末借方余额，反映小企业尚未收回的其他应收款项。

1401 材料采购

一、本科目核算小企业采用计划成本进行材料日常核算、购入材料的采购成本。

采用实际成本进行材料日常核算的，购入材料的采购成本，在“在途物资”科目核算。

委托外单位加工材料、商品的加工成本，在“委托加工物资”科目核算。

二、本科目应按照供应单位和材料品种进行明细核算。

三、材料采购的主要账务处理。

（一）小企业外购材料，应当按照发票账单所列购买价款、运输费、装卸费、保险费以及在外购材料过程中发生的其他直接费用，借记本科目，按照税法规定可抵扣的增值税进项税额，借记“应交税费——应交增值税（进项税额）”科目，按照购买价款、相关税费、运输费、装卸费、保险费以及在外购材料过程中发生的其他直接费用，贷记“库存现金”“银行存款”“其他货币资金”“预付账款”“应付账款”等科目。

材料已经收到、但尚未办理结算手续的，可暂不作会计分录；待办理结算手续后，再根据所付金额或发票账单的应付金额，借记本科目，贷记“银行存款”等科目。

应向供应单位、运输机构等收回的材料短缺或其他应冲减材料采购成本的赔偿款项，应根据有关的索赔凭证，借记“应付账款”或“其他应收款”科目，贷记本科目。因自然灾害等发生的损失和尚待查明原因的途中损耗，先记入“待处理财产损溢”科目，查明原因后再作处理。

（二）月末，应将仓库转来的外购收料凭证，分别下列不同情况进行处理：

1. 对于收到发票账单的收料凭证（包括本月付款或开出、承兑商业汇票的上月收料凭证），应按照实际成本和计划成本分别汇总，并按照计划成本，借记“原材料”“周转材料”等科目，贷记本科目；将实际成本大于计划成本的差异，借记“材料成本差异”科目，贷记本科目；实际成本小于计划成本的差异作相反的会计分录。

2. 对于尚未收到发票账单的收料凭证，应按照计划成本暂估入账，借记“原材料”“周转材料”等科目，贷记“应付账款——暂估应付账款”科目，下月初用红字作同样的会计分录予以冲回，以便下月收到发票账单等结算凭证时，按照正常程序进行账务处理。

四、本科目期末借方余额，反映小企业已经收到发票账单、但材料尚未到达或尚未验收入库的在途材料的采购成本。

1402 在途物资

一、本科目核算小企业采用实际成本进行材料、商品等物资的日常核算、尚未到达或尚未验收入库的各种物资的实际采购成本。

小企业（批发业、零售业）在购买商品过程中发生的费用（包括：运输费、装卸费、包装费、保险费、运输途中的合理损耗和入库前的挑选整理费等），在“销售费用”科目核算，不在本科目核算。

二、本科目应按照供应单位和物资品种进行明细核算。

三、在途物资的主要账务处理。

（一）小企业外购材料、商品等物资，应当按照发票账单所列购买价款、运输费、装卸费、保险费以及在外购材料过程中发生的其他直接费用，借记本科目，按照税法规定可抵扣的增值税进项税额，借记“应交税费——应交增值税（进项税额）”科目，按照购买价款、相关税费、运输费、装卸费、保险费以及在外购物资过程中发生的其他直接费用，贷记“库存现金”“银行存款”“其他货币资金”“预付账款”“应付账款”等科目。

材料已经收到、但尚未办理结算手续的，可暂不作会计分录；待办理结算手续后，再根据所付金额或发票账单的应付金额，借记本科目，贷记“银行存款”等科目。

应向供应单位、外部运输机构等收回的材料或商品短缺或其他应冲减材料或商品采购成本的赔偿款项，应根据有关的索赔凭证，借记“应付账款”或“其他应收款”科目，贷记本科目。因自然灾害等发生的损失和尚待查明原因的途中损耗，先记入“待处理财产损溢”科目，查明原因后再作处理。

（二）月末，应将仓库转来的外购材料或商品收料凭证，按照材料或商品分别下列不同情况进行汇总：

1. 对于收到发票账单的收料凭证（包括本月付款或开出、承兑商业汇票的上月收料凭证），应当按照汇总金额，借记“原材料”“周转材料”“库存商品”等科目，贷记本科目。

2. 对于尚未收到发票账单的收料凭证，应分别材料或商品，并按照估计金额暂估入账，借记“原材料”“周转材料”“库存商品”等科目，贷记“应付账款——暂估应付账款”科目，下月初用红字作同样的会计分录予以冲回，以便下月收到发票账单等结算凭证时，按照正常程序进行账务处理。

四、本科目期末借方余额，反映小企业已经收到发票账单、但材料或商品尚未到达或尚未验收入库的在途材料、商品等物资的采购成本。

1403 原 材 料

一、本科目核算小企业库存的各种材料。包括：原料及主要材料、辅助材料、外购半成品（外购件）、修理用备件（备品备件）、包装材料、燃料等的实际成本或计划成本。

购入的工程用材料，在“工程物资”科目核算，不在本科目核算。

二、本科目应按照材料的保管地点（仓库）、材料的类别、品种和规格等进行明细核算。

三、原材料的主要账务处理。

（一）小企业购入并已验收入库的材料，按照实际成本，借记本科目，贷记“在途物资”“应付账款”等科目。涉及按照税法规定可抵扣的增值税进项税额的，还应当借记“应交税费——应交增值税（进项税额）”科目。

购入的材料已经到达并已验收入库，但在月末尚未办理结算手续的，可按照暂估价值入账，借记本科目、“周转材料”等科目，贷记“应付账款——暂估应付账款”科目；下月初用红字作同样的会计分录予以冲回，以便下月收到发票账单等结算凭证时，按照正常程序进行账务处理。

（二）自制并已验收入库的材料，按照实际成本，借记本科目，贷记“生产成本”科目。

（三）取得投资者投入的原材料，应当按照评估价值，借记本科目，贷记“实收资本”“资本公积”科目。涉及增值税进项税额的，还应进行相应的账务处理。

（四）生产经营领用材料，按照实际成本，借记“生产成本”“制造费用”“销售费用”“管理费用”等科目，贷记本科目。

出售材料结转成本，按照实际成本，借记“其他业务成本”科目，贷记本科目。

发给外单位加工的材料，按照实际成本，借记“委托加工物资”科目，贷记本科目。外单位加工完成并已验收入库的材料，按照加工收回材料的实际成本，借记本科目，贷记“委托加工物资”科目。

（五）清查盘点，发现盘盈、盘亏、毁损的原材料，按照实际成本（或估计价值），借记或贷记本科目，贷记或借记“待处理财产损溢——待处理流动资产损溢”科目。

（六）采用计划成本进行材料日常核算的小企业，日常领用、发出原材料均按照计划成本记账。

月末，按照发出各种原材料的计划成本计算应负担的成本差异，借记“生产成本”“制造费用”“销售费用”“管理费用”“委托加工物资”“其他业务成本”等科目，贷记“材料成本差异”科目；实际成本小于计划成本的差异做红字会计分录。

四、本科目期末借方余额，反映小企业库存材料的实际成本或计划成本。

1404　材料成本差异

一、本科目核算小企业采用计划成本进行日常核算的材料计划成本与实际成本的差额。

小企业也可以在“原材料”“周转材料”等科目设置“成本差异”明细科目。

二、本科目可以分别“原材料”“周转材料”等，按照类别或品种进行明细核算。

三、材料成本差异的主要账务处理。

（一）小企业验收入库材料发生的材料成本差异，实际成本大于计划成本的差异，借记本科目，贷记“材料采购”科目；实际成本小于计划成本的差异作相反的会计分录。

入库材料的计划成本应当尽可能接近实际成本。除特殊情况外，计划成本在年度内不得随意变更。

（二）结转发出材料应负担的材料成本差异，按照实际成本大于计划成本的差异，借记“生产成本”“管理费用”“销售费用”“委托加工物资”“其他业务成本”等科目，贷记本科目；实际成本小于计划成本的差异做红字会计分录。

发出材料应负担的成本差异应当按月分摊，不得在季末或年末一次计算。发出材料应负担的成本差异，除委托外部加工发出材料可按照月初成本差异率计算外，应使用本月的实际成本差异率；月初成本差异率与本月实际成本差异率相差不大的，也可按照月初成本差异率计算。计算方法一经确定，不得随意变更。

材料成本差异率的计算公式如下：

$$\text{本月材料成本差异率}=\frac{\text{月初结存材料的成本差异}+\text{本月验收入库材料的成本差异}}{\text{月初结存材料的计划成本}+\text{本月验收入库材料的计划成本}}\times 100\%$$

$$\text{月初材料成本差异率}=\frac{\text{月初结存材料的成本差异}}{\text{月初结存材料的计划成本}}\times 100\%$$

$$\text{发出材料应负担的成本差异}=\text{发出材料的计划成本}\times\text{材料成本差异率}$$

四、本科目期末借方余额，反映小企业库存材料等的实际成本大于计划成本的差异；贷方余额反映小企业库存材料等的实际成本小于计划成本的差异。

1405 库存商品

一、本科目核算小企业库存的各种商品的实际成本或售价。包括：库存产成品、外购商品、存放在门市部准备出售的商品、发出展览的商品以及寄存在外的商品等。

接受来料加工制造的代制品和为外单位加工修理的代修品，在制造和修理完成验收入库后，视同小企业的产成品，也通过本科目核算。

可以降价出售的不合格品，也在本科目核算，但应与合格产品分开记账。

已经完成销售手续，但购买单位在月末未提取的库存产成品，应作为代管产品处理，单独设置代管产品备查簿，不再在本科目核算。

小企业（农、林、牧、渔业）可将本科目改为“1405 农产品”科目。

小企业（批发业、零售业）在购买商品过程中发生的费用（包括：运输费、装卸费、包装费、保险费、运输途中的合理损耗和入库前的挑选整理费等），在“销售费用”科目核算，不在本科目核算。

二、本科目应按照库存商品的种类、品种和规格等进行明细核算。

三、库存商品的主要账务处理。

（一）小企业生产的产成品的入库和出库，平时只记数量不记金额，月末计算入库产成品的实际成本。生产完成验收入库的产成品，按照其实际成本，借记本科目，贷记“生产成本”等科目。

对外销售产成品，借记“主营业务成本”科目，贷记本科目。

（二）购入商品到达验收入库后，按照商品的实际成本或售价，借记本科目，贷记“库存现金”“银行存款”“在途物资”等科目。涉及增值税进项税额的，还应进行相应的处理。按照售价与进价之间的差额，贷记“商品进销差价”科目。

购入的商品已经到达并已验收入库，但尚未办理结算手续的，可按照暂估价值入账，借记本科目，贷记“应付账款——暂估应付账款”科目；下月初用红字作同样的会计分录予以冲回，以便下月收到发票账单等结算凭证时，按照正常程序进行账务处理。

对外销售商品结转销售成本或售价，借记“主营业务成本”科目，贷记本科目。月末，分摊已销商品的进销差价，借记“商品进销差价”科目，贷记“主营业务成本”科目。

四、本科目期末借方余额，反映小企业库存商品的实际成本或售价。

1407 商品进销差价

一、本科目核算小企业采用售价进行日常核算的商品售价与进价之间的差额。

二、本科目应按照库存商品的种类、品种和规格等进行明细核算。

三、商品进销差价的主要账务处理。

（一）小企业购入、加工收回以及销售退回等增加的库存商品，按照商品售价，借记“库存商品”科目，按照商品进价，贷记“银行存款”“委托加工物资”等科目，按照售价与进价之间的差额，贷记本科目。

（二）月末，分摊已销商品的进销差价，借记本科目，贷记“主营业务成本”科目。

销售商品应分摊的商品进销差价，按照以下公式计算：

$$\text{商品进销差价率}=\frac{\text{月末分摊前本科目贷方余额}}{\text{“库存商品”科目月末借方余额}+\text{本月“主营业务收入”科目贷方发生额}}\times 100\%$$

$$\text{本月销售商品应分摊的商品进销差价}=\text{本月“主营业务收入”科目贷方发生额}\times\text{商品进销差价率}$$

小企业的商品进销差价率各月之间比较均衡的，也可以采用上月商品进销差价率计算分摊本月的商品进销差价。年度终了，应对商品进销差价进行复核调整。

四、本科目的期末贷方余额，反映小企业库存商品的商品进销差价。

1408　委托加工物资

一、本科目核算小企业委托外单位加工的各种材料、商品等物资的实际成本。

二、本科目应按照加工合同、受托加工单位以及加工物资的品种等进行明细核算。

三、委托加工物资的主要账务处理。

（一）小企业发给外单位加工的物资，按照实际成本，借记本科目，贷记“原材料”“库存商品”等科目；按照计划成本或售价核算的，还应同时结转材料成本差异或商品进销差价。

（二）支付加工费、运杂费等，借记本科目，贷记“银行存款”等科目；需要交纳消费税的委托加工物资，由受托方代收代缴的消费税，借记本科目（收回后用于直接销售的）或“应交税费——应交消费税”科目（收回后用于继续加工的），贷记“应付账款”“银行存款”等科目。

（三）加工完成验收入库的物资和剩余的物资，按照加工收回物资的实际成本和剩余物资的实际成本，借记“原材料”“库存商品”等科目，贷记本科目。

（四）采用计划成本或售价核算的，按照计划成本或售价，借记“原材料”或“库存商品”科目，按照实际成本，贷记本科目，按照实际成本与计划成本或售价之间的差额，借记或贷记“材料成本差异”或贷记“商品进销差价”科目。

采用计划成本或售价核算的，也可以采用上月材料成本差异率或商品进销差价率计算分摊本月应分摊的材料成本差异或商品进销差价。

四、本科目期末借方余额，反映小企业委托外单位加工尚未完成物资的实际成本。

1411　周转材料

一、本科目核算小企业库存的周转材料的实际成本或计划成本。包括：包装物、低值易耗品，以及小企业（建筑业）的钢模板、木模板、脚手架等。

各种包装材料，如纸、绳、铁丝、铁皮等，应在“原材料”科目内核算；用于储存和保管产品、材料而不对外出售的包装物，应按照价值大小和使用年限长短，分别在“固定资产”科目或本科目核算。

小企业的包装物、低值易耗品，也可以单独设置“1412 包装物”“1413 低值易耗品”科目。

包装物数量不多的小企业，也可以不设置本科目，将包装物并入“原材料”科目核算。

二、本科目应按照周转材料的种类，分别“在库”“在用”和“摊销”进行明细核算。

三、周转材料的主要账务处理。

（一）小企业购入、自制、委托外单位加工完成并验收入库的周转材料，以及对周转材料的清查盘点，比照“原材料”科目的相关规定进行账务处理。

（二）生产、施工领用周转材料，通常采用一次转销法，按照其成本，借记“生产成本”“管理费用”“工程施工”等科目，贷记本科目。

随同产品出售但不单独计价的包装物，按照其成本，借记“销售费用”科目，贷记本科目。

随同产品出售并单独计价的包装物，按照其成本，借记“其他业务成本”科目，贷记本科目。

金额较大的周转材料，也可以采用分次摊销法，领用时应按照其成本，借记本科目（在用），贷记本科目（在库）；按照使用次数摊销时，应按照其摊销额，借记“生产成本”“管理费用”“工程施工”等科目，贷记本科目（摊销）。

（三）周转材料采用计划成本进行日常核算的，领用等发出周转材料，还应结转应分摊的成本差异。

四、本科目的期末余额，反映小企业在库、出租、出借周转材料的实际成本或计划成本以及在用周转材料的摊余价值。

1421 消耗性生物资产

一、本科目核算小企业（农、林、牧、渔业）持有的消耗性生物资产的实际成本。

二、本科目应按照消耗性生物资产的种类、群别等进行明细核算。

三、消耗性生物资产的主要账务处理。

（一）外购的消耗性生物资产，按照应计入消耗性生物资产成本的金额，借记本科目，贷记“银行存款”“应付账款”等科目。

（二）自行栽培的大田作物和蔬菜，应按照收获前发生的必要支出，借记本科目，贷记“银行存款”等科目。

自行营造的林木类消耗性生物资产，应按照郁闭前发生的必要支出，借记本科目，贷记“银行存款”等科目。

自行繁殖的育肥畜、水产养殖的动植物，应按照出售前发生的必要支出，借记本科目，贷记“银行存款”等科目。

（三）产畜或役畜淘汰转为育肥畜的，应按照转群时的账面价值，借记本科目，按照已计提的累计折旧，借记“生产性生物资产累计折旧”科目，按照其账面余额，贷记“生产性生物资产”科目。

育肥畜转为产畜或役畜的，应按照其账面余额，借记“生产性生物资产”科目，贷记本科目。

（四）择伐、间伐或抚育更新性质采伐而补植林木类消耗性生物资产发生的后续支出，借记本科目，贷记“银行存款”等科目。

林木类消耗性生物资产达到郁闭后发生的管护费用等后续支出，借记“管理费用”科目，贷记“银行存款”等科目。

（五）农业生产过程中发生的应归属于消耗性生物资产的费用，按照应分配的金额，借记本科目，贷记“生产成本”科目。

（六）消耗性生物资产收获为农产品时，应按照其账面余额，借记“农产品”科目，贷记本科目。

（七）出售消耗性生物资产，应按照实际收到的金额，借记“银行存款”等科目，贷记“主营业务收入”等科目。按照其账面余额，借记“主营业务成本”等科目，贷记本科目。

四、本科目期末借方余额，反映小企业（农、林、牧、渔业）消耗性生物资产的实际成本。

1501　长期债券投资

一、本科目核算小企业准备长期（在1年以上，下同）持有的债券投资。

二、本科目应按照债券种类和被投资单位，分别“面值”“溢折价”“应计利息”进行明细核算。

三、长期债券投资的主要账务处理。

（一）小企业购入债券作为长期投资，应当按照债券票面价值，借记本科目（面值），按照实际支付的购买价款和相关税费，贷记“银行存款”科目，按照其差额，借记或贷记本科目（溢折价）。

如果实际支付的购买价款中包含已到付息期但尚未领取的债券利息，应当按照债券票面价值，借记本科目（面值），按照应收的债券利息，借记“应收利息”科目，按照实际支付的购买价款和相关税费，贷记“银行存款”科目，按照其差额，借记或贷记本科目（溢折价）。

（二）在长期债券投资持有期间，在债务人应付利息日，按照分期付息、一次还本的长期债券投资票面利率计算的利息收入，借记“应收利息”科目，贷记“投资收益”科目；按照一次还本付息的长期债券投资票面利率计算的利息收入，借记本科目（应计利息），贷记“投资收益”科目。

在债务人应付利息日，按照应分摊的债券溢折价金额，借记或贷记“投资收益”科目，贷记或借记本科目（溢折价）。

（三）长期债券投资到期，收回长期债券投资，应当按照收回的债券本金或本息，借记“银行存款”等科目，按照其账面余额，贷记本科目（成本、溢折价、应计利息），按照应收未收的利息收入，贷记“应收利息”科目。

处置长期债券投资，应当按照处置收入，借记“银行存款”等科目，按照其账面余额，贷记本科目（成本、溢折价），按照应收未收的利息收入，贷记“应收利息”科目，按照其差额，贷记或借记“投资收益”科目。

（四）按照小企业会计准则规定确认实际发生的长期债券投资损失，应当按照可收回的金额，借记“银行存款”等科目，按照其账面余额，贷记本科目（成本、溢折价），按照其差额，借记“营业外支出”科目。

四、本科目期末借方余额，反映小企业持有的分期付息、一次还本债券投资的成本和到期一次还本付息债券投资的本息。

1511　长期股权投资

一、本科目核算小企业准备长期持有的权益性投资。

二、本科目应按照被投资单位进行明细核算。

三、长期股权投资的主要账务处理。

（一）小企业以支付现金取得的长期股权投资，如果实际支付的购买价款中包含已宣告但尚未发放的现金股利，应当按照实际支付的购买价款和相关税费扣除已宣告但尚未发放的现金股利后的金额，借记本科目，按照应收的现金股利，借记“应收股利”科目，按照实际支付的购买价款和相关税费，贷记“银行存款”科目。

通过非货币性资产交换取得的长期股权投资，应当按照非货币性资产的评估价值与相关税费之和，借记本科目，按照换出非货币性资产的账面价值，贷记“固定资产清理”“无形资产”等科目，按照支付的相关税费，贷记“应交税费”等科目，按照其差额，贷记“营业外收入”或借记“营业外支出”等科目。

（二）在长期股权投资持有期间，被投资单位宣告分派的现金股利或利润，应当按照应分得的金额，借记“应收股利”科目，贷记“投资收益”科目。

（三）处置长期股权投资，应当按照处置价款，借记“银行存款”等科目，按照其成本，贷记本科目，按照应收未收的现金股利或利润，贷记“应收股利”科目，按照其差额，贷记或借记“投资收益”科目。

（四）根据小企业会计准则规定确认实际发生的长期股权投资损失，应当按照可收回的金额，借记“银行存款”等科目，按照其账面余额，贷记本科目，按照其差额，借记“营业外支出”科目。

四、本科目期末借方余额，反映小企业持有的长期股权投资的成本。

1601　固定资产

一、本科目核算小企业固定资产的原价（成本）。

小企业应当根据小企业会计准则规定的固定资产标准，结合本企业的具体情况，制定固定资产目录，作为核算依据。

小企业购置计算机硬件所附带的、未单独计价的软件，也通过本科目核算。

小企业临时租入的固定资产和以经营租赁租入的固定资产，应另设备查簿进行登记，不在本科目核算。

二、本科目应按照固定资产类别和项目进行明细核算。

小企业根据实际情况设置“固定资产登记簿”和“固定资产卡片”。

三、固定资产的主要账务处理。

（一）小企业购入（含以分期付款方式购入）不需要安装的固定资产，应当按照实际支付的购买价款、相关税费（不包括按照税法规定可抵扣的增值税进项税额）、运输费、装卸费、保险费等，借记本科目，按照税法规定可抵扣的增值税进项税额，借记“应交税费——应交增值税（进项税额）”科目，贷记“银行存款”“长期应付款”等科目。

购入需要安装的固定资产，先记入“在建工程”科目，安装完成后再转入本科目。

自行建造固定资产完成竣工决算，按照竣工决算前发生的相关支出，借记本科目，贷记“在建工程”科目。

取得投资者投入的固定资产，应当按照评估价值和相关税费，借记本科目或“在建工程”科目，贷记“实收资本”“资本公积”科目。

融资租入的固定资产，在租赁期开始日，按照租赁合同约定的付款总额和在签订租赁合同过程中发生的相关税费等，借记本科目或“在建工程”科目，贷记“长期应付款”等科目。

盘盈的固定资产，按照同类或类似固定资产的市场价格或评估价值扣除按照新旧程度估计的折旧后的余额，借记本科目，贷记“待处理财产损溢——待处理非流动资产损溢”科目。

（二）在固定资产使用过程中发生的修理费，应当按照固定资产的受益对象，借记“制造费用”“管理费用”等科目，贷记“银行存款”等科目。

固定资产的大修理支出，借记“长期待摊费用”科目，贷记“银行存款”等科目。

（三）对固定资产进行改扩建时，应当按照该项固定资产账面价值，借记“在建工程”科目，按照其已计提的累计折旧，借记“累计折旧”科目，按照其原价，贷记本科目。

（四）因出售、报废、毁损、对外投资等原因处置固定资产，应当按照该项固定资产账面价值，借记“固定资产清理”科目，按照其已计提的累计折旧，借记“累计折旧”

科目，按照其原价，贷记本科目。

盘亏的固定资产，按照该项固定资产的账面价值，借记“待处理财产损溢——待处理非流动资产损溢”科目，按照已计提的折旧，借记“累计折旧”科目，按照其原价，贷记本科目。

四、本科目期末借方余额，反映小企业固定资产的原价（成本）。

1602 累计折旧

一、本科目核算小企业固定资产的累计折旧。

二、本科目可以进行总分类核算，也可以进行明细核算。

需要查明某项固定资产的已计提折旧，可以根据“固定资产卡片”上所记载的该项固定资产原价、折旧率和实际使用年数等资料进行计算。

三、累计折旧的主要账务处理。

（一）小企业按月计提固定资产的折旧费，应当按照固定资产的受益对象，借记“制造费用”“管理费用”等科目，贷记本科目。

（二）因出售、报废、毁损、对外投资等原因处置固定资产，应当按照该项固定资产账面价值，借记“固定资产清理”科目，按照其已计提的累计折旧，借记本科目，按照其原价，贷记“固定资产”科目。

四、本科目期末贷方余额，反映小企业固定资产的累计折旧额。

1604 在建工程

一、本科目核算小企业需要安装的固定资产、固定资产新建工程、改扩建等所发生的成本。

小企业购入不需要安装的固定资产，在“固定资产”科目核算，不在本科目核算。

小企业已提足折旧的固定资产的改建支出和经营租入固定资产的改建支出，在“长期待摊费用”科目核算，不在本科目核算。

二、本科目应按照在建工程项目进行明细核算。

三、在建工程的主要账务处理。

（一）小企业购入需要安装的固定资产，应当按照实际支付的购买价款、相关税费（不包括按照税法规定可抵扣的增值税进项税额）、运输费、装卸费、保险费、安装费等，借记本科目，按照税法规定可抵扣的增值税进项税额，借记“应交税费——应交增值税（进项税额）”科目，贷记“银行存款”等科目。

融资租入的固定资产，在租赁期开始日，按照租赁合同约定的付款总额和在签订租赁合同过程中发生的相关税费等，借记本科目或“固定资产”科目，贷记“长期应付款”科目。

固定资产安装完成，借记“固定资产”科目，贷记本科目。

（二）自营工程领用工程物资，借记本科目，贷记“工程物资”科目。

在建工程应负担的职工薪酬，借记本科目，贷记“应付职工薪酬”科目。

在建工程使用本企业的产品或商品，应当按照成本，借记本科目，贷记“库存商品”科目。同时，按照税法规定应交纳的增值税额，借记本科目，贷记“应交税费——应交增值税（销项税额）”科目。

在建工程在竣工决算前发生的借款利息，在应付利息日应当根据借款合同利率计算确定的利息费用，借记本科目，贷记“应付利息”科目。办理竣工决算后发生的利息费用，在应付利息日，借记“财务费用”科目，贷记“应付利息”等科目。

在建工程在试运转过程中发生的支出，借记本科目，贷记“银行存款”等科目；形成的产品或者副产品对外销售或转为库存商品的，借记“银行存款”“库存商品”等科目，贷记本科目。

自营工程办理竣工决算，借记“固定资产”科目，贷记本科目。

（三）出包工程，按照工程进度和合同规定结算的工程价款，借记本科目，贷记“银行存款”“预付账款”等科目。

工程完工收到承包单位提供的账单，借记“固定资产”科目，贷记本科目。

（四）对固定资产进行改扩建时，应当按照该项固定资产账面价值，借记本科目，按照其已计提的累计折旧，借记“累计折旧”科目，按照其原价，贷记“固定资产”科目。

在改扩建过程中发生的相关支出，借记本科目，贷记相关科目。

改扩建完成办理竣工决算，借记“固定资产”科目，贷记本科目。

四、本科目期末借方余额，反映小企业尚未完工或虽已完工，但尚未办理竣工决算的工程成本。

1605 工程物资

一、本科目核算小企业为在建工程准备的各种物资的成本。包括：工程用材料、尚未安装的设备以及为生产准备的工器具等。

二、本科目应按照“专用材料”“专用设备”“工器具”等进行明细核算。

三、工程物资的主要账务处理。

（一）小企业购入为工程准备的物资，应当按照实际支付的购买价款和相关税费，借记本科目，贷记“银行存款”等科目。

（二）工程领用工程物资，借记“在建工程”科目，贷记本科目。工程完工后将领出的剩余物资退库时作相反的会计分录。

工程完工后剩余的工程物资转作本企业存货的，借记“原材料”等科目，贷记本科目。

四、本科目期末借方余额，反映小企业为在建工程准备的各种物资的成本。

1606 固定资产清理

一、本科目核算小企业因出售、报废、毁损、对外投资等原因处置固定资产所转出的固定资产账面价值以及在清理过程中发生的费用等。

二、本科目应按照被清理的固定资产项目进行明细核算。

三、固定资产清理的主要账务处理。

（一）小企业因出售、报废、毁损、对外投资等原因处置固定资产，应当按照该项固定资产的账面价值，借记本科目，按照其已计提的累计折旧，借记“累计折旧”科目，按照其原价，贷记“固定资产”科目。

同时，按照税法规定不得从增值税销项税额中抵扣的进项税额，借记本科目，贷记“应交税费——应交增值税（进项税额转出）”科目。

（二）清理过程中应支付的相关税费及其他费用，借记本科目，贷记“银行存款”“应交税费”等科目。取得出售固定资产的价款、残料价值和变价收入等处置收入，借记“银行存款”“原材料”等科目，贷记本科目。应由保险公司或过失人赔偿的损失，借记“其他应收款”等科目，贷记本科目。

（三）固定资产清理完成后，如为借方余额，借记“营业外支出——非流动资产处置净损失”科目，贷记本科目。如为贷方余额，借记本科目，贷记“营业外收入——非流动资产处置净收益”科目。

四、本科目期末借方余额，反映小企业尚未清理完毕的固定资产清理净损失；本科目期末贷方余额，反映小企业尚未清理完毕的固定资产清理净收益。

1621 生产性生物资产

一、本科目核算小企业（农、林、牧、渔业）持有的生产性生物资产的原价（成本）。

二、本科目应按照“未成熟生产性生物资产”和“成熟生产性生物资产”，分别生物资产的种类、群别等进行明细核算。

三、生产性生物资产的主要账务处理。

（一）小企业外购的生产性生物资产，按照购买价款和相关税费，借记本科目，贷记“银行存款”等科目。涉及按照税法规定可抵扣的增值税进项税额的，还应当借记“应交税费——应交增值税（进项税额）”科目。

（二）自行营造的林木类生产性生物资产，达到预定生产经营目的前发生的造林费、抚育费、营林设施费、良种试验费、调查设计费和应分摊的间接费用等必要支出，借记本科目（未成熟生产性生物资产），贷记“原材料”“银行存款”“应付利息”等科目。

（三）自行繁殖的产畜和役畜，达到预定生产经营目的前发生的饲料费、人工费和应分摊的间接费用等必要支出，借记本科目（未成熟生产性生物资产），贷记“原材料”“银行存款”“应付利息”等科目。

（四）未成熟生产性生物资产达到预定生产经营目的时，按照其账面余额，借记本科目（成熟生产性生物资产），贷记本科目（未成熟生产性生物资产）。

（五）育肥畜转为产畜或役畜，应当按照其账面余额，借记本科目，贷记“消耗性生物资产”科目。

产畜或役畜淘汰转为育肥畜，应按照转群时其账面价值，借记“消耗性生物资产”科目，按照已计提的累计折旧，借记“生产性生物资产累计折旧”科目，按照其原价，贷记本科目。

（六）择伐、间伐或抚育更新等生产性采伐而补植林木类生产性生物资产发生的后续支出，借记本科目（未成熟生产性生物资产），贷记“银行存款”等科目。

生产性生物资产发生的管护、饲养费用等后续支出，借记“管理费用”科目，贷记“银行存款”等科目。

（七）因出售、报废、毁损、对外投资等原因处置生产性生物资产，应按照取得的出售生产性生物资产的价款、残料价值和变价收入等处置收入，借记“银行存款”等科目，按照已计提的累计折旧，借记“生产性生物资产累计折旧”科目，按照其原价，贷记本科目，按照其差额，借记“营业外支出——非流动资产处置净损失”科目或贷记“营业外收入——处置非流动资产处置净收益”科目。

四、本科目期末借方余额，反映小企业（农、林、牧、渔业）生产性生物资产的原价（成本）。

1622　生产性生物资产累计折旧

一、本科目核算小企业（农、林、牧、渔业）成熟生产性生物资产的累计折旧。

二、本科目应按照生产性生物资产的种类、群别等进行明细核算。

三、生产性生物资产累计折旧的主要账务处理。

小企业按月计提成熟生产性生物资产的折旧，借记“生产成本”“管理费用”等科目，贷记本科目。

处置生产性生物资产还应同时结转生产性生物资产累计折旧。

四、本科目期末贷方余额，反映小企业成熟生产性生物资产的累计折旧额。

1701　无 形 资 产

一、本科目核算小企业持有的无形资产成本。

二、本科目应按照无形资产项目进行明细核算。

三、无形资产的主要账务处理。

（一）小企业外购无形资产，应当按照实际支付的购买价款、相关税费和相关的其他支出（含相关的利息费用），借记本科目，贷记“银行存款”“应付利息”等科目。

（二）自行开发建造厂房等建筑物，外购土地及建筑物支付的价款应当在建筑物与土地使用权之间按照合理的方法进行分配，其中属于土地使用权的部分，借记本科目，贷记“银行存款”等科目。

（三）收到投资者投入的无形资产，应当按照评估价值和相关税费，借记本科目，贷记“实收资本”“资本公积”科目。

（四）开发项目达到预定用途形成无形资产的，按照应予资本化的支出，借记本科目，贷记“研发支出”科目。

（五）因出售、报废、对外投资等原因处置无形资产，应当按照取得的出售无形资产的价款等处置收入，借记“银行存款”等科目，按照其已计提的累计摊销，借记“累计摊销”科目，按照应支付的相关税费及其他费用，贷记“应交税费——应交增值税”“银行存款”等科目，按照其成本，贷记本科目，按照其差额，贷记“营业外收入——非流动资产处置净收益”科目或借记“营业外支出——非流动资产处置净损失”科目。

四、本科目期末借方余额，反映小企业无形资产的成本。

1702　累计摊销

一、本科目核算小企业对无形资产计提的累计摊销。

二、本科目应按照无形资产项目进行明细核算。

三、累计摊销的主要账务处理。

小企业按月采用年限平均法计提无形资产的摊销，应当按照无形资产的受益对象，借记“制造费用”“管理费用”等科目，贷记本科目。

处置无形资产还应同时结转累计摊销。

四、本科目期末借方余额，反映小企业无形资产的累计摊销额。

1801　长期待摊费用

一、本科目核算小企业已提足折旧的固定资产的改建支出、经营租入固定资产的改建支出、固定资产的大修理支出和其他长期待摊费用等。

二、本科目应按照支出项目进行明细核算。

三、长期待摊费用的主要账务处理。

（一）小企业发生的长期待摊费用，借记本科目，贷记“银行存款”“原材料”等科目。

（二）按月采用年限平均法摊销长期待摊费用，应当按照长期待摊费用的受益对象，借记“制造费用”“管理费用”等科目，贷记本科目。

四、本科目期末借方余额，反映小企业尚未摊销完毕的长期待摊费用。

1901　待处理财产损溢

一、本科目核算小企业在清查财产过程中查明的各种财产盘盈、盘亏和毁损的价值。

所采购物资在运输途中因自然灾害等发生的损失或尚待查明的损耗，也通过本科目核算。

二、本科目应按照待处理流动资产损溢和待处理非流动资产损溢进行明细核算。

三、待处理财产损溢的主要账务处理。

（一）盘盈的各种材料、产成品、商品、现金等，应当按照同类或类似存货的市场价格或评估价值，借记“原材料”“库存商品”“库存现金”等科目，贷记本科目（待处理流动资产损溢）。盘亏、毁损、短缺的各种材料、产成品、商品、现金等，应当按照其账面余额，借记本科目（待处理流动资产损溢），贷记“材料采购”或“在途物资”“原材料”“库存商品”“库存现金”等科目。涉及增值税进项税额的，还应进行相应的账务处理。

盘盈的固定资产，按照同类或类似固定资产的市场价格或评估价值扣除按照该项固定资产新旧程度估计的折旧后的余额，借记“固定资产”科目，贷记本科目（待处理非流动资产损溢）。盘亏的固定资产，按照该项固定资产的账面价值，借记本科目（待处理非流动资产损溢），按照已计提的累计折旧，借记“累计折旧”科目，按照其原价，贷记“固定资产”科目。

（二）盘亏、毁损、报废的各项资产，按照管理权限经批准后处理时，按照残料价值，借记“原材料”等科目，按照可收回的保险赔偿或过失人赔偿，借记“其他应收款”科目，按照本科目余额，贷记本科目（待处理流动资产损溢、待处理非流动资产损溢），按照其借方差额，借记“营业外支出”科目。

盘盈的各种材料、产成品、商品、固定资产、现金等，按照管理权限经批准后处理时，按照本科目余额，借记本科目（待处理流动资产损溢、待处理非流动资产损溢），贷记“营业外收入”科目。

四、小企业的财产损溢，应当查明原因，在年末结账前处理完毕，处理后本科目应无余额。

负　债　类

2001　短期借款

一、本科目核算小企业向银行或其他金融机构等借入的期限在1年内的各种借款。

二、本科目应按照借款种类、贷款人和币种进行明细核算。

三、短期借款的主要账务处理。

（一）小企业借入的各种短期借款，借记“银行存款”科目，贷记本科目；偿还借款，作相反的会计分录。

银行承兑汇票到期，小企业无力支付票款的，按照银行承兑汇票的票面金额，借记“应付票据”科目，贷记本科目。

持未到期的商业汇票向银行贴现，应当按照实际收到的金额（即减去贴现息后的净额），借记“银行存款”科目，按照贴现息，借记“财务费用”科目，按照商业汇票的票面金额，贷记“应收票据”科目（银行无追索权情况下）或本科目（银行有追索权情况下）。

（二）在应付利息日，应当按照短期借款合同利率计算确定的利息费用，借记“财务费用”科目，贷记“应付利息”等科目。

四、本科目期末贷方余额，反映小企业尚未偿还的短期借款本金。

2201　应付票据

一、本科目核算小企业因购买材料、商品和接受劳务等日常生产经营活动开出、承兑的商业汇票（银行承兑汇票和商业承兑汇票）。

二、本科目应按照债权人进行明细核算。

三、应付票据的主要账务处理。

（一）小企业开出、承兑商业汇票或以承兑商业汇票抵付货款、应付账款等，借记“材料采购”或“在途物资”“库存商品”等科目，贷记本科目。涉及增值税进项税额的，还应进行相应的账务处理。

（二）支付银行承兑汇票的手续费，借记“财务费用”科目，贷记“银行存款”科目。支付票款，借记本科目，贷记“银行存款”科目。

（三）银行承兑汇票到期，小企业无力支付票款的，按照银行承兑汇票的票面金额，借记本科目，贷记“短期借款”科目。

四、小企业应当设置“应付票据备查簿”，详细登记商业汇票的种类、号数和出票日期、到期日、票面金额、交易合同号和收款人姓名或单位名称以及付款日期和金额等资料，商业汇票到期结清票款后，在备查簿中应予注销。

五、本科目期末贷方余额，反映小企业开出、承兑的尚未到期的商业汇票的票面金额。

2202　应付账款

一、本科目核算小企业因购买材料、商品和接受劳务等日常生产经营活动应支付的款项。

二、本科目应按照对方单位（或个人）进行明细核算。

三、应付账款的主要账务处理。

（一）小企业购入材料、商品等未验收入库，货款尚未支付，应当根据有关凭证（发票账单、随货同行发票上记载的实际价款或暂估价值），借记“在途物资”科目，按照可抵扣的增值税进项税额，借记“应交税费——应交增值税（进项税额）”科目，按照应付的价款，贷记本科目。

接受供应单位提供劳务而发生的应付未付款项，应当根据供应单位的发票账单，借记“生产成本”“管理费用”等科目，贷记本科目。

（二）偿付应付账款，借记本科目，贷记“银行存款”等科目。

小企业确实无法偿付的应付账款，借记本科目，贷记“营业外收入”科目。

四、本科目期末贷方余额，反映小企业尚未支付的应付账款。

2203 预收账款

一、本科目核算小企业按照合同规定预收的款项。包括：预收的购货款、工程款等。

预收账款情况不多的，也可以不设置本科目，将预收的款项直接记入“应收账款”科目贷方。

二、本科目应按照对方单位（或个人）进行明细核算。

三、预收账款的主要账务处理。

（一）小企业向购货单位预收的款项，借记“银行存款”等科目，贷记本科目。

（二）销售收入实现时，按照实现的收入金额，借记本科目，贷记“主营业务收入”科目。涉及增值税销项税额的，还应进行相应的账务处理。

四、本科目期末贷方余额，反映小企业预收的款项；期末如为借方余额，反映小企业尚未转销的款项。

2211 应付职工薪酬

一、本科目核算小企业根据有关规定应付给职工的各种薪酬。

小企业（外商投资）按照规定从净利润中提取的职工奖励及福利基金，也通过本科目核算。

二、本科目应按照“职工工资”“奖金、津贴和补贴”“职工福利费”“社会保险费”“住房公积金”“工会经费”“职工教育经费”“非货币性福利”“辞退福利”等进行明细核算。

三、应付职工薪酬的主要账务处理。

（一）月末，小企业应当将本月发生的职工薪酬区分以下情况进行分配：

1. 生产部门（提供劳务）人员的职工薪酬，借记“生产成本”“制造费用”等科目，贷记本科目。

2. 应由在建工程、无形资产开发项目负担的职工薪酬，借记“在建工程”“研发支出”等科目，贷记本科目。

3. 管理部门人员的职工薪酬和因解除与职工的劳动关系给予的补偿，借记“管理费用”科目，贷记本科目。

4. 销售人员的职工薪酬，借记“销售费用”科目，贷记本科目。

（二）小企业发放职工薪酬应当区分以下情况进行处理：

1. 向职工支付工资、奖金、津贴、福利费等，从应付职工薪酬中扣还的各种款项（代垫的家属药费、个人所得税等）等，借记本科目，贷记“库存现金”“银行存款”“其他应收款”“应交税费——应交个人所得税”等科目。

2. 支付工会经费和职工教育经费用于工会活动和职工培训，借记本科目，贷记“银行存款”等科目。

3. 按照国家有关规定缴纳的社会保险费和住房公积金，借记本科目，贷记“银行存款”科目。

4. 以其自产产品发放给职工的，按照其销售价格，借记本科目，贷记“主营业务收入”科目；同时，还应结转产成品的成本。涉及增值税销项税额的，还应进行相应的账务处理。

5. 支付的因解除与职工的劳动关系给予职工的补偿，借记本科目，贷记“库存现金”“银行存款”等科目。

四、本科目期末贷方余额，反映小企业应付未付的职工薪酬。

2221　应交税费

一、本科目核算小企业按照税法等规定计算应交纳的各种税费。包括：增值税、消费税、城市维护建设税、企业所得税、资源税、土地增值税、城镇土地使用税、房产税、车船税和教育费附加、矿产资源补偿费、排污费等。

小企业代扣代缴的个人所得税等，也通过本科目核算。

二、本科目应按照应交的税费项目进行明细核算。

应交增值税还应当分别“进项税额”“销项税额”“出口退税”“进项税额转出”“已交税金”等设置专栏。

小规模纳税人只需设置“应交增值税”明细科目，不需要在“应交增值税”明细科目中设置上述专栏。

三、应交税费的主要账务处理。

（一）应交增值税的主要账务处理。

1. 小企业采购货物或接受应税劳务和购买服务、无形资产、不动产，按照应计入采购成本的金额，借记“材料采购”或“在途物资”“原材料”“库存商品”“制造费用”“管理费用”“无形资产”“固定资产”等科目，按照税法规定可抵扣的增值税进项税额，借记本科目（应交增值税——进项税额），按照应付或实际支付的金额，贷记“应付账款”“银行存款”等科目。购入物资发生退货的，作相反的会计分录。

购进免税农业产品，按照购入农业产品的买价和税法规定的税率计算的增值税进项税额，借记本科目（应交增值税——进项税额），按照买价减去按照税法规定计算的增值税进项税额后的金额，借记“材料采购”或“在途物资”等科目，按照应付或实际支付的价款，贷记“应付账款”“库存现金”“银行存款”等科目。

2. 销售商品（提供劳务）、销售服务、销售无形资产及不动产，按照收入金额和应收取的增值税销项税额，借记“应收账款”“银行存款”等科目，按照税法规定应交纳的增值税销项税额，贷记本科目（应交增值税——销项税额），按照确认的营业收入金额，贷记“主营业务收入”“其他业务收入”等科目。发生销售退回的，作相反的会计分录。

随同商品出售但单独计价的包装物，应当按照实际收到或应收的金额，借记“银行存款”“应收账款”等科目，按照税法规定应交纳的增值税销项税额，贷记本科目（应交增值税——销项税额），按照确认的其他业务收入金额，贷记“其他业务收入”科目。

3. 有出口产品的小企业，其出口退税的账务处理如下：

（1）实行“免、抵、退”管理办法的小企业，按照税法规定计算的当期出口产品不予免征、抵扣和退税的增值税额，借记“主营业务成本”科目，贷记本科目（应交增值税——进项税额转出）。按照税法规定计算的当期应予抵扣的增值税额，借记本科目（应交增值税——出口抵减内销产品应纳税额），贷记本科目（应交增值税——出口退税）。

出口产品按照税法规定应予退回的增值税款，借记“其他应收款”科目，贷记本科目（应交增值税——出口退税）。

（2）未实行“免、抵、退”管理办法的小企业，出口产品实现销售收入时，应当按照应收的金额，借记“应收账款”等科目，按照税法规定应收的出口退税，借记“其他应收款”科目，按照税法规定不予退回的增值税额，借记“主营业务成本”科目，按照确认的销售商品收入，贷记“主营业务收入”科目，按照税法规定应交纳的增值税额，贷记本科目（应交增值税——销项税额）。

4. 购入材料等按照税法规定不得从增值税销项税额中抵扣的进项税额，其进项税额应计入材料等的成本，借记“材料采购”或“在途物资”等科目，贷记“银行存款”等科目，不通过本科目（应交增值税——进项税额）核算。

5. 将自产的产品等用作福利发放给职工，应视同产品销售计算应交增值税的，借记“应付职工酬薪”科目，贷记“主营业务收入”、本科目（应交增值税——销项税额）等科目。

6. 购进的物资、在产品、产成品因盘亏、毁损、报废、被盗，以及购进物资改变用途等原因按照税法规定不得从增值税销项税额中抵扣的进项税额，其进项税额应转入有关科目，借记“待处理财产损溢”等科目，贷记本科目（应交增值税——进项税额转出）。

由于工程而使用本企业的产品或商品，应当按照成本，借记“在建工程”科目，贷记“库存商品”科目。同时，按照税法规定应交纳的增值税销项税额，借记“在建工程”科目，贷记本科目（应交增值税——销项税额）。

7. 交纳的增值税，借记本科目（应交增值税——已交税金），贷记“银行存款”科目。

（二）应交消费税的主要账务处理。

1. 销售需要交纳消费税的物资应交的消费税，借记“税金及附加”等科目，贷记本科目（应交消费税）。

2. 以生产的产品用于在建工程、非生产机构等，按照税法规定应交纳的消费税，借记“在建工程”“管理费用”等科目，贷记本科目（应交消费税）。

随同商品出售但单独计价的包装物，按照税法规定应交纳的消费税，借记“税金及附加”科目，贷记本科目（应交消费税）。出租、出借包装物逾期未收回没收的押金应交的消费税，借记“税金及附加”科目，贷记本科目（应交消费税）。

3. 需要交纳消费税的委托加工物资，由受托方代收代缴税款（除受托加工或翻新改制金银首饰按照税法规定由受托方交纳消费税外）。小企业（受托方）按照应交税款金额，借记“应收账款”“银行存款”等科目，贷记本科目（应交消费税）。

委托加工物资收回后，直接用于销售的，小企业（委托方）应将代收代缴的消费税计入委托加工物资的成本，借记“库存商品”等科目，贷记“应付账款”“银行存款”等科目；委托加工物资收回后用于连续生产，按照税法规定准予抵扣的，按照代收代缴的消费税，借记本科目（应交消费税），贷记“应付账款”“银行存款”等科目。

4. 有金银首饰零售业务的以及采用以旧换新方式销售金银首饰的小企业，在营业收入实现时，按照应交的消费税，借记“税金及附加”科目，贷记本科目（应交消费税）。有金银首饰零售业务的小企业因受托代销金银首饰按照税法规定应交纳的消费税，借记“税金及附加”科目，贷记本科目（应交消费税）；以其他方式代销金银首饰的，其交纳的消费税，借记“税金及附加”科目，贷记本科目（应交消费税）。

有金银首饰批发、零售业务的小企业将金银首饰用于馈赠、赞助、广告、职工福利、奖励等方面的，应于物资移送时，按照应交的消费税，借记“营业外支出”“销售费用”“应付职工薪酬”等科目，贷记本科目（应交消费税）。

随同金银首饰出售但单独计价的包装物，按照税法规定应交纳的消费税，借记“税金及附加”科目，贷记本科目（应交消费税）。

小企业因受托加工或翻新改制金银首饰按照税法规定应交纳的消费税，于向委托方交货时，借记“税金及附加”科目，贷记本科目（应交消费税）。

5. 需要交纳消费税的进口物资，其交纳的消费税应计入该项物资的成本，借记“材料采购”或“在途物资”“库存商品”“固定资产”等科目，贷记“银行存款”等科目。

6. 小企业（生产性）直接出口或通过外贸企业出口的物资，按照税法规定直接予以免征消费税的，可不计算应交消费税。

7. 交纳的消费税，借记本科目（应交消费税），贷记“银行存款”科目。

（三）应交城市维护建设税和教育费附加的主要账务处理。

1. 小企业按照税法规定应交的城市维护建设税、教育费附加，借记“税金及附加”科目，贷记本科目（应交城市维护建设税、应交教育费附加）。

2. 交纳的城市维护建设税和教育费附加，借记本科目（应交城市维护建设税、应交教育费附加），贷记“银行存款”科目。

（四）应交企业所得税的主要账务处理。

1. 小企业按照税法规定应交的企业所得税，借记“所得税费用”科目，贷记本科目（应交企业所得税）。

2. 交纳的企业所得税，借记本科目（应交企业所得税），贷记“银行存款”科目。

（五）应交资源税的主要账务处理。

1. 小企业销售商品按照税法规定应交纳的资源税，借记“税金及附加”科目，贷记本科目（应交资源税）。

2. 自产自用的物资应交纳的资源税，借记“生产成本”科目，贷记本科目（应交资源税）。

3. 收购未税矿产品，按照实际支付的价款，借记“材料采购”或“在途物资”等科目，贷记“银行存款”等科目，按照代扣代缴的资源税，借记“材料采购”或“在途物资”等科目，贷记本科目（应交资源税）。

4. 外购液体盐加工固体盐：在购入液体盐时，按照税法规定所允许抵扣的资源税，借记本科目（应交资源税），按照购买价款减去允许抵扣的资源税后的金额，借记“材料采购”或“在途物资”“原材料”等科目，按照应支付的购买价款，贷记“银行存款”“应付账款”等科目；加工成固体盐后，在销售时，按照销售固体盐应交纳的资源税，借记“税金及附加”科目，贷记本科目（应交资源税）；将销售固体盐应交资源税抵扣液体盐已交资源税后的差额上交时，借记本科目（应交资源税），贷记“银行存款”科目。

5. 交纳的资源税，借记本科目（应交资源税），贷记“银行存款”科目。

（六）应交土地增值税的主要账务处理。

1. 小企业转让土地使用权应交纳的土地增值税，土地使用权与地上建筑物及其附着物一并在“固定资产”科目核算的，借记“固定资产清理”科目，贷记本科目（应交土地增值税）。

土地使用权在“无形资产”科目核算的，按照实际收到的金额，借记“银行存款”科目，按照应交纳的土地增值税，贷记本科目（应交土地增值税），按照已计提的累计摊销，借记“累计摊销”科目，按照其成本，贷记“无形资产”科目，按照其差额，贷记“营业外收入——非流动资产处置净收益”科目或借记“营业外支出——非流动资产处置净损失”科目。

2. 小企业（房地产开发经营）销售房地产应交纳的土地增值税，借记“税金及附加”科目，贷记本科目（应交土地增值税）。

3. 交纳的土地增值税，借记本科目（应交土地增值税），贷记“银行存款”科目。

（七）应交城镇土地使用税、房产税、车船税、矿产资源补偿费、排污费的主要账务处理。

1. 小企业按照规定应交纳的城镇土地使用税、房产税、车船税、矿产资源补偿费、排污费，借记“税金及附加”科目，贷记本科目（应交城镇土地使用税、应交房产税、应交车船税、应交矿产资源补偿费、应交排污费）。

2. 交纳的城镇土地使用税、房产税、车船税、矿产资源补偿费、排污费，借记本科目（应交城镇土地使用税、应交房产税、应交车船税、应交矿产资源补偿费、应交排污费），贷记“银行存款”科目。

（八）应交个人所得税的主要账务处理。

1. 小企业按照税法规定应代扣代缴的职工个人所得税，借记“应付职工薪酬”科目，贷记本科目（应交个人所得税）。

2. 交纳的个人所得税，借记本科目（应交个人所得税），贷记“银行存款”科目。

（九）小企业按照规定实行企业所得税、增值税、消费税等先征后返的，应当在实际收到返还的企业所得税、增值税（不含出口退税）、消费税等时，借记“银行存款”科目，贷记“营业外收入”科目。

四、本科目期末贷方余额，反映小企业尚未交纳的税费；期末如为借方余额，反映小企业多交或尚未抵扣的税费。

2231　应付利息

一、本科目核算小企业按照合同约定应支付的利息费用。

二、本科目应按照贷款人等进行明细核算。

三、应付利息的主要账务处理。

（一）在应付利息日，小企业应当按照合同利率计算确定的利息费用，借记“财务费用”“在建工程”等科目，贷记本科目。

（二）实际支付的利息，借记本科目，贷记“银行存款”等科目。

四、本科目期末贷方余额，反映小企业应付未付的利息费用。

2232　应付利润

一、本科目核算小企业向投资者分配的利润。

二、本科目应按照投资者进行明细核算。

三、应付利润的主要账务处理。

（一）小企业根据规定或协议确定的应分配给投资者的利润，借记“利润分配”科目，贷记本科目。

（二）向投资者实际支付利润，借记本科目，贷记“库存现金”“银行存款”科目。

四、本科目期末贷方余额，反映小企业应付未付的利润。

2241　其他应付款

一、本科目核算小企业除应付账款、预收账款、应付职工薪酬、应交税费、应付利息、应付利润等以外的其他各项应付、暂收的款项，如应付租入固定资产和包装物的租金、存入保证金等。

二、本科目应按照其他应付款的项目和对方单位（或个人）进行明细核算。

三、其他应付款的主要账务处理。

（一）小企业发生的其他各种应付、暂收款项，借记“管理费用”“银行存款”等科目，贷记本科目。

（二）支付或退回其他各种应付、暂收款项，借记本科目，贷记“银行存款”等科目。

小企业无法支付的其他应付款，借记本科目，贷记“营业外收入”科目。

四、本科目期末贷方余额，反映小企业应付未付的其他应付款项。

2401　递延收益

一、本科目核算小企业已经收到、应在以后期间计入损益的政府补助。

二、本科目应按照相关项目进行明细核算。

三、递延收益的主要账务处理。

（一）小企业收到与资产相关的政府补助，借记“银行存款”等科目，贷记本科目。

在相关资产的使用寿命内平均分配递延收益，借记本科目，贷记“营业外收入”科目。

（二）收到的其他政府补助，用于补偿本企业以后期间的相关费用或亏损的，应当按照收到的金额，借记“银行存款”等科目，贷记本科目。在发生相关费用或亏损的未来期间，应当按照应补偿的金额，借记本科目，贷记“营业外收入”科目。

用于补偿本企业已发生的相关费用或亏损的，应当按照收到的金额，借记“银行存款”等科目，贷记“营业外收入”科目。

四、本科目期末贷方余额，反映小企业已经收到、但应在以后期间计入损益的政府补助。

2501　长期借款

一、本科目核算小企业向银行或其他金融机构借入的期限在1年以上的各项借款本金。

二、本科目应按照借款种类、贷款人和币种进行明细核算。

三、长期借款的主要账务处理。

（一）小企业借入长期借款，借记“银行存款”科目，贷记本科目。

（二）在应付利息日，应当按照借款本金和借款合同利率计提利息费用，借记“财务费用”“在建工程”等科目，贷记“应付利息”科目。

（三）偿还长期借款本金，借记本科目，贷记“银行存款”科目。

四、本科目期末贷方余额，反映小企业尚未偿还的长期借款本金。

2701　长期应付款

一、本科目核算小企业除长期借款以外的其他各种长期应付款项。包括：应付融资租入固定资产的租赁费、以分期付款方式购入固定资产发生的应付款项等。

二、本科目应按照长期应付款的种类和债权人进行明细核算。

三、长期应付款的主要账务处理。

（一）小企业融资租入固定资产，在租赁期开始日，按照租赁合同约定的付款总额和在签订租赁合同过程中发生的相关税费等，借记“固定资产”或“在建工程”科目，贷记本科目等科目。

（二）以分期付款方式购入固定资产，应当按照实际支付的购买价款和相关税费（不包括按照税法规定可抵扣的增值税进项税额），借记“固定资产”或“在建工程”科目，按照税法规定可抵扣的增值税进项税额，借记“应交税费——应交增值税（进项税额）”科目，贷记本科目。

四、本科目期末贷方余额，反映小企业应付未付的长期应付款项。

所有者权益类

3001　实收资本

一、本科目核算小企业收到投资者按照合同协议约定或相关规定投入的、构成注册资本的部分。

小企业（股份有限公司）应当将本科目的名称改为“3001 股本”科目。

小企业收到投资者出资超过其在注册资本中所占份额的部分，作为资本溢价，在“资本公积”科目核算，不在本科目核算。

二、本科目应按照投资者进行明细核算。

小企业（中外合作经营）根据合同规定在合作期间归还投资者的投资，应在本科目设置“已归还投资”明细科目进行核算。

三、实收资本的主要账务处理。

（一）小企业收到投资者的出资，借记“银行存款”“其他应收款”“固定资产”“无形资产”等科目，按照其在注册资本中所占的份额，贷记本科目，按照其差额，贷记“资本公积”科目。

（二）根据有关规定增加注册资本，借记“银行存款”“资本公积”“盈余公积”等科目，贷记本科目。

根据有关规定减少注册资本，借记本科目“资本公积”等科目，贷记“库存现金”“银行存款”等科目。

小企业（中外合作经营）根据合同规定在合作期间归还投资者的投资，应当按照实际归还投资的金额，借记本科目（已归还投资），贷记“银行存款”等科目；同时，借记“利润分配——利润归还投资”科目，贷记“盈余公积——利润归还投资”科目。

四、本科目期末贷方余额，反映小企业实收资本总额。

3002　资本公积

一、本科目核算小企业收到投资者出资超出其在注册资本中所占份额的部分。

二、资本公积的主要账务处理。

（一）小企业收到投资者的出资，借记“银行存款”“其他应收款”“固定资产”“无形资产”等科目，按照其在注册资本中所占的份额，贷记“实收资本”科目，按照其差额，贷记本科目。

（二）根据有关规定用资本公积转增资本，借记本科目，贷记“实收资本”科目。

根据有关规定减少注册资本，借记“实收资本”科目、本科目等科目，贷记“库存现金”“银行存款”等科目。

三、本科目期末贷方余额，反映小企业资本公积总额。

3101　盈余公积

一、本科目核算小企业（公司制）按照公司法规定在税后利润中提取的法定公积金和任意公积金。

小企业（外商投资）按照法律规定在税后利润中提取储备基金和企业发展基金也在本科目核算。

二、本科目应当分别“法定盈余公积”“任意盈余公积”进行明细核算。

小企业（外商投资）还应当分别“储备基金”“企业发展基金”进行明细核算。

小企业（中外合作经营）根据合同规定在合作期间归还投资者的投资，应在本科目设置“利润归还投资”明细科目进行核算。

三、盈余公积的主要账务处理。

（一）小企业（公司制）按照公司法规定提取法定公积金和任意公积金，借记“利润分配——提取法定盈余公积、提取任意盈余公积”科目，贷记本科目（法定盈余公积、任意盈余公积）。

小企业（外商投资）按照规定提取储备基金、企业发展基金、职工奖励及福利基金，借记“利润分配——提取储备基金、提取企业发展基金、提取职工奖励及福利基金”科目，贷记本科目（储备基金、企业发展基金）、“应付职工薪酬”科目。

（二）用盈余公积弥补亏损或者转增资本，借记本科目，贷记“利润分配——盈余公积补亏”或“实收资本”科目。

小企业（中外合作经营）根据合同规定在合作期间归还投资者的投资，应当按照实际归还投资的金额，借记“实收资本——已归还投资”科目，贷记“银行存款”等科目；同时，借记“利润分配——利润归还投资”科目，贷记本科目（利润归还投资）。

四、本科目期末贷方余额，反映小企业（公司制）的法定公积金和任意公积金总额，小企业（外商投资）的储备基金和企业发展基金总额。

3103　本年利润

一、本科目核算小企业当期实现的净利润（或发生的净亏损）。

二、本年利润的主要账务处理。

（一）期（月）末结转利润时，小企业可以将“主营业务收入”“其他业务收入”“营业外收入”科目的余额，转入本科目，借记“主营业务收入”“其他业务收入”“营业外收入”科目，贷记本科目；将“主营业务成本”“其他业务成本”“税金及附加”“销售费用”“管理费用”“财务费用”“营业外支出”“所得税费用”科目的余额，转入本科目，借记本科目，贷记“主营业务成本”“其他业务成本”“税金及附加”“销售费用”“管理费用”“财务费用”“营业外支出”“所得税费用”科目。将“投资收益”科目的贷方余额，转入本科目，借记“投资收益”科目，贷记本科目；如为借方余额，作相反的会计分录。

结转后本科目的贷方余额为当期实现的净利润；借方余额为当期发生的净亏损。

（二）年度终了，应当将本年收入和支出相抵后结出的本年实现的净利润，转入“利润分配”科目，借记本科目，贷记“利润分配——未分配利润”科目；如为净亏损，作相反的会计分录。

结转后本科目应无余额。

3104　利润分配

一、本科目核算小企业利润的分配（或亏损的弥补）和历年分配（或弥补）后的余额。

二、本科目应按照“应付利润”“未分配利润”等进行明细核算。

三、利润分配的主要账务处理。

（一）小企业根据有关规定分配给投资者的利润，借记本科目（应付利润），贷记“应付利润”科目。

（二）用盈余公积弥补亏损，借记“盈余公积”科目，贷记本科目（盈余公积补亏）。

小企业（中外合作经营）根据合同规定在合作期间归还投资者的投资，应按照实际归还投资的金额，借记“实收资本——已归还投资”科目，贷记“银行存款”等科目；同时，借记本科目（利润归还投资），贷记“盈余公积——利润归还投资”科目。

四、年度终了，小企业应当将本年实现的净利润，自“本年利润”科目转入本科目，借记“本年利润”科目，贷记本科目（未分配利润）；为净亏损的，作相反的会计分录。同时，将“利润分配”科目所属明细科目（应付利润、盈余公积补亏）的余额转入本科目明细科目（未分配利润）。结转后，本科目除“未分配利润”明细科目外，其他明细科目应无余额。

五、本科目年末余额，反映小企业的未分配利润（或未弥补亏损）。

成　本　类

4001　生产成本

一、本科目核算小企业进行工业性生产发生的各项生产成本。包括：生产各种产品（产成品、自制半成品等）、自制材料、自制工具、自制设备等。

小企业对外提供劳务发生的成本，可将本科目改为“4001 劳务成本”科目，或单独设置“4002 劳务成本”科目进行核算。

二、本科目可按照基本生产成本和辅助生产成本进行明细核算。

三、生产成本的主要账务处理。

（一）小企业发生的各项直接生产成本，借记本科目（基本生产成本、辅助生产成本），贷记“原材料”“库存现金”“银行存款”“应付职工薪酬”等科目。

各生产车间应负担的制造费用，借记本科目（基本生产成本、辅助生产成本），贷记“制造费用”科目。

（二）辅助生产车间为基本生产车间、管理部门和其他部门提供的劳务和产品，可在月末按照一定的分配标准分配给各受益对象，借记本科目（基本生产成本）、“销售费用”“管理费用”“其他业务成本”“在建工程”等科目，贷记本科目（辅助生产成本）；也可在提供相关劳务和产品时，借记本科目、“销售费用”“管理费用”“其他业务成本”“在建工程”等科目，贷记“原材料”“库存现金”“银行存款”“应付职工薪酬”等科目。

（三）小企业已经生产完成并已验收入库的产成品以及入库的自制半成品，可在月末，借记“库存商品”等科目，贷记本科目（基本生产成本）。

四、本科目期末借方余额，反映小企业尚未加工完成的在产品成本。

4101　制造费用

一、本科目核算小企业生产车间（部门）为生产产品和提供劳务而发生的各项间接费用。

小企业经过 1 年期以上的制造才能达到预定可销售状态的产品发生的借款费用，也在本科目核算。

小企业行政管理部门为组织和管理生产经营活动而发生的管理费用，在“管理费用”

科目核算，不在本科目核算。

二、本科目应按照不同的生产车间、部门和费用项目进行明细核算。

三、制造费用的主要账务处理。

（一）生产车间发生的机物料消耗和固定资产修理费，借记本科目，贷记“原材料”“银行存款”等科目。

（二）发生的生产车间管理人员的工资等职工薪酬，借记本科目，贷记“应付职工薪酬”科目。

（三）生产车间计提的固定资产折旧费，借记本科目，贷记“累计折旧”科目。

（四）生产车间支付的办公费、水电费等，借记本科目，贷记“银行存款”“应付利息”等科目。

（五）发生季节性和修理期间的停工损失，借记本科目，贷记“原材料”“应付职工薪酬”“银行存款”等科目。

（六）小企业经过1年期以上的制造才能达到预定可销售状态的产品在制造完成之前发生的借款利息，在应付利息日根据借款合同利率计算确定的利息费用，借记本科目，贷记“应付利息”科目。制造完成之后发生的利息费用，借记“财务费用”科目，贷记“应付利息”科目。

（七）将制造费用分配计入有关的成本核算对象，借记“生产成本——基本生产成本、辅助生产成本”等科目。贷记本科目。

（八）季节性生产小企业制造费用全年实际发生额与分配额的差额，除其中属于为下1年开工生产做准备的可留待下1年分配外，其余部分实际发生额大于分配额的差额，借记“生产成本——基本生产成本”科目，贷记本科目；实际发生额小于分配额的差额，作相反的会计分录。

四、除季节性的生产性小企业外，本科目期末应无余额。

4301　研发支出

一、本科目核算小企业进行研究与开发无形资产过程中发生的各项支出。

二、本科目应按照研究开发项目，分别“费用化支出”“资本化支出”进行明细核算。

三、研发支出的主要账务处理。

（一）小企业自行研究开发无形资产发生的研发支出，不满足资本化条件的，借记本科目（费用化支出），满足资本化条件的，借记本科目（资本化支出），贷记“原材料”“银行存款”“应付职工薪酬”“应付利息”等科目。

（二）研究开发项目达到预定用途形成无形资产的，应按本科目（资本化支出）的余额，借记“无形资产”科目，贷记本科目（资本化支出）。

月末，应将本科目归集的费用化支出金额转入“管理费用”科目，借记“管理费用”科目，贷记本科目（费用化支出）。

四、本科目期末借方余额，反映小企业正在进行的无形资产开发项目满足资本化条件的支出。

4401 工程施工

一、本科目核算小企业（建筑业）实际发生的各种工程成本。

二、本科目应按照建造合同项目分别“合同成本”和“间接费用”进行明细核算。

三、工程施工的主要账务处理。

（一）小企业进行合同建造时发生的人工费、材料费、机械使用费以及施工现场材料的二次搬运费、生产工具和用具使用费、检验试验费、临时设施折旧费等其他直接费用，借记本科目（合同成本），贷记“应付职工薪酬”“原材料”等科目。

发生的施工、生产单位管理人员职工薪酬、财产保险费、工程保修费、固定资产折旧费等间接费用，借记本科目（间接费用），贷记“累计折旧”“银行存款”等科目。

期（月）末，将间接费用分配计入有关合同成本，借记本科目（合同成本），贷记本科目（间接费用）。

（二）确认合同收入和合同费用时，借记“应收账款”“预收账款”等科目，贷记“主营业务收入”科目；按照应结转的合同成本，借记“主营业务成本”科目，贷记本科目（合同成本）。

四、本科目期末借方余额，反映小企业尚未完工的建造合同成本和合同毛利。

4403 机械作业

一、本科目核算小企业（建筑业）及其内部独立核算的施工单位、机械站和运输队使用自有施工机械和运输设备进行机械作业（含机械化施工和运输作业等）所发生的各项费用。

小企业及其内部独立核算的施工单位，从外单位或本企业其他内部独立核算的机械站租入施工机械发生的机械租赁费，在“工程施工”科目核算，不在本科目核算。

二、本科目应按照施工机械或运输设备的种类等进行明细核算。

小企业内部独立核算的机械施工、运输单位使用自有施工机械或运输设备进行机械作业所发生的各项费用，应按照成本核算对象和成本项目进行归集。

成本项目一般分为：职工薪酬、燃料及动力费、折旧及修理费、其他直接费用、间接费用（为组织和管理机械作业生产所发生的费用）。

三、机械作业的主要账务处理。

（一）小企业发生的机械作业支出，借记本科目，贷记“原材料”“应付职工薪酬”“累计折旧”等科目。

（二）期（月）末，小企业及其内部独立核算的施工单位、机械站和运输队为本企业承包的工程进行机械化施工和运输作业的成本，应转入承包工程的成本，借记“工程施工”科目，贷记本科目。

对外单位、专项工程等提供机械作业（含运输设备）的成本，借记“生产成本（或劳务成本）”科目，贷记本科目。

四、本科目期末应无余额。

损 益 类

5001 主营业务收入

一、本科目核算小企业确认的销售商品或提供劳务等主营业务的收入。

二、本科目应按照主营业务的种类进行明细核算。

三、主营业务收入的主要账务处理。

小企业销售商品或提供劳务实现的收入，应当按照实际收到或应收的金额，借记“银行存款”“应收账款”等科目，按照税法规定应交纳的增值税额，贷记“应交税费——应交增值税（销项税额）”科目，按照确认的销售商品收入，贷记本科目。

发生销货退回（不论属于本年度还是属于以前年度的销售），按照应冲减销售商品收入的金额，借记本科目，按照实际支付或应退还的金额，贷记“银行存款”“应收账款”等科目。涉及增值税销项税额的，还应进行相应的账务处理。

四、月末，可将本科目的余额转入“本年利润”科目，结转后本科目应无余额。

5051 其他业务收入

一、本科目核算小企业确认的除主营业务活动以外的其他日常生产经营活动实现的收入。包括：出租固定资产、出租无形资产、销售材料等实现的收入。

二、本科目应按照其他业务收入种类进行明细核算。

三、其他业务收入的主要账务处理。

小企业确认的其他业务收入，借记“银行存款”“其他应收款”等科目，贷记本科目。涉及增值税销项税额的，还应进行相应的账务处理。

四、月末，可将本科目余额转入“本年利润”科目，结转后本科目应无余额。

5111 投资收益

一、本科目核算小企业确认的投资收益或投资损失。

二、本科目应按照投资项目进行明细核算。

三、投资收益的主要账务处理。

（一）对于短期股票投资、短期基金投资和长期股权投资，小企业应当按照被投资单位宣告分派的现金股利或利润中属于本企业的部分，借记“应收股利”科目，贷记本科目。

（二）在长期债券投资或短期债券投资持有期间，在债务人应付利息日，按照分期付息、一次还本的长期债券投资或短期债券投资的票面利率计算的利息收入，借记“应收利息”科目，贷记本科目；按照一次还本付息的长期债券投资票面利率计算的利息收入，借记“长期债券投资——应计利息”科目，贷记本科目。

在债务人应付利息日，按照应分摊的债券溢折价金额，借记或贷记本科目，贷记或借记“长期债券投资——溢折价”科目。

（三）出售短期投资、处置长期股权投资和长期债券投资，应当按照实际收到的价款或收回的金额，借记“银行存款”或“库存现金”科目，按照其账面余额，贷记“短期投资”“长期股权投资”“长期债券投资”科目，按照尚未领取的现金股利或利润、债券利息收入，贷记“应收股利”“应收利息”科目，按照其差额，贷记或借记本科目。

四、月末，可将本科目余额转入“本年利润”科目，本科目结转后应无余额。

5301　营业外收入

一、本科目核算小企业实现的各项营业外收入。包括：非流动资产处置净收益、政府补助、捐赠收益、盘盈收益、汇兑收益、出租包装物和商品的租金收入、逾期未退包装物押金收益、确实无法偿付的应付款项、已作坏账损失处理后又收回的应收款项、违约金收益等。

小企业收到出口产品或商品按照规定退回的增值税款，在“其他应收款”科目核算，不在本科目核算。

二、本科目应按照营业外收入项目进行明细核算。

三、营业外收入的主要账务处理。

（一）小企业确认非流动资产处置净收益，比照“固定资产清理”“无形资产”等科目的相关规定进行账务处理。

（二）确认的政府补助收入，借记“银行存款”或“递延收益”科目，贷记本科目。

（三）小企业按照规定实行企业所得税、增值税（不含出口退税）、消费税等先征后返的，应当在实际收到返还的企业所得税、增值税、消费税等时，借记“银行存款”科目，贷记本科目。

（四）确认的捐赠收益，借记“银行存款”“固定资产”等科目，贷记本科目。

（五）确认的盘盈收益，借记“待处理财产损溢——待处理流动资产损溢、待处理非流动资产损溢”科目，贷记本科目。

（六）确认的汇兑收益，借记有关科目，贷记本科目。

（七）确认的出租包装物和商品的租金收入、逾期未退包装物押金收益、确实无法偿付的应付款项、违约金收益等，借记“其他应收款”“应付账款”“其他应付款”等科目，贷记本科目。

（八）确认的已作坏账损失处理后又收回的应收款项，借记“银行存款”等科目，贷记本科目。

四、月末，可将本科目余额转入“本年利润”科目，结转后本科目应无余额。

5401 主营业务成本

一、本科目核算小企业确认销售商品或提供劳务等主营业务收入应结转的成本。

二、本科目应按照主营业务的种类进行明细核算。

三、主营业务成本的主要账务处理。

（一）月末，小企业可根据本月销售各种商品或提供各种劳务实际成本，计算应结转的主营业务成本，借记本科目，贷记“库存商品”“生产成本”“工程施工”等科目。

（二）本月发生的销售退回，可以直接从本月的销售数量中减去，得出本月销售的净数量，然后计算应结转的主营业务成本，也可以单独计算本月销售退回成本，借记“库存商品”等科目，贷记本科目。

四、月末，可将本科目的余额转入“本年利润”科目，结转后本科目应无余额。

5402 其他业务成本

一、本科目核算小企业确认的除主营业务活动以外的其他日常生产经营活动所发生的支出。包括：销售材料的成本、出租固定资产的折旧费、出租无形资产的摊销额等。

二、本科目应按照其他业务成本的种类进行明细核算。

三、其他业务成本的主要账务处理。

小企业发生的其他业务成本，借记本科目，贷记“原材料”“周转材料”“累计折旧”“累计摊销”“银行存款”等科目。

四、月末，可将本科目余额转入“本年利润”科目，结转后本科目应无余额。

5403 税金及附加

一、本科目核算小企业开展日常生产经营活动应负担的消费税、城市维护建设税、资源税、土地增值税、城镇土地使用税、房产税、车船税、印花税和教育费附加、矿产资源补偿费、排污费等相关税费。

与最终确认营业外收入或营业外支出相关的税费，在“固定资产清理”“无形资产”等科目核算，不在本科目核算。

二、本科目应按照税费种类进行明细核算。

三、税金及附加的主要账务处理。

小企业按照规定计算确定的与其日常生产经营活动相关的税费，借记本科目，贷记“应交税费”等科目。

四、月末，可将本科目余额转入“本年利润”科目，结转后本科目应无余额。

5601 销售费用

一、本科目核算小企业在销售商品或提供劳务过程中发生的各种费用。包括：销售人员的职工薪酬、商品维修费、运输费、装卸费、包装费、保险费、广告费和业务宣传费、展览费等费用。

小企业（批发业、零售业）在购买商品过程中发生的费用（包括：运输费、装卸费、包装费、保险费、运输途中的合理损耗和入库前的挑选整理费等），也在本科目核算。

二、本科目应按照费用项目进行明细核算。

三、销售费用的主要账务处理。

小企业在销售商品或提供劳务过程中发生的销售人员的职工薪酬、商品维修费、运输费、装卸费、包装费、保险费、广告费、业务宣传费、展览费等费用，借记本科目，贷记“库存现金”“银行存款”等科目。

小企业（批发业、零售业）在购买商品过程中发生的运输费、装卸费、包装费、保险费、运输途中的合理损耗和入库前的挑选整理费等，借记本科目，贷记“库存现金”“银行存款”“应付账款”等科目。

四、月末，可将本科目余额转入“本年利润”科目，结转后本科目应无余额。

5602 管理费用

一、本科目核算小企业为组织和管理生产经营发生的其他费用。包括：小企业在筹建期间内发生的开办费、行政管理部门发生的费用（包括：固定资产折旧费、修理费、办公费、水电费、差旅费、管理人员的职工薪酬等）、业务招待费、研究费用、技术转让费、相关长期待摊费用摊销、财产保险费、聘请中介机构费、咨询费（含顾问费）、诉讼费等费用。

小企业（批发业、零售业）管理费用不多的，可不设置本科目，本科目的核算内容可并入“销售费用”科目核算。

二、本科目应按照费用项目进行明细核算。

三、管理费用的主要账务处理。

（一）小企业在筹建期间内发生的开办费（包括：相关人员的职工薪酬、办公费、培训费、差旅费、印刷费、注册登记费以及不计入固定资产成本的借款费用等费用），在实际发生时，借记本科目，贷记“银行存款”等科目。

（二）行政管理部门人员的职工薪酬，借记本科目，贷记“应付职工薪酬”科目。

（三）行政管理部门计提的固定资产折旧费和发生的修理费，借记本科目，贷记“累计折旧”“银行存款”等科目。

（四）行政管理部门发生的办公费、水电费、差旅费，借记本科目，贷记“银行存款”等科目。

（五）小企业发生的业务招待费、相关长期待摊费用摊销、技术转让费、财产保险费、聘请中介机构费、咨询费（含顾问费）、诉讼费等，借记本科目，贷记“银行存款”“长期待摊费用”等科目。

（六）小企业自行研究无形资产发生的研究费用，借记本科目，贷记“研发支出”科目。

四、月末，可将本科目的余额转入“本年利润”科目，结转后本科目应无余额。

5603　财务费用

一、本科目核算小企业为筹集生产经营所需资金发生的筹资费用。包括：利息费用（减利息收入）、汇兑损失、银行相关手续费、小企业给予的现金折扣（减享受的现金折扣）等费用。

小企业为购建固定资产、无形资产和经过 1 年期以上的制造才能达到预定可销售状态的存货发生的借款费用，在“在建工程”“研发支出”“制造费用”等科目核算，不在本科目核算。

小企业发生的汇兑收益，在“营业外收入”科目核算，不在本科目核算。

二、本科目应按照费用项目进行明细核算。

三、财务费用的主要账务处理。

（一）小企业发生的利息费用、汇兑损失、银行相关手续费、给予的现金折扣等，借记本科目，贷记“应付利息”“银行存款”等科目。

（二）持未到期的商业汇票向银行贴现，应当按照实际收到的金额（即减去贴现息后的净额），借记“银行存款”科目，按照贴现息，借记本科目，按照商业汇票的票面金额，贷记“应收票据”科目（银行无追索权情况下）或“短期借款”科目（银行有追索权情况下）。

（三）发生的应冲减财务费用的利息收入、享受的现金折扣等，借记“银行存款”等科目，贷记本科目。

四、月末，可将本科目余额转入“本年利润”科目，结转后本科目应无余额。

5711　营业外支出

一、本科目核算小企业发生的各项营业外支出。包括：存货的盘亏、毁损、报废损失，非流动资产处置净损失，坏账损失，无法收回的长期债券投资损失，无法收回的长期股权投资损失，自然灾害等不可抗力因素造成的损失，税收滞纳金，罚金，罚款，被没收财物的损失，捐赠支出，赞助支出等。

二、本科目应按照支出项目进行明细核算。

三、营业外支出的主要账务处理。

（一）小企业确认存货的盘亏、毁损、报废损失，非流动资产处置净损失，自然灾害等不可抗力因素造成的损失，借记本科目、“生产性生物资产累计折旧”“累计摊销”等科目，贷记“待处理财产损溢——待处理流动资产损溢、待处理非流动资产损溢”“固定资产清理”“生产性生物资产”“无形资产”等科目。

（二）根据小企业会计准则规定确认实际发生的坏账损失、长期债券投资损失，应当按照可收回的金额，借记“银行存款”等科目，按照应收账款、预付账款、其他应收款、长期债券投资的账面余额，贷记“应收账款”“预付账款”“其他应收款”“长期债券投资”等科目，按照其差额，借记本科目。

（三）根据小企业会计准则规定确认实际发生的长期股权投资损失，按照可收回的金额，借记“银行存款”等科目，按照长期股权投资的账面余额，贷记“长期股权投资”科目，按照其差额，借记本科目。

（四）支付的税收滞纳金、罚金、罚款，借记本科目，贷记“银行存款”等科目。

（五）确认被没收财物的损失、捐赠支出、赞助支出，借记本科目，贷记“银行存款”等科目。

四、月末，可将本科目余额转入“本年利润”科目，结转后本科目应无余额。

5801 所得税费用

一、本科目核算小企业根据企业所得税法确定的应从当期利润总额中扣除的所得税费用。

小企业根据企业所得税法规定补交的所得税，也通过本科目核算。

小企业按照规定实行企业所得税先征后返的，实际收到返还的企业所得税，在“营业外收入”科目核算，不在本科目核算。

二、所得税费用的主要账务处理。

年度终了，小企业按照企业所得税法规定计算确定的当期应纳税税额，借记本科目，贷记“应交税费——应交企业所得税”科目。

三、年度终了，应将本科目的余额转入“本年利润”科目，结转后本科目应无余额。

三、财务报表

小企业的财务报表包括资产负债表、利润表、现金流量表和附注。

（一）财务报表种类和编报期

编号	报表名称	编报期
会小企 01 表	资产负债表	月报、年报
会小企 02 表	利润表	月报、年报
会小企 03 表	现金流量表	月报、年报

（二）小企业资产负债表格式及编制说明

资 产 负 债 表

会小企 01 表

编制单位：　　　　　　　　　　＿＿年＿＿月＿＿日　　　　　　　　　　单位：元

资　　产	行次	期末余额	年初余额	负债和所有者权益（或股东权益）	行次	期末余额	年初余额
流动资产：				流动负债：			
货币资金	1			短期借款	31		
短期投资	2			应付票据	32		
应收票据	3			应付账款	33		
应收账款	4			预收账款	34		
预付账款	5			应付职工薪酬	35		
应收股利	6			应交税费	36		
应收利息	7			应付利息	37		
其他应收款	8			应付利润	38		
存货	9			其他应付款	39		
其中：原材料	10			其他流动负债	40		
在产品	11			流动负债合计	41		
库存商品	12			非流动负债：			
周转材料	13			长期借款	42		
其他流动资产	14			长期应付款	43		
流动资产合计	15			递延收益	44		
非流动资产：				其他非流动负债	45		
长期债券投资	16			非流动负债合计	46		
长期股权投资	17			负债合计	47		
固定资产原价	18						

（续表）

资　　产	行次	期末余额	年初余额	负债和所有者权益（或股东权益）	行次	期末余额	年初余额
减：累计折旧	19						
固定资产账面价值	20						
在建工程	21						
工程物资	22						
固定资产清理	23						
生产性生物资产	24			所有者权益（或股东权益）：			
无形资产	25			实收资本（或股本）	48		
开发支出	26			资本公积	49		
长期待摊费用	27			盈余公积	50		
其他非流动资产	28			未分配利润	51		
非流动资产合计	29			所有者权益（或股东权益）合计	52		
资产总计	**30**			**负债和所有者权益（或股东权益）总计**	**53**		

注：小企业（中外合作经营）根据合同规定在合作期间归还投资者的投资，应在“实收资本（或股本）”项目下增加“减：已归还投资”项目单独列示。

1. 本表反映小企业某一特定日期全部资产、负债和所有者权益的情况。

2. 本表“年初余额”栏内各项数字，应根据上年年末资产负债表“期末余额”栏内所列数字填列。

3. 本表“期末余额”各项目的内容和填列方法：

（1）“货币资金”项目，反映小企业库存现金、银行存款、其他货币资金的合计数。本项目应根据“库存现金”“银行存款”和“其他货币资金”科目的期末余额合计填列。

（2）“短期投资”项目，反映小企业购入的能随时变现并且持有时间不准备超过 1 年的股票、债券和基金投资的余额。本项目应根据“短期投资”科目的期末余额填列。

（3）“应收票据”项目，反映小企业收到的未到期收款也未向银行贴现的应收票据（银行承兑汇票和商业承兑汇票）。本项目应根据“应收票据”科目的期末余额填列。

（4）“应收账款”项目，反映小企业因销售商品、提供劳务等日常生产经营活动应收取的款项。本项目应根据“应收账款”的期末余额分析填列。如“应收账款”科目期末为贷方余额，应当在“预收账款”项目列示。

（5）“预付账款”项目，反映小企业按照合同规定预付的款项。包括：根据合同规定预付的购货款、租金、工程款等。本项目应根据“预付账款”科目的期末借方余额填列；如“预付账款”科目期末为贷方余额，应当在“应付账款”项目列示。

属于超过1年期以上的预付账款的借方余额应当在“其他非流动资产”项目列示。

（6）“应收股利”项目，反映小企业应收取的现金股利或利润。本项目应根据“应收股利”科目的期末余额填列。

（7）“应收利息”项目，反映小企业债券投资应收取的利息。小企业购入一次还本付息债券应收的利息，不包括在本项目内。本项目应根据“应收利息”科目的期末余额填列。

（8）“其他应收款”项目，反映小企业除应收票据、应收账款、预付账款、应收股利、应收利息等以外的其他各种应收及暂付款项。包括：各种应收的赔款、应向职工收取的各种垫付款项等。本项目应根据“其他应收款”科目的期末余额填列。

（9）“存货”项目，反映小企业期末在库、在途和在加工中的各项存货的成本。包括：各种原材料、在产品、半成品、产成品、商品、周转材料（包装物、低值易耗品等）、消耗性生物资产等。本项目应根据“材料采购”“在途物资”“原材料”“材料成本差异”“生产成本”“库存商品”“商品进销差价”“委托加工物资”“周转材料”“消耗性生物资产”等科目的期末余额分析填列。

（10）“其他流动资产”项目，反映小企业除以上流动资产项目外的其他流动资产（含1年内到期的非流动资产）。本项目应根据有关科目的期末余额分析填列。

（11）“长期债券投资”项目，反映小企业准备长期持有的债券投资的本息。本项目应根据“长期债券投资”科目的期末余额分析填列。

（12）“长期股权投资”项目，反映小企业准备长期持有的权益性投资的成本。本项目应根据“长期股权投资”科目的期末余额填列。

（13）“固定资产原价”和“累计折旧”项目，反映小企业固定资产的原价（成本）及累计折旧。这两个项目应根据“固定资产”科目和“累计折旧”科目的期末余额填列。

（14）“固定资产账面价值”项目，反映小企业固定资产原价扣除累计折旧后的余额。本项目应根据“固定资产”科目的期末余额减去“累计折旧”科目的期末余额后的金额填列。

（15）“在建工程”项目，反映小企业尚未完工或虽已完工，但尚未办理竣工决算的工程成本。本项目应根据“在建工程”科目的期末余额填列。

（16）“工程物资”项目，反映小企业为在建工程准备的各种物资的成本。本项目应根据“工程物资”科目的期末余额填列。

（17）“固定资产清理”项目，反映小企业因出售、报废、毁损、对外投资等原因处置固定资产所转出的固定资产账面价值以及在清理过程中发生的费用等。本项目应根据“固定资产清理”科目的期末借方余额填列；如“固定资产清理”科目期末为贷方余额，以“–”号填列。

（18）“生产性生物资产”项目，反映小企业生产性生物资产的账面价值。本项目应根据“生产性生物资产”科目的期末余额减去“生产性生物资产累计折旧”科目的期末余额后的金额填列。

（19）“无形资产”项目，反映小企业无形资产的账面价值。本项目应根据“无形资产”科目的期末余额减去“累计摊销”科目的期末余额后的金额填列。

（20）“开发支出”项目，反映小企业正在进行的无形资产研究开发项目满足资本化条件的支出。本项目应根据“研发支出”科目的期末余额填列。

（21）“长期待摊费用”项目，反映小企业尚未摊销完毕的已提足折旧的固定资产的改建支出、经营租入固定资产的改建支出、固定资产的大修理支出和其他长期待摊费用。本项目应根据“长期待摊费用”科目的期末余额分析填列。

（22）“其他非流动资产”项目，反映小企业除以上非流动资产以外的其他非流动资产。本项目应根据有关科目的期末余额分析填列。

（23）“短期借款”项目，反映小企业向银行或其他金融机构等借入的期限在1年内的、尚未偿还的各种借款本金。本项目应根据“短期借款”科目的期末余额填列。

（24）“应付票据”项目，反映小企业因购买材料、商品和接受劳务等日常生产经营活动开出、承兑的商业汇票（银行承兑汇票和商业承兑汇票）尚未到期的票面金额。本项目应根据“应付票据”科目的期末余额填列。

（25）“应付账款”项目，反映小企业因购买材料、商品和接受劳务等日常生产经营活动尚未支付的款项。本项目应根据“应付账款”科目的期末余额填列。如“应付账款”科目期末为借方余额，应当在“预付账款”项目列示。

（26）“预收账款”项目，反映小企业根据合同规定预收的款项。包括：预收的购货款、工程款等。本项目应根据“预收账款”科目的期末贷方余额填列；如“预收账款”科目期末为借方余额，应当在“应收账款”项目列示。

属于超过1年期以上的预收账款的贷方余额应当在“其他非流动负债”项目列示。

（27）“应付职工薪酬”项目，反映小企业应付未付的职工薪酬。本项目应根据“应付职工薪酬”科目期末余额填列。

（28）“应交税费”项目，反映小企业期末未交、多交或尚未抵扣的各种税费。本项目应根据“应交税费”科目的期末贷方余额填列；如“应交税费”科目期末为借方余额，以“—”号填列。

（29）“应付利息”项目，反映小企业尚未支付的利息费用。本项目应根据“应付利息”科目的期末余额填列。

（30）“应付利润”项目，反映小企业尚未向投资者支付的利润。本项目应根据“应付利润”科目的期末余额填列。

（31）“其他应付款”项目，反映小企业除应付账款、预收账款、应付职工薪酬、应交税费、应付利息、应付利润等以外的其他各项应付、暂收的款项。包括：应付租入固定资产和包装物的租金、存入保证金等。本项目应根据“其他应付款”科目的期末余额填列。

（32）“其他流动负债”项目，反映小企业除以上流动负债以外的其他流动负债（含1年内到期的非流动负债）。本项目应根据有关科目的期末余额填列。

（33）“长期借款”项目，反映小企业向银行或其他金融机构借入的期限在1年以上的、尚未偿还的各项借款本金。本项目应根据“长期借款”科目的期末余额分析填列。

（34）“长期应付款”项目，反映小企业除长期借款以外的其他各种应付未付的长期应付款项。包括：应付融资租入固定资产的租赁费、以分期付款方式购入固定资产发生的应付款项等。本项目应根据“长期应付款”科目的期末余额分析填列。

（35）“递延收益”项目，反映小企业收到的、应在以后期间计入损益的政府补助。本项目应根据“递延收益”科目的期末余额分析填列。

（36）“其他非流动负债”项目，反映小企业除以上非流动负债项目以外的其他非流动负债。本项目应根据有关科目的期末余额分析填列。

（37）“实收资本（或股本）”项目，反映小企业收到投资者按照合同协议约定或相关规定投入的、构成小企业注册资本的部分。本项目应根据“实收资本（或股本）”科目的期末余额分析填列。

（38）“资本公积”项目，反映小企业收到投资者投入资本超出其在注册资本中所占份额的部分。本项目应根据“资本公积”科目的期末余额填列。

（39）“盈余公积”项目，反映小企业（公司制）的法定公积金和任意公积金，小企业（外商投资）的储备基金和企业发展基金。本项目应根据“盈余公积”科目的期末余额填列。

（40）“未分配利润”项目，反映小企业尚未分配的历年结存的利润。本项目应根据“利润分配”科目的期余额填列。未弥补的亏损，在本项目内以“—”号填列。

4. 本表中各项目之间的钩稽关系如下。

行15＝行1＋行2＋行3＋行4＋行5＋行6＋行7＋行8＋行9＋行14；

行9≥行10＋行11＋行12＋行13；

行29＝行16＋行17＋行20＋行21＋行22＋行23＋行24＋行25＋行26＋

行 27 ＋行 28；

行 20 ＝行 18 －行 19；

行 30 ＝行 15 ＋行 29；

行 41 ＝行 31 ＋行 32 ＋行 33 ＋行 34 ＋行 35 ＋行 36 ＋行 37 ＋行 38 ＋行 39 ＋行 40；

行 46 ＝行 42 ＋行 43 ＋行 44 ＋行 45；

行 47 ＝行 41 ＋行 46；

行 52 ＝行 48 ＋行 49 ＋行 50 ＋行 51；

行 53 ＝行 47 ＋行 52 ＝行 30。

（三）小企业利润表格式及编制说明

利　润　表

会小企 02 表

编制单位：　　　　____年____月　　　　单位：元

项目	行次	本年累计金额	本月金额
一、营业收入	1		
减：营业成本	2		
税金及附加	3		
其中：消费税	4		
城市维护建设税	5		
资源税	6		
土地增值税	7		
城镇土地使用税、房产税、车船税、印花税	8		
教育费附加、矿产资源补偿费、排污费	9		
销售费用	10		
其中：商品维修费	11		
广告费和业务宣传费	12		
管理费用	13		
其中：开办费	14		
业务招待费	15		

（续表）

项目	行次	本年累计金额	本月金额
研究费用	16		
财务费用	17		
其中：利息费用（收入以“—”号填列）	18		
加：投资收益（损失以“—”号填列）	19		
二、营业利润（亏损以“—”号填列）	20		
加：营业外收入	21		
其中：政府补助	22		
减：营业外支出	23		
其中：坏账损失	24		
无法收回的长期债券投资损失	25		
无法收回的长期股权投资损失	26		
自然灾害等不可抗力因素造成的损失	27		
税收滞纳金	28		
三、利润总额（亏损总额以“—”号填列）	29		
减：所得税费用	30		
四、净利润（净亏损以“—”号填列）	31		

1. 本表反映小企业在一定会计期间内利润（亏损）的实现情况。

2. 本表“本年累计金额”栏反映各项目自年初起至报告期末止的累计实际发生额。

本表“本月金额”栏反映各项目的本月实际发生额；在编报年度财务报表时，应将“本月金额”栏改为“上年金额”栏，填列上年全年实际发生额。

3. 本表各项目的内容及其填列方法：

（1）“营业收入”项目，反映小企业销售商品和提供劳务所实现的收入总额。本项目应根据“主营业务收入”科目和“其他业务收入”科目的发生额合计填列。

（2）“营业成本”项目，反映小企业所销售商品的成本和所提供劳务的成本。本项目应根据“主营业务成本”科目和“其他业务成本”科目的发生额合计填列。

（3）“税金及附加”项目，反映小企业开展日常生产活动应负担的消费税、城市维护建设税、资源税、土地增值税、城镇土地使用税、房产税、车船税、印花税和教育费附加、矿产资源补偿费、排污费等。本项目应根据“税金及附加”科目的发生额填列。

（4）“销售费用”项目，反映小企业销售商品或提供劳务过程中发生的费用。本项目应根据“销售费用”科目的发生额填列。

（5）“管理费用”项目，反映小企业为组织和管理生产经营发生的其他费用。本项目应根据“管理费用”科目的发生额填列。

（6）“财务费用”项目，反映小企业为筹集生产经营所需资金发生的筹资费用。本项目应根据“财务费用”科目的发生额填列。

（7）“投资收益”项目，反映小企业股权投资取得的现金股利（或利润）、债券投资取得的利息收入和处置股权投资和债券投资取得的处置价款扣除成本或账面余额、相关税费后的净额。本项目应根据“投资收益”科目的发生额填列；如为投资损失，以“－”号填列。

（8）“营业利润”项目，反映小企业当期开展日常生产经营活动实现的利润。本项目应根据营业收入扣除营业成本、税金及附加、销售费用、管理费用和财务费用，加上投资收益后的金额填列。如为亏损，以“－”号填列。

（9）“营业外收入”项目，反映小企业实现的各项营业外收入金额。包括：非流动资产处置净收益、政府补助、捐赠收益、盘盈收益、汇兑收益、出租包装物和商品的租金收入、逾期未退包装物押金收益、确实无法偿付的应付款项、已作坏账损失处理后又收回的应收款项、违约金收益等。本项目应根据“营业外收入”科目的发生额填列。

（10）“营业外支出”项目，反映小企业发生的各项营业外支出金额。包括：存货的盘亏、毁损、报废损失，非流动资产处置净损失，坏账损失，无法收回的长期债券投资损失，无法收回的长期股权投资损失，自然灾害等不可抗力因素造成的损失，税收滞纳金，罚金，罚款，被没收财物的损失，捐赠支出，赞助支出等。本项目应根据“营业外支出”科目的发生额填列。

（11）“利润总额”项目，反映小企业当期实现的利润总额。本项目应根据营业利润加上营业外收入减去营业外支出后的金额填列。如为亏损总额，以“－”号填列。

（12）“所得税费用”项目，反映小企业根据企业所得税法确定的应从当期利润总额中扣除的所得税费用。本项目应根据“所得税费用”科目的发生额填列。

（13）“净利润”项目，反映小企业当期实现的净利润。本项目应根据利润总额扣除所得税费用后的金额填列。如为净亏损，以“－”号填列。

4. 本表中各项目之间的钩稽关系为：

行 20 ＝行 1 －行 2 －行 3 －行 10 －行 13 －行 17 ＋行 19；

行 3 ≥行 4 ＋行 5 ＋行 6 ＋行 7 ＋行 8 ＋行 9；

行 10 ≥行 11 ＋行 12；

行 13 ≥行 14 ＋行 15 ＋行 16；

行 17 ≥行 18；
行 29 =行 20 +行 21 −行 23；
行 21 ≥行 22；
行 23 ≥行 24 +行 25 +行 26 +行 27 +行 28；
行 31 =行 29 −行 30。

（四）小企业现金流量表格式及编制说明

现金流量表

会小企 03 表

编制单位：　　　　　　　　　　＿＿＿年＿＿＿月　　　　　　　　　　　　单位：元

项　　目	行次	本年累计金额	本月金额
一、经营活动产生的现金流量：			
销售产成品、商品、提供劳务收到的现金	1		
收到其他与经营活动有关的现金	2		
购买原材料、商品、接受劳务支付的现金	3		
支付的职工薪酬	4		
支付的税费	5		
支付其他与经营活动有关的现金	6		
经营活动产生的现金流量净额	7		
二、投资活动产生的现金流量：			
收回短期投资、长期债券投资和长期股权投资收到的现金	8		
取得投资收益收到的现金	9		
处置固定资产、无形资产和其他非流动资产收回的现金净额	10		
短期投资、长期债券投资和长期股权投资支付的现金	11		
购建固定资产、无形资产和其他非流动资产支付的现金	12		
投资活动产生的现金流量净额	13		
三、筹资活动产生的现金流量：			

（续表）

项 目	行次	本年累计金额	本月金额
取得借款收到的现金	14		
吸收投资者投资收到的现金	15		
偿还借款本金支付的现金	16		
偿还借款利息支付的现金	17		
分配利润支付的现金	18		
筹资活动产生的现金流量净额	19		
四、现金净增加额	20		
加：期初现金余额	21		
五、期末现金余额	22		

1. 本表反映小企业一定会计期间内有关现金流入和流出的信息。

2. 本表“本年累计金额”栏反映各项目自年初起至报告期末止的累计实际发生额。

本表“本月金额”栏反映各项目的本月实际发生额；在编报年度财务报表时，应将“本月金额”栏改为“上年金额”栏，填列上年全年实际发生额。

3. 本表各项目的内容及填列方法如下。

（1）经营活动产生的现金流量：

①“销售产成品、商品、提供劳务收到的现金”项目，反映小企业本期销售产成品、商品、提供劳务收到的现金。本项目可以根据“库存现金”“银行存款”和“主营业务收入”等科目的本期发生额分析填列。

②“收到其他与经营活动有关的现金”项目，反映小企业本期收到的其他与经营活动有关的现金。本项目可以根据“库存现金”和“银行存款”等科目的本期发生额分析填列。

③“购买原材料、商品、接受劳务支付的现金”项目，反映小企业本期购买原材料、商品、接受劳务支付的现金。本项目可以根据“库存现金”“银行存款”“其他货币资金”“原材料”“库存商品”等科目的本期发生额分析填列。

④“支付的职工薪酬”项目，反映小企业本期向职工支付的薪酬。本项目可以根据“库存现金”“银行存款”“应付职工薪酬”科目的本期发生额填列。

⑤“支付的税费”项目，反映小企业本期支付的税费。本项目可以根据“库存现

金”“银行存款”“应交税费”等科目的本期发生额填列。

⑥“支付其他与经营活动有关的现金”项目，反映小企业本期支付的其他与经营活动有关的现金。本项目可以根据“库存现金”“银行存款”等科目的本期发生额分析填列。

（2）投资活动产生的现金流量：

①“收回短期投资、长期债券投资和长期股权投资收到的现金”项目，反映小企业出售、转让或到期收回短期投资、长期股权投资而收到的现金，以及收回长期债券投资本金而收到的现金，不包括长期债券投资收回的利息。本项目可以根据“库存现金”“银行存款”“短期投资”“长期股权投资”“长期债券投资”等科目的本期发生额分析填列。

②“取得投资收益收到的现金”项目，反映小企业因权益性投资和债权性投资取得的现金股利或利润和利息收入。本项目可以根据“库存现金”“银行存款”“投资收益”等科目的本期发生额分析填列。

③“处置固定资产、无形资产和其他非流动资产收回的现金净额”项目，反映小企业处置固定资产、无形资产和其他非流动资产取得的现金，减去为处置这些资产而支付的有关税费等后的净额。本项目可以根据“库存现金”“银行存款”“固定资产清理”“无形资产”“生产性生物资产”等科目的本期发生额分析填列。

④“短期投资、长期债券投资和长期股权投资支付的现金”项目，反映小企业进行权益性投资和债权性投资支付的现金。包括：企业取得短期股票投资、短期债券投资、短期基金投资、长期债券投资、长期股权投资支付的现金。本项目可以根据“库存现金”“银行存款”“短期投资”“长期债券投资”“长期股权投资”等科目的本期发生额分析填列。

⑤“购建固定资产、无形资产和其他非流动资产支付的现金”项目，反映小企业购建固定资产、无形资产和其他非流动资产支付的现金。包括：购买机器设备、无形资产、生产性生物资产支付的现金、建造工程支付的现金等现金支出，不包括为购建固定资产、无形资产和其他非流动资产而发生的借款费用资本化部分和支付给在建工程和无形资产开发项目人员的薪酬。为购建固定资产、无形资产和其他非流动资产而发生借款费用资本化部分，在“偿还借款利息支付的现金”项目反映；支付给在建工程和无形资产开发项目人员的薪酬，在“支付的职工薪酬”项目反映。本项目可以根据“库存现金”“银行存款”“固定资产”“在建工程”“无形资产”“研发支出”“生产性生物资产”“应付职工薪酬”等科目的本期发生额分析填列。

（3）筹资活动产生的现金流量：

①“取得借款收到的现金”项目，反映小企业举借各种短期、长期借款收到的现金。本项目可以根据“库存现金”“银行存款”“短期借款”“长期借款”等科目的本期发生额分析填列。

②“吸收投资者投资收到的现金”项目，反映小企业收到的投资者作为资本投入的现金。本项目可以根据“库存现金”“银行存款”“实收资本”“资本公积”等科目的本期发生额分析填列。

③“偿还借款本金支付的现金”项目，反映小企业以现金偿还各种短期、长期借款的本金。本项目可以根据“库存现金”“银行存款”“短期借款”“长期借款”等科目的本期发生额分析填列。

④“偿还借款利息支付的现金”项目，反映小企业以现金偿还各种短期、长期借款的利息。本项目可以根据“库存现金”“银行存款”“应付利息”等科目的本期发生额分析填列。

⑤“分配利润支付的现金”项目，反映小企业向投资者实际支付的利润。本项目可以根据“库存现金”“银行存款”“应付利润”等科目的本期发生额分析填列。

4. 本表中各项目之间的钩稽关系为：

行 7 =行 1 +行 2 −行 3 −行 4 −行 5 −行 6；

行 13 =行 8 +行 9 +行 10 −行 11 −行 12；

行 19 =行 14 +行 15 −行 16 −行 17 −行 18；

行 20 =行 7 +行 13 +行 19；

行 22 =行 20 +行 21。

（五）附注

附注是财务报表的重要组成部分。小企业应当按照小企业会计准则规定披露附注信息，主要包括下列内容：

1. 遵循小企业会计准则的声明。

小企业应当声明编制的财务报表符合小企业会计准则的要求，真实、完整地反映了小企业的财务状况、经营成果和现金流量等有关信息。

2. 短期投资、应收账款、存货、固定资产项目的说明。

（1）短期投资的披露格式如下：

项 目	期末账面余额	期末市价	期末账面余额与市价的差额
1. 股票			
2. 债券			
3. 基金			
4. 其他			
合 计			

（2）应收账款按账龄结构披露的格式如下：

账龄结构	期末账面余额	年初账面余额
1 年以内（含 1 年）		
1 年至 2 年（含 2 年）		
2 年至 3 年（含 3 年）		
3 年以上		
合　　计		

（3）存货的披露格式如下：

存货种类	期末账面余额	期末市价	期末账面余额与市价的差额
1. 原材料			
2. 在产品			
3. 库存商品			
4. 周转材料			
5. 消耗性生物资产			
……			
合　　计			

（4）固定资产的披露格式如下：

项　　目	原价	累计折旧	期末账面价值
1. 房屋、建筑物			
2. 机器			
3. 机械			
4. 运输工具			

（续表）

项　目	原价	累计折旧	期末账面价值
5. 设备			
6. 器具			
7. 工具			
……			
合　计			

3. 应付职工薪酬、应交税费项目的说明。

（1）应付职工薪酬的披露格式如下：

应付职工薪酬明细表

会小企 01 表附表 1

编制单位：　　　　____年____月　　　　单位：元

项　目	期末账面余额	年初账面余额
1. 职工工资		
2. 奖金、津贴和补贴		
3. 职工福利费		
4. 社会保险费		
5. 住房公积金		
6. 工会经费		
7. 职工教育经费		
8. 非货币性福利		
9. 辞退福利		
10. 其他		
合　计		

（2）应交税费的披露格式如下：

应交税费明细表

会小企 01 表附表 2

编制单位：　　　　　　　　____年____月　　　　　　　　单位：元

项　目	期末账面余额	年初账面余额
1. 增值税		
2. 消费税		
3. 城市维护建设税		
4. 企业所得税		
5. 资源税		
6. 土地增值税		
7. 城镇土地使用税		
8. 房产税		
9. 车船税		
10. 教育费附加		
11. 矿产资源补偿费		
12. 排污费		
13. 代扣代缴的个人所得税		
……		
合　　计		

4. 利润分配的说明。

利 润 分 配 表

会小企 01 表附表 3

编制单位：　　　　　　　　____年____月　　　　　　　　单位：元

项　　目	行次	本年金额	上年金额
一、净利润	1		

（续表）

项　　目	行次	本年金额	上年金额
加：年初未分配利润	2		
其他转入	3		
二、可供分配的利润	4		
减：提取法定盈余公积	5		
提取任意盈余公积	6		
提取职工奖励及福利基金 *	7		
提取储备基金 *	8		
提取企业发展基金 *	9		
利润归还投资 **	10		
三、可供投资者分配的利润	11		
减：应付利润	12		
四、未分配利润	13		

*提取职工奖励及福利基金、提取储备基金、提取企业发展基金这三个项目仅适用于小企业（外商投资）按照相关法律规定提取的三项基金。

** 利润归还投资这个项目仅适用于小企业（中外合作经营）根据合同规定在合作期间归还投资者的投资。

5. 用于对外担保的资产名称、账面余额及形成的原因；未决诉讼、未决仲裁以及对外提供担保所涉及的金额。

6. 发生严重亏损的，应当披露持续经营的计划、未来经营的方案。

7. 对已在资产负债表和利润表中列示项目与企业所得税法规定存在差异的纳税调整过程。

参见《中华人民共和国企业所得税年度纳税申报表》。

8. 其他需要说明的事项。

第二部分

小企业会计准则解读

第一章

小企业会计准则概述

为了规范小企业会计确认、计量和报告行为，促进小企业可持续发展，发挥小企业在国民经济和社会发展中的重要作用，根据《中华人民共和国会计法》及其他有关法律和法规，财政部制定了《小企业会计准则》，自 2013 年 1 月 1 日起在小企业范围内施行，鼓励小企业提前执行。2004 年 4 月 27 日发布的《小企业会计制度》（财会〔2004〕2 号）同时废止。《小企业会计准则》的出台，加强了小企业的管理，进一步完善了我国的企业会计准则体系。

第一节　小企业会计准则制定的背景和意义

一、小企业会计准则制定的背景

小企业是我国国民经济和社会发展的重要力量。据资料统计，在我国 477 万户企业中，小企业数量占 97.11%、从业人员占 52.95%、资产总额占 41.97%。促进小企业发展，对于提高经济增长活力、有效扩大就业、保持社会和谐稳定、建设创新型国家，具有十分重要的意义。因此，中共中央、国务院一直高度重视支持小企业发展，2003 年出台《中小企业促进法》、2005 年出台《鼓励支持和引导个体私营等非公有制经济发展的若干意见》（国发〔2005〕3 号）、2009 年出台《国务院关于进一步促进中小企业发展的若干意见》（国发〔2009〕36 号），这一系列扶持中小企业发展的综合性政策措施极大地推动了小企业的发展。

会计工作是经济、财政工作的重要基础。如何围绕中心、服务大局、贯彻落实国务院有关促进中小企业发展的政策，是摆在我们面前的一个问题。这从客观上就要求我们在新的经济形势下研究制定出一套既符合小企业发展新特征，又能够满足小企业会计信息使用者新需求的小企业会计准则，从而促进小企业提高经营管理水平，为国家扶持小企业发展各项政策措施的落实提供有力的制度保障。

从国际通行的做法看，起初，国际会计准则及各国制定的会计准则大部分针对大公司和上市公司，很少会考虑到中小企业的会计需要及其特殊问题，因此，许多国家都是在所有企业中使用国际会计准则。但在实际施行过程中，部分中小企业由于实施国际会计准则的成本太高，以至于出现背离国际会计准则、实施质量不高的现象。考虑到中小企业由于其规模、组织形式以及产权关系等具有显著特征，表现在会计管理方面，无论在会计目标、会计信息使用者需求、会计机构和人员配置、会计核算水平等均有独特之处，这种不论企业规模大小，一律执行单一的会计标准的做法并不合理。因此，单独制定适用于中小企业或小企业的会计标准，减轻小企业在提供财务报告方面的负担，已成为国际社会的共识。联合国国际会计和报告标准政府间专家工作组（ISAR）于 2000 年 7 月提出了《中小企业会计》讨论稿，并最终制定了一套适用于普遍意义的经济业务的报告模型。在此基础上，国际会计准则理事会于 2009 年 7 月制定发布了《中小主体国际财务报告准则》，该准则的一个核心理念就是简化核算。因此，有必要在充分借鉴国际通行做法的基础上，立足于我国国情，研究制定出符合我国小企业实际情况的小企业会计准则，尽快实现与国际会计准则的接轨。

从国内实际情况看，企业会计准则体系得到了国内、国际社会的普遍认可，但这套准则体系的实施范围主要是上市公司及大中型企业，并不包括小企业。而 2004 年制定发布的专门针对小企业的《小企业会计制度》在实践过程中也显示出内容过时、实际工作中无所适从的问题。例如，小企业会计制度中的小企业划型标准是经国务院批准，由原国家经贸委、原国家计委、财政部和国家统计局于 2003 年 2 月发布实施的，其中并未包括计算机服务和软件业、商务服务业、房地产业和租赁等，致使这些行业中的小企业有的执行行业会计制度，有的执行小企业会计制度，给相关人员了解企业的会计信息带来了困难。因此，财政部会计司于 2010 年年初将制定发布《小企业会计准则》列入工作计划，在广泛调查研究的基础上，起草了《小企业会计准则（征求意见稿）》，开始研究制定小企业会计准则。

二、小企业会计准则制定的意义

小企业会计准则的制定有利于促进小企业健康发展，其重要意义体现在以下几个方面：

第一，小企业会计准则的制定有利于健全企业会计准则体系。统筹推进企业会计准则和小企业会计准则的有效实施，可以规范企业的财务报告体系、统一企业财务报告数据的执行基础、提升企业会计标准实施的质量和效率，从而消除长期以来因会计标准不统一带来的各种问题，保证企业会计信息的真实性、可靠性和可比性等，提高企业会计信息质量。

第二，小企业会计准则的制定有利于加强税收征管，促进小企业的税赋公平。制定完善的小企业会计准则体系，可以规范小企业的会计核算方式，方便税务部门了解小企业的财务状况，有助于依法治税，加强小企业的税收征管；同时也有助于税务机关能够根据小企业的实际负担的能力征税，促进小企业的税赋公平。

第三，小企业会计准则的制定有利于加强小企业的内部管理，防范小企业贷款风险，促进小企业健康发展。制定完善的小企业会计准则体系，可以引导小企业改善经营管理，提高其财务管理水平，增强企业的内生增长能力，并为银行对小企业的贷款风险管理提供了重要的制度保障，在一定程度上缓解了小企业融资难、贷款难的问题。

第四，企业会计准则和小企业会计准则分工明确，相互衔接，为小企业的发展提供了制度空间。《企业会计准则》指导上市公司及大中型企业的会计事务，而《小企业会计准则》在原则上遵循《企业会计准则——基本准则》的前提下，对会计确认、计量和报告要求进行适当简化，既维护了基本准则在整个会计标准体系中的统驭地位，又兼顾了小企业的实际情况。这在极大程度上规范了小企业的会计行为，提高了小企业的会计信息质量，同时考虑到小企业的财务负担能力，《小企业会计准则》简化了部分财务处理流程，最大限度地降低了小企业采用该制度的成本，且注重与《企业会计准则》的衔接，也降低了小企业成长壮大为大中型企业、转而执行企业会计准则后，所面临的制度转换成本。

第二节　小企业会计准则的基本概念

一、会计基本假设

会计基本假设是小企业会计确认、计量和报告的前提，是对会计核算所处时间、空间环境等所做的合理设定。会计基本假设包括会计主体、持续经营、会计分期和货币计量。

（一）会计主体

会计主体，是指企业会计确认、计量和报告的空间范围。为了向财务报告使用者反映企业财务状况、经营成果和现金流量，提供与其决策有用的信息，会计核算和财务报告的编制应当反映特定对象的经济活动，才能实现财务报告的目标。

（二）持续经营

持续经营，是指在可以预见的将来，企业将会按当前的规模和状态继续经营下去，不会停业，也不会大规模削减业务。在持续经营前提下，会计确认、计量和报告应当以企业持续、正常的生产经营活动为前提。

（三）会计分期

会计分期是指将一个企业持续经营的生产经营活动划分为一个个连续的、长短相同的期间。在会计分期假设下，企业应当划分会计期间，分期结算账目和编制财务报告。会计期间通常分为年度和中期。中期，是指短于一个完整的会计年度的报告期间。

（四）货币计量

货币计量是指会计主体在财务会计确认、计量和报告时以货币作为计量尺度，反映会计主体的生产经营活动。

二、会计基础

企业会计的确认、计量和报告应当以权责发生制为基础。权责发生制的基础要求：凡是当期已经实现的收入和已经发生或应当负担的费用，无论款项是否收付，都应当作为当期的收入和费用，计入利润表；凡是不属于当期的收入和费用，即使款项已在当期收付，也不应当作为当期的收入和费用。

在实务中，企业交易或者事项的发生时间与相关货币收支时间有时并不完全一致。例如，款项已经收到，但销售并未实现；或者款项已经支付，但并不是为本期生产经营活动而发生的。为了更加真实、公允地反映特定会计期间的财务状况和经营成果，基本准则明确规定，企业在会计确认、计量和报告中应当以权责发生制为基础。

收付实现制是与权责发生制相对应的一种会计基础，它是以收到或支付现金作为确认收入和费用等的依据。目前，我国的行政单位会计采用收付实现制，事业单位会计除经营业务可以采用权责发生制外，其他大部分业务采用收付实现制。

三、会计信息质量要求

会计信息质量关系到投资者决策、完善资本市场以及市场经济秩序等重大问题，会计信息质量要求是对企业财务报告中所提供高质量会计信息的基本规范，是使财务报告中所提供会计信息对投资者等使用者决策有用应具备的基本特征，根据基本准则规定，具体包括以下八个方面。

（一）可靠性

可靠性要求企业应当以实际发生的交易或者事项为依据进行确认、计量和报告，如实反映符合确认和计量要求的各项会计要素及其他相关信息，保证会计信息真实可靠、内容完整。

可靠性是高质量会计信息的重要基础和关键所在，如果企业以虚假的经济业务进行确认、计量和报告，属于违法行为，不仅会严重损害会计信息质量，而且会误导投资者，干扰资本市场，导致会计秩序混乱。

（二）相关性

相关性要求企业提供的会计信息应当与投资者等财务报告使用者的经济决策需要相关，有助于投资者等财务报告使用者对企业过去、现在或者未来的情况做出评价或者预测。

相关的会计信息应当能够有助于使用者评价企业过去的决策，证实或者修正过去的有关预测，因而具有反馈价值。相关的会计信息还应当具有预测价值，有助于使用者根据财务报告所提供的会计信息预测企业未来的财务状况、经营成果和现金流量。

会计信息质量的相关性要求，以可靠性为基础，两者之间是统一的，并不矛盾，不应将两者对立起来。也就是说，会计信息在可靠性前提下，尽可能地做到相关性，以满足投资者等财务报告使用者的决策需要。

（三）可理解性

可理解性要求企业提供的会计信息应当清晰明了，便于投资者等财务报告使用者理解和使用。

会计信息是一种专业性较强的信息产品，在强调会计信息的可理解性要求的同时，还应假定使用者具有一定的有关企业经营活动和会计方面的知识，并且愿意付出努力去研究这些信息。对于某些复杂的信息，如交易本身较为复杂或者会计处理较为复杂，但其与使用者的经济决策相关的，企业就应当在财务报告中予以充分披露。

（四）可比性

可比性要求企业提供的会计信息应当相互可比。这主要包括两层含义：

第一，同一企业不同时期可比。为了便于投资者等财务报告使用者了解企业财务状况、经营成果和现金流量的变化趋势，比较企业在不同时期的财务报告信息，全面、客观地评价过去、预测未来，做出决策。会计信息质量的可比性要求同一企业不同时期发生的相同或者相似的交易或者事项，应当采用一致的会计政策，不得随意变更。但是，满足会计信息可比性要求，并非表明企业不得变更会计政策，如果按照规定或者在会计政策变更后可以提供更可靠、更相关的会计信息，可以变更会计政策。有关会计政策变更的情况，应当在附注中予以说明。

第二，不同企业相同会计期间可比。为了便于投资者等财务报告使用者评价不同企业的财务状况、经营成果和现金流量及其变动情况，会计信息质量的可比性要求不同企业同一会计期间发生的相同或者相似的交易或者事项，应当采用统一规定的会计政策，确保会计信息口径一致、相互可比，以使不同企业按照一致的确认、计量和报告要求提供有关会计信息。

（五）实质重于形式

实质重于形式要求企业应当按照交易或者事项的经济实质进行会计确认、计量和报告，不仅仅以交易或者事项的法律形式为依据。

企业发生的交易或者事项在多数情况下其经济实质和法律形式是一致的，但在有些情况下也会出现不一致。例如，企业按照销售合同销售商品但又签订了按照固定价格进行售后回购协议，虽然从法律形式上看实现了收入，但如果企业没有将商品所有权上的主要风险和报酬转移给购货方，没有满足收入确认的各项条件，即使签订了商品销售合同或者已将商品交付给购货方，也不应当确认为销售收入。

（六）重要性

重要性要求企业提供的会计信息应当反映与企业财务状况、经营成果和现金流量有关的所有重要交易或者事项。

财务报告中提供的会计信息的省略或者错报会影响投资者等使用者据此做出决策的，该信息就具有重要性。重要性的应用需要依赖职业判断，企业应当根据其所处环境和实际情况，从项目的性质和金额大小两方面加以判断。

（七）谨慎性

谨慎性要求企业对交易或者事项进行会计确认、计量和报告时保持应有的谨慎，不应高估资产或者收益、低估负债或者费用。

在市场经济环境下，企业的生产经营活动面临着许多风险和不确定性，如应收款项的可收回性、固定资产的使用寿命、无形资产的使用寿命、售出存货可能发生的退货或者返修等。会计信息质量的谨慎性要求，需要企业在面临不确定性因素的情况下做出职业判断时，应当保持应有的谨慎，充分估计到各种风险和损失，既不高估资产或者收益，也不低估负债或者费用。

（八）及时性

及时性要求企业对于已经发生的交易或者事项，应当及时进行确认、计量和报告，不得提前或者延后。

会计信息的价值在于帮助所有者或者其他财务报告使用者做出经济决策，具有时效性。在会计确认、计量和报告过程中贯彻及时性：一是要求及时收集会计信息，即在经济交易或者事项发生后，及时收集整理各种原始单据或者凭证；二是要求及时处理会计信息，即按照会计准则的规定，及时对经济交易或者事项进行确认或者计量，并编制财务报告；三是要求及时传递会计信息，即按照国家规定的有关时限，及时地将编制的财务报告传递给财务报告使用者，便于其及时使用和决策。

四、会计要素

会计要素是根据交易或者事项的经济特征所确定的财务会计对象的基本分类。基本准则规定，会计要素按照其性质分为资产、负债、所有者权益、收入、费用和利润，其中，资产、负债和所有者权益要素侧重于反映企业的财务状况，收入、费用和利润要素侧重于反映企业的经营成果。会计要素的界定和分类可以使财务会计系统更加科学严密，为投资者或财务报告使用者提供更加有用的信息。

（一）资产

1. 资产的定义

资产是指小企业过去的交易或者事项形成的、由小企业拥有或者控制的、预期会给小企业带来经济利益的资源。

2. 资产的确认条件

将一项资源确认为资产，需要符合资产的定义，还应同时满足以下两个条件：

（1）与该资源有关的经济利益很可能流入企业。

（2）该资源的成本或者价值能够可靠地计量。

（二）负债

1. 负债的定义

负债是指小企业过去的交易或者事项形成的，预期会导致经济利益流出小企业的现时义务。

2. 负债的确认条件

将一项现时义务确认为负债，需要符合负债的定义，还应当同时满足以下两个条件：

（1）与该义务有关的经济利益很可能流出企业。

（2）未来流出的经济利益的金额能够可靠地计量。

（三）所有者权益

1. 所有者权益的定义

所有者权益，是指小企业的资产扣除负债后由所有者享有的剩余权益。企业的所有者权益又称为股东权益。所有者权益是所有者对企业资产的剩余索取权，它是企业资产中扣除债权人权益后应由所有者享有的部分，既可反映所有者投入资本的保值增值情况，又体现了保护债权人权益的理念。所有者权益的来源包括所有者投入的资本、直接计入所有者权益的利得和损失、留存收益等，通常由实收资本、资本公积、盈余公积和未分配利润构成。

2. 所有者权益的确认条件

所有者权益反映的是小企业所有者对企业资产的索取权，其确认和计量主要取决于资产、负债、收入、费用等其他会计要素的确认和计量。所有者权益即为企业的净资产，是企业资产总额中扣除债权人权益后的净额，反映所有者（股东）财富的净增加额。通常企业收入增加时，会导致资产的增加，相应地会增加所有者权益；企业发生费用时，会导致负债增加，相应地会减少所有者权益。因此，企业日常经营得好与坏和资产、负债的质量直接决定着企业所有者权益的增减变化和资本的保值增值。

（四）收入

1. 收入的定义

收入是指小企业在日常活动中形成的、会导致所有者权益增加的、与所有者投入资本无关的经济利益的总流入。

2. 收入的确认条件

企业收入的来源渠道有多种多样，不同收入来源的特征有所不同，其收入确认条件也往往存在一些差别，如销售商品、提供劳务、让渡资产使用权等。一般而言，收入只有在经济利益很可能流入从而导致企业资产增加或者负债减少、经济利益的流入额能够可靠地计量时才能予以确认。即收入的确认至少应当符合以下条件：

（1）与收入相关的经济利益应当很可能流入企业。

（2）经济利益流入企业的结果会导致资产的增加或者负债的减少。

（3）经济利益的流入额能够可靠地计量。

（五）费用

1. 费用的定义

费用是指小企业在日常活动中发生的、会导致所有者权益减少的、与向所有者分配利润无关的经济利益的总流出。

2. 费用的确认条件

费用的确认除了应当符合定义外，也应当满足严格的条件，即费用只有在经济利益很可能流出从而导致企业资产减少或者负债增加、经济利益的流出额能够可靠地计量时才能予以确认。费用的确认至少应当符合以下条件：

（1）与费用相关的经济利益应当很可能流出企业。

（2）经济利益流出企业的结果会导致资产的减少或者负债的增加。

（3）经济利益的流出额能够可靠地计量。

（六）利润

1. 利润的定义

利润是指小企业在一定会计期间的经营成果。通常情况下，如果企业实现了利润，表明企业的所有者权益将增加，业绩得到了提升；反之，如果企业发生了亏损（即利润为负数），表明企业的所有者权益将减少，业绩下降。利润是评价企业管理层业绩的指标之一，也是投资者等财务报告使用者进行决策时的重要参考。

利润包括收入减去费用后的净额、直接计入当期利润的利得和损失等。其中收入减去费用后的净额反映企业日常活动的经营业绩，直接计入当期利润的利得和损失反映企业非日常活动的业绩。直接计入当期利润的利得和损失，是指应当计入当期损益、最终会引起所有者权益发生增减变动的、与所有者投入资本或者向所有者分配利润无关的利得或者损失。企业应当严格区分收入和利得、费用和损失之间的区别，以更加全面地反映企业的经营业绩。

2. 利润的确认条件

利润反映收入减去费用、利得减去损失后的净额。利润的确认主要依赖于收入和费用以及利得和损失的确认，其金额的确定也主要取决于收入、费用、利得、损失金额的计量。

五、会计计量

企业将符合确认条件的会计要素登记入账并列报于财务报表及其附注时，应当按照规定的会计计量属性进行计量，确定相关金额。计量属性反映的是会计要素金额的确定基础，主要包括历史成本、重置成本、可变现净值、现值和公允价值等。

（一）会计要素的计量属性

1. 历史成本

历史成本又称为实际成本，就是取得或制造某项财产物资时所实际支付的现金或其他等价物。在历史成本计量下，资产按照其购置时支付的现金或者现金等价物的金额，或者按照购置资产时所付出的对价的公允价值计量。负债按照其因承担现时义务而实际收到的款项或者资产的金额，或者承担现时义务的合同金额，或者按照日常活动中为偿还负债预期需要支付的现金或者现金等价物的金额计量。

2. 重置成本

重置成本又称为现行成本，是指按照当前市场条件，重新取得同样一项资产所需支付的现金或现金等价物金额。在重置成本计量下，资产按照现在购买相同或者相似资产所需支付的现金或者现金等价物的金额计量。负债按照现在偿付该项债务所需支付的现金或者现金等价物的金额计量。在实务中，重置成本应用于盘盈固定资产的计量等。

3. 可变现净值

可变现净值是指在正常生产经营过程中，以资产预计售价减去进一步加工成本和预计销售费用以及相关税费后的净值。在可变现净值计量下，资产按照其正常对外销售所能收到现金或者现金等价物的金额扣减该资产至完工时估计将要发生的成本、估计的销售费用以及相关税费后的金额计量。可变现净值通常应用于存货资产减值情况下的后续计量。

4. 现值

现值是指对未来现金流量以恰当的折现率进行折现后的价值，是考虑货币时间价值的一种计量属性。在现值计量下，资产按照预计从其持续使用和最终处置中所取得的未来净现金流入量的折现金额计量。负债按照预计期限内需要偿还的未来净现金流出量的折现金额计量。

5. 公允价值

公允价值是指在公平交易中，熟悉情况的交易双方自愿进行资产交换或者债务清偿的金额。在公允价值计量下，资产和负债按照在公平交易中熟悉情况的交易双方自愿进行资产交换或者债务清偿的金额计量。

（二）各种计量属性之间的关系

在各种会计要素计量属性中，历史成本通常反映的是资产或者负债过去的价值，而重置成本、可变现净值、现值以及公允价值通常反映的是资产或者负债的现时成本或者现时价值，是与历史成本相对应的计量属性。公允价值相对于历史成本而言，具有很强的时间概念，也就是说，当前环境下某项资产或负债的历史成本可能是过去环境下该项资产或负债的公允价值，而当前环境下某项资产或负债的公允价值也许就是未来环境下该项资产或负债的历史成本。一项交易在交易时点通常是按公允价值交易的，随后就变成了历史成本，资产或者负债的历史成本许多就是根据交易时有关资产或者负债的公允价值确定的，比如，在非货币性资产交换中，如果交换具有商业实质，且换入、换出资产的公允价值能够可靠地计量，换入资产入账成本的确定应当以换出资产的公允价值为基础，除非有确凿证据表明换入资产的公允价值更加可靠。在应用公允价值时，相关资产或者负债不存在活跃市场的报价或者不存在同类或者类似资产的活跃市场报价时，需要采用估值技术来确定相关资产或者负债的公允价值，而在采用估值技术估计相关资产或者负债的公允价值时，现值往往是比较普遍的一种估值方法，在这种情况下，公允价值就是以现值为基础确定的。

（三）计量属性的应用原则

基本准则规定企业在对会计要素进行计量时，一般应当采用历史成本，采用重置成本、可变现净值、现值、公允价值计量的，应当保证所确定的会计要素金额能够取得并可靠地计量。

值得一提的是，企业会计准则体系引入公允价值是适度、谨慎和有条件的。原因是考虑到我国尚属新兴和转型的市场经济国家，如果不加限制地引入公允价值，有可能出现公允价值计量不可靠，甚至借机人为操纵利润的现象。因此，对公允价值的使用提出了较为严格的要求。

六、会计科目

（一）会计科目体系

依据小企业会计准则中确认和计量的规定，小企业会计科目涵盖了各类小企业的交易或者事项。小企业在不违反会计准则中确认、计量和报告规定的前提下，可以根据本企业的实际情况自行增设、分拆、合并会计科目。小企业不存在的交易或者事项，可不设置相关会计科目。对于明细科目，小企业可以比照本附录中的规定自行设置。会计科目编号供小企业填制会计凭证、登记会计账簿、查阅会计账目、采用会计软件系统作为参考，小企业可结合本企业的实际情况自行确定其他会计科目的编号。小企业的会计科目体系如表 1-1 所示。

表 1-1　会计科目体系

顺序号	编号	会计科目名称
		一、资产类
1	1001	库存现金
2	1002	银行存款
3	1012	其他货币资金
4	1101	短期投资
5	1121	应收票据
6	1122	应收账款
7	1123	预付账款
8	1131	应收股利
9	1132	应收利息
10	1221	其他应收款
11	1401	材料采购
12	1402	在途物资
13	1403	原材料
14	1404	材料成本差异
15	1405	库存商品
16	1407	商品进销差价

（续表）

顺序号	编号	会计科目名称
17	1408	委托加工物资
18	1411	周转材料
19	1421	消耗性生物资产
20	1501	长期债券投资
21	1511	长期股权投资
22	1601	固定资产
23	1602	累计折旧
24	1604	在建工程
25	1605	工程物资
26	1606	固定资产清理
27	1621	生产性生物资产
28	1622	生产性生物资产累计折旧
29	1701	无形资产
30	1702	累计摊销
31	1801	长期待摊费用
32	1901	待处理财产损溢
		二、负债类
33	2001	短期借款
34	2201	应付票据
35	2202	应付账款
36	2203	预收账款
37	2211	应付职工薪酬
38	2221	应交税费
39	2231	应付利息
40	2232	应付利润
41	2241	其他应付款
42	2401	递延收益
43	2501	长期借款

（续表）

顺序号	编号	会计科目名称
44	2701	长期应付款
		三、所有者权益类
45	3001	实收资本
46	3002	资本公积
47	3101	盈余公积
48	3103	本年利润
49	3104	利润分配
		四、成本类
50	4001	生产成本
51	4101	制造费用
52	4301	研发支出
53	4401	工程施工
54	4403	机械作业
		五、损益类
55	5001	主营业务收入
56	5051	其他业务收入
57	5111	投资收益
58	5301	营业外收入
59	5401	主营业务成本
60	5402	其他业务成本
61	5403	税金及附加
62	5601	销售费用
63	5602	管理费用
64	5603	财务费用
65	5711	营业外支出
66	5801	所得税费用

（二）与企业会计准则的对比

在小企业会计准则中，会计科目和主要账务处理根据具体准则中涉及确认和计量的要求，规定了60多个会计科目及其主要账务处理，涵盖了小企业的常见交易或者事项。同时，会计科目被分为五类，分别是：资产类、负债类、所有者权益类、成本类和损益类。

在企业会计准则中，会计科目和主要账务处理根据具体准则中涉及确认和计量的要求，规定了150多个会计科目及其主要账务处理，基本涵盖了所有企业的各类交易或者事项。其会计科目被分为六类，分别是：资产类、负债类、共同类、所有者权益类、成本类和损益类。

七、财务报表

（一）基本概念

财务报表是指对小企业财务状况、经营成果和现金流量的结构性表述。财务报表至少包括以下几层含义：

（1）财务报表应当是对外的，其服务对象主要是投资者、债权人等外部使用者，专门为了内部管理需要的报告不属于财务报表的范畴。

（2）财务报表应当综合反映小企业的生产经营状况，包括某一时点的财务状况和某一时期的经营成果与现金流量等信息，以勾画出小企业的整体和全貌。

（3）财务报表必须形成一个系统的文件，不应是零星的或者不完整的信息。

财务报表是小企业财务会计确认与计量的最终结果体现，投资者等使用者主要是通过财务报表来了解小企业当前的财务状况、经营成果和现金流量等情况，从而预测企业未来的发展趋势。因此，财务报表是向投资者等使用者提供决策有用信息的媒介和渠道，是沟通投资者、债权人等使用者与企业管理层之间信息的桥梁和纽带。

（二）财务报表的构成

小企业的财务报表至少应当包括下列组成部分：

（1）资产负债表。

（2）利润表。

（3）现金流量表。

（4）附注。

与企业会计准则相比，小企业会计准则没有考虑小企业的所有者权益变动，不要求小企业编制所有者权益变动表。同时，考虑到小企业规模较小、外部信息需求相对较低等原因，小企业编制的报表可以不包括现金流量表。

第三节　小企业会计准则的适用范围

一、小企业的具体规定

小企业会计准则适用于在中华人民共和国境内依法设立的、符合《中小企业划型标准规定》所规定的小型企业标准的企业。该类企业应符合下列三个条件：

（1）不承担社会公众责任。本准则所称承担社会公众责任，主要包括两种情形：一是企业的股票或债券在市场上公开交易，如上市公司和发行企业债的非上市企业、准备上市的公司和准备发行企业债的非上市企业；二是受托持有和管理财务资源的金融机构或其他企业，如非上市金融机构、具有金融性质的基金等其他企业（或主体）。

（2）经营规模较小。本准则所称经营规模较小，指符合国务院发布的《中小企业划型标准规定》所规定的小企业标准或微型企业标准。小企业划型标准如表 1-2 所示。

表 1-2　小企业划型标准

行业类型	资产总额	营业收入	从业人员
农、林、牧、渔业		500 万元以下	
工业		2 000 万元以下	300 人以下
建筑业	5 000 万元以下	6 000 万元以下	
批发业		5 000 万元以下	20 人以下
零售业		500 万元以下	50 人以下
交通运输业		3 000 万元以下	300 人以下
仓储业		1 000 万元以下	100 人以下
邮政业		2 000 万元以下	300 人以下
住宿业		2 000 万元以下	100 人以下
餐饮业		2 000 万元以下	100 人以下
信息传输业		1 000 万元以下	100 人以下

（续表）

行业类型	资产总额	营业收入	从业人员
软件和信息技术服务业		1 000 万元以下	100 人以下
房地产开发经营	5 000 万元以下		1 000 人以下
物业管理		1 000 万元以下	300 人以下
租赁和商务服务业	8 000 万元以下		100 人以下
其他未列明行业			100 人以下

（3）既不是企业集团内的母公司，也不是子公司。企业集团内的母公司和子公司均应当执行《企业会计准则》。

但是股票或债券在市场上公开交易的小企业、金融机构或其他具有金融性质的小企业、企业集团内的母公司和子公司这三类小企业，不得使用该准则，应参照执行《企业会计准则》。

凡符合上述规定的小企业均可选择执行本准则，也可执行《企业会计准则》，但选定一种准则之后就不得随意转换。在具体执行过程中，应注意以下四个方面的问题：

（1）执行本准则的小企业，发生的交易或者事项本准则未做规范的，可以参照《企业会计准则》中的相关规定进行处理。

（2）执行《企业会计准则》的小企业，不得在执行《企业会计准则》的同时，选择执行本准则的相关规定。

（3）执行本准则的小企业公开发行股票或债券的，应当转为执行《企业会计准则》；因经营规模或企业性质变化导致不符合本准则第二条规定而成为大中型企业或金融企业的，应当从次年 1 月 1 日起转为执行《企业会计准则》。

（4）已执行《企业会计准则》的上市公司、大中型企业和小企业，不得转为执行本准则。

二、小企业的设立及变更

（一）小企业设立的流程

小企业办理完成定位、选址、装修、招聘等开业前的准备工作后需要办理相关的开业手续。

1. 开业登记

按相关政策规定，中小型公司类企业开业登记需到所在地工商行政管理局办理手续，程序如下：

（1）核名：为自己的公司取名，将想好的名称送到工商局的名称核准科，由其将该名称与已开业的企业比对，核实无重名后发给名称核准证明；之后，应在180天内办理注册，过期即失效。

（2）领取注册登记表格：将名称核准证明送到工商局，领取有关登记公司的表格及准备有关资料，包括：①公司设立登记申请书（工商局备有规范样本）；②公司章程（工商局备有规范的样本，业主根据实际情况填入即可）；③业主资格证（身份证、待业证、下岗证和辞职证等）。

（3）开设临时账户准备注册资金：将领取的名称核准证明送到附近的银行开设临时的验资账户，开设账户后将注册资本对应的资金存入。如果某些投资者准备以实物出资，应要求其提供这些实物的相关产权证明文件和价值评估资料。

（4）验证场地：请工商局场地调查科的工作人员前往企业经营场地，将企业经营场地证明出示（自有房出示房产证，租房出示租赁合同），由工商人员验定场地后发给经营场地证明书。

（5）领取回执：将名称核准证明、公司（申报）材料、场地证明书、投资各方的身份证等一起提交工商局，审查人员对上述材料进行审查，确认无误后，发给受理回执。

如无其他问题，在15个工作日凭受理回执，带上申请人身份证，由本人前往领证窗口领取营业执照的正、副本。

现行政策规定，办理公司型饮食服务企业，最少要有两人以上为出资人，其中一人为本地常住户口。同时，需提供未就业证明，如待业证、下岗证、辞职证明、退休证明等。很多地方政府对于安排一定数目的下岗职工或大学毕业生的企业在税收上有优惠政策。要到当地相关税务部门、民政部门咨询。

个体户办理开业手续同样要先取好名，然后到工商局查询没有店名重复后，到所在地工商分局（所）领取《个体户开业申请表》，按表中内容如实填写后，带上居民身份证、未就业证明（待业证、下岗证、辞职证明、退休证明等）以及经营场所证明（自有房产出示房产证，租赁房出示租赁合同），就可以到工商分局（所）办理登记手续，受理后7 ~ 15天可领取营业执照。

2. 办理税务登记

公司类的企业，从工商局领到营业执照后，首先，到指定的刻字店刻公司的公章、财务章、企业法人的印章。然后，应到附近银行办理开户手续。带上营业执照正本、公章、财务章和个人印章便可办理。办理银行开户后，还要办理税务登记和购买发票。办理税务登记需要的资料有：①营业执照副本；②公章、财务章；③公司章程；④银行账号证明；⑤自有房的房产证或租赁房屋的合同。此外，每个企业均应确定一个具备会计从业资格的财务人员负责办理报税事宜，在税务部门备案。税务局也会给每个企业指定一个税务专管员，负责该企业的税收事宜。在备齐上述资料后，到管辖地税务局办理税务登记。

提示：在领到营业执照后应抓紧办理上述登记手续，因税务登记要求在领到营业执照后 30 天内办理，过期不办，税务局要罚款上千元，而领到营业执照后，刻公章、银行开立账户等每个环节都需要几天时间，因此宜抓紧为好。

（二）小企业的变更

1. 变更原因

小企业在经营运作过程中，由于内、外部因素发生了变化，原在开业时经工商行政管理部门核准登记的事项已经不再适应新的经营要求，可以改变原有的登记事项。

企业不得擅自改变登记事项，如果有变更，须向办理开业登记的工商行政管理部门申请变更登记。由其根据国家有关法律、法规及政策的要求，对申请变更事项等重新审查核准，予以登记注册，收缴原营业执照，发给新的营业执照。凡改变公司名称、住所、经营场地、法定代表人、经济性质、经营范围、经营方式、注册资金、经营期限，以及增设分支机构或撤销分支机构，均须办理变更登记。其中，与财务人员关系最密切的为注册资金的变更（增减资），需要对企业账务进行相关的处理。

2. 公司申请变更登记的具体内容

（1）公司名称的变更。公司变更名称如无特殊原因，应当在原名称核准超过 1 年后提出。

（2）注册资金的变更。公司实有资金额增加或减少超过 20% 时，应向原登记主管机关申请变更登记。

（3）公司经济性质的变更。因企业经济性质的变化，如全民所有制的小型企业转为集体所有，就需办理变更登记。

（4）法定代表人的变更。公司的法定代表人由于种种原因而发生了变化，应办理变更登记。

（5）分支机构的变更。公司在本地增设或撤销分支机构，应向原登记主管机关申请变更登记，在异地（非原登记主管机关管辖地）增设或撤销分支机构，应在向登记主管机关申请变更登记核准后，向分支机构所在地的登记主管机关申请开业登记或注销登记，并将结果通知公司所在地的登记主管机关。公司在国外开办公司或设立分支机构，应向原登记主管机关备案。

（6）公司住所的变更：①公司住所在地理位置上没有发生变化，但其住所所在地的行政区划名称、街道或路段名称、牌号等发生了变化；②公司住所发生了位移，但没有超过原登记主管机关管辖的范围。公司迁移出原登记主管机关管辖地，应向原登记主管机关申请迁移手续，原登记主管机关根据新地址所在地登记主管机关同意迁入的意见，收缴公司营业执照，撤销注册号，再出具迁移证明，并将公司档案移交公司新址所在地的登记主管机关。公司凭迁移证明和有关部门的批准文件，向新址所在地登记主管机关申请变更登记，领取企业法人营业执照。

（7）公司的主管部门发生变化或者公司的章程发生变更。如涉及主要登记事项的，应向原登记主管机关申请变更；不涉及登记事项的，应当持主管部门改变的文件或变更后的公司章程向原登记主管机关备案。

（8）公司分立、合并或兼并后的登记注册。公司因分立或合并而保留的企业，应办理变更登记；因分立或合并而成为新开办的公司，则应申请开业登记；因分立或合并后而终止的公司，应办理申请注销登记。在公司兼并中，兼并方由于吸收了被兼并方的全部产权，扩大了经营范围和经营规模，也应向登记主管机关办理变更登记；被兼并方则须办理注销手续。如兼并公司将被兼并公司变为自己的分支机构，则应由兼并公司向被兼并公司所在地的登记主管机关办理分支机构登记手续。

3. 申请变更登记须递交的文件、证件

（1）由法定代表人签署的变更登记申请书。

（2）原主管部门或审批机关审查批准变更的文件。

（3）其他有关文件、证件、企业法人申请变更登记注册书。

第四节　小企业会计准则与小企业会计制度的区别

经过多年的发展，我国的经济环境发生了很大的变化，使得2004年制定的《小企业会计制度》在很多方面都已滞后于小企业自身业务和市场经济发展的要求。新出台的《小企业会计准则》在原制度的基础上，充分考虑企业规模和内部管理特点，立足于主要满足税务部门、银行等外部会计信息使用者的需求，大大简化小企业的会计处理并且与税法规定保持了协调。以下将在表1-3中对两者的区别进行详细的表述。

表1-3　小企业会计准则与小企业会计制度的区别

会计科目		小企业会计准则	小企业会计制度
资产类	银行存款	小企业会计准则中未明确规范银行存款的结算方式	小企业会计制度中对银行存款的结算方式作了明确规范
	短期投资	持有期间所收到的股利、利息等，确认为投资收益	持有期间所收到的股利、利息等，不确认投资收益，作为冲减投资成本处理
		不计提短期投资减值准备	计提短期投资减值准备
	应收票据	应收票据不得计提坏账准备，实际发生损失时直接冲减应收票据即可	应收票据不得计提坏账准备，待到期不能收回转入应收账款后，再按规定计提坏账准备。

（续表）

会计科目		小企业会计准则	小企业会计制度
资产类	应收账款	未规范应收债权融资或出售应收债权的会计处理	规范应收债权融资或出售应收债权的会计处理
		不计提坏账，只对实际发生的坏账损失进行确认	计提坏账准备
	盘盈的各种材料	计入营业外收入	冲减管理费用
	长期股权投资	只采用成本法核算	根据不同的情况可以采用成本法或权益法核算
	长期债券投资	不考虑溢折价问题	债券的溢价或折价在债券存续期间内于确认债券利息收入时以直线法摊销
	生物资产	小企业会计准则中对生物资产作了详细规范	没有针对生物资产的规范
	无形资产	摊销期自其可供使用时开始至停止使用或出售时止。有关法律规定或合同约定了使用年限的，可以按照规定或约定的使用年限分期摊销。企业不能可靠估计无形资产使用寿命的，摊销期不短于10年	摊销年限应按合同受益年限、法律规定年限孰低确定，如果合同没有规定受益年限，法律也没有规定有效年限的，摊销年限不应超过10年
	长期待摊费用	小企业会计准则中规定，长期待摊费用不含开办费	开办费应于发生时记入本科目，并在开始生产经营的当月转入当期损益
负债类	应付职工薪酬	进行了详细规定	通过应付工资、应付福利费等核算，未规范非货币性薪酬及其他职工薪酬的核算
	长期借款	小企业为购建固定资产在竣工决算前发生的借款费用，应当计入固定资产的成本	为购建固定资产而发生的专门借款，在满足借款费用开始资本化的条件时至购建的固定资产达到预定可使用状态前发生的借款费用，应计入固定资产成本

（续表）

会计科目		小企业会计准则	小企业会计制度
所有者权益类	资本公积	基本上仅有资本（股本）溢价核算	包括四个明细科目：资本溢价、接受捐赠非现金资产准备、外币资本折算差额、其他资本公积
	盈余公积	包括法定公积金和任意公积金	包括法定盈余公积、任意盈余公积、法定公益金

第二章

货 币 资 金

第一节　货币资金概述

货币资金，是指小企业的经营资金在周转过程中暂时停留在货币形态上的那部分资金。小企业在经营过程中，大量的经济活动都是通过货币资金的收支来进行的。例如，原材料的购进，商品的销售，工资的发放，税金的交纳，股利、利息的支付以及进行投资活动等事项，都需要通过货币资金进行收付结算。同时，一个企业货币资金拥有量的多少，标志着它偿债能力和支付能力的大小，是投资者分析、判断财务状况的重要指标，在企业资金循环周转过程中起着连接和纽带的作用。因此，小企业需要经常保持一定数量的货币资金，既要防止不合理地占压资金，又要保证业务经营的正常需要，并按照货币资金管理的有关规定，对各种收付款项进行结算。

货币资金按其存放地点和用途的不同分为库存现金、银行存款和其他货币资金等。

一、库存现金

库存现金，是指小企业为了满足日常经营过程中零星支付需要而保留的现金，是小企业中流动性最强的货币资金。其限额由开户银行根据小企业的实际需要核定。一般按照小企业 3 ~ 5 天日常零星开支所需确定。

根据《库存现金管理暂行条例》的规定，库存现金的使用范围主要包括以下八个方面：

（1）职工工资、津贴。

（2）个人劳务报酬。

（3）根据国家规定颁发给个人的科学技术、文化艺术、体育等的各种奖金。

（4）各种劳保、福利费用以及国家规定的对个人的其他支出。

（5）向个人收购农副产品和其他物资的款项。

（6）出差人员必须随身携带的差旅费。

（7）结算起点（1 000 元人民币）以下的零星支出。

（8）中国人民银行确定需要支付库存现金的其他支出。

在日常的库存现金管理过程中，小企业应严格遵守库存现金的收支规定，企业收入的库存现金应当于当日送存开户银行，当日送存确有困难的，由开户银行确定送存时间；不得“坐支”库存现金，因特殊情况需要坐支库存现金的单位，应当事先报经有关部门审查批准，并在核定的范围和限额内进行，同时收支的库存现金必须入账；不准用不符合财务制度的凭证顶替库存现金，即不得用“白条顶库”；不准用银行账户代其他单位和个人存入或支取库存现金；不准用单位收入的现金以个人名义存入储蓄账户（即不得公款私存）；不得设置“小金库”。

二、银行存款

银行存款，是指小企业存放在银行和其他金融机构的货币资金。按照国家现金管理和结算制度的规定，每个企业都要在银行开立账户，用来办理存款、取款和转账结算。其结算方式主要有：银行汇票、银行本票、商业汇票、支票、信用卡等。

小企业加强银行存款管理，应着重处理好以下六个方面的问题：

（1）加强银行存款的分类管理。根据资金的不同性质、用途，分别在银行开设账户，严格遵守国家银行的各项结算制度和现金管理暂行条例，接受银行监督。

（2）银行账户只限于本单位使用，不准搞出租、出借、套用或转让。

（3）严格支票管理，不得签发空头支票。空白支票必须严格领用注销手续。

（4）应按月与开户银行对账，保证账账、账款相符。平时开出支票，应尽量避免跨月支取，年终开出支票，须当年支款，不得跨年度。

（5）加强银行存款的日常规范管理，应在结算业务中实行银行存款转账结算。

（6）出纳、会计应按月编制银行存款余额调节表，逐月与银行核对余额，防止错账、乱账。

小企业应按月与开户银行核对银行存款是否相符，查明银行存款收、付与余额的真实性。要指定非出纳人员将企业银行存款日记账的记录与银行对账单的差异标注出来，在月末发生未达账项，会导致双方的银行存款余额不一致。

小企业与银行的存款余额不一致，受以下四种未达账项的影响：

（1）银行已收款记账而企业尚未收款记账的款项。

（2）银行已付款记账而企业尚未付款记账的款项。

（3）企业已收款记账而银行尚未收款记账的款项。

（4）企业已付款记账而银行尚未付款记账的款项。

为了保证各银行账户未达账项正确、银行存款余额真实，在每月终了，都应按每个存款账户逐笔核对银行对账单。通过编制银行存款余额调节表，调节企业与银行双方账面存款余额的不一致。银行存款余额调节表如表 2-1 所示。

表 2-1　银行存款余额调节表

编制单位：　　　　　　　　　　　年　　月　　日　　　　　　　　　单位：元

项目	金额	项目	金额
企业账面存款余额		银行对账单余额	
加：银行已收，企业未收		加：企业已收，银行未收	
减：银行已付，企业未付		减：企业已付，银行未付	
调节后余额		调节后余额	

财务部负责人：　　　　　　　　　审核：　　　　　　　　　编表人：

调节后存款余额相等，则说明双方账目都没有错误，如果调节后存款余额不相等，应查明原因，进行更正。银行存款余额调节表调节相符后，应由编表人和财务部负责人签字；如发现重大错误或无法调节相符时，应向财务部负责人报告。

三、其他货币资金

其他货币资金是指企业除现金、银行存款以外的其他各种货币资金。即：存放地点和用途均与现金和银行存款不同的货币资金。主要包括外埠存款、银行汇票存款、银行本票存款、信用证存款和在途货币资金。

外埠存款，是指小企业到外地进行临时或零星采购时，汇往采购地银行开立采购专户的款项。

银行汇票存款，是指小企业为取得银行汇票，按照规定存入银行的款项。银行汇票是由银行签发的异地结算凭证，付款期为 1 个月，除填明“现金”字样的银行汇票外，可以背书转让。

银行本票存款，是指小企业为取得银行本票，按照规定存入银行的款项。银行本票是由银行签发的同城结算凭证，付款期为 2 个月，除填明“现金”字样的银行本票外，可以背书转让。银行本票分定额本票和非定额本票。

信用证存款，是指小企业为取得银行信用证，按规定存入银行的款项。信用证结算是国际贸易的一种主要结算方式，向银行申请开立信用证应提交开证申请书、信用证申请人承诺书和购销合同。

在途货币资金，是指小企业与所属单位或上下级之间汇解款项，在月终尚未到达，处于在途的资金。

四、货币资金的内部控制

货币资金是企业流动性最强、控制风险最高的资产，是企业生存与发展的基础。大多数贪污、诈骗、挪用公款等违法乱纪的行为都与货币资金有关，因此，必须加强对企业货币资金的管理和控制，建立健全货币资金内部控制，确保经营管理活动合法而有效。

（一）货币资金内部控制目标

内部控制目标是企业管理当局建立健全内部控制的根本出发点。货币资金内部控制目标有四个：

（1）货币资金的安全性。通过良好的内部控制，确保企业库存现金安全，预防被盗窃、诈骗和挪用。

（2）货币资金的完整性。即检查企业收到的货币是否已全部入账，预防私设“小金库”等侵占企业收入的违法行为的出现。

（3）货币资金的合法性。即检查货币资金取得、使用是否符合国家财经法规，手续是否齐备。

（4）货币资金的效益性。即合理调度货币资金，使其发挥最大的效益。

（二）货币资金内部控制环境

所谓货币资金内部控制环境是对企业货币资金内部控制的建立和实施有重大影响因素的统称。控制环境的好坏直接决定着企业内部控制能否实施或实施的效果，影响着特定控制的有效性。货币资金内部控制环境主要包括以下几方面因素。

1. 管理决策者

管理决策者是货币资金内部控制环境中的决定性因素，特别在推行企业领导个人负责制的情况下，管理决策者的领导风格、管理方式、知识水平、法制意识和道德观念都直接影响货币资金内部控制执行的效果。因此，管理决策者本人应加强自身约束，同时通过民主集中制、党政联席会等制度加强对其的监督。

2. 员工的职业道德和业务素质

在内部控制每个环节中，各岗位都处于相互牵制和制约之中，如果任何一个岗位的工作出现疏忽大意，均可以导致某项控制失效。比如，空白支票、印章应分别由不同的人保管，如果保管印章的会计警惕性不高，出门不关抽屉，将使保管空白支票的出纳有机可乘。由此造成出纳携款潜逃的案件也屡见不鲜。

3. 内部审计

内部审计是企业自我评价的一种活动，内部审计可协助管理当局监督控制措施和程序的有效性，能及时发现内部控制的漏洞和薄弱环节。内部审计力度的强弱同样影响货币资金内部控制的效果。

第二节 货币资金的核算

一、库存现金的核算

小企业应当设置“库存现金”科目，对库存现金的收支和结存情况进行核算。借方登记现金的增加，贷方登记现金的减少，期末余额在借方，反映企业实际持有的库存现金的金额，如表 2-2 所示。有外币现金的小企业，还应当分别按照人民币和外币进行明细核算。

同时，为了加强对小企业库存现金的总分类核算和明细分类核算。小企业还应设置“库存现金总账”和“库存现金日记账”。“库存现金日记账”可以帮助企业加强对现金的管理，随时掌握现金的收付和库存余额。“库存现金日记账”一般采用“三栏式”格式，按照现金收付的时间或出纳人员受理的时间，序时、逐笔登记；库存现金日记账应当做到日清月结，账款相符；每次记账后，都应当将账面余额与库存现金的实有数额进行核对。

表 2-2 库存现金的核算

借方	贷方
1. 提取现金 2. 收到员工归还借款 3. 收到的以现金结算的营业收入 4. 收到的其他应收款	5. 支付的各项费用性支出 6. 支付的员工借款 7. 支出的以现金结算的成本 8. 支出的职工薪酬 9. 支出的其他应付款
期末必须在借方 用来反映企业期末时点的库存现金余额	

（一）现金的收入核算

1. 从银行提取现金

企业因向职工支付工资、支付差旅费、购买办公用品等事项需要从银行提取现金时，其账务处理为：借记“库存现金”科目，贷记“银行存款”科目。

【例 2-1】 A 小企业 2×20 年 4 月 21 日，经过申请通过后，出纳从对公账户提取现金 2 000 元，作为备用金。取款方式为现金支票。根据支票存根，编制记账凭证。

账务处理：

借：库存现金　　2 000
　　贷：银行存款　　2 000

2. 日常业务的现金收入

当企业对外销售商品或提供劳务取得现金收入时，应借记“库存现金”科目，贷记“主营业务收入”“其他业务收入”以及“应交税费——应交增值税（销项税额）”等相关科目。同时结转相应的成本科目。

【例 2-2】 2×20 年 8 月 4 日 A 小企业销售商品收到现金 1 130 元，其中货款 1 000 元，增值税 130 元。该批商品成本为 800 元。A 小企业 2×20 年 8 月 4 日的账务处理如下：

借：库存现金　　1 130
　　贷：主营业务收入　　1 000
　　　　应交税费——应交增值税（销项税额）　　130
借：主营业务成本　　800
　　贷：库存商品　　800

3. 处置资产的现金收入

企业处置固定资产取得现金收入时，应借记“库存现金”科目，贷记“固定资产清理”科目，同时结转被处理资产的成本。

【例 2-3】 2020 年 1 月 16 日，处置残旧复印机，原值为 4 500 元，已提折旧 3 600 元。出售取得收入 500 元。不考虑增值税，A 小企业的账务处理如下：

（1）固定资产清理
借：固定资产清理　　900
　　累计折旧　　3 600
　　贷：固定资产—电子设备　　4 500.00
（2）取得出售价款
借：库存现金　　500
　　贷：固定资产清理　　500
（3）结转固定资产清理后收益
借：营业外支出—处置固定资产净损失　　400
　　贷：固定资产清理　　400

（二）现金支出的核算

当小企业发生的业务属于库存现金使用范围时，库存现金会流出企业，常见的业务处理有：

（1）企业将现金存入银行时，应借记“银行存款”科目，贷记“库存现金”科目。

【例 2-4】 A 小企业出纳员 2×20 年 7 月 20 日将库存现金存入公司银行账户，存入金额为 2 000 元。

A 小企业当日的账务处理如下：

借：银行存款　　2 000

　　贷：库存现金　　2 000

（2）因支付职工出差费用、支付办公用品等原因所需现金时，按支出凭证所记载的金额，借记“其他应收款”“管理费用”等科目，贷记“库存现金”科目。

【例 2-5】 2×20 年 7 月 20 日，A 小企业职工王某预借差旅费 2 000 元。A 小企业当日的账务处理如下：

借：其他应收款　　2 000

　　贷：库存现金　　2 000

【例 2-6】 A 小企业购入办公用品一批，用现金支付 1 200 元，收到普通发票一张。A 小企业根据该发票进行账务处理如下：

借：管理费用——办公用品　　1 200

　　贷：库存现金　　1 200

（三）现金短缺和溢余的核算

为保证资产的安全，确保账实相符，小企业应当按照规定进行现金清查。所谓现金清查，就是对小企业库存现金的盘点与核对，包括对出纳人员每日终了进行的账款核对和小企业在财产清查时进行的定期清查和不定期清查。

库存现金的清查一般采用实地盘点法。清查时，出纳人员必须在场，清查的内容主要是检查是否挪用现金、是否白条抵库、是否超额留存现金以及账款是否相符等。清查的结果应编制现金盘点报告单，注明现金短缺或是溢余，并由出纳人员和盘点人员签字盖章。在现金清查中，如果发现有挪用现金、白条抵库等情况，应及时予以纠正；对于超限额留存的现金，应及时送存银行。

1. 现金短缺的核算

在清查过程中发现账实不符的，首先应通过“待处理财产损溢”科目进行核算。现金清查中发现短缺的现金，应区分短缺原因，属于应由责任人赔偿的部分，借记“其他应收款——应收现金短缺款”或“库存现金”等科目，贷记“待处理财产损溢”科目；属于应由保险公司赔偿的部分，借记“其他应收款——应收保险赔款”科目，贷记“待处理财产损溢”科目；属于无法查明原因的，经批准后，借记“管理费用——现金短缺”科目，贷记“待处理财产损溢”科目。

【例 2-7】 2×20 年 8 月 31 日，财务部对库存现金进行盘点，账面 1 394.20 元，实盘 1 296.20 元，现金短缺 98 元。其中 70 元属于出纳李某保管不力造成；另外 28 元短缺原因不明。经企业处理决定由李某赔偿 70 元。A 小企业的账务处理如下：

账务处理：

（1）会计分录

借：待处理财产损溢　　98

　　贷：库存现金　　98

（2）决定由李某赔偿 70 元：

借：其他应收款——出纳李某　　70

　　贷：待处理财产损溢　　70

（3）李某交纳现金赔款：

借：库存现金　　70

　　贷：其他应收款——出纳李某　　70

（4）确认无法查明的现金短缺损失：

借：管理费用——现金短缺　　28

　　贷：待处理财产损溢　　28

2. 现金溢余的核算

现金溢余，属于应支付给相关人员或单位的，应借记“待处理财产损溢”科目，贷记“其他应付款——应付现金溢余”科目；属于无法查明原因的，经批准后，借记“待处理财产损溢”科目，贷记“营业外收入——现金溢余”科目。

【例 2-8】 A 小企业于 2×20 年 4 月 30 日企业进行现金盘点发现现金溢余 800 元。原因无法查明。A 小企业的账务处理如下：

（1）发现现金溢余：

借：库存现金　　800

　　贷：待处理财产损溢　　800

（2）确认无法查明的现金溢余收益：

借：待处理财产损溢　　800

　　贷：营业外收入——现金溢余　　800

【例 2-9】 A 小企业于 2×20 年 5 月 31 日，企业在进行现金盘点时发现短缺 1 000 元。后查明原因，现金短缺的 1 000 元中：300 元应由出纳赔偿，200 元应由保险公司赔偿，还有 500 元无法查明原因。

（1）发现现金短缺：

借：待处理财产损溢——待处理流动资产损溢　　1 000

　　贷：库存现金　　1 000

（2）查明短缺原因后进行账务处理：

借：其他应收款——应收现金短缺款（× 出纳）　　300

　　　　　　　——应收保险赔偿　　200

　　管理费用　　500

　　贷：待处理财产损溢——待处理流动资产损溢　　1 000

二、银行存款的核算

小企业应设置“银行存款”科目，反映和监督企业银行存款的收入、支出和结存情况。该科目的借方登记银行存款的增加额，贷方登记银行存款的减少额；期末余额在借方，反映小企业存在银行或其他金融机构的各种款项，如表 2-3 所示。有外币银行存款的小企业，还应当分别按照人民币和外币进行明细核算。

此外，小企业还应设置“银行存款总账”和“银行存款日记账”，分别进行银行存款的总分类核算和明细分类核算，以加强对银行存款的管理。“银行存款日记账”应当按照开户银行和其他金融机构、存款种类等设置，由出纳人员根据收付款凭证，按照业务的发生顺序逐笔登记。每日终了，应结出余额。“银行存款日记账”应定期与“银行对账单”进行核对，至少每月核对一次。小企业银行存款账面余额与银行对账单余额之间如有差额，应编制“银行存款余额调节表”调节相符。

表 2-3　银行存款的核算

借方	贷方
1. 银行账户收到收入结算款 2. 银行账户收到业务往来款 3. 银行账户收到投资收入 4. 银行账户收到政府奖励款 5. 银行账户收到变卖资产等营业外收入款 6. 其他实收款项	1. 银行账户实付各类成本 2. 银行账户偿还业务往来借款 3. 银行账户实付股东现金分红款 4. 银行账户缴纳各种罚款等营业外支出 5. 其他实付款项
期末必须在借方 用来反映企业期末时点的银行存款	

（一）银行存款收入的核算

（1）小企业将款项存入银行或收到款项时，应按照金额，借记“银行存款”科目，贷记“库存现金”“应收账款”等科目。

【例 2-10】 2×20 年 4 月 13 日，A 小企业收回一笔 3 000 元的应收账款，存入银行。该企业的账务处理如下：

借：银行存款　　3 000

　　贷：应收账款　　3 000

（2）小企业对外销售货物或提供劳务直接通过银行转账取得收入时，应按照取得银行存款金额，借记“银行存款”科目，贷记“主营业务收入”“其他业务收入”以及“应交税费——应交增值税（销项税额）”等科目。同时结转相应的成本科目。

【例 2-11】 沿用［例 2-2］，假设 A 小企业收到的是转账的银行存款 1 130 元，则该企业当日的账务处理如下：

借：银行存款　　1 130

　　贷：主营业务收入　　1 000

　　　　应交税费——应交增值税（销项税额）　　130

借：主营业务成本　　800

　　贷：库存商品　　800

【例 2-12】 某小企业 A 公司购入一台电脑，出纳开具转账支票 4 000 元整。并取得普通发票。公司账务处理如下：

借：固定资产　　4 000

　　贷：银行存款　　4 000

（二）存款利息的核算

1. 计息日和计息期

小企业的存款账户一般都是按季计算利息，计算日为每季度末月的 20 日，如 3 月 20 日、6 月 20 日、9 月 20 日、12 月 20 日。单位撤销或转移存款账户，还清借款时，于结清账户时随时结算利息。计息期实行“算头不算尾”，也就是说，从有存款业务发生的当日起计算，即所谓“算头”；到业务终止（存款支取）前一日止，即所谓“不算尾”，按照实际存款天数计算利息。

对于逐笔计算的存款，其计息时期，满月的按月计算，有整月又有零头天数的，可全部化成天数按天数计算；满月不论月大月小，均按 30 天计算，零头天数则按实际天数计算。

2. 确认利息的核算

小企业的存款在银行存续期间产生的利息，应作为融资费用的冲减，借记“应收利息”科目，贷记“财务费用”科目；收到这部分利息时，借记“银行存款”科目，贷记“应收利息”科目。

【例 2-13】 2×20 年 11 月 30 日，A 小企业本月银行存款产生的利息总额为 700 元，并于 2×20 年 12 月 5 日收到这部分利息，该企业的账务处理如下：

（1）确认利息收入：

借：应收利息　　700

　　贷：财务费用　　700

（2）收到利息款项：

借：银行存款　　700

　　贷：应收利息　　700

（三）银行存款支出的核算

（1）小企业从银行提取款项或以银行存款支付款项时，应按支出金额，借记“库存现金”“应付账款”等科目，贷记“银行存款”科目。

【例 2-14】 小企业于 2×20 年 10 月 20 日从甲企业购入一批货款，货款总计为 20 000 元。与销售方协商于次月付款。2×20 年 11 月 11 日公司支付该笔货款 20 000 元。该企业的账务处理如下：

借：应付账款　　20 000

　　贷：银行存款　　20 000

（2）小企业以银行存款向供货方或提供劳务方进行支付时，按支出金额，借记“库存商品”“原材料”等资产科目，贷记“银行存款”科目。

【例 2-15】 A 小企业于 2×20 年 11 月 17 日从 B 企业购入原材料一批，价款 5 000 元。A、B 两企业均为增值税一般纳税人，A 小企业收到材料后，以银行存款支付款项 5 650 元。该企业的账务处理如下：

借：原材料	5 000	
应交税费——应交增值税（进项税额）	650	
贷：银行存款		5 650

三、其他货币资金的核算

“其他货币资金”科目主要核算小企业的银行汇票存款、银行本票存款、信用卡存款、信用证保证金存款、外埠存款、备用金等其他货币资金。在具体核算过程中，本科目应按照银行汇票或本票、信用卡发放银行、信用证的收款单位，外埠存款的开户银行，分别按“银行汇票”“银行本票”“信用卡”“信用证保证金”“外埠存款”等进行明细核算。

小企业增加其他货币资金，借记“其他货币资金”科目，贷记“银行存款”科目；减少其他货币资金，作相反的会计分录。本科目期末借方余额，反映小企业持有的其他货币资金。

（一）外埠存款的核算

外埠资金，是指企业到外地进行临时或零星采购时，汇往采购地银行开立采购专户的款项。企业发生“外埠资金”业务时，其具体的会计核算过程如下所示。

【例 2-16】 2×20 年 5 月 7 日，A 小企业为临时采购需要在外地工商银行开设外埠存款账户，存入 5 000 元；5 月 14 日，采购员交来供货单位的发票，货物总金额为 3 000 元，增值税额 390 元，货物尚未收到；5 月 21 日将多余的资金 1 610 元转回原开户银行，该 A 小企业的账务处理如下：

（1）开设账户时：

借：其他货币资金——外埠存款	5 000	
贷：银行存款		5 000

（2）收到供货单位发票时：

借：材料采购	3 000	
应交税费——应交增值税（进项税额）	390	
贷：其他货币资金——外埠存款		3 390

（3）将多余的资金 1 610 元转回原开户银行时：

借：银行存款	1 610	
贷：其他货币资金——外埠存款		1 610

（二）银行汇票存款的核算

银行汇票存款是指企业为取得银行汇票，按照规定存入银行的款项。汇款人使用银行汇票必须先向开户银行提交“汇票委托书”，并将票款送交银行。银行受理后，签发“银行汇票”并连同“解讫通知”一并交汇款人持往异地办理结算。对超过付款期而不能在兑付地办理结算的银行汇票，汇款人可向签发银行申请退汇。收款人收到“银行汇票”后，应在汇票金额内根据实际结算金额办理结算，并将实际结算金额和多余金额填入“银行汇票”，填写进账单送交银行，银行将实际结算金额转入收款人的存款账户，多余金额退回汇款人。

企业应向银行提交“银行汇票委托书”，并将款项交存开户银行，其会计核算过程如下所示。

【例 2-17】 小企业 A 公司向开户银行申请办理银行汇票，A 公司开出汇票委托书并将款项 9 500 元交存银行取得银行汇票。A 公司用该汇票结算货款，其中货款 8 000 元，增值税 1040 元，材料已验收入库。结算完毕，A 公司收到开户银行的收账通知，汇票余款 140 元已经汇还入账。该企业账务处理如下：

（1）取得银行汇票时：

借：其他货币资金——银行汇票存款　　9 500

　　贷：银行存款　　9 500

（2）购买商品并取得发票时：

借：原材料　　8 000

　　应交税费——应交增值税（进项税额）　　1 040

　　贷：其他货币资金——银行汇票存款　　9 040

（3）结算完毕，收到开户银行的收账通知，汇票余款汇还入账。

借：银行存款　　460

　　贷：其他货币资金——银行汇票存款　　460

（三）银行本票存款的核算

银行本票存款是企业为取得银行本票按照规定存入银行的款项。企业办理银行本票，需将款项交存开户银行。其会计核算过程如下所示。

【例 2-18】 小企业出纳人员向银行申请开具银行本票并缴存款项，用于购买了一批生产用的原材料，价值 50 000 元，货款通过银行本票进行结算，其账务处理如下：

（1）申请取得本票时：

借：其他货币资金——银行本票存款　　50 000

　　贷：银行存款　　50 000

（2）通过银行本票进行货款结算：

借：原材料　　50 000

　　贷：其他货币资金——银行本票存款　　50 000

（四）信用证保证金存款的核算

我国信用证结算方式主要应用于有国外进出口业务的企业，企业向外商开出信用证时，也必须向中国银行提出申请并填写“信用证委托书”，还应将信用证保证金交存银行开立专户。企业向外商开出信用证时，借记“其他货币资金—信用证保证金存款”账户，贷记“银行存款”账户；收到境外供应单位信用证结算凭证及所附发票账单，经核对无误后借记“原材料”等账户，贷记“其他货币资金—信用证保证金存款”账户；接到银行收账通知，将未用完的信用证保证金存款余额转回开户银行时，借记“银行存款”账户，贷记“其他货币资金—信用证保证金存款”账户。

【例 2-19】 小企业 A 公司申请在银行对境外销售机构开出信用证 4 000 000 元，2×20 年 7 月 7 日，收到境外销售机构信用证结算凭证及所附发票账单 3 390 000 元，其中包括增值税 390 000 元。

（1）开出信用证时：

借：其他货币资金——信用证保证金　　4 000 000

　　贷：银行存款　　4 000 000

（2）收到境外销售机构信用证结算凭证及所附发票时

借：原材料　　3 000 000

　　应交税金——应交增值税（进项税额）　　390 000

　　贷：其他货币资金——信用证保证金　　3 390 000

（3）余额转回

借：银行存款　　610 000

　　贷：其他货币资金——信用证保证金　　610 000

（五）存出投资款

存出投资款是指企业已存入证券公司但尚未进行短期投资的现金，企业向证券公司划出资金时，应按实际划出的金额，借记“其他货币资金—存出投资款”，贷记“银行存款”；购买股票、债券等有价证券时，按实际发生的金额，借记“短期投资”，贷记“其他货币资金——存出投资款”。

【例 2-20】 小企业 A 公司在证券公司开立第三方投资账户，2×20 年 5 月 3 日盛发公司向投资账户存入 500 000 元，准备在二级市场购买股票。2×20 年 5 月 11 日 A 公司在二级市场购买股票，支付 500 000 元。

（1）2×20 年 5 月 3 日存出保证金：

借：其他货币资金——存出投资款　　500 000

　　贷：银行存款　　500 000

（2）2×20 年 5 月 11 日，在二级市场购买股票支付 500 000 元：

借：短期投资　　500 000

　　贷：其他货币资金——存出投资款　　500 000

第三章

应收款项

第一节　应收款项概述

应收款项，是指小企业在生产经营过程中，因商品交易、劳务供给和其他往来业务而形成的应收未收或暂付应收的各种款项。小企业在生产经营过程中发生的各种应收款项，属于企业的短期债权，是企业流动资产的重要组成部分，其具体内容包括应收账款、应收票据、预付账款和其他应收款等。

一、应收账款

应收账款是小企业因销售商品或提供劳务的原因，应向购货单位或接受劳务的客户收取的款项和代购货方垫付的运杂费等。应收账款是伴随小企业的销售行为发生而形成的一项债权。因此，应收账款的确认与收入的确认密切相关。通常在确认收入的同时，确认应收账款。该账户按不同的购货或接受劳务的单位设置明细账户进行明细核算。

（一）应收账款的范围

应收账款是有特定的范围的。首先，应收账款，是指因销售活动或提供劳务而形成的债权，不包括应收职工欠款、应收债务人的利息等其他应收款；其次，应收账款，是指流动资产性质的债权，不包括长期的债权，如购买长期债券等；再次，应收账款，是指本公司应收客户的款项，不包括本公司付出的各类存出保证金，如投标保证金和租入包装物保证金等。

（二）应收账款的日常管理

1. 加强应收账款的控制措施

（1）确定适当的信用标准。信用标准是企业决定授予客户信用所要求的最低标准。

信用标准较严，可使企业遭受坏账损失的可能减小，但会不利于扩大销售；反之，如果信用标准较宽，虽然有利于刺激销售增长，但有可能使坏账损失增加，得不偿失。可见，小企业应根据所在行业的竞争情况、企业承担风险的能力和客户的资信情况进行权衡，确定合理的信用标准。

（2）加强产品生产质量和服务质量的管理。在产品质量上，应采取先进的生产设备、聘用先进技术人员，生产出物美价廉、适销对路的产品，争取采用现销方式销售产品。如果生产的产品畅销，供不应求，应收账款就会大幅度地下降，还会出现预收账款。同时，在服务上企业应形成售前、售中、售后一整套的服务体系。

（3）确定应收账款最佳持有额度并对客户使用奖惩政策。确定企业应收账款的最佳持有额度是在扩大销售与控制持有成本之间的一种权衡，小企业信用管理部门要综合考虑企业发展目标，以确定一个合理的应收账款持有水平。为了促使客户尽早付清欠款，小企业在对外赊销和收账时要奖罚分明。即对于提前付清的要给予奖励，对于拖欠付款的要区分情况，给予不同的惩罚。

2. 加强应收账款的日常管理措施

（1）实施应收账款的追踪分析。赊销企业有必要在收款之前，对该项应收账款的运行过程进行追踪分析，重点要放在赊销商品的变现方面。小企业要对赊购者的信用品质、偿付能力进行深入调查，分析客户现金的持有量与调剂程度能否满足兑现的需要。应将那些挂账金额大、信用品质差的客户的欠款作为考察的重点，以防患于未然。

（2）认真对待应收账款的账龄。一般而言，客户逾期拖欠账款时间越长，账款催收的难度越大，成为呆坏账的可能性也就越高。小企业必须要做好应收账款的账龄分析，密切注意应收账款的回收进度和出现的变化，把过期债权款项纳入工作重点，研究调整新的信用政策，努力提高应收账款的收现效率。

（3）谨慎对待应收账款的转换问题。虽然应收票据具有更强的追索权，但小企业为及时变现应收票据，会承担高额的贴现息。另外，小企业可通过抵押或出售业务将应收账款变现，这些虽然都可以解决企业的燃眉之急，但都会给企业带来额外的负担，并增加企业的偿债风险，不利于企业的健康发展。

（4）进一步完善收账政策。小企业在制定收账政策时，要在增加收账费用与减少坏账损失、减少应收账款机会成本之间进行比较、权衡，以前者小于后者为基本目标，掌握好宽严界限，拟定可取的收账计划。

二、预付账款

预付账款，是指买卖双方协议商定，由购货方预先支付一部分货款给供应方而发生的一项负债。预付账款一般包括预付的货款、预付的购货定金。施工企业的预付账款主要包括预付工程款、预付备料款等。预付账款是预先付给供货方客户的款项，也是公司债权的组成部分。作为流动资产，预付账款不是用货币抵偿的，而是要求供货企业在短期内以某种商品、提供劳务或服务来抵偿。

三、应收票据

应收票据是指小企业持有的、尚未到期兑现的商业票据。商业票据是一种载有一定付款日期、付款地点、付款金额和付款人无条件支付的流通证券，也是一种可以由持票人自由转让给他人的债权凭证。

应收票据的分类按照到期时间可分为短期应收票据和长期应收票据，如无特指，应收票据即为短期应收票据。应收票据常出现三种情况：应收账款延期；为新顾客提供信用；赊销商品。长期应收票据因长期合同而发生，包括销售机器设备等大型商品、提供贷款等，我国尚无长期应收票据业务。按是否带息，应收票据可以分为带息应收票据和不带息应收票据。带息应收票据是票面注明利息的应收票据，其利息应单独计算；不带息应收票据是票面不带利息的应收票据，其利息包含在票面本金中。

应收票据的到期日应按不同的约定方式来确定。如约定按日计算，则应以足日为准，在其计算时按“算尾不算头”的方式确定。例如，4 月 20 日开出的 60 天商业汇票的到期日为 6 月 19 日。如约定按月计算，则足月为标准，在计算时按到期月份的对日确定，若到期月份无此对日，应按到期月份的最后日确定。例如，8 月 31 日开出的 3 个月商业汇票，到期日应为 11 月 30 日；若此汇票为 6 个月时（商业汇票付款期最长不超过 6 个月），到期日应为下年的 2 月 28 日（若有 29 日，则为 29 日）。

应收票据的到期价值即商业汇票到期时的全部应支付款项，要根据票据是否带息来确定。若是不带息票据，到期价值就是票面价值即本金；若是带息票据，到期价值为票据面值加上应计利息，其具体计算公式如下：

$$票据到期价值 = 票据面值 \times (1 + 票面利率 \times 票据期限)$$

上式中，利率一般以年利率表示；票据期限则用月或日表示，在实际业务中，为了计算方便，常把 1 年定为 360 天。例如，一张面值为 1 000 元，期限为 90 天，票面利率为 10% 的商业汇票，到期价值为 1 025［1 000 ×（1 + 10% × 90 ÷ 360）］元。

四、其他应收款

其他应收款是企业应收款项的另一重要组成部分。其他应收款科目核算企业除买入返售金融资产、应收票据、应收账款、预付账款、应收股利、应收利息、应收代位追偿款、应收分保账款、应收分保合同准备金、长期应收款等以外的其他各种应收及暂付款项。其他应收款通常包括暂付款，是指企业在商品交易业务以外发生的各种应收、暂付款项。具体包括以下几方面内容：

（1）应收的各种赔款、罚款。如因职工失职造成一定损失而应向该职工收取的赔款，或因企业财产等遭受意外损失而应向有关保险公司收取的赔款等。

（2）应收出租包装物租金。

（3）应向职工收取的各种垫付款项，如为职工垫付的水电费，应由职工负担的医药费、房租费等。

（4）备用金（向企业各职能科室、车间、个人周转使用等拨出的备用金）。

（5）存出保证金，如租入包装物所支付的押金。

（6）预付账款转入。

（7）其他各种应收、暂付款项。

此外，其他应收款的日常管理应注意以下四方面的问题：

（1）工作人员因公出差或工作需要须备用现金的，应填写借款单，注明使用时间及用途，经领导批准后方能借用公款。借款金额应严格控制，不得超过工作范围多借。

（2）向员工收取的各种垫付款项，财务人员负责在规定时间内办理收款手续，财务人员有权通知借款滞报人员及时报账。

（3）借款人员必须及时还款或拿合法票据到财务部门报销，一般情况下当月结清，特殊情况下于次月办理完毕，但最迟不得跨年。

（4）若小企业实行定额备用金制度，对于领用的备用金应当定期向财务部门报销。财务部门根据报销数额用现金补足备用金定额，报销数和补充数都不再通过“其他应收款”科目核算。

第二节 应收款项的核算

一、应收账款的核算

应收账款是在商业信用条件下由于赊销业务而产生的，因而在销售（赊销）成立时既确认营业收入，又确认应收账款。应收账款通常按实际发生额计价入账，其入账价值通常包括：销售货物或提供劳务的价款、应收取的增值税销项税额，以及代购买方垫付的包装费、运杂费等。此外，在有销售折扣的情况下，还应该考虑商业折扣和现金折扣等因素。

小企业应设置“应收账款”科目，并按不同的购货或接受劳务单位设置明细科目进行明细核算。不单独设置“预收账款”科目的企业，预收款项也在“应收账款”科目核算。借方登记应收账款的增加额，贷方登记应收账款的收回及确认的坏账损失（即减少额）；期末余额在借方，表示企业尚未收回的应收账款；如果余额在贷方，表示企业预收的款项，如表 3-1 所示。

表 3-1　应收账款的核算

借方	贷方
1. 企业销售商品等应收账款金额 2. 已冲减坏账准备又收回的应收账款 3. 各项代垫款 4. 不设置预收账款单位的预收账款	5. 收到应收账款 6. 资产重组中销掉的应收账款 7. 无法收回的应收账款
期末借方 用来反映企业期末尚未收回的应收账款	期末余额反映企业预收的账款

（一）日常业务产生的应收账款

小企业因销售商品或提供劳务形成的应收账款，应当按照应收金额，借记“应收账款”科目，贷记“主营业务收入”或“其他业务收入”科目，按照税法规定应交纳的增值税销项税额，贷记“应交税费——应交增值税（销项税额）”科目，收回应收账款时，应按收回金额，借记“银行存款”或“库存现金”科目，贷记“应收账款”科目。

【例 3-1】 2×20 年 7 月 1 日，A 小企业甲公司采用托收承付结算方式向乙公司销售商品一批，货款 30 000 元，增值税额 3 900 元，已办理托收手续。编制会计分录如下：

（1）销售产品时：

借：应收账款　　33 900

　　贷：主营业务收入　　30 000

　　　　应交税费——应交增值税（销项税额）　　3 900

（2）收回款项时：

借：银行存款　　33 900

　　贷：应收账款　　33 900

（二）商业折扣情况下的应收账款

商业折扣，是指小企业根据市场供需情况，或针对不同的顾客，在商品标价上给予的扣除。商业折扣是企业最常用的促销方式之一。企业为了扩大销售、占领市场，对于批发商往往给予商业折扣，采用销量越多、价格越低的促销策略，也就是我们通常所说的“薄利多销”。如购买 5 件商品，销售价格折扣 10%；购买 10 件，销售价格折扣 20% 等。其特点是折扣在实现销售的同时发生。

小企业发生的应收账款在有商业折扣的情况下，应按扣除商业折扣后的金额入账。同时，计算增值税时也应该以扣除商业折扣后的金额为计税依据，即商业折扣对会计核算不产生任何影响。

【例 3-2】 2×20 年 5 月 17 日，A 小企业销售一批产品，价目表上标明的金额为 30 000 元（不含税价），但在出售时给予买家 10% 的商业折扣，货款尚未收到。A 小企业为一般纳税人，适用的增值税税率为 13%，该企业的账务处理如下：

借：应收账款　　30 510

　贷：主营业务收入　　27 000

　　应交税费——应交增值税（销项税额）　　3 510

（三）现金折扣情况下的应收账款

现金折扣又称销售折扣，是企业为敦促顾客尽早付清货款而提供的一种价格优惠。现金折扣的表示方式一般为“a/A，b/B，n/C”，a、b 为折扣百分比；A、B 为折扣期限，具体如表 3-2 所示。例如，A 公司向 B 公司出售商品 30 000 元，付款条件为“2/10，n/60”，即如果 B 公司在 10 日内付款，只需付 29 400 元，如果在 11 ~ 60 天内付款，则须付全额 30 000 元。现金折扣计入“财务费用”。

表 3-2　现金折扣

现金折扣方式	折扣解释
3/10	10 天内付款给予 3% 的折扣
1/20	20 天内付款给予 1% 的折扣
n/30	30 天内付款无折扣

现金折扣是企业财务管理中的重要因素，对于销售企业，现金折扣有两方面的积极意义：一是缩短收款时间，二是减少坏账损失。副作用是减少现金流量。因此，销售企业都试图将折扣率确定在平衡正面作用和负面作用的水平之上。一般来说，购货企业会尽可能地享受现金折扣，但仍取决于利息成本，如 B 公司决定享受现金折扣，意味着 B 公司放弃 50 天使用 29 400 元以取得 2% 的折扣。

由于现金折扣直接影响企业的现金流量，所以，必须在会计中反映。核算现金折扣的方法有三种：总价法、净价法和备抵法。

总价法，是指销售商品时以发票价格同时记录应收账款和销售收入，不考虑现金折扣，如购货企业享受现金折扣，则以“销售折扣”科目反映现金折扣。销售折扣作为销售收入的减项列入损益表。

净价法，是指销售商品时以发票价格扣除现金折扣后的净价同时记录应收账款和销售收入，如购货企业未享受现金折扣，收到的现金超过净价的部分作为利息收入记入“财务费用”科目的贷方。

备抵法，是指销售商品时以发票价格记录应收账款，以扣除现金折扣后的净价记录销售收入，设置备抵账户“备抵销售折扣”反映现金折扣，“备抵销售折扣”是应收账款的对销账户。

三种方法各有优劣，从理论上讲，净价法和备抵法以可变现净值计量应收账款，并能恰当地反映销售收入和利息收入，优于总价法；总价法和备抵法记录销货退回与折让，因而优于净价法。在现实生活中，由于多数顾客期望享受现金折扣，总价法便高估了当期的收入和期末的应收账款，但因记录简便而得到广泛运用。小企业会计准则使用总价法核算现金折扣，即企业发生的应收账款在有现金折扣的情况下，应按未扣除现金折扣前的金额入账，实际发生现金折扣时将其记入“财务费用”科目。

【例 3–3】 2×20 年 6 月 14 日，A 小企业销售一批产品，售价 50 000 元，增值税税额 6 500 元。为了使买家尽快还款，A 小企业规定的现金折扣条件为“2/10，1/20，n/30”（现金折扣不包括增值税）。该企业的账务处理如下：

（1）销售产品时：

借：应收账款　　56 500
　　贷：主营业务收入　　50 000
　　　　应交税费——应交增值税（销项税额）　　6 500

（2）如果上述款项在 10 日内收到：

现金折扣＝50 000×2%＝1 000（元）

借：银行存款　　55 500
　　财务费用　　1 000
　　贷：应收账款　　56 500

（3）如果上述款项在 11 ~ 20 日内收到：

现金折扣＝50 000×1%＝500（元）

借：银行存款　　56 000
　　财务费用　　500
　　贷：应收账款　　56 500

（4）如果上述款项在 21 ~ 30 日内收到，现金折扣为零：

借：银行存款　　56 500
　　贷：应收账款　　56 500

（四）代购货单位垫付包装费、运杂费

当小企业为购货单位代垫包装费、运杂费等时，应借记“应收账款”科目，贷记“银行存款”等科目。收回代垫款时，应按收回金额，借记“银行存款”或“库存现金”科目，贷记“应收账款”科目。

【例 3–4】 2×20 年 11 月 14 日，A 小企业在销售一批货物时，以银行存款为买方代垫包装费 2 000 元。11 月 24 日，企业接银行通知，这笔款项已经入账。该企业的账务处理如下：

（1）代垫款项时：

借：应收账款　　2 000
　　贷：银行存款　　2 000

（2）收回款项时：

借：银行存款　　　　2 000
　　贷：应收账款　　　　2 000

二、预付账款的核算

对于预付账款较多的小企业，为了反映和监督预付账款的增减变动情况，企业应设置“预付账款”科目，并按照供应单位设置明细科目进行明细核算。预付款项情况不多的小企业，也可以不设置该科目，将预付的款项直接记入“应付账款”科目的借方。

该科目的借方登记预付的款项和补付的款项，贷方登记采购货物时按发票金额冲销的预付账款数额和预付账款多余而退回的款项；期末借方余额表示企业实际预付的款项；贷方余额表示企业尚未补付的余额，如表 3-3 所示。小企业进行在建工程预付的工程价款，也通过该科目核算。

表 3–3　预付账款的核算

借方	贷方
1. 支付的预付账款	2. 结转冲销的预付账款 3. 转入其他应收款准备作为坏账处理的预付账款
借方余额反映企业预付账款余额	贷方余额反映企业应付账款余额

（一）预付账款发生时的核算

（1）小企业因购货而预付的款项，借记“预付账款”科目，贷记“银行存款”等科目。补付款项时，作相同的会计分录。

【例 3–5】 2×20 年 11 月 7 日，A 小企业向 B 企业采购一批原材料，货款总额为 20 000 元。按照合同规定，A 小企业于 11 月 15 日预付货款的 70%。该公司的账务处理如下：

借：预付账款——B 企业　　　　14 000
　　贷：银行存款　　　　14 000

【例 3–6】 2×20 年 8 月 17 日，A 小企向乙公司采购材料 5 000 公斤，每公斤单价 10 元，所需支付的货款为 50 000 元，税金为 6 500 元。按照合同规定先付款后发货。甲公司应编制如下会计分录：

①预付货款时：

借：预付账款——乙公司　　　　56 500
　　贷：银行存款　　　　56 500

②收到乙公司发来的5 000公斤材料，验收无误，增值税专用发票记载的货款为50 000元，增值税额为6 500元。冲回预付账款，编制如下会计分录：

借：原材料	50 000	
应交税费——应交增值税（进项税额）	6 500	
贷：预付账款——乙公司		56 500

（2）出包工程按照合同规定预付的工程价款，借记“预付账款”科目，贷记“银行存款”等科目。

【例3-7】 2×20年3月7日，A小企业与C企业签订建筑合同，建一座新厂房，工程价款为150 000元。合同规定，A小企业预付工程款80 000元。该公司的账务处理如下：

借：预付账款——预付承包单位款——C公司	80 000	
贷：银行存款		80 000

（二）预付账款冲减的核算

小企业收到货物或被退回多余的预付款项时，应冲减预付账款。收到所购物资，按照应计入购入物资成本的金额，借记“在途物资”或“原材料”“库存商品”等科目，按照税法规定可抵扣的增值税进项税额，借记“应交税费——应交增值税（进项税额）”科目，按照应支付的金额，贷记“预付账款”科目；预付的工程款按照工程进度和合同规定进行结算，借记“在建工程”科目，贷记“预付账款”“银行存款”等科目。

【例3-8】 沿用［例3-7］，2×20年11月27日，A小企业收到B企业发来的原材料，取得的增值税专用发票上记载的价款为20 000元，增值税税额为2 600元。A小企业以银行存款补付其余款项。该企业的账务处理如下：

借：原材料	20 000	
应交税费——应交增值税（进项税额）	2 600	
贷：预付账款——B企业		22 600
借：预付账款——B企业	8 600	
贷：银行存款		8 600

【例3-9】 沿用［例3-8］，2×20年3月31日，经测算新厂房完工20%，A小企业据此进行结算，其账务处理如下：

借：在建工程	30 000	
贷：预付账款——预付承包单位款——C公司		30 000

三、应收票据的核算

为了反映和监督应收票据的取得和收回等经济业务，小企业应设置“应收票据”科目，核算小企业因销售商品（产成品或材料，下同）、提供劳务等日常生产经营活动而收到的商业汇票（银行承兑汇票和商业承兑汇票），并按商业票据的种类设置明细科目进行明细核算。

"应收票据"科目的借方登记取得的应收票据的面值和计提的应收票据利息，贷方登记到期收回票据或到期前向银行贴现的应收票据的票面金额；期末借方余额表示企业持有的商业汇票的票面价值和应计利息，如表3-4所示。同时，在会计核算时，小企业应注意区分票据种类和是否带息进行账务处理。

小企业还应设置"应收票据备查簿"，逐笔登记商业汇票的种类、号数和出票日、票面金额、交易合同号和付款人、承兑人、背书人的姓名或单位名称、到期日、背书转让日、贴现日、贴现率和贴现净额以及收款日期和收回金额、退票情况等资料。商业汇票到期结清票款或退票后，在备查簿中应予注销。

表3-4　应收票据的核算

借方	贷方
1. 企业收到的应收票据面值 2. 带息票据利息费用	3. 用于支付的应收票据 4. 用于贴现的应收票据
期末借方 用来反映企业期末时点的应收票据余额	

（一）取得商业汇票的核算

（1）小企业因销售商品、提供劳务等而收到开出、承兑的商业汇票，按照商业汇票的票面金额，借记"应收票据"科目，按照确认的营业收入，贷记"主营业务收入"等科目。涉及增值税销项税额的，还应当贷记"应交税费——应交增值税（销项税额）"科目。

【例3-10】 2×20年5月2日，A小企业向B企业销售一批产品，货款30 000元，增值税税额3 900元。当日收到B企业开出并由银行承兑的商业汇票，面值33 900元，期限3个月。A企业的账务处理如下：

借：应收票据　　33 900

　　贷：主营业务收入　　30 000

　　　　应交税费——应交增值税（销项税额）　　3 900

（2）小企业收到应收票据以抵偿应收账款时，应按实际金额，借记"应收票据"科目，贷记"应收账款"科目。

【例3-11】 2×20年5月4日，A小企业向D企业销售一批产品，货款为15 000元，当日未收到，托收手续已办妥，适用增值税税率为13%。5月15日，A小企业收到D企业寄来的一张3个月到期的商业承兑汇票，面值为16 950元，抵偿产品货款。A小企业的账务处理如下：

（1）销售产品时：

借：应收账款　16 950

　贷：主营业务收入　15 000

　　应交税费——应交增值税（销项税额）　1 950

（2）收到商业汇票时：

借：应收票据　16 950

　贷：应收账款　16 950

（二）票据转让的核算

票据转让，是指持票人可以将票据权利转让给他人或者将一定的票据权利授予他人行使。但是，出票人在票据上记载“不得转让”字样的，该票据不得转让；背书人在票据上记载“不得转让”字样，其后手也不得再背书转让。背书人以背书进行票据转让后，即承担保证其后手所持票据承兑和付款的责任。背书人在票据得不到承兑或者付款时，应当向持票人清偿《票据法》规定的金额和费用。

将持有的商业汇票背书转让以取得所需物资，按照应计入取得物资成本的金额，借记“材料采购”或“原材料”“库存商品”等科目，按照商业汇票的票面金额，贷记“应收票据”科目，如有差额，借记或贷记“银行存款”等科目。涉及按照税法规定可抵扣的增值税进项税额的，还应当借记“应交税费——应交增值税（进项税额）”科目。

【例 3-12】 沿用［例 3-11］，2×20 年 6 月 1 日，A 小企业向 E 企业采购原材料，价款 20 000 元，增值税税额 2 600 元，原材料已验收入库。当日 A 小企业将持有的 B 企业商业汇票背书转让给 E 企业，差额部分用银行存款结算。A 小企业的账务处理如下：

借：原材料　20 000

　　应交税费——应交增值税（进项税额）　2 600

　　银行存款　11 300

　贷：应收票据　33 900

【例 3-13】 A 小企业 2×20 年 8 月 1 日向甲公司销售商品一批，价款 100 000 元，增值税 13 000 元，商品已交付甲公司，该商品成本为 80 000 元。当日收到 A 公司开出并由银行承兑的商业汇票，面值 113 000 元，期限 6 个月。10 月 1 日，A 小企业向乙公司采购原材料价款 120 000 元，增值税 15 600 元，材料已验收入库，当日小企业将持有的甲公司商业汇票背书转让给乙公司，差额部分用银行存款结算。

（1）小企业销售商品时：

借：应收票据　113 000

　贷：主营业务收入　100 000

　　应交税费——应交增值税（销项税额）　13 000

借：主营业务成本　80 000

　贷：库存商品　80 000

（2）采购原材料时：

借：原材料　　120 000

　　应交税费——应交增值税（进项税额）　　15 600

　　贷：应收票据　　113 000

　　　　银行存款　　22 600

（三）票据贴现的核算

票据贴现，是指持票人为了资金融通的需要而在票据到期前以贴付一定利息的方式向银行出售票据。对于贴现银行来说，就是收购没有到期的票据。票据贴现的贴现期限都较短，一般不会超过6个月，而且可以办理贴现的票据也仅限于已经承兑的并且尚未到期的商业汇票。贴现金额的计算公式如下：

票据到期价值＝票面价值×（1＋年利率÷12×票据到期月数）

或　　＝票面价值×（1＋年利率÷360×票面到期天）

（无息票据的到期价值＝面值）

贴现息＝票据到期价值×贴现率÷360×贴现天数

贴现天数＝贴现日至票据到期日实际天数－1

贴现所得金额＝票据到期价值－贴现息

持未到期的商业汇票向银行贴现，应按照实际收到的金额（即减去贴现息后的净额），借记“银行存款”科目，按照贴现息，借记“财务费用”科目，按照商业汇票的票面金额，贷记“应收票据”（银行无追索权的情况下）或“短期借款”科目（银行有追索权的情况下）。

【例3-14】 沿用［例3-12］，2×20年6月16日，A小企业持D企业开具的、出票日期为5月15日、期限为3个月、面值为16 950元的不带息商业承兑汇票到银行贴现。银行年贴现率为12%。该企业的账务处理如下：

票据贴现天数＝15＋31＋15－1＝60（天）

票据到期价值＝面值＝16 950（元）

贴现息＝16 950×12%÷360×60＝339（元）

贴现所得金额＝17 440－348＝17 052（元）

财务费用＝贴现息＝348（元）

借：银行存款　　16 611

　　财务费用　　339

　　贷：应收票据——D企业　　16 950

（四）应收票据收回的核算

商业汇票到期，应按照实际收到的金额，借记“银行存款”科目，贷记“应收票据”科目。

【例 3-15】 沿用［例 3-11］，2×20 年 8 月 2 日，B 企业的票据到期，收回票面金额 33 900 元存入银行。A 小企业的账务处理如下：

借：银行存款　　33 900

　　贷：应收票据　　33 900

四、其他应收款的核算

为了反映和监督其他应收款的发生和结余情况，小企业应设置“其他应收款”科目，并按照其他应收款的项目和不同的债务人设置明细账，进行明细核算。本科目的借方登记发生的各种其他应收款，贷方登记收回的其他应收款；期末借方余额表示小企业尚未收回的其他应收款，如表 3-5 所示。

表 3-5　其他应收款的核算

借方	贷方
1. 因为各种经济活动导致出现上述八项其他应收款内容	2. 实际收到上述八项其他应收款 3. 经批准作为坏账的其他应收款
期末借方余额，反映企业尚未收回的其他应收款项	

【例 3-16】 A 小企业会计以“其他应收款”科目核算备用金。3 月 5 日，该企业采购员王某外出采购某原材料，预借款 1 700 元，以现金付讫。3 月 10 日，王某采购归来，交仓库原材料 1 500 元，退回 200 元。该企业的账务处理如下：

（1）以现金预付备用金时：

借：其他应收款——备用金（王某）　　1 700

　　贷：库存现金　　1 700

（2）报销时：

借：原材料　　1 500

　　库存现金　　200

　　贷：其他应收款——备用金（王某）　　1 700

【例 3-17】 A 小企业 6 月 5 日设立管理部门定额备用金，由李红负责管理。管理部门的定额备用金核定定额为 300 元，财务科开出现金支票。16 日，李红交来普通发票 120 元，报销管理部门购买办公用品的支出，财务科以现金补足该定额备用金。22 日，经批准减少管理部门定额备用金的核定定额 100 元，李红将 100 元交回财务科。30 日，由于机构变动，经批准撤销管理部门定额备用金，李红交回购买办公用品支出的普通发票 30 元及现金 170 元。

（1）5 日财务科开出现金支票应作如下分录：

借：其他应收款——备用金（李红） 300

贷：银行存款 300

（2）16 日李红交来普通发票 120 元，财务科以现金补足该定额备用金：

借：管理费用 120

贷：库存现金 120

（3）22 日减少管理部门定额备用金的核定定额 100 元，李红将 100 元交回财务科：

借：库存现金 100

贷：其他应收款——备用金（李红） 100

（4）30 日撤销管理部门定额备用金：

借：管理费用 30

库存现金 170

贷：其他应收款——备用金（李红） 200

五、坏账核算

所谓坏账，就是指小企业无法收回的应收款项。由于发生坏账而使企业遭受的损失称为“坏账损失”。

按照小企业会计准则的规定，小企业应收款项符合下列条件之一的，减除可收回的金额后确认的无法收回的应收及预付款项，作为坏账损失：

（1）债务人依法宣告破产、关闭、解散、被撤销，或者被依法注销、吊销营业执照，其清算财产不足清偿的。

（2）债务人死亡，或者依法被宣告失踪、死亡，其财产或者遗产不足清偿的。

（3）债务人逾期 3 年以上未清偿，且有确凿证据证明已无力清偿债务的。

（4）与债务人达成债务重组协议或法院批准破产重整计划后，无法追偿的。

（5）因自然灾害、战争等不可抗力导致无法收回的。

（6）国务院财政、税务主管部门规定的其他条件。

与企业会计准则不同，小企业会计准则规定，小企业不得提前确认坏账损失，不得计提坏账准备，其坏账损失应当于实际发生时加以确认。按照损失金额，计入营业外支出，同时冲减应收款项。

确认应收账款实际发生的坏账损失，应当按照可收回的金额，借记“银行存款”等科目，按照其账面余额，贷记“应收账款”科目，按照其差额，借记“营业外支出”科目。

【例 3-18】 A 小企业应收 B 企业账款余额合计 70 000 元，2×20 年 6 月 27 日，A 小企业获知 B 企业经营业绩下滑。经协商，A 小企业同意将 B 企业债务减为 50 000 元，并于当日收到款项。A 小企业的账务处理如下：

借：银行存款　　50 000
　　营业外支出　　20 000
　　贷：应收账款　　70 000

其他的应收款项实际发生坏账损失时，也应当按照可收回的金额，借记“银行存款”等科目，按照其账面余额，贷记“预付账款”“其他应收款”等科目，按照其差额，借记“营业外支出”科目。账务处理与应收账款相同，此处不再赘述。

第三节　小企业会计准则与企业会计准则的比较

小企业会计准则与企业会计准则关于应收款项的规定基本相同，不同点主要体现在，由于小企业会计准则规定，资产不得计提减值准备，因此两部准则在坏账损失方面的规定就有所差异：

在小企业会计准则下，按照税法规定的资产损失税前扣除政策的条件确认，当资产发生减值损失确实发生时，采用直接转销法，直接借记“营业外支出”科目，贷记“应收账款”等科目，不得提前计提减值损失。

企业会计准则规定，当有客观证据表明该应收款项发生减值的，应当将该应收款项的账面价值与预计未来现金流量现值的差额确认为减值损失，计提减值准备，即采用备抵法，借记“资产减值损失”科目，贷记“坏账准备”科目。

第四章
存　货

第一节　存货概述

一、存货的概念

存货是指小企业在日常生产经营过程中持有以备出售的产成品或商品、处在生产过程中的在产品、将在生产过程或提供劳务过程中耗用的材料和物料等，以及小企业（农、林、牧、渔业）为出售而持有的、或在将来收获为农产品的消耗性生物资产。

小企业的存货通常包括：原材料、在产品、半成品、产成品、商品、周转材料、委托加工物资、消耗性生物资产等。

（1）原材料是指小企业在生产过程中经加工改变其形态或性质并构成产品主要实体的各种原料及主要材料、辅助材料、外购半成品（外购件）、修理用备件（备品备件）、包装材料、燃料等。

（2）在产品是指小企业正在制造但尚未完工的产品。包括：正在各个生产工序加工的产品，以及已加工完毕但尚未检验或已检验但尚未办理入库手续的产品。

（3）半成品是指小企业经过一定生产过程并已检验合格交付半成品仓库保管，但尚未制造完工成为产成品，仍需进一步加工的中间产品。

（4）产成品是指小企业已经完成全部生产过程并已验收入库，符合标准规格和技术条件，可以按照合同规定的条件送交订货单位，或者可以作为商品对外销售的产品。

（5）商品是指小企业（批发业、零售业）外购或委托加工完成并已验收入库用于销售的各种商品。

（6）周转材料是指小企业能够多次使用、逐渐转移其价值但仍保持原有形态且不确认为固定资产的材料。包括：包装物、低值易耗品、小企业（建筑业）的钢模板、木模板、脚手架等。

（7）委托加工物资是指小企业委托外单位加工的各种材料、商品等物资。

（8）消耗性生物资产是指小企业（农、林、牧、渔业）在生长中的大田作物、蔬菜、用材林以及存栏待售的牲畜等。

二、存货的确认条件

存货必须在符合定义的前提下，同时满足下列两个条件，才能予以确认。

1. 与该存货有关的经济利益很可能流入企业

资产最重要的特征是预期会给企业带来经济利益。如果某一项目预期不能给企业带来经济利益，就不能确认为企业的资产。存货是企业的一项重要的流动资产，因此，对存货的确认，关键是判断其是否很可能给企业带来经济利益或其所包含的经济利益是否很可能流入企业。通常，拥有存货的所有权是与该存货有关的经济利益很可能流入本企业的一个重要标志。一般情况下，根据销售合同已经售出（取得现金或收取现金的权利），所有权已经转移的存货，因其所含经济利益已不能流入本企业，因而不能再作为企业的存货进行核算，即使该存货尚未运离企业。企业在判断与该存货有关的经济利益能否流入企业时，通常应结合考虑该存货所有权的归属，而不应当仅仅看其存放的地点等。

2. 该存货的成本能够可靠地计量

成本或者价值能够可靠地计量是资产确认的一项基本条件。存货作为企业资产的组成部分，要予以确认也必须能够对其成本进行可靠地计量。存货的成本能够可靠地计量必须以取得的确凿证据为依据，并且具有可验证性。如果存货成本不能可靠地计量，则不能确认为一项存货。如企业承诺的订货合同，由于并未实际发生，不能可靠确定其成本，因此就不能确认为购买企业的存货。

《小企业会计准则》第十一条至第十五条主要规范了存货的确认和计量方法。取得的存货应当按照成本进行计量；发出存货采用先进先出法、加权平均法或个别计价法确定其实际成本；盘盈的存货应当按照同类或类似存货的市场价格确定其成本。小企业发生的各项生产费用，应当按照成本核算对象和成本项目分别归集。因存货盘亏或者盘盈而产生的亏损或者收益应计入当期损益。

第二节　存货的初始计量

小企业取得的存货，应当按照成本进行计量。存货成本包括采购成本、加工成本和其他成本三个组成部分。

企业在日常核算中采用计划成本法或售价金额法核算的存货成本，实质上也是存货的实际成本。比如，采用计划成本法，通过“材料成本差异”或“产品成本差异”科目将材料或产成品的计划成本调整为实际成本。采用售价金额法，通过“商品进销差价”科目将商品的售价调整为实际成本（进价）。

一、外购存货的成本

外购存货的成本包括：购买价款、相关税费、运输费、装卸费、保险费以及在外购存货过程中发生的其他直接费用，但不含按照税法规定可以抵扣的增值税进项税额。存货的购买价款，是指企业购入的材料或商品的发票账单上列明的价款，但不包括按规定可以抵扣的增值税税额。

相关税费，包括计入存货成本的进口关税、消费税、资源税、不能抵扣的增值税等。外购存货过程中发生的其他直接费用，包括入库前发生的仓储费用、包装费、运输途中的合理损耗、入库前的挑选整理费用等。

下面就外购存货时所涉及的一些相关科目进行介绍。

（一）在途物资

（1）本科目核算小企业采用实际成本进行材料、商品等物资的日常核算、尚未到达或尚未验收入库的各种物资的实际采购成本。小企业（批发业、零售业）在购买商品过程中发生的费用（包括：运输费、装卸费、包装费、保险费、运输途中的合理损耗和入库前的挑选整理费等），在“销售费用”科目核算，不在本科目核算。

（2）本科目应按照供应单位和物资品种进行明细核算。

（3）在途物资的主要账务处理：

①小企业外购材料、商品等物资，应当按照发票账单所列购买价款、运输费、装卸费、保险费以及在外购材料过程中发生的其他直接费用，借记“在途物资”科目，按照税法规定可抵扣的增值税进项税额，借记“应交税费——应交增值税（进项税额）”科目，按照购买价款、相关税费、运输费、装卸费、保险费，以及在外购物资过程中发生的其他直接费用，贷记“库存现金”“银行存款”“其他货币资金”“预付账款”“应付账款”等科目。

材料已经收到、但尚未办理结算手续的，可暂不做会计分录；待办理结算手续后，再根据所付金额或发票账单的应付金额，借记“在途物资”科目，贷记“银行存款”等科目。

应向供应单位、外部运输机构等收回的材料或商品短缺或其他应冲减材料或商品采购成本的赔偿款项，应根据有关的索赔凭证，借记“应付账款”或“其他应收款”科目，贷记“在途物资”科目。因自然灾害等发生的损失和尚待查明原因的途中损耗，先记入“待处理财产损溢”科目，查明原因后再作处理。

②月末，应将仓库转来的外购材料或商品收料凭证，按照材料或商品并分别下列不同情况进行汇总：

第一，对于收到发票账单的收料凭证（包括本月付款或开出、承兑商业汇票的上月收料凭证），应当按照汇总金额，借记“原材料”“周转材料”“库存商品”等科目，贷记“在途物资”科目。

第二，对于尚未收到发票账单的收料凭证，应分别材料或商品，并按照估计金额暂估入账，借记“原材料”“周转材料”“库存商品”等科目，贷记“应付账款——暂估应付账款”科目，待下月月初用红字作同样的会计分录予以冲回，以便下月收到发票账单等结算凭证时，按照正常程序进行账务处理。

（4）本科目期末借方余额，反映小企业已经收到发票账单，但材料或商品尚未到达或尚未验收入库的在途材料、商品等物资的采购成本。

（二）原材料

（1）本科目核算小企业库存的各种材料。包括：原料及主要材料、辅助材料、外购半成品（外购件）、修理用备件（备品备件）、包装材料、燃料等的实际成本或计划成本。

购入的工程用材料，在“工程物资”科目核算，不在本科目核算。

（2）本科目应按照材料的保管地点（仓库）、材料的类别、品种和规格等进行明细核算。

（3）原材料的主要账务处理：

①小企业购入并已验收入库的材料，按照实际成本，借记“原材料”科目，贷记“在途物资”“应付账款”等科目。涉及按照税法规定可抵扣的增值税进项税额的，还应当借记“应交税费——应交增值税（进项税额）”科目。

购入的材料已经到达并已验收入库，但在月末尚未办理结算手续的，可按照暂估价值入账，借记“原材料”“周转材料”等科目，贷记“应付账款——暂估应付账款”科目；待下月月初用红字作同样的会计分录予以冲回，以便下月收到发票账单等结算凭证时，按照正常程序进行账务处理。

②自制并已验收入库的材料，按照实际成本，借记“原材料”科目，贷记“生产成本”科目。

③取得投资者投入的原材料，应当按照评估价值，借记“原材料”科目，贷记“实收资本”“资本公积”科目。涉及增值税进项税额的，还应当进行相应的账务处理。

④生产经营领用材料，按照实际成本，借记“生产成本”“制造费用”“销售费用”“管理费用”等科目，贷记本科目。

出售材料结转成本，按照实际成本，借记“其他业务成本”科目，贷记“原材料”科目。

发给外单位加工的材料，按照实际成本，借记“委托加工物资”科目，贷记“原材料”

科目。外单位加工完成并已验收入库的材料，按照加工收回材料的实际成本，借记“原材料”科目，贷记“委托加工物资”科目。

⑤清查盘点，发现盘盈、盘亏、毁损的原材料，按照实际成本（或估计价值），借记或贷记“原材料”科目，贷记或借记“待处理财产损溢——待处理流动资产损溢”科目。

⑥采用计划成本进行材料日常核算的小企业，日常领用、发出原材料均按照计划成本记账。月末，按照发出各种原材料的计划成本计算应负担的成本差异，实际成本大于计划成本，借记“生产成本”“制造费用”“销售费用”“管理费用”“委托加工物资”“其他业务成本”等科目，贷记“材料成本差异”科目；实际成本小于计划成本的差异做红字会计分录。

（4）本科目期末借方余额，反映小企业库存材料的实际成本或计划成本。

（三）“材料成本差异”

（1）本科目核算小企业采用计划成本进行日常核算的材料计划成本与实际成本的差额。小企业也可以在“原材料”“周转材料”等科目设置“成本差异”明细科目。

（2）本科目可以分别“原材料”“周转材料”等科目，按照类别或品种进行明细核算。

（3）材料成本差异的主要账务处理：

①小企业验收入库材料发生的材料成本差异，实际成本大于计划成本的差异，借记“材料成本差异”科目，贷记“材料采购”科目；实际成本小于计划成本的差异做相反的会计分录。

入库材料的计划成本应当尽可能接近实际成本。除特殊情况外，计划成本在年度内不得随意变更。

②结转发出材料应负担的材料成本差异，按照实际成本大于计划成本的差异，借记“生产成本”“管理费用”“销售费用”“委托加工物资”“其他业务成本”等科目，贷记“材料成本差异”科目；实际成本小于计划成本的差异做红字会计分录。

发出材料应负担的成本差异应当按月分摊，不得在季末或年末一次计算。发出材料应负担的成本差异，除委托外部加工发出材料可按照月初成本差异率计算外，应使用本月的实际成本差异率；月初成本差异率与本月实际成本差异率相差不大的，也可按照月初成本差异率计算。计算方法一经确定，不得随意变更。

材料成本差异率的计算公式如下：

$$\text{本月材料成本差异率}=\frac{\text{月初结存材料的成本差异}+\text{本月验收入库材料的成本差异}}{\text{月初结存材料的计划成本}+\text{本月验收入库材料的计划成本}}\times 100\%$$

$$\text{月初材料成本差异率}=\frac{\text{月初结存材料的成本差异}}{\text{月初结存材料的计划成本}}\times 100\%$$

发出材料应负担的成本差异＝发出材料的计划成本 × 材料成本差异率

（4）本科目期末借方余额，反映小企业库存材料等的实际成本大于计划成本的差异；贷方余额反映小企业库存材料等的实际成本小于计划成本的差异。

（四）库存商品

（1）本科目核算小企业库存的各种商品的实际成本或售价。包括：库存产成品、外购商品、存放在门市部准备出售的商品、发出展览的商品以及寄存在外的商品等。

接受来料加工制造的代制品和为外单位加工修理的代修品，在制造和修理完成验收入库后，视同小企业的产成品，也通过本科目核算。

可以降价出售的不合格品，也在本科目核算，但应与合格产品分开记账。

已经完成销售手续，但购买单位在月末未提取的库存产成品，应作为代管产品处理，单独设置代管产品备查簿，不在本科目核算。

小企业（农、林、牧、渔业）可以将本科目改为“1405 农产品”科目。

小企业（批发业、零售业）在购买商品过程中发生的费用（包括：运输费、装卸费、包装费、保险费、运输途中的合理损耗和入库前的挑选整理费等），在“销售费用”科目核算，不在本科目核算。

（2）本科目应按照库存商品的种类、品种和规格等进行明细核算。

（3）库存商品的主要账务处理：

①小企业生产的产成品的入库和出库，平时只记数量不记金额，月末计算入库产成品的实际成本。生产完成验收入库的产成品，按照其实际成本，借记“库存商品”科目，贷记“生产成本”等科目。

对外销售产成品，借记“主营业务成本”科目，贷记“库存商品”科目。

②购入商品到达验收入库后，按照商品的实际成本或售价，借记“库存商品”科目，贷记“库存现金”“银行存款”“在途物资”等科目。涉及增值税进项税额的，还应进行相应的处理。按照售价与进价之间的差额，贷记“商品进销差价”科目。

购入的商品已经到达并已验收入库，但尚未办理结算手续的，可按照暂估价值入账，借记“库存商品”科目，贷记“应付账款——暂估应付账款”科目；在下月月初用红字做同样的会计分录予以冲回，以便下月收到发票账单等结算凭证时，按照正常程序进行账务处理。

对外销售商品结转销售成本或售价，借记“主营业务成本”科目，贷记“库存商品”科目。月末，分摊已销商品的进销差价，借记“商品进销差价”科目，贷记“主营业务成本”科目。

（4）本科目期末借方余额，反映小企业库存商品的实际成本或售价。

（五）商品进销差价

（1）本科目核算小企业采用售价进行日常核算的商品售价与进价之间的差额。

（2）本科目应按照库存商品的种类、品种和规格等进行明细核算。

（3）商品进销差价的主要账务处理：

①小企业购入、加工收回以及销售退回等增加的库存商品，按照商品售价，借记“库存商品”科目，按照商品进价，贷记“银行存款”“委托加工物资”等科目，按照售价与进价之间的差额，贷记“商品进销差价”科目。

②月末，分摊已销商品的进销差价，借记“商品进销差价”科目，贷记“主营业务成本”科目。

销售商品应分摊的商品进销差价，按照以下公式计算：

$$\text{商品进销差价率}=\frac{\text{月末分摊前本科目贷方余额}}{\text{“库存商品”科目月末借方余额}+\text{本月“主营业务收入”科目贷方发生额}}\times 100\%$$

$$\text{本月销售商品应分摊的商品进销差价}=\text{本月“主营业务收入”科目贷方发生额}\times\text{商品进销差价率}$$

小企业的商品进销差价率各月之间比较均衡的，也可以采用上月商品进销差价率计算分摊本月的商品进销差价。年度终了，应对商品进销差价进行复核调整。

（4）本科目的期末贷方余额，反映小企业库存商品的商品进销差价。

（六）委托加工物资

（1）本科目核算小企业委托外单位加工的各种材料、商品等物资的实际成本。

（2）本科目应按照加工合同、受托加工单位以及加工物资的品种等进行明细核算。

（3）委托加工物资的主要账务处理：

①小企业发给外单位加工的物资，按照实际成本，借记“委托加工物资”科目，贷记“原材料”“库存商品”等科目；按照计划成本或售价核算的，还应同时结转材料成本差异或商品进销差价。

②支付加工费、运杂费等，借记“委托加工物资”科目，贷记“银行存款”等科目；需要交纳消费税的委托加工物资，由受托方代收代缴的消费税，借记该科目（收回后用于直接销售的）或“应交税费——应交消费税”科目（收回后用于继续加工的），贷记“应付账款”“银行存款”等科目。

③加工完成验收入库的物资和剩余的物资，按照加工收回物资的实际成本和剩余物资的实际成本，借记“原材料”“库存商品”等科目，贷记“委托加工物资”科目。

④采用计划成本或售价核算的，按照计划成本或售价，借记“原材料”或“库存商品”科目，按照实际成本，贷记“委托加工物资”科目，按照实际成本与计划成本或售价之间的差额，借记或贷记“材料成本差异”科目或贷记“商品进销差价”科目。

采用计划成本或售价核算的，也可以采用上月材料成本差异率或商品进销差价率计算分摊本月应分摊的材料成本差异或商品进销差价。

（4）本科目期末借方余额，反映小企业委托外单位加工尚未完成物资的实际成本。

（七）周转材料

（1）本科目核算小企业库存的周转材料的实际成本或计划成本。包括：包装物、低值易耗品，以及小企业（建筑业）的钢模板、木模板、脚手架等。

各种包装材料，如纸、绳、铁丝、铁皮等，应在“原材料”科目内核算；用于储存和保管产品、材料而不对外出售的包装物，应按照价值大小和使用年限长短，分别在“固定资产”科目或本科目核算。

小企业的包装物、低值易耗品，也可以单独设置“1412 包装物”“1413 低值易耗品”科目。包装物数量不多的小企业，也可以不设置本科目，将包装物并入“原材料”科目核算。

（2）本科目应按照周转材料的种类，分别在“在库”“在用”和“摊销”科目进行明细核算。

（3）周转材料的主要账务处理：

①小企业购入、自制、委托外单位加工完成并验收入库的周转材料，以及对周转材料的清查盘点，比照“原材料”科目的相关规定进行账务处理。

②生产、施工领用周转材料，通常采用一次转销法，按照其成本，借记“生产成本”“管理费用”“工程施工”等科目，贷记“周转材料”科目。

随同产品出售但不单独计价的包装物，按照其成本，借记“销售费用”科目，贷记“周转材料”科目。

随同产品出售并单独计价的包装物，按照其成本，借记“其他业务成本”科目，贷记“周转材料”科目。

金额较大的周转材料，也可以采用分次摊销法，领用时应按照其成本，借记“周转材料”（在用）科目，贷记“周转材料”（在库）科目；按照使用次数摊销时，应按照其摊销额，借记“生产成本”“管理费用”“工程施工”等科目，贷记“周转材料”（摊销）科目。

③周转材料采用计划成本进行日常核算的，领用等发出周转材料，还应结转应分摊的成本差异。

（4）本科目的期末余额，反映小企业在库、出租、出借周转材料的实际成本或计划成本以及在用周转材料的摊余价值。

（八）消耗性生物资产

（1）本科目核算小企业（农、林、牧、渔业）持有的消耗性生物资产的实际成本。

（2）本科目应按照消耗性生物资产的种类、群别等进行明细核算。

（3）消耗性生物资产的主要账务处理：

①外购的消耗性生物资产，按照应计入消耗性生物资产成本的金额，借记“消耗

性生物资产”科目，贷记“银行存款”“应付账款”等科目。

②自行栽培的大田作物和蔬菜，应按照收获前发生的必要支出，借记“消耗性生物资产”科目，贷记“银行存款”等科目。

自行营造的林木类消耗性生物资产，应按照郁闭前发生的必要支出，借记“消耗性生物资产”科目，贷记“银行存款”等科目。

自行繁殖的育肥畜、水产养殖的动植物，应按照出售前发生的必要支出，借记“消耗性生物资产”科目，贷记“银行存款”等科目。

③产畜或役畜淘汰转为育肥畜的，应按照转群时的账面价值，借记“消耗性生物资产”科目，按照已计提的累计折旧，借记“生产性生物资产累计折旧”科目，按照其账面余额，贷记“生产性生物资产”科目。

育肥畜转为产畜或役畜的，应按照其账面余额，借记“生产性生物资产”科目，贷记“消耗性生物资产”科目。

④择伐、间伐或抚育更新性质采伐而补植林木类消耗性生物资产发生的后续支出，借记“消耗性生物资产”科目，贷记“银行存款”等科目。

林木类消耗性生物资产达到郁闭后发生的管护费用等后续支出，借记“管理费用”科目，贷记“银行存款”等科目。

⑤农业生产过程中发生的应归属于消耗性生物资产的费用，按照应分配的金额，借记“消耗性生物资产”科目，贷记“生产成本”科目。

⑥消耗性生物资产收获为农产品时，应按照其账面余额，借记“农产品”科目，贷记“消耗性生物资产”科目。

⑦出售消耗性生物资产，应按照实际收到的金额，借记“银行存款”等科目，贷记“主营业务收入”等科目。按照其账面余额，借记“主营业务成本”等科目，贷记“消耗性生物资产”科目。

（4）本科目期末借方余额，反映小企业（农、林、牧、渔业）消耗性生物资产的实际成本。

（九）外购存货的相关会计处理

1. 工业企业（小企业）

（1）实际成本法。

工业企业（小企业）的外购存货是指原材料的采购。在实际成本法下，企业按照存货的实际取得成本入账。如果企业已经取得了原材料的法定所有权，且已验收入库，那么就应借记“原材料”科目，贷记“银行存款”等相关科目。如果企业取得了法定所有权，但原材料尚未验收入库，那么就采用“在途物资”这一科目。

①发票账单与材料同时到达，应在材料验收入库后，进行账务处理，财务处理如下：

借：原材料（按增值税材料的实际成本）
　　应交税费——应交增值税（进项税额）（按专用发票上注明的增值税额）
　　贷：银行存款
　　　　应付账款
　　　　应付票据等（按实际支付的款项或应付的账款）

【例 4-1】 A 小企业为一般纳税人，2×20 年 5 月 22 日从 B 企业购入原材料一批，取得的增值税专用发票上注明的原材料价款为 40 000 元，增值税税额为 5 200 元。发票等结算凭证已经收到，货款已通过银行转账支付，材料已运到并已验收入库（单料同到）。

该企业 2×20 年 5 月 22 日的账务处理如下：

借：原材料	40 000	
应交税费——应交增值税（进项税额）	5 200	
贷：银行存款		45 200

②取得发票等结算凭证或已支付货款，但材料尚未运到，应根据发票账单等结算凭证进行账务处理，财务处理如下：

借：在途物资（按材料的实际成本）
　　应交税费——应交增值税（进项税额）
　　　　　　　　（按增值税专用发票上注明的增值税额）
　　贷：银行存款
　　　　应付账款
　　　　应付票据等（按实际支付的款项或应付的账款）

待材料到达，验收入库后，再根据收料单进行账务处理如下：

借：原材料（按材料的实际成本）
　　贷：在途物资（按材料的实际成本）

【例 4-2】 沿用［例 4-1］，如果购入材料的发票等结算凭证已收到，货款已经从银行转账支付，但材料尚未运到。

该企业应于收到发票等结算凭证时进行账务处理如下：

借：在途物资	40 000	
应交税费——应交增值税（进项税额）	5 200	
贷：银行存款		45 200

上述材料到达入库时，进行账务处理如下：

借：原材料	40 000	
贷：在途物资		40 000

③材料已到达并已验收入库，发票等结算凭证尚未收到，款项尚未支付，根据以下程序进行账务处理：

在没有收到发票账单等结算凭证前先不做账务处理。

如果在月末，发票等结算凭证仍未收到，则须按材料的暂估价值，借记“原材料”

科目，贷记“应付账款”科目。

待下月月初先用红字做同样的记账凭证予以冲回。

待收到发票账单等结算凭证后，再按实际金额，借记“原材料”“应交税费——应交增值税（进项税额）”科目，贷记“银行存款”“应付账款”“应付票据”等科目。

【例 4-3】 沿用［例 4-1］，如果购入材料已经运到，并已验收入库，但发票等结算凭证尚未收到，货款尚未支付。5 月月末，A 小企业应按暂估价入账，假定其暂估价为 35 000 元。

该企业应于 5 月月末进行账务处理如下：

借：原材料	35 000	
贷：应付账款		35 000

6 月月初将上述会计分录按原账冲回：

借：原材料	— 35 000	
贷：应付账款		— 35 000

在收到支票等结算凭证，并支付货款时：

借：原材料	40 000	
应交税费——应交增值税（进项税额）	5 200	
贷：银行存款		45 200

【例 4-4】 小企业 A 公司购入商品 A 用于销售。购入商品成本为 5 000 元。10 月 1 日商品到货，同时支付货款。11 月 20 日，小企业 A 公司将该批商品进行销售，售价不含税价格为 6 000 元，销项税为 780 元。

10 月 1 日：

借：库存商品	5 000	
应交税费——增值税（进项税）	650	
贷：银行存款		5 650

11 月 20 日进行销售：

借：银行存款	6 780	
贷：主营业务收入		6 000
应交税费——增值税（销项税）		780
借：主营业务成本	5 000	
贷：库存商品		5 000

（2）计划成本法。

计划成本法是一种简化的存货核算方法，在这种方法下，小企业采用预先制定好的计划成本记录存货的取得、发出和结存，同时设立“材料成本差异”账户记录计划成本同实际成本的差额。

当小企业取得存货时，应先根据实际发生的取得成本，借记“材料采购”科目，贷记“银行存款”等相关科目，发生的材料成本差异，实际成本大于计划成本的差异，借记“材料成本差异”科目，贷记“材料采购”科目；实际成本小于计划成本的差异做相反的会计分录。入库材料的计划成本应当尽可能接近实际成本。除特殊情况外，计划成本在年度内不得随意变更。

结转发出材料应负担的材料成本差异，按照实际成本大于计划成本的差异，借记“生产成本”“管理费用”“销售费用”“委托加工物资”“其他业务成本”等科目，贷记“材料成本差异”科目；实际成本小于计划成本的差异做红字会计分录。

发出材料应负担的成本差异应当按月分摊，不得在季末或年末一次计算。发出材料应负担的成本差异，除委托外部加工发出材料可按照月初成本差异率计算外，应使用本月的实际成本差异率；月初成本差异率与本月实际成本差异率相差不大的，也可按照月初成本差异率计算。计算方法一经确定，不得随意变更。

材料成本差异率的计算公式如下：

$$\text{本月材料成本差异率}=\frac{\text{月初结存材料的成本差异}+\text{本月验收入库材料的成本差异}}{\text{月初结存材料的计划成本}+\text{本月验收入库材料的计划成本}}\times 100\%$$

$$\text{月初材料成本差异率}=\frac{\text{月初结存材料的成本差异}}{\text{月初结存材料的计划成本}}\times 100\%$$

$$\text{发出材料应负担的成本差异}=\text{发出材料的计划成本}\times\text{材料成本差异率}$$

【例 4-5】 A 小企业（工业企业）对甲材料采用计划成本法进行成本核算，甲材料计划单位成本为 25 元 / 千克。2×20 年 5 月 31 日，有关甲材料的科目余额如表 4-1 所示。

表 4-1　有关甲材料的科目余额

科目名称	余额方向	金额（元）
材料采购	借方	3 270
原材料	借方	14 700
材料成本差异	贷方	345

根据 2×20 年 6 月份发生的有关甲材料收入、发出及结存的经济业务，编制会计分录如下：

①采购甲材料 480 千克，材料验收入库，货款 13 560 元（其中，价款 12 000 元，增值税税额 1 560 元），以支票付讫，并以现金支付装卸费 75 元。

材料实际成本＝12 000＋75＝12 075（元）

材料计划成本＝480×25＝12 000（元）

当A小企业支付材料价款和相关费用时，应按照实际发生的取得成本编制会计分录如下：

借：材料采购　　12 075

　　应交税费——应交增值税（进项税额）　　1 560

　　贷：银行存款　　13 560

　　　　库存现金　　75

同时，按照计划成本编制会计分录如下：

借：原材料　　12 000

　　贷：材料采购　　12 000

②上月已经办理结算但材料未到的在途材料132千克，于本月全部到达并入库。材料实际成本3 270元，计划成本3 300（132×25）元。

借：原材料　　3 300

　　贷：材料采购　　3 300

③从外埠采购甲材料180千克，结算凭证到达并办理付款手续。付款总额为4 990.80元，其中货款为4 859元（其中，价款4 300元，增值税税额559元）；进货运费96.8元（其中准予扣除的进项税额6.8元）；装卸费35元。材料未到。

材料实际成本＝4 300＋（96.8－6.8）＋35＝4 425（元）

材料进项税费＝559＋6.8＝565.80（元）

借：材料采购　　4 425.00

　　应交税费——应交增值税（进项税额）　　565.80

　　贷：银行存款　　4 990.80

④本月购进的甲材料300千克已经验收入库，月末结算凭证仍未到达。先按计划成本入账，待下月月初用红字冲回。

材料计划成本＝300×25＝7 500（元）

本月月末应按照计划成本编制会计分录如下：

借：原材料　　7 500

　　贷：应付账款　　7 500

下月月初用红字编制会计分录如下：

借：原材料　　－7 500

　　贷：应付账款　　－7 500

⑤根据本月发料凭证汇总表，共计发出材料960千克，计划成本24 000元。其中：直接用于产品生产600千克，计划成本15 000元；用于车间一般耗用300千克，计划成本7 500元；用于管理部门耗用40千克，计划成本1 000元；用于产品销售方面的消耗20千克，计划成本500元。

借：生产成本　　15 000
　　制造费用　　7 500
　　管理费用　　1 000
　　销售费用　　500
　　贷：原材料　　24 000

⑥月末结转已付款并验收入库材料发生的成本差异，如表 4-2 所示。

借：材料成本差异　　45
　　贷：材料采购　　45

月末，“材料采购”科目的借方余额 4 425 元，表示在途材料成本，转入下月材料采购明细账。

⑦计算分摊本月发出材料应负担的成本差异，并将发出材料的计划成本调整为实际成本。

第一，按本月材料成本差异率，计算过程如下：

本月材料成本差异率＝（－ 345 ＋ 45）÷（14 700 ＋ 12 000 ＋ 3 300 ＋ 7 500）×100% ＝－ 0.8%

生产成本负担的差异＝ 15 000×（－ 0.8%）＝－ 120（元）

制造费用负担的差异＝ 7 500×（－ 0.8%）＝－ 60（元）

管理费用负担的差异＝ 1 000×（－ 0.8%）＝－ 8（元）

销售费用负担的差异＝ 500×（－ 0.8%）＝－ 4（元）

借：生产成本　　－ 120
　　制造费用　　－ 60
　　管理费用　　－ 8
　　销售费用　　－ 4
　　贷：材料成本差异　　－ 192

月末，有关甲材料的科目余额如表 4-3 所示。

库存原材料的实际成本＝ 13 500 － 108 ＝ 13 392（元）

应计入资产负债表的存货项目中的材料金额为 17 817（4 425 ＋ 13 392）元。

甲材料

表 4-2　材料采购明细账

借方								贷方								材料成本差异
日期		供货单位	凭证号数	摘要	实际成本	其他	合计	日期		供货单位	凭证号数	摘要	计划成本	其他	合计	
月	日							月	日							
6	1				3 270		3 270				2		3 300		3 300	— 30
		（略）	1	（略）	12 075		12 075			（略）	1	（略）	12 000		12 000	75
			3		4 425		4 425									
6	30			月结	19 770		19 770					月结	15 300		15 300	45
余额							4 425*									

* 余额表示在途材料。

表 4-3 有关甲材料的科目余额

科目名称	余额方向	金额（元）
材料采购	借方	4 425
原材料	借方	13 500（14 700 + 22 800 − 24 000）
材料成本差异	贷方	108（345 − 45 − 192）

第二，按月初材料成本差异率，计算过程如下：

$$月初材料成本差异率 = \frac{-345}{14\,700} \times 100\% = -2.35\%$$

生产成本应负担的差异＝15 000×（−2.35%）＝−352.50（元）

制造费用应负担的差异＝7 500×（−2.35%）＝−176.25（元）

管理费用应负担的差异＝1 000×（−2.35%）＝−23.50（元）

销售费用应负担的差异＝500×（−2.35%）＝−11.75（元）

借：生产成本　−352.50
　　制造费用　−176.25
　　管理费用　−23.50
　　销售费用　−11.75
　　贷：材料成本差异　−564.00

月末，有关甲材料的科目余额如表 4-4 所示。

表 4-4 有关甲材料的科目余额

科目名称	余额方向	金额（元）
材料采购	借方	4 425
原材料	借方	13 500（14 700 + 22 800 − 24 000）
材料成本差异	借方	264（45 + 564 − 345）

库存原材料的实际成本＝13 500 + 264 = 13 764（元）

应计入资产负债表的存货项目中的材料金额为 18 189（4 425 + 13 764）元。

原材料的日常核算，既可以采用计划成本，也可以采用实际成本，还可以对不同的材料分别采用计划成本或者实际成本。具体采用哪种方法，由小企业根据具体情况自行决定。一般来说，材料品种繁多的小企业，可以采用计划成本进行日常核算；但对于某些品种不多且占产品成本比重较大的原料或者主要材料，也可以单独采用实际成本进行核算，以便保证产品成本的真实、准确。对于企业规模较小、材料品种简单、采购业务不多的企业，一般采用实际成本进行原材料的日常收发核算。

2. 商品流通企业（小企业）

（1）进价法。

商品流通企业（小企业）的外购存货是指商品采购，其进价法类似于工业企业（小企业）的实际成本法，即按照存货的实际取得成本（也就是进价）入账。如果企业已经取得商品的法定所有权，且已经验收入库，那么就应借记“库存商品”科目，贷记“银行存款”等相关科目。如果企业取得了法定所有权，但商品尚未验收入库，那么就应通过“在途物资”这一会计科目。

【例 4-6】 A 小企业是一家商品流通企业，采用进价法核算存货。2×20 年 5 月 10 日，A 小企业向 C 企业采购了一批服装，总价款为 10 000 元，增值税税率为 13%，A 小企业另外支付了 500 元的运输费，当日这批服装已经验收入库，A 小企业已经全额付款并收到了 C 企业开出的有关销售发票。

2×19 年 5 月 10 日，该企业应编制会计分录如下：

借：库存商品	10 000	
应交税费——应交增值税（进项税额）	1 300	
销售费用	500	
贷：银行存款		11 800

【例 4-7】 承［例 4-6］，A 小企业是一家商品流通企业，采用进价法核算存货。销售合同中规定按起运点交货的方式发运，2×20 年 5 月 10 日，C 企业发出商品，但 A 小企业直到 2×20 年 5 月 15 日才收到并验收入库。

2×20 年 5 月 10 日，A 小企业虽然没有收到这批服装，但因为是起运点交货，所以该企业已经取得了法定所有权，应编制会计分录如下：

借：在途物资	10 000	
应交税费——应交增值税（进项税额）	1 300	
销售费用	500	
贷：银行存款		11 800

2×20 年 5 月 15 日，该企业收到这批服装时应编制会计分录如下：

借：库存商品	10 000	
贷：在途物资		10 000

（2）售价法。

商品流通企业（小企业）的售价法类似于工业企业的计划成本法，当小企业支付价款和相关运杂费时，应先根据实际发生的取得成本（即进价），借记“在途物资”科目，贷记“银行存款”等相关科目。商品验收入库时，按照售价，借记“库存商品”科目，按照进价，贷记“在途物资”科目，两者的差额记入“商品进销差价”科目。

月末，分摊已销商品的进销差价，借记“商品进销差价”科目，贷记“主营业务成本”科目。

销售商品应分摊的商品进销差价，按照以下公式计算：

$$\text{商品进销差价率}=\frac{\text{月末分摊前“商品进销差价”科目贷方余额}}{\text{“库存商品”科目月末借方余额}+\text{本月“主营业务收入”科目贷方发生额}}\times 100\%$$

$$\text{本月销售商品应分摊的商品进销差价}=\text{本月“主营业务收入”科目贷方发生额}\times\text{商品进销差价率}$$

小企业的商品进销差价率各月之间比较均衡的，也可以采用上月商品进销差价率计算分摊本月的商品进销差价。年度终了，应对商品进销差价进行复核调整。

二、加工取得的存货的成本

通过进一步加工取得的存货的成本包括：直接材料、直接人工以及按照一定方法分配的制造费用。其中，直接材料，是指直接由材料存货转移来的价值。直接人工，是指企业在生产产品过程中直接从事产品生产的工人的职工薪酬。直接人工和间接人工的划分依据通常是生产工人是否与所生产的产品直接相关（即可否直接确定其服务的产品对象）。制造费用，是指企业为生产产品和提供劳务而发生的各项间接费用。制造费用是一种间接生产成本，包括企业生产部门（如生产车间）管理人员的职工薪酬、折旧费、办公费、水电费、机物料消耗、劳动保护费、季节性和修理期间的停工损失等。经过 1 年期以上的制造才能达到预定可销售状态的存货发生的借款费用，也计入存货的成本。这里所指的借款费用，是指小企业因借款而发生的利息及其他相关成本。包括：借款利息、辅助费用以及因外币借款而发生的汇兑差额等。

小企业应当根据生产特点和成本管理的要求，选择适合于本企业的成本核算对象、成本项目和成本计算方法。小企业发生的各项生产费用，应当按照成本核算对象和成本项目分别归集。

（1）属于材料费、人工费等直接费用，直接计入基本生产成本和辅助生产成本。

（2）属于辅助生产车间为生产产品提供的动力等直接费用，可以先作为辅助生产成本进行归集，然后按照合理的方法，分配计入基本生产成本；也可以直接计入所生产产品发生的生产成本。

（3）其他间接费用应当作为制造费用进行归集，月度终了，再按一定的分配标准，分配计入有关产品的成本。

制造费用的分配一般根据制造费用的性质，合理选择分配方法。也就是说，企业所选择的制造费用分配方法，必须与制造费用的发生具有较密切的相关性，并且使分配到每种产品上的制造费用金额科学合理，同时还应适当考虑计算手续的简便。在各种产品之间分配制造费用的方法，通常有按生产工人工资、按生产工人工时、按机器工时、按耗用原材料的数量或成本、按直接成本（原材料、燃料、动力、生产工人工资等职工薪酬之和）及按产成品产量等。

月末，企业应当根据在产品数量的多少、各月在产品数量变化的大小、各项成本比重的大小，以及定额管理基础的好坏等具体条件，采用适当的分配方法将制造费用在完工产品与在产品之间进行分配。常用的分配方法有：不计算在产品成本法、在产品按固定成本计价法、在产品按所消耗直接材料成本计价法、约当产量比例法、在产品按定额成本计价法、定额比例法等。

加工取得的存货成本应记入以下科目。

（一）生产成本

（1）本科目核算小企业进行工业性生产发生的各项生产成本。包括：生产各种产品（产成品、自制半成品等）、自制材料、自制工具、自制设备等。

小企业对外提供劳务发生的成本，可将本科目改为“4001 劳务成本”科目，或单独设置“4002 劳务成本”科目进行核算。

（2）本科目可按照基本生产成本和辅助生产成本进行明细核算。

（3）生产成本的主要账务处理：

①小企业发生的各项直接生产成本，借记“生产成本”（基本生产成本、辅助生产成本）科目，贷记“原材料”“库存现金”“银行存款”“应付职工薪酬”等科目。

各生产车间应负担的制造费用，借记“生产成本”（基本生产成本、辅助生产成本）科目，贷记“制造费用”科目。

②辅助生产车间为基本生产车间、管理部门和其他部门提供的劳务和产品，可在月末按照一定的分配标准分配给各受益对象，借记“生产成本”（基本生产成本）“销售费用”“管理费用”“其他业务成本”“在建工程”等科目，贷记“生产成本”（辅助生产成本）科目；也可在提供相关劳务和产品时，借记“生产成本”“销售费用”“管理费用”“其他业务成本”“在建工程”等科目，贷记“原材料”“库存现金”“银行存款”“应付职工薪酬”等科目。

③小企业已经生产完成并已验收入库的产成品以及入库的自制半成品，可在月末，借记“库存商品”等科目，贷记“生产成本”（基本生产成本）科目。

（4）本科目期末借方余额，反映小企业尚未加工完成的在产品成本。

【例 4-8】 A 小企业为一般纳税人，购入原材料一批，取得的增值税专用发票上注明的原材料价款为 1 000 元，增值税税额为 130 元。发票等结算凭证已经收到，2×20 年 6 月 12 日，材料已运到并已验收入货款已通过银行转账支付，2×20 年 6 月 22 日，生产部门领用该批原库，材料用于生产 A 产品，在生产过程中发生职工薪酬 1 500 元，发生其他支出 100 元（通过银行转账支付）。7 月 10 日，产品生产完成，经验收合格，转入产成品仓库保管。

该企业2×20年6月12日的账务处理如下：

借：原材料　1 000

　　应交税费——应交增值税（进项税额）　130

　　贷：银行存款　1 130

2×20年6月22日的账务处理如下：

借：生产成本　1 000

　　贷：原材料　1 000

发生职工薪酬和其他支出时的账务处理如下：

借：生产成本　1 600

　　贷：应付职工薪酬　1 500

　　　　银行存款　100

2×20年7月10日完工入库的账务处理如下：

借：库存商品　2 600

　　贷：生产成本　2 600

（二）制造费用

（1）本科目核算小企业生产车间（部门）为生产产品和提供劳务而发生的各项间接费用。

小企业经过1年期以上的制造才能达到预定可销售状态的产品发生的借款费用，也在本科目核算。

小企业行政管理部门为组织和管理生产经营活动而发生的管理费用，在“管理费用”科目核算，不在本科目核算。

（2）本科目应按照不同的生产车间、部门和费用项目进行明细核算。

（3）制造费用的主要账务处理：

①生产车间发生的机物料消耗和固定资产修理费，借记“制造费用”科目，贷记“原材料”“银行存款”等科目。

②发生的生产车间管理人员的工资等职工薪酬，借记“制造费用”科目，贷记“应付职工薪酬”科目。

③生产车间计提的固定资产折旧费，借记“制造费用”科目，贷记“累计折旧”科目。

④生产车间支付的办公费、水电费等，借记“制造费用”科目，贷记“银行存款”等科目。

⑤发生季节性和修理期间的停工损失，借记“制造费用”科目，贷记“原材料”“应付职工薪酬”“银行存款”等科目。

⑥小企业经过1年期以上的制造才能达到预定可销售状态的产品在制造完成之前发生的借款利息，在应付利息日根据借款合同利率计算确定的利息费用，借记“制造

费用”科目，贷记“应付利息”科目。制造完成之后发生的利息费用，借记“财务费用”科目，贷记“应付利息”科目。

⑦将制造费用分配计入有关的成本核算对象，借记“生产成本——基本生产成本、辅助生产成本”等科目，贷记“制造费用”科目。

⑧季节性生产小企业制造费用全年实际发生额与分配额的差额，除其中属于为下一年开工生产做准备的可留待下一年分配外，其余部分实际发生额大于分配额的差额，借记“生产成本——基本生产成本”科目，贷记“制造费用”科目；实际发生额小于分配额的差额，做相反的会计分录。

（4）除季节性的生产性小企业外，本科目期末无余额。

三、其他方式取得的存货的成本

企业取得存货的其他方式主要包括接受投资者投资、提供劳务等。

（一）投资者投入存货的成本

投资者投入存货的成本应当按照评估价值作为其入账价值。

【例 4-9】 A 小企业以一批商品对 D 有限责任公司投资，该商品的成本为 80 万元，评估价值为 100 万元，增值税税率为 13%，双方认可此商品的公允价值。

（1）该企业的账务处理如下：

借：长期股权投资——D 公司	1 130 000	
贷：主营业务收入		1 000 000
应交税费——应交增值税（销项税额）		130 000
借：主营业务成本	800 000	
贷：库存商品		800 000

（2）D 公司的账务处理如下：

借：库存商品	1 000 000	
应交税费——应交增值税（进项税额）	130 000	
贷：实收资本		1 130 000

（二）提供劳务的成本

根据《小企业会计准则》第十二条的规定，提供劳务的成本包括：与劳务提供直接相关的人工费、材料费和应分摊的间接费用。

（三）自行栽培、营造、繁殖或养殖的消耗性生物资产的成本

（1）自行栽培的大田作物和蔬菜的成本包括：在收获前耗用的种子、肥料、农药

等材料费、人工费和应分摊的间接费用。

（2）自行营造的林木类消耗性生物资产的成本包括：郁闭前发生的造林费、抚育费、营林设施费、良种试验费、调查设计费和应分摊的间接费用。

（3）自行繁殖的育肥畜的成本包括：出售前发生的饲料费、人工费和应分摊的间接费用。

（4）水产养殖的动物和植物的成本包括：在出售或入库前耗用的苗种、饲料、肥料等材料费、人工费和应分摊的间接费用。

（四）盘盈存货的成本

盘盈存货的成本，应当按照同类或类似存货的市场价格或评估价值确定。

第三节　发出存货的计量

一、确定发出存货成本的方法

小企业应当采用先进先出法、加权平均法或者个别计价法确定发出存货的实际成本。计价方法一经选用，不得随意变更。

企业应当根据各类存货的实物流转方式、企业管理的要求、存货的性质等实际情况，合理地选择发出存货成本的计算方法，以合理确定当期发出存货的实际成本。

对于性质和用途相似的存货，应当采用相同的成本计算方法确定发出存货的成本。企业在确定发出存货的成本时，可以采用先进先出法、加权平均法和个别计价法三种方法。企业不得采用后进先出法确定发出存货的成本。

（一）先进先出法

先进先出法，是指以先购入的存货应先发出（销售或耗用）这样一种存货实物流动假设为前提，对发出存货进行计价。采用这种方法，先购入的存货成本在后购入存货成本之前转出，据此确定发出存货和期末存货的成本。

【例 4-10】 2×20 年 9 月份，假定甲企业存货的收、发、结存资料如表 4-5 所示。

表 4-5　甲企业 2×20 年 9 月份存货的收、发、结存资料

日期	收入		发出		结存数量
	数量	单位成本	数量	单位成本	
9 月 1 日结存	100	10			100

（续表）

日期	收入		发出		结存数量
	数量	单位成本	数量	单位成本	
9 月 5 日购入	200	12			300
9 月 10 日发出			150		150
9 月 15 日购入	150	12			300
9 月 20 日发出			200		100
9 月 25 日购入	200	14			300
9 月 29 日发出			250		50

甲企业期末存货 50 单位的价值，可计算确定如下：

第三批购货：50 单位按每单位 14 元计算，其成本为 700 元；

期末结存存货总成本为 700 元。

使用先进先出法时，逐笔计算收、发、结存的成本如表 4-6 所示。

表 4-6　甲企业 2×20 年 9 月份先进先出法下成本计算表

日期		摘要	收入			发出			结存		
月	日		数量	单位成本	总成本	数量	单位成本	总成本	数量	单位成本	总成本
9	1	期初余额							100	10	1 000
	5	购入	200	12	2 400				100 200	10 12	1 000 2 400
	10	发出				100 50	10 12	1 000 600	150	12	1 800
	15	购入	150	13	1 950				150 150	12 13	1 800 1 950
	20	发出				150 50	12 13	1 800 650	100	13	1300

（续表）

日期		摘要	收入			发出			结存		
月	日		数量	单位成本	总成本	数量	单位成本	总成本	数量	单位成本	总成本
	25	购入	200	14	2 800				100 200	13 14	1 300 2 800
9	29	发出				100 150	13 14	1 300 2 100	50	14	700
9	**30**	**本月合计**	**550**	**—**	**7 150**	**600**	**—**	**7 450**	**50**	**14**	**700**

先进先出法的优点在于它的期末存货接近于当期成本。因为先进先出法假设最先购入的商品最先发出，因此期末存货金额中包含的是最近的购货成本。但其缺点则是无法实现收入与成本的配比，与当期收入相对应的是以前的成本，这就有可能扭曲利润。特别是当发生通货膨胀时，先进先出法将会低估存货的发出成本，从而虚增利润，加重企业的税务负担。

（二）加权平均法

加权平均法也称全月一次加权平均法，是指以当月全部进货数量加上月初存货数量作为权数，去除当月全部进货成本加上月初存货成本，计算出存货的加权平均单位成本，以此为基础计算当月发出存货的成本和期末存货的成本的一种方法。计算存货的平均单位成本的公式如下：

$$（1）存货单位成本=\frac{月初库存存货的实际成本+本月各批进货的实际成本之和}{月初库存存货数量+本月各批进货数量之和}$$

（2）本月发出存货的成本＝本月发出存货的数量 × 存货单位成本

（3）本月月末库存存货成本＝月末库存存货的数量 × 存货单位成本

＝月初结存存货的实际成本＋本月收入存货的实际成本－本月发出存货的实际成本

【例 4-11】 承［例 4-10］，假定甲企业采用加权平均法进行存货的成本计价。甲企业期末存货 50 单位的价值，可计算确定如下：

存货单位成本＝（1 000 ＋ 7 150）÷（100 ＋ 550）＝ 12.54（元）

本月发出存货的成本＝ 600×12.54 ＝ 7 524（元）

本月月末库存存货成本＝1 000＋7 150－7 524＝626（元）

按加权平均法核算的存货明细账如表4-7所示。

表4–7　甲企业2×20年9月份加权平均法下成本计算表

日期		摘要	收入			发出			结存		
月	日		数量	单位成本	总成本	数量	单位成本	总成本	数量	单位成本	总成本
9	1	期初余额							100	10	1 000
	5	购入	200	12	2 400						
	10	发出				150			150		
	15	购入	150	13	1 950				300		
	20	发出				200			100		
	25	购入	200	14	2 800				300		
	29	发出				250			50		
9	**30**	**本月合计**	550	—	7 150	600	12.54	7 524	50	12.52	626

（三）个别计价法

个别计价法也称个别认定法、具体辨认法、分批实际法，其特征是注重所发出存货具体项目的实物流转与成本流转之间的联系，逐一辨认各批发出存货和期末存货所属的购进批别或生产批别，分别按其购入或生产时所确定的单位成本计算各批发出存货和期末存货的成本。即把每一种存货的实际成本作为计算发出存货成本和期末存货成本的基础。对于不能替代使用的存货、为特定项目专门购入或制造的存货以及提供的劳务，通常采用个别计价法确定发出存货的成本。在实际工作中，越来越多的企业采用计算机信息系统进行会计处理，个别计价法可以广泛应用于发出存货的计价，并且个别计价法确定的存货成本最为准确。

【例4–12】 承［例4-10］，假定甲企业采用个别计价法进行存货的成本计价。其9月10日、9月20日和9月29日各批发出存货具体的购进批别如表4-8所示。

使用个别计价法时，逐笔计算收、发、结存的成本如表4-8所示。

表 4-8　甲企业 2×20 年 9 月份存货成本计算表

日期		发出数量	购入批别
月	日		
9	10	80	期初余额
		70	9 月 5 日购入
9	20	100	9 月 5 日购入
		100	9 月 15 日购入
9	29	20	期初余额
		30	9 月 5 日购入
		30	9 月 15 日购入
		170	9 月 25 日购入

在确定了各批发出存货所属的购进批别后，需要分别按照购入时的单位成本计算各批存货的发出成本了，其具体计算如表 4-9 所示。

表 4-9　甲企业 2×20 年 9 月份个别计价法下存货成本计算表

日期		发出数量	购入批别	单价	金额
月	日				
9	10	80	期初余额	10	800
		70	9 月 5 日购入	12	840
小计		150		—	1 640
9	10	80	期初余额	10	800
		70	9 月 5 日购入	12	840
9	20	100	9 月 5 日购入	12	1 200
		100	9 月 15 日购入	13	1 300
小计				—	2 500

（续表）

日期		发出数量	购入批别	单价	金额
月	日				
9	29	20	期初余额	10	200
		30	9 月 5 日购入	12	360
		30	9 月 15 日购入	13	390
		170	9 月 25 日购入	14	2 380
小计		250		—	3 330
总　　计		**600**			**7 470**

甲企业期末存货 50 单位的价值，可计算确定如下：

由表 4-9 计算得出甲企业当月发出存货成本为 7 470 元：

期末结存存货总成本＝期初余额＋当月购入存货成本－当月发出存货成本

＝1 000 ＋ 7 150 － 7 470 ＝ 680（元）

个别计价法的优点在于能够准确地计算出存货的发出成本，缺点是工作量大，记录成本高，特别是当存货品种繁多，发出收入频繁时，采用个别计价法的成本就会过高，甚至不行。所以，个别计价法通常适用于不能代替使用的存货、为特定项目专门购入或者制造的存货以及提供的劳务等。

（四）存货发出计价的核算方法比较

表 4–10　存货发出计价核算方法比较表

方法	前提条件	具体计算过程
先进先出法	假设先购进的先发出	按先进先出的假定流转顺序来选择发出计价及期末结存存货的计价
加权平均法	—	$存货单位成本=\dfrac{月初存货实际成本+本月购进存货实际成本}{月初存货数量+本月购进存货数量}$ $本月发出存货成本=本月发出存货数量\times存货单位成本$ $月末库存存货成本=月末库存存货数量\times存货单位成本$

（续表）

方法	前提条件	具体计算过程
个别计价法	实物流转与价值流转一致	逐一辨认发出存货和期末存货所属的购进、生产批别，分别按其购进、生产时确定的单位成本，计算发出存货和期末存货成本

二、存货成本的结转

对于周转材料，采用一次转销法进行会计处理，在领用时按其成本计入生产成本或当期损益；金额较大的周转材料，也可以采用分次摊销法进行会计处理。出租或出借周转材料，不需要结转其成本，但应当进行备查登记。

小企业销售存货，应当将已售存货的成本结转为当期损益，计入营业成本。这就是说，企业在确认存货销售收入的当期，应当将已经销售存货的成本结转为当期营业成本。

三、存货毁损、盘盈和盘亏的会计处理

因存货的毁损、盘盈和盘亏而产生的收益和损失应当计入当期损益。

存货发生毁损，处置收入、可收回的责任人赔偿和保险赔款，扣除其成本、相关税费后的净额，应当计入“营业外支出”或“营业外收入”。

盘盈存货实现的收益应当计入“营业外收入”；盘亏存货发生的损失应当计入“营业外支出”。

【例 4-13】 2×20 年 5 月 26 日，A 小企业进行存货盘查，发现盘盈 A 材料 10 万元，同时盘亏 B 材料 30 万元，盘亏的 B 材料进项税额为 3.9 万元。盘亏 B 材料的原因为管理不善导致。

（1）盘盈 A 材料：

借：原材料——A 材料　　100 000

　　贷：营业外按收入　　100 000

（2）盘亏 B 材料：

借：营业外支出　　339 000

　　贷：原材料——B 材料　　300 000

　　　　应交税费——应交增值税（进项税额转出）　　39 000

第四节　小企业会计准则与企业会计准则的比较

一、加工取得的存货的成本

小企业会计准则规定，小企业通过加工取得的存货成本包括直接材料、直接人工和制造费用。

企业会计准则规定，存货加工成本，由直接人工和制造费用构成，其实质是企业在进一步加工存货的过程中追加发生的生产成本，不包括直接由材料存货转移来的价值。

二、存货的有关核算

（1）存货盘盈时所用的损益类科目不同。小企业会计准则下，存货盘盈通过“营业外收入”科目核算；企业会计准则下，冲减当期“管理费用”科目。

（2）生产用固定资产日常修理维护领用存货的处理不同。小企业会计准则下，记入“制造费用”科目；企业会计准则下，记入“管理费用”科目。

（3）关于存货减值的处理不同。小企业会计准则下，不计提存货跌价准备。企业会计准则下，如存货的可变现净值低于其成本，则需要计提存货跌价准备。

【例 4-14】 红星公司为增值税一般纳税人。2×20 年 12 月至 2×20 年 1 月发生以下经济业务：

（1）12 月 1 日，购入售价为 2 000 元的甲原材料一批，准备用于 B 产品的生产，当日支付了价款和增值税税款。

（2）12 月 5 日，对仓库库存进行盘点，盘盈乙材料一批，市值为 100 元。

（3）12 月 10 日，用于生产 A 产品的生产线停工 1 天进行年度维护，维护中领用价值为 500 元的 B 材料。

（4）12 月 31 日，公司进行年度会计结算，发现 B 产品市价下跌，生产无利可图，遂决定停产 B 产品，拟将剩余价值为 1 500 元的 B 材料出售。当日该批材料的市场售价为 1 200 元。假定不考虑销售费用及相关税费。

（5）2×20 年 1 月 10 日，红星公司出售该批 B 材料，售价为 1 100 元。

表 4-11　小企业会计准则与企业会计准则存货核算过程比较表

小企业会计准则	企业会计准则
（1）12 月 1 日，购入售价为 2 000 元的甲原材料一批，准备用于 B 产品的生产。	

（续表）

<table>
<tr><th>小企业会计准则</th><th>企业会计准则</th></tr>
<tr><td colspan="2">借：原材料——甲材料 2 000
应交税费——应交增值税（进项税额） 260
贷：银行存款 2 260</td></tr>
<tr><td colspan="2">（2）12 月 5 日，对仓库库存进行盘点，盘盈乙材料一批，市值为 100 元。</td></tr>
<tr><td>借：原材料——乙材料 100
贷：营业外收入 100</td><td>借：原材料——乙材料 100
贷：管理费用 100</td></tr>
<tr><td colspan="2">（3）12 月 10 日，用于生产 A 产品的生产线停工 1 天进行年度维护，维护中领用价值为 500 元的 B 材料。</td></tr>
<tr><td>借：制造费用 500
贷：原材料——B 材料 500</td><td>借：管理费用 500
贷：原材料——B 材料 500</td></tr>
<tr><td colspan="2">（4）12 月 31 日，公司进行年度会计结算，发现 B 产品市价下跌，生产无利可图，遂决定停产 B 产品，拟将剩余价值为 1 500 元的 B 材料出售。当日该批材料的市场售价为 1 200 元。假定不考虑销售费用及相关税费。</td></tr>
<tr><td>不作账务处理</td><td>借：资产减值损失 300
贷：存货跌价准备 300</td></tr>
<tr><td colspan="2">（5）2×20 年 1 月 10 日，红星公司出售该批 B 材料，售价为 1 100 元。</td></tr>
<tr><td>借：银行存款 1 243
贷：其他业务收入 1 100
应交税费——应交增值税（销项税额） 143
借：其他业务成本 1 500
贷：原材料——B 材料 1 500</td><td>借：银行存款 1 243
贷：其他业务收入 1 100
应交税费——应交增值税（销项税额） 143
借：存货跌价准备 300
贷：其他业务成本 300
借：其他业务成本 1 500
贷：原材料——B 材料 1 500</td></tr>
</table>

第五章

短 期 投 资

第一节 短期投资概述

短期投资，是指小企业购入的能随时变现并且持有时间不准备超过 1 年（含 1 年，下同）的投资，如小企业以赚取差价为目的从二级市场购入的股票、债券、基金等。短期投资属于流动资产，它应该具备两个条件：

（1）该投资必须随时可以上市流通。

（2）企业管理层有意在一个会计年度之内将其转变为现金。

需特别说明一点，对于有明确到期日的长期债权投资，即使剩余期限已短于 1 年，也不得将其转为短期投资，因为企业长期持有且直到到期日这一投资目的并未改变。但由于这部分资产实质上已变为流动资产，故在编制资产负债表时，需在“一年内到期的长期债权投资”项下单独列示。

短期投资具有以下三方面的特点：

（1）很容易变现。

（2）持有时间较短，短期投资一般不是为了长期持有，所以持有时间是不准备超过 1 年。但这并不代表必须在 1 年内出售，如果实际持有时间已经超过 1 年，除非企业管理当局改变投资目的，即改短期持有为长期持有，否则仍然作为短期投资核算。

（3）不以控制、共同控制被投资单位或对被投资单位实施重大影响为目的而做的投资。

第二节 短期投资的核算

一、短期投资的初始计量

为了核算小企业短期投资的取得、收取现金股利或利息、处置等业务，企业应当设置“短期投资”“应收股利”“应收利息”“投资收益”等科目。“短期投资”科目期末借方余额，反映小企业持有的短期投资成本，如表 5-1 所示。

表 5-1　短期投资的核算

借方	贷方
1. 取得短期投资	2. 出售处置该短期投资
期末借方 用来反映企业期末时点的短期投资余额	

小企业以支付现金取得的短期投资，应当按照购买价款和相关税费作为成本进行计量，借记“短期投资”科目，贷记“银行存款”科目。同时，小企业购入股票时，如果实际支付的购买价款中包含已宣告但尚未发放的现金股利，应当按照实际支付的购买价款和相关税费扣除已宣告但尚未发放的现金股利后的金额，借记“短期投资”科目，按照应收的现金股利，借记“应收股利”科目，按照实际支付的购买价款和相关税费，贷记“银行存款”科目。小企业购入债券，如果实际支付的购买价款中包含已到付息期、但尚未领取的债券利息，应当按照实际支付的购买价款和相关税费扣除已到付息期、但尚未领取的债券利息后的金额，借记“短期投资”科目，按照应收的债券利息，借记“应收利息”科目，按照实际支付的购买价款和相关税费，贷记“银行存款”科目。

【例 5-1】 2×20 年 5 月 26 日，A 小企业以银行存款从证券交易所购入 F 上市公司股票 18 万股，准备短期获利，共支付款项 2 000 000 元，其中包括已宣告但尚未发放的现金股利 120 000 元。另支付交易手续费等 20 000 元。5 月 30 日收到宣告的现金股利。该企业的账务处理如下：

（1）2×20 年 5 月 26 日，购买股票时：

借：短期投资——F 公司股票　　1 900 000

　　应收股利　　120 000

　　贷：银行存款　　2 020 000

（2）2×20 年 5 月 30 日，收到现金股利时：

借：银行存款　　120 000

　　贷：应收股利　　120 000

二、短期投资的后续计量

在短期投资持有期间，被投资单位宣告分派的现金股利或在债务人应付利息日按分期付息、一次还本债券投资的票面利率计算的利息收入，应当计入投资收益。具体会计核算为：借记“应收股利”或“应收利息”科目，贷记“投资收益”科目。

【例 5-2】 2×20 年 1 月 2 日，A 小企业从二级市场上购入 G 公司发行的公司债券，该笔债券于 2×17 年 7 月 1 日发行，期限为 10 年，债券面值为 2 500 000 元，票面利息为 4%。上年债券利息于下年 1 月 15 日支付。A 小企业持有目的是短期获利，支付价款 2 600 000 元，其中包括已宣告但尚未发放的债券利息 100 000 元，另支付交易费用 30 000 元。2×20 年 1 月 15 日，A 小企业收到该笔利息。2×22 年 1 月 15 日，又收到债券利息 100 000 元。该企业的账务处理如下：

（1）2×20 年 1 月 2 日，购入 G 公司发行的债券：

借：短期投资——G 公司	2 530 000	
应收利息——G 公司	100 000	
贷：银行存款		2 630 000

（2）2×20 年 1 月 15 日，收到买价中已宣告但尚未发放的债券利息：

借：银行存款	100 000	
贷：应收利息——G 公司		100 000

（3）2×20 年 12 月 31 日，A 小企业确认本年度债券利息：

借：应收利息——G 公司	100 000	
贷：投资收益		100 000

（4）2×22 年 1 月 15 日，收到债券利息：

借：银行存款	100 000	
贷：应收利息——G 公司		100 000

三、短期投资的处置

出售短期投资，应当按照实际收到的出售价款，借记“银行存款”或“库存现金”科目，按照该项短期投资的账面余额，贷记“短期投资”科目，按照尚未收到的现金股利或债券利息，贷记“应收股利”或“应收利息”科目，按照其差额，贷记或借记“投资收益”科目。

【例 5-3】 2×20 年 5 月 8 日，A 小企业购入 H 公司股票 10 000 股作为短期投资，每股成交价格 10 元，另支付佣金、手续费等费用共计 1 000 元，所有款项均以银行存款支付。2×20 年 8 月 31 日，该企业以每股 12 元的价格全部出售该股票，同时支付手续费等 2 000 元。该企业的账务处理如下：

（1）购入股票作为短期投资时：

初始投资成本＝10 000×10＋1 000＝101 000（元）

借：短期投资——H 公司	101 000	
贷：银行存款		101 000

（2）出售股票时：

投资收益＝（10 000×12 － 2 000）－ 101 000 ＝ 17 000（元）

借：银行存款　　118 000
　　贷：短期投资——H 公司　　101 000
　　　　投资收益　　17 000

第三节　小企业会计准则与企业会计准则的比较

一、短期投资的初始计量

小企业会计准则下，设置“短期投资”科目计量企业取得的短期投资，取得投资时，应该采用历史成本计量，交易费用计入投资成本；而企业会计准则中，设置“交易性金融资产——成本”科目核算企业取得的短期投资，企业会计准则规定，取得资产须按照公允价值进行计量，相关交易费用在发生时直接计入投资收益。

二、短期投资的后续计量

小企业会计准则下，设置“应收股利”“应收利息”科目，核算小企业持有短期投资期间获得的收益，确认投资收益时，借记“应收股利”或“应收利息”科目，贷记“投资收益”科目。对于资产负债表日发生的短期投资的公允价值的变动，小企业会计准则下不做任何处理。

企业会计准则规定，在确认应收股利或利息时，应按照应收金额直接计入交易性金融资产成本，即借记“交易性金融资产——成本”科目，贷记“投资收益”科目；同时设置“交易性金融资产——公允价值变动损益”科目，核算持有的短期投资的公允价值的变动，根据公允价值的变动额，借记或贷记“交易性金融资产——公允价值变动损益”科目，对应的损益类科目为“公允价值变动损益”。

三、短期投资的处置

短期投资最终处置时，小企业会计准则下，只需按照出售短期投资金额与其成本的差额，确认投资收益，会计处理为：借记“银行存款”等科目，贷记“短期投资”科目，差额借记或贷记“投资收益”科目。

企业会计准则除了上述处理之外，还需要将持有期间累计“公允价值变动损益”转入“投资收益”科目。

第六章

长 期 投 资

第一节　长期投资概述

长期投资，是指不满足短期投资条件的投资，即不准备在 1 年或长于 1 年的经营周期之内转变为现金的投资。企业管理层取得长期投资的目的在于持有而不在于出售，这是与短期投资的一个重要区别。长期投资按其性质分为长期债券投资、长期股权投资和其他长期投资。

一、长期债券投资

长期债券投资，是指小企业准备长期（在 1 年以上）持有的在 1 年内不能变现或者不准备随时变现的债券投资。企业进行长期债券投资的目的主要是为了获得稳定的收益。

从定义上我们可以看出，长期债券投资具有如下的特点：

（1）投资的对象是债券。债券是政府、金融机构、工商企业等直接向社会借债筹措资金时，向投资者发行，承诺按一定利率支付利息并按约定条件偿还本金的债权债务凭证。由于债券的利息通常是事先确定的，所以债券是固定利息证券（定息证券）的一种。债券虽有不同种类，但基本要素却是相同的，主要包括债券面值、债券价格、债券还本期限与方式和债券利率四个要素。

（2）投资的目的不是为了获得另一企业的剩余资产，而是为了获取高于银行储蓄存款利率的利息，并保证到期收回本金和利息。

（3）持有期限超过 1 年。根据持有期限是否超过 1 年，可以将债券投资划分为短期债券投资和长期债券投资。债券按照持有期限可以划分为短期债券、中期债券和长期债券。我国短期债券的偿还期限在 1 年以内，偿还期限在 1 年以上 5 年以下的为中期企业债券，偿还期限在5年以上的为长期企业债券。因此，为保证持有期限超过1年，长期债券投资的投资对象应为中期债券或长期债券。

二、长期股权投资

长期股权投资，是指小企业准备长期持有的权益性投资。长期股权投资依据对被投资单位产生的影响，分为以下四种类型：

（1）控制，是指有权决定一个企业的财务和经营政策，并能据以从该企业的经营活动中获取利益，被投资单位为本企业的子公司。

（2）共同控制，是指按合同约定对某项经济活动所共有的控制，被投资单位为本企业的合营企业。

（3）重大影响，是指对一个企业的财务和经营政策有参与决策的权力，但并不决定这些政策，被投资单位为本企业的联营企业。

（4）无控制、无共同控制且无重大影响，并以长期持有为目的的其他权益性投资。

长期股权投资主要具有以下四方面特点。

1. 长期持有

长期股权投资的目的是为长期持有被投资单位的股份，成为被投资单位的股东，并通过所持有的股份，对被投资单位实施控制或施加重大影响，或为了改善和巩固贸易关系，或持有不易变现的长期股权投资等。

2. 利益风险并存，可以获取经济利益但须承担相应的风险

长期股权投资的最终目标是为了获得较大的经济利益，这种经济利益可以通过分得利润或股利获取，也可以通过其他方式取得，如被投资单位生产的产品为投资企业生产所需的原材料，在市场上这种原材料的价格波动较大，且不能保证供应。在这种情况下，投资企业通过所持股份，达到控制或对被投资单位施加重大影响，使其生产所需的原材料能够直接从被投资单位取得，而且价格比较稳定，保证其生产经营的顺利进行。但是，如果被投资单位经营状况不佳，或者进行破产清算时，投资企业作为股东，也需要承担相应的投资损失。

3. 通常不能随时出售

除股票投资外，长期股权投资通常不能随时出售。投资企业一旦成为被投资单位的股东，依所持股份份额享有股东的权利并承担相应的义务，一般情况下不能随意抽回投资。

4. 投资风险较大

长期股权投资相对于长期债券投资而言，投资风险较大。在我国，长期股权投资的取得方式主要有：

（1）在证券市场上以货币资金购买其他企业的股票，以成为被投资单位的股东。

（2）以资产（包括货币资金、无形资产和其他实物资产）投资于其他单位，从而成为被投资单位的股东。

从核算范围看，企业会计准则中的长期股权投资主要核算有：

（1）企业持有的对子公司、联营企业以及合营企业的投资。

（2）企业持有的对被投资单位不具有控制、共同控制或重大影响，并且在活跃市场上没有报价、公允价值不能可靠地计量的长期股权投资。

小企业会计准则中的长期股权投资不只核算前两项，还可以核算“准备长期持有，并且活跃市场中有报价、公允价值能可靠地计量的权益性投资”。

第二节　长期债券投资核算

一、长期债券投资的初始计量

小企业购入债券作为长期债券投资，应按购买价款和相关税费作为成本进行计量。小企业购入长期债券时，按购入价格与债券面值之间的差异分为平价购入、溢价购入和折价购入。平价购入，是指按债券的面值购入；溢价购入，是指按高于债券面值的价格购入；折价购入，是指按低于债券面值的价格购入。

为了核算小企业长期债券投资的取得、收取利息、处置等业务，企业应当设置“长期债券投资——面值（溢折价、应计利息）”“应收利息”“投资收益”等科目。

（一）小企业初始购入债券作为长期投资

小企业初始购入债券作为长期投资，应当按照债券票面价值，借记“长期债券投资（面值）”科目，按照实际支付的购买价款和相关税费，贷记“银行存款”科目。

【例 6-1】 甲公司采用小企业会计准则核算，2×20 年 1 月 1 日用银行存款从证券市场上购入 2×19 年 12 月 31 日发行的 5 年期债券，面值为 100 000 元，票面利率为 8%，每年 4 月 5 日支付上 1 年度的利息，到期日一次归还本金和最后一次利息。甲公司实际支付价款为 100 000 元，假设不考虑支付相关手续费，甲企业购入此长期债券时的会计处理如下：

借：长期债券投资——面值　　100 000

　　贷：银行存款　　100 000

如果实际支付的购买价款中包含已到付息期但尚未领取的债券利息，应当按照债券票面价值，借记“长期债券投资（面值）”科目，按照应收的债券利息，借记“应收利息”科目，按照实际支付的购买价款和相关税费，贷记“银行存款”科目。

【例 6-2】 2×20 年 1 月 1 日，甲公司从证券市场上购入乙公司于 2×19 年 1 月 1 日发行的债券，票面利率为 5%，每年 1 月 5 日支付上年度的利息，到期日为 2×23 年 1 月 1 日，到期日一次归还本金和最后一次利息。甲公司购入债券的面值为 1 000 000 元，实际支付价款为 1 050 000 元，不考虑支付相关费用。假设甲企业采用小企业会计准则核算，甲企业应编制会计分录如下：

借：长期债券投资——面值　1 000 000
　　应收利息　50 000
　　贷：银行存款　1 050 000

（二）购入溢折价的长期债券

长期债券的溢价或折价，是由于债券的票面利率与市场利率不同而引起的。当债券票面利率高于市场利率，表明债券发行单位实际支付的利息将高于按市场利率计算的利息。为此，发行单位在发行时按高于债券票面价值的价格发行，即溢价发行；对于购买单位，就是溢价购入了。溢价发行对投资者来说，是为了以后多得利息而事先付出的代价；对于发行单位而言，是因为多付利息而事先得到的补偿。

【例 6-3】 2×20 年 1 月 1 日，企业以每张 110 元的价格购入 C 公司当日发行的 5 年期债券 1 000 张，票面利率为 10%，债券面值 100 元，另支付有关税费 500 元，根据上述经济业务，应做账务处理如下：

借：长期债券投资——面值　100 000
　　　　　　　　——溢折价　10 500
　　贷：银行存款　110 500

当债券票面利率低于市场利率，表明债券发行单位实际支付的利息将低于按市场利率计算的利息。为此，发行单位在发行时按低于债券票面价值的价格发行，即折价发行；对于购买单位，就是折价购入了。折价发行对投资者来说，是因为以后少得利息而事先得到的补偿；对于发行单位而言，是为了少付利息而事先付出的代价。

【例 6-4】 2×20 年 1 月 1 日，企业以每张 90 元的价格购入 C 公司当日发行的 5 年期债券 1 000 张，票面利率为 5%，债券面值 100 元，另支付有关税费 500 元，根据上述经济业务，应做账务处理如下：

借：长期债券投资——面值　100 000
　　贷：长期债券投资——溢折价　9 500
　　　　银行存款　90 500

二、长期债券投资的后续计量

小企业长期债券投资在持有期间，后续计量的内容主要是计量应收利息和分摊长期债券投资的溢折价。小企业长期债券投资在持有期间，按期计算的应收利息应当确认为投资收益。主要分以下两种情况。

（一）分期付息、一次还本的长期债券投资

分期付息、一次还本的长期债券投资，在债务人应付利息日按照票面利率计算的应收未收利息收入应当确认为应收利息，不增加长期债券投资的账面余额。在债务人应付利息日，按照应分摊的债券溢折价金额，借记或贷记“投资收益”科目，贷记或借记“长期债券投资（溢折价）”科目。

【例 6-5】 A 企业为一小企业，2×20 年 1 月 1 日用银行存款购入 H 公司 2×20 年 1 月 1 日发行的 5 年期的债券，总面值为 3 000 000 元，票面利率为 8%，支付金额为 3 080 000 元，另以银行存款支付交易费用 10 000 元。该债券每月月末付息一次，最后一期偿还本金。

（1）A 小企业购入此长期债券的会计处理如下：

借：长期债券投资——面值　　3 000 000

　　　　　　　　——溢折价　　90 000

　贷：银行存款　　3 090 000

（2）持有期间每月月末：

借：应收利息　　20 000

　贷：投资收益　　20 000

借：投资收益　　1 500

　贷：长期债券投资——溢折价　　1500

（3）实际收到利息时：

借：银行存款　　20 000

贷：应收利息　　20 000

（二）一次还本付息的长期债券投资

一次还本付息的长期债券投资，在债务人应付利息日按照票面利率计算的应收未收利息收入应当增加长期债券投资的账面余额。在债务人应付利息日，按照应分摊的债券溢折价金额，借记或贷记“投资收益”科目，贷记或借记“长期债券投资（溢折价）”科目。

【例 6-6】 A 企业为一小企业，2×20 年 1 月 1 日用银行存款购入 H 公司 2×20 年 1 月 1 日发行的 5 年期的债券，总面值为 300 000 元，票面利率为 8%，支付金额为 308 000 元，另以银行存款支付交易费用及相关税费为 1 000 元。H 公司不是分期付息，而是到期一次还本付息，则持有期间每月月末的会计分录如下：

（1）A 企业购入此长期债券的会计处理如下：

借：长期债券投资——面值　　300 000

　　　　　　　　——溢折价　　9 000

　贷：银行存款　　309 000

（2）持有期间每月月末：

借：长期债券投资——应计利息　　2 000

　贷：投资收益　　2 000

借：投资收益　　150

　贷：长期债券投资——溢折价　　150

（3）债券到期收回本息：

借：银行存款	420 000
贷：长期债券投资——面值	300 000
——应计利息	120 000

【例 6-7】 某小企业于 2×20 年 1 月 1 日购入长城公司该年度 1 月 1 日发行的 3 年期债券为 200 000 元，年利率为 5%，债券采取每年付息一次、到期还本方式发行。企业实际支付价款为 197 000 元。

（1）购入时，应编制会计分录如下：

借：长期债券投资——面值	200 000
贷：银行存款	197 000
长期债券投资——溢折价	3 000

（2）在债券存续期间内，该企业应在确认相关债券利息收入时采用直线法进行摊销。债券的折价为 3 000（200 000 － 197 000）元，可在 3 年内摊销，则每年摊销额为 1 000（3 000÷3）元，每年的利息为 10 000（200 000×5%）元。

故在每年 12 月 31 日时做会计分录如下：

借：应收利息	10 000
长期债券投资——溢折价	1 000
贷：投资收益	11 000

（3）实际收到利息时：

借：银行存款	10 000
贷：应收利息	10 000

（4）若以上例题的付息方式为到期一次还本付息，则：

借：长期债券投资——应计利息	10 000
——溢折价	1 000
贷：投资收益	11 000

债券到期收回本息：

借：银行存款	230 000
贷：长期债券投资——面值	200 000
——应计利息	30 000

（三）长期债券溢折价的摊销

债券的溢价或折价，应在债券存续期间内，于确认相关债券利息收入时进行摊销，摊销方法采用直线法。直线法摊销是将债券的折价或溢价平均地摊销在债券的存续期内的一种方法，其计算公式如下：

$$每期摊销额（折价或溢价）=\frac{债券折价或溢价额}{债券付息期数（或计提利息期数）}$$

上述公式中，“债券付息期数”，是指在债券存续期内发行公司向投资者支付利息的总次数（对于一次还本付息的债券来说，则为企业计提利息的总期数）。可见，直线摊销法每期摊销溢价或折价额相等。

长期债券投资溢价或折价的摊销，应与确认相关债券利息收入同时进行，并以当期按债券面值和适用利率计算的应收利息与摊销的溢价的差额或与摊销的折价的合计，确认为当期收益。

【例 6-8】 丙企业于 2×20 年 1 月 1 日以每张 1 100 元的价格购入 A 企业当日发行的 2 年期债券 100 张，票面年利率为 10%，债券面值 1 000 元，另支付有关税费 1 000 元。该债券为分期付息、到期还本的债券，每年年末付息一次。企业对债券溢折价采用直线法进行摊销。根据上述经济业务，企业应做账面处理如下：

（1）2×20 年 1 月 1 日，投资时：

溢价＝100×（1 100 － 1 000）＋ 1 000 ＝ 11 000（元）

借：长期债券投资——面值	100 000	
——溢折价	11 000	
贷：银行存款		111 000

（2）2×20 年 12 月 31 日，计提利息并摊销溢价时：

应收利息＝ 1 000×10%×100 ＝ 10 000（元）

溢价摊销额＝ 11 000÷2 ＝ 5 500（元）

投资收益＝ 10 000 － 5 500 ＝ 4 500（元）

借：应收利息	10 000	
贷：长期债券投资——溢折价		5 500
投资收益		4 500

实际收到利息时：

借：银行存款	10 000	
贷：应收利息		10 000

【例 6-9】 2×20 年 1 月 1 日，企业以每张 950 元的价格购入 A 公司当日发行的 2 年期债券 100 张，票面利率为 6%，债券面值为 1 000 元，另支付有关税费 1 000 元，该债券为到期一次还本付息的债券。企业对债券溢折价采用直线法进行摊销。根据上述经济业务，企业应做账务处理如下：

（1）2×20 年 1 月 1 日，投资时：

借：长期债券投资——面值	100 000	
贷：银行存款		96 000
长期债券投资——溢折价		4 000

（2）2×20 年 12 月 31 日，计提利息并摊销折价时：

应收利息＝ 1 000×6%×100 ＝ 6 000（元）

折价摊销额＝ 4 000÷2 ＝ 2 000（元）

投资收益＝ 6 000 ＋ 2 000 ＝ 8 000（元）

借：长期债券投资——应计利息　　6 000
　　　　　　　　——溢折价　　2 000
　贷：投资收益　　8 000

债券到期收回本息：

借：银行存款　　112 000
　贷：长期债券投资——面值　　100 000
　　　　　　　　　——应计利息　　12 000

三、长期债券投资的处置

处置长期债券投资，主要是指在长期债券到期之前出售长期债券或者长期债券到期，收回长期债券。

处置长期债券投资，处置价款扣除其账面余额、相关税费后的净额，应当计入投资收益。债券投资到期，小企业收回长期债券投资，应当冲减其账面余额。具体账务处理如下。

（一）长期债券投资到期，收回长期债券投资

长期债券投资到期，收回长期债券投资，应当按照收回的债券本金或本息，借记“银行存款”等科目，按照其账面余额，贷记“长期债券投资（面值、溢折价、应计利息）”科目，按照应收未收的利息收入，贷记“应收利息”科目。

【例 6-10】 2×19 年 12 月 31 日，企业持有的 C 公司债券到期，收回金额为 240 000 元，该债券的账面余额为 220 000 元（面值为 200 000 元，应计利息为 20 000 元）。根据上述经济业务，应做账务处理如下：

借：银行存款　　240 000
　贷：长期债券投资——面值　　200 000
　　　　　　　　　——应计利息　　20 000
　　　投资收益　　20 000

（二）长期债券到期之前，处置长期债券投资

处置长期债券投资，应当按照处置收入，借记“银行存款”等科目，按照其账面余额，贷记“长期债券投资（面值、溢折价、应计利息）”科目，按照应收未收的利息收入，贷记“应收利息”科目，按照其差额，贷记或借记“投资收益”科目。

【例 6-11】 2×20 年 1 月 1 日，企业因资金紧张，急于将已持有 3 年的 2×20 年 1 月 1 日到期的债券出售给 A 公司，售价为 520 000 元，该债券的账面余额为 550 000 元（面值为 500 000 元，应计利息为 50 000 元）。根据上述经济业务，应做账务处理如下：

借：银行存款　　520 000
　　投资收益　　30 000
　　贷：长期债券投资——面值　　500 000
　　　　　　　　　　——应计利息　　50 000

（三）减除可收回的金额后确认的无法收回的长期债券投资

小企业长期债券投资符合小企业会计准则第十条所列条件之一的，减除可收回的金额后确认的无法收回的长期债券投资，作为长期债券投资损失。小企业会计准则第十条规定：小企业应收及预付款项符合下列条件之一的，减除可收回的金额后确认的无法收回的应收及预付款项，作为坏账损失：

（1）债务人依法宣告破产、关闭、解散、被撤销，或者被依法注销、吊销营业执照，其清算财产不足清偿的。

（2）债务人死亡，或者依法被宣告失踪、死亡，其财产或者遗产不足清偿的。

（3）债务人逾期 3 年以上未清偿，且有确凿证据证明已无力清偿债务的。

（4）与债务人达成债务重组协议或法院批准破产重整计划后，无法追偿的。

（5）因自然灾害、战争等不可抗力导致无法收回的。

（6）国务院财政、税务主管部门规定的其他条件。

长期债券投资损失应当于实际发生时计入营业外支出，同时冲减长期债券投资账面余额。按照小企业会计准则规定确认实际发生的长期债券投资损失，应当按照可收回的金额，借记"银行存款"等科目，按照其账面余额，贷记"长期债券投资（面值、溢折价、应计利息）"科目，按照其差额，借记"营业外支出"科目。

【例 6-12】 2×20 年 12 月 31 日，企业持有的 A 公司 3 年期债券到期，该债券面值 1 000 000 元，票面年利率为 8%，到期一次还本付息。该债券的账面余额为 1 160 000 元（面值 1 000 000 元，应计利息 160 000 元）。但是由于 A 公司在 2×19 年 11 月因遭遇台风致使其无法全额支付到期债券金额，只能支付应付款项 980 000 元。根据上述经济业务，应做会计处理如下：

（1）计提当期利息：

借：长期债券投资——应计利息　　80 000
　　贷：投资收益　　80 000

（2）确认实际发生的长期债券投资损失：

借：银行存款　　980 000
　　营业外支出　　260 000
　　贷：长期债券投资——面值　　1 000 000
　　　　　　　　　　——应计利息　　240 000

第三节 长期股权投资核算

一、长期股权投资的初始计量

根据小企业会计准则，长期股权投资应当按照成本进行计量。初始取得时的计量方法：以支付现金取得的长期股权投资，应当按照购买价款和相关税费作为成本进行计量，实际支付价款中包含的已宣告但尚未发放的现金股利，应当单独确认为应收股利，不计入长期股权投资的成本；通过非货币性资产交换取得的长期股权投资，应当按照换出非货币性资产的评估价值和相关税费作为成本进行计量。其具体会计处理如下：

（1）小企业以支付现金取得的长期股权投资，如果实际支付的购买价款中包含已宣告但尚未发放的现金股利，应当按照实际支付的购买价款和相关税费扣除已宣告但尚未发放的现金股利后的金额，借记“长期股权投资”科目，按照应收的现金股利，借记“应收股利”科目，按照实际支付的购买价款和相关税费，贷记“银行存款”科目。

【例 6-13】 2×20 年 3 月 1 日，A 小企业购入 B 股份公司普通股股票 100 000 股，每股 8.5 元，其中包括已宣告但尚未发放的现金股利，每股 0.5 元，以银行存款支付。占 B 公司实际发行在外股数的 5%，并准备长期持有，另支付相关费用 20 000 元。该企业的账务处理如下：

应收股利＝100 000×0.5＝50 000（元）

投资成本＝100 000×（8.5－0.5）＋20 000＝820 000（元）

借：长期股权投资——B 公司	820 000	
应收股利	50 000	
贷：银行存款		870 000

（2）通过非货币性资产交换取得的长期股权投资，应当按照非货币性资产的评估价值与相关税费之和，借记“长期股权投资”科目，按照换出非货币性资产的账面价值，贷记“固定资产清理”“无形资产”等科目，按照支付的相关税费，贷记“应交税费”等科目，按照其差额，贷记“营业外收入”科目或借记“营业外支出”等科目。

【例 6-14】 2×20 年 5 月 1 日，A 小企业以一项专利技术购入 C 股份公司普通股股票 120 000 股，不含已宣告但尚未发放的现金股利。A 小企业的该项专利技术账面价值 600 000 元，已累计摊销 120 000 元，经专业机构评估的公允价值为 560 000 元。假设不考虑相关税费。该企业的账务处理如下：

借：长期股权投资——C 公司	560 000	
累计摊销	120 000	
贷：无形资产		600 000
营业外收入		80 000

二、长期股权投资的后续计量

小企业会计准则规定，小企业取得的长期股权投资应当采用成本法进行会计处理。在长期股权投资持有期间，被投资单位宣告分派的现金股利或利润，应当按照应分得的金额确认为投资收益。即按照应分得的金额，借记“应收股利”科目，贷记“投资收益”科目。

【例 6–15】 沿用［例 6-13］，2×20 年 4 月 15 日，A 小企业收到 B 公司已宣告发放的现金股利 50 000 元。

2×20 年 3 月 15 日，B 公司宣告发放现金股利，每股 0.4 元。4 月 15 日，A 小企业收到 B 公司分派的现金股利。该企业的账务处理如下：

（1）2×20 年 4 月 15 日，收到股利：

借：银行存款　　50 000

　　贷：应收股利　　50 000

（2）2×20 年 3 月 15 日，宣告发放股利：

借：应收股利　　40 000

　　贷：投资收益　　40 000

（3）2×20 年 4 月 15 日，收到股利：

借：银行存款　　40 000

　　贷：应收股利　　40 000

三、长期股权投资的处置

小企业处置长期股权投资，处置价款扣除其成本、相关税费后的净额，应当计入投资收益。具体会计处理过程中，应按照处置价款，借记“银行存款”等科目，按照其成本，贷记“长期股权投资”科目，按照应收未收的现金股利或利润，贷记“应收股利”科目，按照其差额，贷记或借记“投资收益”科目。

【例 6–16】 沿用［例 6-15］，2×20 年 5 月 31 日，A 小企业将持有的 B 公司的长期股权投资以每股 8.7 元的价格出售。同时支付相关手续费 10 000 元。该企业的账务处理如下：

借：银行存款　　860 000

　　贷：长期股权投资——B 公司　　820 000

　　　　投资收益　　40 000

四、长期股权投资损失的计量

小企业长期股权投资符合下列条件之一的，减除可收回的金额后确认的无法收回的长期股权投资，作为长期股权投资损失：

（1）被投资单位依法宣告破产、关闭、解散、被撤销，或者被依法注销、吊销营业执照的。

（2）被投资单位财务状况严重恶化，累计发生巨额亏损，已连续停止经营 3 年以上，且没有重新恢复经营改组计划的。

（3）对被投资单位不具有控制权，投资期限届满或者投资期限已超过 10 年，且被投资单位因连续 3 年经营亏损导致资不抵债的。

（4）被投资单位财务状况严重恶化，累计发生巨额亏损，已完成清算或清算期超过 3 年以上的。

（5）国务院财政、税务主管部门规定的其他条件。

根据小企业会计准则规定确认实际发生的长期股权投资损失，应当按照可收回的金额，借记“银行存款”等科目，按照其账面余额，贷记“长期股权投资”科目，按照其差额，借记“营业外支出”科目。

【例 6-17】 2×20 年 7 月 31 日，A 小企业获悉 D 股份公司财务状况严重恶化，累计发生巨额亏损，已连续停止经营 3 年以上，且没有重新恢复经营改组计划。A 小企业估计持有该公司的股票全部不能收回，2×20 年 7 月 31 日，长期股权投资账面余额为 130 000 元。A 小企业的账务处理如下：

借：营业外支出　　130 000

　　贷：长期股权投资——D 公司　　130 000

第四节　小企业会计准则与企业会计准则的比较

一、长期债券投资

（一）长期债券投资的初始计量

核算科目及明细科目使用不同。小企业会计准则下，通过“长期债券投资”核算，长期债券投资科目下设有面值和溢折价二级明细科目。企业会计准则下，通过“持有至到期投资”核算。企业会计准则下需要区分成本和利息调整二级明细科目。

（二）长期债券投资后续计量

（1）确认利息收入的金额不同。小企业会计准则下，投资收益根据面值和票面利率计算确定，企业会计准则下，投资收益根据摊余成本和实际利率计算确定。

（2）减值损失的处理不同。小企业会计准则下，不需要考虑减值。企业会计准则下，若发生减值，应借记“资产减值损失”科目，贷记“持有至到期投资减值准备”科目。

（三）长期债券投资处置

企业会计准则下，如果持有期间集体减值，处置时应同时转出原计提的减值准备。小企业会计准则不存在减值问题。

二、长期股权投资

（一）长期股权投资的初始计量

小企业会计准则下，设置“长期股权投资”科目，核算小企业取得的长期股权投资成本，取得长期股权投资时，以成本进行初始计量。

企业会计准则下，按照需要，在长期股权投资科目下设置“成本”“损益调整”“其他权益变动”二级明细科目。初始计量需要区分属于同一控制下企业合并还是非同一控制下的企业合并，如果属于同一控制下企业合并，按照享有的被投资单位所有者权益的份额确认初始投资成本，其他情况下，按照支付对价的公允价值确认投资成本。另外，若后续计量采用权益法核算，如果初始投资成本小于享有被投资单位可辨认净资产公允价值的份额，两者之间的差额计入取得投资当期的营业外收入，同时调整增加长期股权投资的账面价值。

（二）长期股权投资的后续计量

长期股权投资持有期间被投资单位宣告发放现金股利或利润，小企业会计准则与企业会计准则下成本法核算一致。

企业会计准则权益法下，还需要根据被投资单位实现的净损益，以及净损益外所有者权益的其他变动的份额，确认“长期股权投资——损益调整”及“长期股权投资——其他权益变动”科目，同时确认“投资收益”及“资本公积——其他资本公积”科目。被投资单位宣告发放现金股利或利润时，冲减“长期股权投资——损益调整”科目，而不确认“投资收益”科目。小企业会计准则下不需要做此种处理。

（三）长期股权投资的处置

处置长期股权投资时，企业会计准则下，企业若计提长期股权投资减值准备，需要转出“长期股权投资减值准备”科目；且需要在权益法核算下，持有期间通过“资本公积”科目核算的其他权益变动转入“投资收益”科目。小企业会计准则下不涉及这两类核算。

（四）长期股权投资损失

小企业会计准则下，损失金额与税法允许税前扣除的金额和条件一致，损失直接调整“长期股权投资”和“营业外支出”科目，不计提长期股权投资减值准备。

企业会计准则下，投资损失仅与按照会计准则确定的可收回金额有关，与税法规定的不同，投资损失调整长期股权投资减值准备和资产减值损失。

第七章

固定资产

第一节　固定资产的确认和初始计量

一、固定资产的定义和确认条件

（一）固定资产的定义

固定资产，是指小企业为生产产品、提供劳务、出租或经营管理而持有的，使用寿命超过 1 年的有形资产。小企业的固定资产包括：房屋、建筑物、机器、机械、运输工具、设备、器具、工具等。

从固定资产的定义看，固定资产具有以下三个特征：

第一，固定资产是为生产商品、提供劳务、出租或经营管理而持有。小企业持有固定资产的目的是为了生产商品、提供劳务、出租或经营管理，这意味着，小企业持有的固定资产是小企业的劳动工具或手段，而不是直接用于出售的产品。其中“出租”的固定资产，指用于出租的机器设备类固定资产，不包括以经营租赁方式出租的建筑物，后者属于小企业的投资性房地产，不属于固定资产。

第二，固定资产使用寿命超过一个会计年度。固定资产的使用寿命，是指小企业使用固定资产的预计期间，或者该固定资产所能生产产品或提供劳务的数量。通常情况下，固定资产的使用寿命，是指使用固定资产的预计期间，如自用房屋建筑物的使用寿命或使用年限。某些机器设备或运输设备等固定资产，其使用寿命往往以该固定资产所能生产产品或提供劳务的数量来表示，例如，汽车按其预计行驶里程估计使用寿命。固定资产使用寿命超过一个会计年度，意味着固定资产属于长期资产，随着使用和磨损，通过计提折旧方式逐渐减少账面价值。对固定资产计提折旧，是对固定资产进行后续计量的内容。

第三，固定资产为有形资产。固定资产具有实物特征，这一特征将固定资产与无形资产区别开来。有些无形资产可能同时符合固定资产的其他特征，如无形资产为生产商品、提供劳务而持有，使用寿命超过一个会计年度，但是，由于其没有实物形态，所以不属于固定资产。

固定资产具体分类如表 7-1 所示。

表 7–1 固定资产分类

<table>
<tr><th>项目</th><th colspan="2">类别</th></tr>
<tr><td rowspan="2">按经济用途分</td><td colspan="2">生产经营用固定资产</td></tr>
<tr><td colspan="2">非生产经营用固定资产</td></tr>
<tr><td rowspan="2">按所有权分</td><td colspan="2">自有固定资产</td></tr>
<tr><td colspan="2">租入固定资产</td></tr>
<tr><td rowspan="6">按使用情况分</td><td rowspan="3">使用中</td><td>季节性、大修停用</td></tr>
<tr><td>经营性出租</td></tr>
<tr><td>内部替换使用</td></tr>
<tr><td rowspan="2">未使用</td><td>新增尚未交付使用</td></tr>
<tr><td>改扩、建暂停使用</td></tr>
<tr><td colspan="2">不需用固定资产</td></tr>
<tr><td rowspan="7">综合分类</td><td colspan="2">生产经营用固定资产</td></tr>
<tr><td colspan="2">非生产经营用固定资产</td></tr>
<tr><td colspan="2">租出固定资产</td></tr>
<tr><td colspan="2">不需用固定资产</td></tr>
<tr><td colspan="2">未使用固定资产</td></tr>
<tr><td colspan="2">土地</td></tr>
<tr><td colspan="2">融资租入固定资产</td></tr>
</table>

（二）固定资产的确认条件

固定资产在符合定义的前提下，应当同时满足以下两个条件，才能加以确认。

1. 与该固定资产有关的经济利益很可能流入小企业

小企业在确认固定资产时，需要判断与该固定资产有关的经济利益是否很可能流入小企业。如果与该固定资产有关的经济利益很可能流入小企业，并同时满足固定资产确认的其他条件，那么，小企业应将其确认为固定资产；否则，不应将其确认为固定资产。

在实务中，判断与固定资产有关的经济利益是否很可能流入小企业，主要判断与该固定资产相关的风险和报酬是否转移到了小企业。与固定资产所有权相关的风险，是指由于经营情况变化造成的相关受益的变动，以及由于资产闲置、技术陈旧等原因造成的损失；与固定资产相关的报酬，是指在固定资产使用寿命内使用该固定资产而获得的收入，以及处置该资产所实现的利得等。

对于构成固定资产的各组成部分，如果各自具有不同使用寿命或者以不同方式为小企业提供经济利益，适用不同折旧率或折旧方法的，该各组成部分实际上是以独立的方式为小企业提供经济利益，因此，小企业应当分别将各组成部分确认为单项固定资产。

2. 该固定资产的成本能够可靠地计量

成本能够可靠地计量是资产确认的一项基本条件。小企业在确定固定资产成本时必须取得确凿证据，但是，有时需要根据所获得的最新资料，对固定资产的成本进行合理的估计。比如，小企业对于已达到预定使用状态但尚未办理竣工结算的固定资产，需要根据工程预算、工程造价或者工程实际发生的成本等资料，按估计价值确定成本，办理竣工结算后，再按照实际成本调整原来的暂估价值。

二、固定资产的初始计量

固定资产的初始计量，是指确定固定资产的取得成本。固定资产应当按照成本进行初始计量。

成本包括小企业为构建某项固定资产达到预定可使用状态前所发生的一切合理的、必要的支出。在实务中，小企业取得固定资产的方式是多种多样的，包括外购、自行建造、投资者投入以及融资租入等，取得的方式不同，其成本的具体构成内容及确定方法也不尽相同，如表 7-2 所示。

表 7–2　固定资产的初始计量

借方	贷方
1. 取得固定资产 2. 固定资产盘盈	3. 报废转让出售固定资产 4. 固定资产盘亏
期末必须在借方 用来反映企业期末时点的固定资产原值	

（一）外购固定资产的成本

外购固定资产的成本，包括购买价款、相关税费、运输费、装卸费、保险费、安装费等，但不含按照税法规定可以抵扣的增值税进项税额。

外购固定资产是否达到预定可使用状态，需要根据具体情况进行分析判断。如果购入不需安装的固定资产，购入后即可发挥作用，因此，购入后即可达到预定可使用状态。如果购入需安装的固定资产，只有安装调试后达到设计要求或合同规定的标准，该项固定资产才可发挥作用，达到预定可使用状态。

在实务中，小企业可能以一笔款项购入多项没有单独标价的固定资产。如果这些资产均符合固定资产的定义，并满足固定资产的确认条件，则应将各项资产单独确认为固定资产，并按照各项固定资产或类似资产的市场价格或评估价值比例对总成本进行分配，分别确定各项固定资产的成本。

【例 7-1】 甲企业为一般纳税人，2×20 年 5 月 1 日，甲企业向乙企业一次购入 4 套不同型号且不同生产能力的 A、B、C 和 D 设备。甲企业为该批设备共支付货款 800 000 元，增值税进项税额 104 000 元，保险费 16 000 元，包装费 4 200 元，全部以银行存款支付；假定 A、B、C 和 D 设备分别满足固定资产确认条件，公允价值分别为 255 000 元、170 000 元、212 500 元和 212 500 元；甲企业实际支付的货款等于计税价格，不考虑其他相关税费。

甲企业的会计处理如下：

（1）确定应计入固定资产成本的金额，包括购买价款、保险费及包装费等：

800 000 + 16 000 + 4 200 = 820 200（元）

（2）确定 A、B、C 和 D 设备的价值分配比例：

A 设备应分配的固定资产价值比例为：

255 000÷（255 000 + 170 000 + 212 500 + 212 500）×100% = 30%

B 设备应分配的固定资产价值比例为：

170 000÷（255 000 + 170 000 + 212 500 + 212 500）×100% = 20%

C 设备和 D 设备应分配的固定资产价值比例均为：

212 500÷（255 000 + 170 000 + 212 500 + 212 500）×100% = 25%

（3）确定 A、B、C 和 D 设备各自的成本：

A 设备的成本 = 820 200×30% = 246 060（元）

B 设备的成本 = 820 200×20% = 164 040（元）

C 设备的成本 = 820 200×25% = 205 050（元）

D 设备的成本 = 820 200×25% = 205 050（元）

（4）会计分录如下：

借：固定资产——A 设备	246 060	
——B 设备	164 040	
——C 设备	205 050	
——D 设备	205 050	
应交税费——应交增值税（进项税额）	104 000	
贷：银行存款		924 200

小企业购入（含以分期付款方式购入）的固定资产分为不需要安装的固定资产和需要安装的固定资产两种情况。不需要安装的固定资产，应当按照实际支付的购买价款、相关税费（不包括按照税法规定可抵扣的增值税进项税额）、运输费、装卸费、保险费等，借记“固定资产”科目，按照税法规定可抵扣的增值税进项税额，借记“应交税费——应交增值税（进项税额）”科目，贷记“银行存款”“长期应付款”等科目；需要安装的固定资产，其取得成本应当加上安装费等，其账务处理为：按照计入固定资产成本的金额，先记入“在建工程”科目，待安装完毕交付使用时再转入“固定资产”科目。

【例 7-2】 小企业甲为一般纳税人，2×20 年 6 月 1 日，购入一台需要安装的生产用设备，取得的增值税专用发票上注明的设备买价为 20 000 元，增值税税额为 2 600 元，另支付的运杂费为 150 元，包装费为 150 元，款项以银行存款支付。在安装过程中用银行存款支付安装费 1 500 元。

（1）支付的设备价款、运杂费、包装费：

在建工程入账金额＝20 000＋150＋150＝20 300（元）

编制会计分录如下：

借：在建工程　　　　　　　　　　`20 300

　　应交税费——应交增值税（进项税额）　　2 600

　　贷：银行存款　　　　　　　　　　22 900

（2）支付安装费：

借：在建工程　　　　　　　　　　1 500

　　贷：银行存款　　　　　　　　　　1 500

（3）设备安装完毕交付使用时：

固定资产入账价值＝20 300＋1 500＝21 800（元）

借：固定资产　　　　　　　　　　21 800

　　贷：在建工程　　　　　　　　　　21 800

【例 7-3】 小企业安达公司 2×20 年 7 月 11 日用银行存款购入一台需要安装的设备，增值税专用发票上注明的设备买价为 30 000 元，增值税税额为 3 900 元，支付运杂费 7 600 元，支付安装费 2 400 元，均以转账支票付讫。

根据上述经济业务，安达公司应编制会计分录如下：

（1）购入时：

借：在建工程　　　　　　　　　　37 600

　　应交税费——应交增值税（进项税额）　　3 390

　　贷：银行存款　　　　　　　　　　40 990

（2）支付安装费时：

借：在建工程　　　　　　　　　　2 400

　　贷：银行存款　　　　　　　　　　2 400

（3）设备安装完毕达到预定可使用状态，所确定的固定资产价值为 39 100（37 600

+ 2 400）元：

借：固定资产　　40 000

　贷：在建工程　　40 000

企业购买固定资产通常在正常信用条件期限内付款，但也会发生超过正常信用条件购买固定资产的经济业务事项，如采用分期付款方式购买资产，且在合同中规定的付款期限比较长，超过了正常信用条件。在这种情况下，该类购货合同实质上具有融资租赁性质，购入资产的成本不能以各期付款额之和确定，而应以各期付款额的现值之和确定。购入固定资产时，按购买价款的现值，借记“固定资产”或“在建工程”科目；按应支付的金额，贷记“长期应付款”科目；按其差额，借记“未确认融资费用”科目。固定资产购买价款的现值，应当按照各期支付的购买价款选择恰当的折现率进行折现后的金额加以确定。折现率是反映当前市场货币时间价值和延期付款债务特定风险的利率。该折现率实质上是供货企业的必要报酬率。各期实际支付的价款与购买价款的现值之间的差额，符合资本化条件的，应当计入固定资产成本，其余部分应当在信用期间内确认为财务费用，计入当期损益。其账务处理为：购入固定资产时，按购买价款的现值，借记“固定资产”或“在建工程”等科目；按应支付的金额，贷记“长期应付款”科目；按其差额，借记“未确认融资费用”科目。

【例 7-4】 2×20 年 1 月 1 日，小企业甲与小企业乙签订一项购货合同，甲企业从乙企业购入一台需要安装的大型机器设备。合同约定，甲企业采用分期付款方式支付价款。该设备价款共计 90 000 元，首期款项 15 000 元于 2×20 年 1 月 1 日支付，其余款项在 2×20—2×24 年的 5 年期间平均支付，每年的付款日期为当年 12 月 31 日。

2×20 年 1 月 1 日，设备如期运到甲企业并且开始安装，发生运杂费和相关税费 16 000 元，已用银行存款付讫。2×20 年 12 月 31 日，设备达到预定可使用状态，发生安装费 4 000 元，已用银行存款付讫。

甲企业按照合同约定用银行存款如期支付。假定折现率为 10%。

（1）购买价款的现值为：

15 000 + 15 000×（P/A，10%，5）= 15 000 + 15 000×3.7908

= 71 862（元）

2×20 年 1 月 1 日，甲企业的账务处理如下：

借：在建工程　　71 862

　　未确认融资费用　　18 138

　贷：长期应付款　　90 000

借：长期应付款　　15 000

　贷：银行存款　　15 000

借：在建工程　　16 000

　贷：银行存款　　16 000

（2）确定信用期间未确认融资费用的分摊额，见表 7-3。

表 7-3　甲企业未确认融资费用的分摊额

2×20 年 1 月 1 日　　　　单位：元

日　期	分期付款额	确认的融资费用	应付本金减少额	应付本金余额
①	②	③=期初⑤ ×10%	④=②−③	期末⑤=期初⑤−④
2×20				56 862*
2×20	15 000	5 686.2	9 313.8	47 548.2
2×21	15 000	4 754.82	10 245.18	37 303.02
2×22	15 000	3 730.30	11 269.70	26 033.32
2×23	15 000	2 603.33	12 396.67	13 636.65***
2×24	15 000	1 363.35	13 636.65**	0
合　计	**75 000**	**18 138**	**56 862**	**0**

*56 862 = 71 862 − 15 000；
** 尾数调整：13 636.65 = 15 000 − 1 363.35；
***13 636.65 为期初应付本金余额。

（3）2×20 年 1 月 1 日至 2×20 年 12 月 31 日为设备的安装期间，未确认融资费用的分摊额符合资本化条件，计入固定资产成本。2×20 年 12 月 31 日，甲企业的账务处理如下：

借：在建工程　　5 686.2
　　贷：未确认融资费用　　5 686.2
借：长期应付款　　15 000
　　贷：银行存款　　15 000
借：在建工程　　4 000
　　贷：银行存款　　4 000
借：固定资产　　97 548.2
　　贷：在建工程　　97 548.2

固定资产的成本＝71 862＋16 000＋5 686.2＋4 000＝97 548.2（元）

（4）2×20 年 1 月 1 日至 2×23 年 12 月 31 日，设备已经达到预定可使用状态，未确认融资费用的分摊额不再符合资本化条件，应计入当期损益：

2×20 年 12 月 31 日：

借：财务费用　　4 754.82
　　贷：未确认融资费用　　4 754.82
借：长期应付款　　15 000
　　贷：银行存款　　15 000
2×22 年 12 月 31 日：
借：财务费用　　3 730.30
　　贷：未确认融资费用　　3 730.30
借：长期应付款　　15 000
　　贷：银行存款　　15 000
2×23 年 12 月 31 日：
借：财务费用　　2 603.33
　　贷：未确认融资费用　　2 603.33
借：长期应付款　　15 000
　　贷：银行存款　　15 000
2×24 年 12 月 31 日：
借：财务费用　　1 363.35
　　贷：未确认融资费用　　1 363.35
借：长期应付款　　15 000
　　贷：银行存款　　15 000

（二）自行建造固定资产

自行建造固定资产的成本，由建造该项资产在竣工决算前发生的支出（含相关的借款费用）构成。包括工程物资成本、人工成本、缴纳的相关税费、应予资本化的借款费用以及应分摊的间接费用等。

小企业自行建造固定资产包括自营建造和出包建造两种方式。无论采用何种方式，所建工程都应当按照实际发生的支出确定其工程成本并单独核算。

1. 自营方式建造固定资产

小企业以自营方式建造固定资产，是指小企业自行组织工程物资采购、自行组织施工人员从事工程施工完成固定资产建造。其成本应当按照直接材料、直接人工、直接机械施工费等计量。

企业为建造固定资产准备的各种物资应当按照实际支付的买价、运输费、保险费等相关税费作为实际成本，并按照各种专项物资的种类进行明细核算。工程完工后，剩余的工程物资转为本企业存货的，按其实际成本或计划成本进行结转。建设期间发生的工程物资盘亏、报废及毁损，减去残料价值以及保险企业、过失人等赔款后的净损失，计入所建工程项目的成本；小企业在建工程在试运转过程中形成的产品、副产品或试车收入，盘盈的工程物资或处置净收益，冲减所建工程项目的成本。工程完工后发生的工程物资盘盈、盘亏、报废、毁损，计入当期营业外收支。

建造固定资产领用工程物资、原材料或库存商品，应按其实际成本转入所建工程成本。自营方式建造固定资产应负担的职工薪酬和辅助生产部门为之提供的水、电、修理、运输等劳务产生的费用，以及其他必要支出等也应计入所建工程项目的成本。

符合资本化条件的借款费用，应计入所建造固定资产成本。小企业在建工程在竣工决算前发生的借款费用，应当根据借款合同利率计算确定的利息费用，借记“在建工程”科目，贷记“应付利息”等科目。办理竣工决

算后发生的利息费用，借记“财务费用”科目，贷记“应付利息”等科目。

小企业以自营方式建造固定资产，发生的工程成本应通过“在建工程”科目核算，工程完工达到预定可使用状态时，从“在建工程”科目转入“固定资产”科目。

【例 7-5】 小企业乙属于增值税一般纳税人。2×20 年 5 月 1 日，乙企业准备自行建造一座仓库。有关资料如下：

（1）5 月 3 日，购入工程物资一批，价款为 300 000 元，支付的增值税税额为 39 000 元，款项以银行存款支付。

（2）6 月 5 日，领用生产用原材料一批，账面价值为 10 000 元，购进该批原材料时支付的增值税进项税额为 1 300 元。

（3）工程建设期间，工程先后使用工程物资 288 000 元。

（4）工程建设期间，发生工程人员职工薪酬 65 800 元。

（5）9 月 21 日，试生产过程中取得不含税收入 10 000 元。

（6）10 月 30 日，对工程物资进行清查，发现工程物资减少 5 000 元，经调查属保管员过失造成，根据企业管理规定，保管员应赔偿 3 000 元。剩余工程物资转入企业原材料，该原材料的计划成本为 43 000 元。

（7）10 月 30 日，工程竣工决算并交付使用。

甲企业的会计账务处理如下：

（1）购入工程物资时：

借：工程物资	339 000	
贷：银行存款		339 000

（2）领用原材料时：

借：在建工程	11 300	
贷：原材料		10 000
应交税费——应交增值税（进项税额转出）		1300

（3）工程领用物资时：

借：在建工程	288 000	
贷：工程物资		288 000

（4）计提工程人员职工薪酬时：

借：在建工程	65 800	
贷：应付职工薪酬		65 800

（5）试生产收入：

借：银行存款　　11 300

　　贷：在建工程　　10 000

　　　　应交税费——应交增值税（销项税额）　　1 300

（6）①建设期间发生的工程物资盘亏、报废及毁损净损失：

借：在建工程　　2 000

　　其他应收款　　3 000

　　贷：工程物资　　5 000

②剩余工程物资的实际成本＝339 000－288 000－5 000＝46 000（元），计划成本为43 000元。

借：原材料　　43 000

　　材料成本差异　　3 000

　　贷：工程物资　　46 000

（7）工程决算并交付时，固定资产的入账价值＝11 300＋288 000＋65 800－10 000＋2 000＝357 100（元）。

借：固定资产　　357 100

　　贷：在建工程　　357 100

【例7-6】 小企业S公司自建厂房一幢，购入为工程准备的各种物资100 000元，支付的增值税额为13 000元，以银行存款支付，全部用于工程建设。领用本企业生产的水泥一批，实际成本为9 000元，税务部门确定的计税价格为10 000元，增值税率13％；工程人员应计工资12 000元，支付的其他费用4 000元。工程完工并达到预定可使用状态。

根据上述经济业务，大山公司应作如下账务处理：

（1）购入工程物资时：

借：工程物资　　113 000

　　贷：银行存款　　113 000

（2）工程领用工程物资时：

借：在建工程——建筑工程（厂房）　　113 000

　　贷：工程物资　　113 000

（3）工程领用本企业生产的水泥，确定应计入在建工程成本的金额为：9 000＋10 000×13％＝10 300（元）

借：在建工程——建筑工程（厂房）　　10 300

　　贷：库存商品　　9 000

　　　　应交税费——应交增值税（销项税额）　　1 300

（4）分配工程人员工资：

借：在建工程——建筑工程（厂房）　　12 000

　　贷：应付职工薪酬　　12 000

（5）支付工程发生的其他费用：

借：在建工程——建筑工程（厂房）　　4 000

　　贷：银行存款　　4 000

（6）工程完工转入固定资产实际造价为：

113 000 + 10 300 + 12 000 + 4 000 = 143 700（元）

借：固定资产——厂房　　139 300

　　贷：在建工程——建筑工程（厂房）　　139 300

2. 出包方式下建造固定资产

在出包方式下，小企业通过招标方式将工程项目发包给建造承包商，由建造承包商组织工程项目施工。小企业要与建造承包商签订建造合同，小企业是建造合同的甲方，负责筹集资金和组织管理工程建设，通常称为建设单位，建造承包商是建设合同的乙方，负责建筑安装工程施工任务。

企业以出包方式建造固定资产，其成本由建造该项固定资产达到预定可使用状态前所发生的必要支出构成，包括发生的建筑工程支出、安装工程支出以及需分摊计入各固定资产价值的待摊支出。建筑工程、安装工程支出，如人工费、材料费、机械使用费等由建造承包商核算。对于发包企业而言，建筑工程支出、安装工程支出是构成在建工程成本的重要内容，结算的工程价款计入在建工程成本。待摊支出，是指在建设期间发生的，不能直接计入某项固定资产价值，而应由所建造固定资产共同负担的相关费用，包括为建造工程发生的管理费、可行性研究费、征地费、临时设施费、公证费、监理费、应负担的税金、符合资本化条件的借款费用、建设期间发生的工程物资盘亏、报废及毁损净损失，以及负荷联合试车费等。其中，征地费，是指企业通过划拨方式取得建设用地发生的青苗补偿费、地上建筑物、附着物补偿费等。企业为建造固定资产通过出让方式取得土地使用权而支付的土地出让金不计入在建工程成本，应确认为无形资产（土地使用权）。

出包方式下，“在建工程”科目主要是企业与建造承包商办理工程价款的结算科目，企业支付给建造承包商的工程价款作为工程成本通过“在建工程”科目核算。企业应按合理估计的工程进度和合同规定结算的进度款，借记“在建工程——建筑工程（××工程）”“在建工程——安装工程（××工程）”科目，贷记“银行存款”“预付账款”等科目。工程完成时，按合同规定补付的工程款，借记“在建工程”科目，贷记“银行存款”等科目。企业将需要安装设备运抵现场安装时，借记“在建工程——在安装设备（××设备）”科目，贷记“工程物资——××设备”科目；企业为建造固定资产发生的待摊支出，借记“在建工程——待摊支出”科目，贷记“银行存款”“应付职工薪酬”“长期借款”等科目。

在建工程达到预定可使用状态时：

首先，计算分配待摊支出，待摊支出的分配率可按下列公式计算：

$$\text{待摊费用分配率}=\frac{\text{累计发生的待摊费用}}{\text{建筑工程支出}+\text{安装工程支出}+\text{在安装设备支出}}\times 100\%$$

××工程应分配的待摊支出＝（××工程的建筑工程支出＋安装工程支出＋在安装设备支出）×分配率

其次，计算确定已完工的固定资产成本：

房屋、建筑物等固定资产成本＝建筑工程支出＋应分摊的待摊支出

需要安装设备的成本＝设备成本＋为设备安装发生的基础、支座等建筑工程支出＋安装工程支出＋应分摊的待摊支出

然后，进行相应的会计处理，借记“固定资产”科目，贷记“在建工程——建筑工程”“在建工程——安装工程”“在建工程——待摊支出”等科目。

【例 7-7】 小企业 A 公司准备建造一栋办公楼，A 施工公司作为施工方。新华公司支付给 A 施工公司 2000 万元人民币，同时新华公司自购工程物资用于建造施工。该批工程物资合计为 300 万元。

（1）支付施工费：

借：在建工程	20 000 000	
贷：银行存款		20 000 000

（2）将工程物资用于该项施工：

借：在建工程	3 000 000	
贷：工程物资		3 000 000

（3）完工后经过验收，转入固定资产：

借：固定资产——办公楼	23 000 000	
贷：在建工程——办公楼		23 000 000

【例 7-8】 小企业甲为一家陶瓷制造企业，由于生产线老化，企业决定新建更先进的生产线，新建生产线由 3 个单项工程组成，包括锻造车间、冷却车间以及安装施釉设备。2×20 年 2 月 1 日，甲企业与乙企业签订合同，将该项目出包给乙企业承建。根据双方签订的合同，建造锻造车间的价款为 5 000 000 元，建造冷却车间的价款为 3 000 000 元，安装施釉设备需支付安装费用 500 000 元。建造期间发生的有关事项如下（假定不考虑相关税费）：

（1）2×20 年 2 月 10 日，甲企业按合同约定向乙企业预付 10% 备料款为 800 000 元，其中锻造车间为 500 000 元，冷却车间为 300 000 元。

（2）2×20 年 8 月 2 日，建造锻造车间和冷却车间的工程进度达到 50%，甲企业与乙企业办理工程价款结算 4 000 000 元，其中锻造车间 2 500 000 元，冷却车间 1 500 000 元。甲企业抵扣了预付备料款后，将余款用银行存款付讫。

（3）2×20 年 10 月 8 日，甲企业购入需安装的施釉设备，价款总计 3 500 000 元（含增值税进项税额），已用银行存款付讫。

（4）2×21 年 3 月 10 日，建筑工程主体已完工，甲企业与乙企业办理工程价款结算 4 000 000 元，其中，锻造车间 2 500 000 元，冷却车间 1 500 000 元。甲企业向乙企业开具了一张期限为 3 个月的商业票据。

（5）2×21 年 4 月 1 日，甲企业将施釉设备运抵现场，交乙企业安装。

（6）2×21 年 5 月 10 日，施釉设备安装到位，甲企业与乙企业办理设备安装价款结算 500 000 元，款项已支付。

（7）工程项目发生管理费、可行性研究费、公证费、监理费共计 290 000 元，已用银行存款付讫。

（8）2×21 年 5 月，进行负荷联合试车领用本企业材料 100 000 元，发生其他试车费用 50 000 元，用银行存款支付，试车期间取得产品销售收入 200 000 元。

（9）2×21 年 6 月 1 日，完成试车，各项指标达到设计要求。

甲企业的账务处理如下：

（1）2×20 年 2 月 10 日，预付备料款：

借：预付账款　800 000
　　贷：银行存款　800 000

（2）2×20 年 8 月 2 日，办理建筑工程价款结算：

借：在建工程——建筑工程（冷却车间）　1 500 000
　　　　　　——建筑工程（锻造车间）　2 500 000
　　贷：银行存款　3 200 000
　　　　预付账款　800 000

（3）2×20 年 10 月 8 日，购入施釉设备：

借：工程物资——施釉设备　3 500 000
　　贷：银行存款　3 500 000

（4）2×20 年 3 月 10 日，办理建筑工程价款结算：

借：在建工程——建筑工程（冷却车间）　1 500 000
　　　　　　——建筑工程（锻造车间）　2 500 000
　　贷：应付票据　4 000 000

（5）2×20 年 4 月 1 日，将施釉设备交乙企业安装：

借：在建工程——在安装设备（施釉设备）　3 500 000
　　贷：工程物资——锻造设备　3 500 000

（6）2×20 年 5 月 10 日，办理安装工程价款结算：

借：在建工程——安装工程（施釉设备）　500 000
　　贷：银行存款　500 000

（7）支付工程发生的管理费、可行性研究费、公证费、监理费：

借：在建工程——待摊支出　290 000
贷：银行存款　290 000

（8）进行负荷联合试车：

借：在建工程——待摊支出　150 000
　　贷：原材料　10 0000
　　　　银行存款　50 000

借：银行存款　　200 000

　　贷：在建工程——待摊支出　　200 000

（9）结转在建工程计算分配待摊支出：

$$待摊支出分配率=\frac{290\,000+150\,000-200\,000}{5\,000\,000+3\,000\,000+500\,000+3\,500\,000}\times 100\%$$

$$=240\,000\div 12\,000\,000\times 100\%=2\%$$

锻造车间应分配的待摊支出＝5 000 000×2%＝100 000（元）

冷却车间应分配的待摊支出＝3 000 000×2%＝60 000（元）

施釉设备应分配的待摊支出＝（3 500 000＋500 000）×2%

＝80 000（元）

结转在建工程：

借：在建工程——建筑工程（锻造车间）　　100 000

　　——建筑工程（冷却车间）　　60 000

　　——安装工程（施釉设备）　　10 000

　　——在安装设备（施釉设备）　　70 000

　　贷：在建工程——待摊支出　　240 000

计算已完工的固定资产的成本：

锻造车间的成本＝5 000 000＋100 000＝5100 000（元）

冷却车间的成本＝3 000 000＋60 000＝3 060 000（元）

施釉设备的成本＝（3 500 000＋500 000）＋80 000＝4 080 000（元）

借：固定资产——锻造车间　　5 100 000

　　——冷却车间　　3 060 000

　　——施釉设备　　4 080 000

　　贷：在建工程——建筑工程（锻造车间）　　5 100 000

　　　　——建筑工程（冷却车间）　　3 060 000

　　　　——安装工程（施釉设备）　　510 000

　　　　——在安装设备（施釉设备）　　3 570 000

（三）其他方式取得的固定资产的成本

企业取得固定资产的其他方式主要包括接受投资者投资、融资租入、盘盈固定资产等。

1. 投资者投入固定资产的成本

投资者投入固定资产的成本，应当按照评估价值和相关税费确定。会计核算时，小企业在办理固定资产移交手续之后，按投资合同或协议约定的价值作为固定资产的入账价值，借记“固定资产”等科目；按投资各方确认的价值在其注册资本中所占的份额，确认为实收资本或股本；两者的差额确认为资本公积，贷记“资本公积——资本溢价”科目。

【例 7–9】 甲有限责任公司收到乙企业作为资本投入的仓库一间，该仓库按投资合同或协议确认的价值为 36 000 元，乙企业享有甲公司注册资本的份额为 30 000 元。

甲公司编制会计分录如下：

借：固定资产　　36 000

　　贷：实收资本　　30 000

　　　　资本公积——资本溢价　　6 000

2. 融资租入的固定资产的成本

融资租入的固定资产的成本，应当按照租赁合同约定的付款总额和在签订租赁合同过程中发生的相关税费等确定。

3. 盘盈固定资产的成本

盘盈固定资产的成本，应当按照同类或者类似固定资产的市场价格或评估价值，扣除按照该项固定资产新旧程度估计的折旧后的余额确定。

第二节　固定资产的后续计量

后续计量主要包括固定资产折旧的计提以及固定资产的后续支出的计量，小企业在进行固定资产后续计量时，应根据小企业会计准则和国家相关法律、法规的规定处理。

一、固定资产折旧

（一）固定资产折旧的定义

折旧，是指在固定资产使用寿命内，按照确定的方法对应计折旧额进行系统分摊。应计折旧额，是指应当计提折旧的固定资产的原价（成本）扣除其预计净残值后的金额。小企业会计准则规定，小企业不计提资产减值准备，所以无须考虑固定资产的减值准备。

小企业应当根据固定资产的性质和使用情况，并考虑税法的规定，合理确定固定资产的使用寿命和预计净残值。固定资产的使用寿命、预计净残值一经确定，不得随意变更。

（二）影响固定资产折旧的因素

影响固定资产折旧的因素主要有以下几个方面：

（1）固定资产原价，是指固定资产成本。

（2）预计净残值，是指假定固定资产预计使用寿命已满，小企业从该项固定资产处置中获得的扣除预计处置费用后的净额。

（3）固定资产的使用寿命，是指小企业使用固定资产的预计期间，或者该固定资产所能生产产品或者提供劳务的数量。企业固定资产折旧是固定资产由于磨损和损耗而逐渐转移的价值。小企业在确定固定资产的使用寿命时，主要应当考虑下列因素：①预计生产能力或实物产量；②预计有形损耗或无形损耗；③法律或者类似规定对资产使用的限制。

（三）固定资产折旧的范围、年限

除以下情况外，小企业应该对所有固定资产计提折旧：

（1）房屋、建筑物以外未投入使用的固定资产。

（2）以经营租赁方式租入的固定资产。

（3）已提足折旧仍继续使用的固定资产。

在确认计提折旧的范围时还应注意以下几点：

（1）固定资产应当按月计提折旧，并根据固定资产的受益对象计入相关资产成本或者当期损益。固定资产应自达到预定可使用状态时开始计提折旧，终止确认时或划分为持有待售非流动资产时停止计提折旧。为了简化核算，当月增加的固定资产，当月不计提折旧，从下月起计提折旧；当月减少的固定资产，当月仍计提折旧，从下月起不计提折旧。

（2）固定资产提足折旧后，不论是否继续使用，均不再计提折旧，提前报废的固定资产也不再补提折旧。所谓提足折旧，是指已经提足该项固定资产的应计折旧额。

（3）已达到预定可使用状态但尚未办理竣工决算的固定资产，应当按照估计价值确定其成本，并计提折旧；待办理竣工决算后再按实际成本调整原来的暂估价值，但不需要调整原已计提的折旧额。

（4）除国务院财政、税务主管部门另有规定外，固定资产计提折旧的最低年限如下：

房屋、建筑物，为 20 年；

机器、机械和其他生产设备，为 10 年；

与生产经营活动有关的器具、工具、家具等，为 5 年；

飞机、火车、轮船以外的运输工具，为 4 年；

电子设备，为 3 年。

（四）固定资产折旧方法

企业应当根据与固定资产有关的经济利益的预期实现方式合理选择折旧方法。小企业应当按照年限平均法（即直线法，下同）计提折旧。小企业的固定资产由于技术进步等原因，确需加速折旧的，可以采用双倍余额递减法和年数总和法。企业选用不同的固定资产折旧方法，将影响固定资产使用寿命期间内不同时期的折旧费用，因此，固定资产的折旧方法一经确定，不得随意变更。

1. 年限平均法

年限平均法又称直线法，是指将固定资产的应计折旧额均衡地分摊到固定资产预计使用寿命内的一种方法。采用这种方法计算的每期折旧额均相等。计算公式如下：

$$年折旧率=\frac{1-预计净残值率}{预计使用寿命（年）}\times 100\%$$

$$月折旧率=\frac{年折旧率}{12}$$

月折旧额＝固定资产原价 × 月折旧率

【例 7-10】 某企业外购一设备，原值为 72 000 元，预计可使用 20 年，该设备报废时的净残值率为 4%。该设备的折旧率和折旧额的计算如下：

年折旧率＝（1 − 4%）÷ 20 ＝ 4.8%

月折旧率＝ 4.8% ÷ 12 ＝ 0.4%

月折旧额＝ 72 000 × 0.4% ＝ 288（元）

2. 双倍余额递减法

双倍余额递减法，是指在不考虑固定资产预计净残值的情况下，根据每期期初固定资产原价减去累计折旧后的金额和双倍的直线法折旧率计算固定资产折旧的一种方法。应用这种方法计算折旧额时，由于每年年初固定资产净值没有扣除预计净残值，所以在计算固定资产折旧额时，应在其折旧年限到期前两年内，将固定资产净值扣除预计净残值后的余额平均摊销。计算公式如下：

年折旧率＝ 2 ÷ 预计使用寿命（年）× 100%

月折旧率＝年折旧率 ÷ 12

月折旧额＝固定资产净值 × 月折旧率

【例 7-11】 某企业一项固定资产原价为 50 000 元，预计使用年限为 5 年，预计净残值为 1 000 元。该企业采用双倍余额递减法计提折旧，每年的折旧额计算如下：

年折旧率＝ 2 ÷ 5 × 100% ＝ 40%

第 1 年应提的折旧额＝ 50 000 × 40% ＝ 20 000（元）

第 2 年应提的折旧额＝（50 000 − 20 000）× 40% ＝ 12 000（元）

第 3 年应提的折旧额＝（50 000 − 20 000 − 12 000）× 40%

＝ 7 200（元）

从第 4 年起改用年限平均法计提折旧，第 4 年、第 5 年的年折旧额计算如下：

$$\frac{50\,000-20\,000-12\,000-7\,200-1\,000}{2}=4\,900（元）$$

【例 7-12】 某小企业一项固定资产的原价为 100 000 元，预计使用年限为 5 年，预计净残值为 4 000 元。按双倍余额递减法计算折旧，每年的折旧额计算如下：

双倍直线折旧率＝2÷5×100％＝40％

第 1 年应提的折旧额＝100 000×40％＝40 000（元）

第 2 年应提的折旧额＝（100 000－40 000）×40％＝24 000（元）

第 3 年应提的折旧额＝（60 000－24 000）×40％＝14 400（元）

从第 4 年起改用平均年限法（直线法）计提折旧。

第 4. 第 5 年的年折旧额

＝[（100 000－4 000）－（40 000＋24 000＋14 400）]÷2

＝[96 000－78 400]÷2

＝17 600÷2＝8 800（元）

每年各月折旧额根据年折旧额除以 12 来计算。

3. 年数总和法

年数总和法又称年限合计法，是指将固定资产的原价减去预计净残值后的余额，乘以一个以固定资产尚可使用寿命为分子、以预计使用寿命逐年数字之和为分母的逐年递减的分数计算每年的折旧额。计算公式如下：

$$年折旧率=\frac{尚可使用年限}{预计使用寿命的年数总和}\times 100\%$$

月折旧率＝年折旧率 ÷12

月折旧额＝（固定资产原价－预计净残值）× 月折旧率

【例 7-13】 某甲小企业购入一项与生产经营活动有关的器具，其入账价值为 800 000 元，预计使用年限为 5 年，预计净残值为 20 000 元。该甲小企业采用年数总和法计提折旧，每年的折旧额计算如表 7-4 所示。

表 7-4　某甲小企业某器具每年的折旧额　　金额单位：元

年份	尚可使用年限	原值－净残值	年折旧率	年折旧额	累计折旧
1	5	780 00	5/15	260 000	260 000
2	4	780 00	4/15	208 000	468 000
3	3	780 00	3/15	156 000	624 000

（续表）

年份	尚可使用年限	原值 – 净残值	年折旧率	年折旧额	累计折旧
4	2	780 00	2/15	104 000	728 000
5	1	780 00	1/15	52 000	780 000

双倍余额递减法和年数总和法都是加速折旧法，其特点是在固定资产使用的早期多提折旧，后期少提折旧，其递减的速度逐年加快，从而相对加快折旧速度，目的是使固定资产成本在估计使用寿命内加快得到补偿。

（五）固定资产折旧的会计处理

固定资产应当按月计提折旧，计提的折旧应通过“累计折旧”科目核算，并根据用途计入相关资产的成本或者当期损益，如表 7-5 所示。

（1）小企业自行建造固定资产过程中使用的固定资产，计提的折旧应计入在建工程成本。

（2）小企业基本生产车间所使用的固定资产，其计提的折旧应计入制造费用。

（3）管理部门所使用的固定资产，计提的折旧应计入管理费用。

（4）销售部门所使用的固定资产，计提的折旧应计入销售费用。

（5）经营租出的固定资产，其应计提的折旧额应计入其他业务成本。

表 7–5　累计折旧的核算

借方	贷方
1. 转出固定资产同时转出的累计折旧	2. 计提的累积折旧
	期末在贷方反映固定资产累积折旧情况

【例 7–14】 2×20 年 1 月份，丙公司的固定资产计提折旧情况如下：

生产车间厂房计提折旧 30 000 元，机器设备计提折旧 60 000 元。

管理部门房屋建筑物计提折旧 130 000 元，运输工具计提折旧 68 000 元。

销售部门房屋建筑物计提折旧 64 000 元，运输工具计提折旧 52 600 元。

此外，本月第一批生产车间新购置一台设备，原价为 122 000 元，预计使用年限为 10 年，预计净残值为 10 000 元，按年限平均法计提折旧。

2×20 年 1 月份，丙公司计提折旧的会计分录如下：

借：制造费用——生产车间　　90 000
　　管理费用　　198 000
　　销售费用　　116 600
　　贷：累计折旧　　404 600

需要强调的是，在本例题中，新购置的设备本月不计提折旧，应从2×19年2月份开始计提折旧。

二、固定资产的后续支出

固定资产的后续支出，是指固定资产使用过程中发生的更新改造支出、修理费用等。后续支出的处理原则为：符合固定资产确认条件的，应当计入固定资产成本，同时将被替换部分的账面价值扣除；不符合固定资产确认条件的，应当计入当期损益。固定资产的后续支出通常包括固定资产在使用过程中发生的日常修理费、大修理费用、改建支出、房屋的装修费用等。

（一）改建支出

根据小企业会计准则的规定，固定资产在使用过程中进行改建的，固定资产的改建支出，应当计入固定资产的成本。

固定资产的改建支出，是指改变房屋或者建筑物结构、延长使用年限等发生的支出。

【例7-15】 某企业拥有一生产厂房，原值为300 000元，累计已计提折旧为100 000元，账面价值为200 000元；由于产品适销对路，现有生产能力不能满足市场需要，企业决定对其进行改扩建，为了提高生产能力。2×20年2月1日开始经过3个月的改扩建，完成了对这个生产厂房的改扩建工程，达到预定可使用状态共发生支出96 000元，全部以银行存款支付；该生产厂房改扩建工程达到预定可使用状态后，大大提高了生产能力，其使用年限也相应地延长了。不考虑其他相关税费。

企业应做会计分录如下：

（1）2×20年2月1日，固定资产转入改扩建时：

借：在建工程　　200 000
　　累计折旧　　100 000
　　贷：固定资产　　300 000

（2）改扩建生产厂房发生支出：

借：在建工程　　96 000
　　贷：银行存款　　96 000

（3）工程完工时：

借：固定资产　　296 000
　　贷：在建工程　　296 000

【例 7-16】 小企业 A 公司对甲车间进行改扩建。该车间原价 2 000 000 万元，已提折旧 1 200 000 元，在改造过程中共发生改、扩建支出 600 000 元，发生变价收入 100 000 元。所有款项均通过银行转账结算收讫和付清。为简化计算，整个过程不考虑其他相关因素。

根据上述经济业务，安达公司作如下账务处理：

（1）将生产车间投入改造：

借：在建工程——生产车间改造工程	800 000	
累计折旧	1 200 000	
贷：固定资产		2 000 000

（2）发生改造支出：

借：在建工程——生产车间改造工程	600 000	
贷：银行存款		600 000

（3）收到改造过程中的变价收入：

借：银行存款	100 000	
贷：在建工程——生产车间改造工程		100 000

（4）改造完毕交付使用：

借：固定资产	1 300 000	
贷：在建工程——生产车间改造工程		1 300 000

（二）日常修理支出

固定资产的日常修理费，应当在发生时根据固定资产的受益对象计入相关资产成本或者当期损益。小企业生产车间（部门）发生的固定资产修理费用等后续支出，记入“制造费用”科目；行政管理部门等发生的固定资产修理费用等后续支出，记入“管理费用”科目。

【例 7-17】 2×20 年 6 月 30 日，某企业对生产车间的一台生产设备进行日常维修，在维修过程中发生人工费用为 6 000 元；对财务室的一台打印机进行日常维修，发生的人工费用为 1 000 元；委托企业外部工程人员对生产车间的另外一台生产设备进行改造，该设备原值 100 000 元，累计计提折旧 100 000 元，改造共发生费用 10 000 元，以银行存款支付。

该企业的会计分录如下：

借：制造费用	6 000	
管理费用	1 000	
贷：应付职工薪酬		7 000
借：长期待摊费用	10 000	
贷：银行存款		10 000

（三）与固定资产后续支出有关的长期待摊费用

长期待摊费用核算小企业已经发生但应由本期和以后各期负担的分摊期限在 1 年以上的各项费用，主要包括：已提足折旧的固定资产的改建支出、经营租入固定资产的改建支出、固定资产的大修理支出和其他长期待摊费用等。

长期待摊费用应当在其摊销期限内采用年限平均法进行摊销，根据其受益对象计入相关资产的成本或者管理费用，并冲减长期待摊费用。在具体核算时，小企业按月摊销长期待摊费用，借记"制造费用""管理费用"等科目，贷记"长期待摊费用"科目。长期待摊费用主要有以下几种情况：

第一，已提足折旧的固定资产的改扩建支出，按照固定资产预计尚可使用年限分期摊销。

改扩建项目，是指现有的单位在已有的基础上，对原有设施、工艺条件进行扩充性建设或大规模改造，因而增加产品的生产能力或经济效益的项目以及原有企业进行设备更新或技术改造的项目，包括改建、扩建、停产复建等。

从定义上可看出，改扩建在一般情况下可以延长使用寿命，对于"已提足折旧的固定资产"而言，小企业准则规定是不能对折旧年限进行调整的，所以只能通过长期待摊费用核算，并在固定资产预计尚可使用年限分期摊销。

【例 7-18】 2×12 年年底，小企业甲购入一台不需要安装就可投入使用的与生产过程有关的器具，取得的增值税专用发票上注明的器具价款为 80 000 元，增值税税额为 13 600 元，以银行存款转账支付。该固定资产使用寿命为 7 年，采用直线法计提折旧，预计净残值为 10 000 元。2×19 年 12 月 31 日，该固定资产仍然运转良好，并且用其生产的产品适销对路，甲企业决定从 2×20 年 1 月 1 日开始对该设备进行改造，改造期间发生职工薪酬 20 000 元，发生其他相关支出 10 000 元。该改造工程于 2×20 年 3 月 31 日完工。预计改造后的固定资产还可以使用 3 年，预计 3 年后的净残值为 10 000 元，企业采用直线法对改良支出进行摊销。

甲企业应做账务处理如下：

（1）固定资产购入时：

借：固定资产	80 000	
应交税费——应交增值税（进项税额）	13 600	
贷：银行存款		93 600

（2）该固定资产使用寿命为 7 年，预计净残值为 10 000 元，按直线法计提折旧，2013—2019 年每年年末计提固定资产折旧，做会计分录如下：

借：生产成本	10 000	
贷：累计折旧		10 000

（3）2×20 年 1 月 1 日，对该固定资产进行改造，改造期间发生费用时，做会计

分录如下：

借：长期待摊费用　　30 000

　　贷：应付职工薪酬　　20 000

　　　　银行存款　　10 000

（4）2×20年年末，对改良支出进行摊销：

借：生产成本　　7 500

　　贷：长期待摊费用　　7 500

第二，经营租入固定资产的改扩建支出，按照合同约定的剩余租赁期限分期摊销。

以经营租赁方式租入的固定资产，与该资产相关的风险和报酬并没有转移给承租方，因而资产的所有权仍属于出租方，承租方只在协议规定的期限内拥有对该资产的使用权，只能计入长期待摊费用，在协议约定的租赁期内平均分摊。此种情形的改扩建支出，是指改变房屋或者建筑物结构、延长使用年限等发生的支出，因为通过改变房屋或者建筑物的结构，增大了其使用价值或者延长了使用年限，能为企业带来一定的经济利益流入，由于此类固定资产所有权仍然属于出租方而不是作为承租方的改建方，所以其收益期为合同约定的剩余租赁期限内，其改扩建支出也只能在剩余租赁期限内摊销。

对于"经营租入固定资产的改扩建支出"，企业会计准则和小企业会计准则中的核算原理和方法均一致。

【例7-19】 2×19年12月31日，甲公司经营租入生产线一条用于A产品生产，租期为3年，从2×20年开始，每年年末支付租金30 000元，为了提高生产效率，在12月31日生产线运抵企业进行安装时即进行改造，该改造及生产线安装工程流程简单，所有工程于当日完成，共领用生产用原材料2 400元，购进该批原材料时支付的增值税进项税额为312元；辅助生产车间为生产线改良提供的劳务支出为2 560元；发生有关人员薪酬5 420元，成本共10 692元。该改造工程显著改善了生产线获利能力，企业当日安装完毕，于次日投产运行。甲公司于2×19年12月31日租入该生产线时，不做会计分录，但是对该生产线进行备查登记。对于发生的改造支出，账务处理如下：

（1）改良工程领用原材料：

借：在建工程　　2 712

　　贷：原材料　　2 400

　　　　应交税费——应交增值税（进项税额转出）　　312

（2）辅助生产车间为改良工程提供劳务：

借：在建工程　　2 560

　　贷：生产成本——辅助生产成本　　2 560

（3）发生工程人员薪酬：

借：在建工程　　5 420

　　贷：应付职工薪酬　　5 420

（4）改良工程达到预定可使用状态交付时：

借：长期待摊费用　　10 692

　　贷：在建工程　　10 692

（5）2×20 年度进行摊销：

借：生产成本　　3 564

　　贷：长期待摊费用　　3 564

第三，符合税法规定的固定资产大修理支出，按照固定资产预计尚可使用年限分期摊销。固定资产的大修理支出，是指同时符合下列条件的支出：

其一是修理支出达到取得固定资产时的计税基础 50% 以上；

其二是修理后固定资产的使用寿命延长 2 年以上。

符合以上两项条件的大修理支出，在发生时，借记“长期待摊费用”科目，贷记“原材料”“银行存款”等科目；该支出在固定资产尚可使用年限内进行摊销，借记相关资产的成本或者当期损益科目，贷记“长期待摊费用”科目。

【例 7-20】 大海公司为一般纳税人，使用小企业会计准则核算公司账务。2×14 年 12 月 1 日，大海公司购入一条需要安装的生产线，取得的增值税专用发票上注明的生产线价款为 592 000 元，增值税税额为 100 640 元；发生保险费和运输费 40 000 元，款项均以银行存款支付；没有发生其他相关税费。2×14 年 12 月 1 日，大海公司开始以自营方式安装该生产线。安装期间领用本企业生产的产品，该产品的成本为 32 000 元，计税价格为 40 000 元，发生安装工人工资 1 200 元，没有发生其他相关税费。2×14 年 12 月 31 日，该生产线达到预定可使用状态，当日投入使用。该生产线预计使用年限为 10 年，预计净残值为 72 000 元，采用平均年限法计提折旧。2×20 年 1 月 1 日，因生产线出现重大故障，大海公司对该生产线进行大修理。当日，该生产线停止使用，开始进行修理。在修理过程中，领用工程物资 250 000 元；应付在建工程人员职工薪酬 60 000 元；支付银行存款 40 000 元。2×20 年 3 月 31 日，修理工程完工验收合格并于当日投入使用。预计此次修理使得该生产线的使用寿命延长 5 年，5 年后的净残值仍为 72 000 元，企业采用直线法于 2×20 年年末对大修理支出进行第一次摊销。

大海公司应该进行账务处理如下：

（1）购入生产线时：

借：在建工程　　632 000

　　应交税费——应交增值税（进项税费）　　100 640

　　贷：银行存款　　732 640

（2）安装该生产线时：

借：在建工程　　40 000

　　贷：库存商品　　32 000

　　　　应交税费——应交增值税（销项税额）　　6 800

　　　　应付职工薪酬　　1 200

（3）生产线达到预定可使用状态时：

借：固定资产　　672 000

　　贷：在建工程　　672 000

（4）2015—2019年，每年年末计提折旧＝（672 000 − 72 000）÷10＝60 000（元）。

借：生产成本　　60 000

　　贷：累计折旧　　60 000

（5）修理支出350 000元大于取得固定资产时的计税基础的50%［672 000÷2＝336 000（元）］。另延长使用寿命2年以上。所以将此修理支出判定为大修理支出。修理工程完工验收合格时，进行会计处理如下：

借：长期待摊费用　　350 000

　　贷：工程物资　　250 000

　　　　应付职工薪酬　　60 000

　　　　银行存款　　40 000

（6）①2×20年年末，对大修理的支出进行第一次摊销为26 250［350 000÷10×9÷12］元。

借：生产成本　　26 250

　　贷：长期待摊费用　　26 250

②2×20年年末，计提折旧额为30 000［（672 000 − 300 000 − 72 000）÷10］元。

借：生产成本　　30 000

　　贷：累计折旧　　30 000

第四，其他长期待摊费用，自支出发生月份的次月起分期摊销，摊销年限不得超过3年。

三、固定资产清查

小企业应定期或者至少于每年年末对固定资产进行清查盘点，以保证固定资产核算的真实性。在固定资产清查过程中，如果发现盘盈、盘亏的固定资产，应当填制固定资产盘盈、盘亏报告表，清查固定资产的损益，应及时查明原因，并按照规定程序报批处理。

（一）固定资产盘盈

盘盈的固定资产，按照同类或者类似固定资产的市场价格扣除按新旧程度估计的折旧后的余额，借记“固定资产”科目，贷记“待处理财产损溢——待处理固定资产损溢”科目。经审批后，借记“待处理财产损溢——待处理固定资产损溢”科目，贷记“营业外收入”科目。

【例 7-21】 乙公司在年末的财产清查过程中，发现一台未入账的设备，按照相同新旧程度设备的市场价格估计，其重置成本为 45 000 元。

乙公司应做会计分录如下：

（1）盘盈固定资产时：

借：固定资产　　45 000

　　贷：待处理财产损溢——待处理固定资产损溢　　45 000

（2）报经批准后：

借：待处理财产损溢——待处理固定资产损溢　　45 000

　　贷：营业外收入　　45 000

（二）固定资产盘亏

盘亏的固定资产，按照该项固定资产的账面价值，借记“待处理财产损溢——待处理固定资产损溢”科目；按照已计提折旧，借记“累计折旧”科目；按照其原值，贷记“固定资产”科目。经批准处理后，按照可收回的保险赔偿额或者过失人赔偿，借记“其他应收款”科目；按照科目余额，贷记“待处理财产损溢——待处理固定资产损溢”科目；按照其借方差额，盘亏固定资产发生的损失记入“营业外支出”科目。

【例 7-22】 乙公司在年底财产清查时发现丢失一部照相机，原价 5 000 元，已计提折旧 2 000 元，经查未果。乙公司应做会计分录如下：

（1）盘亏固定资产时：

借：待处理财产损溢——待处理固定资产损溢　　3 000

　　累计折旧　　2 000

　　贷：固定资产　　5 000

（2）报经批准转销时：

借：营业外支出　　3 000

　　贷：待处理财产损溢——待处理固定资产损溢　　3 000

第三节　固定资产的处置

一、固定资产终止确认的条件

固定资产满足下列条件之一的，应当予以终止确认：

（1）该固定资产处于处置状态。固定资产处置包括固定资产的出售、转让、报废或毁损、对外投资、非货币性资产交换、债务重组等。对于处置状态的固定资产不再用于生产商品、提供劳务、出租或经营管理，因此不再符合固定资产的定义，应予终止确认。

（2）该固定资产预期通过使用或处置不能产生经济利益。固定资产的确认条件之一是“与该固定资产有关的经济利益很可能流入企业”，如果一项固定资产预期通过使用或处置不能产生经济利益，就不再符合固定资产的定义和确认条件，应予终止确认。

二、固定资产处置的账务处理

企业出售、转让、报废固定资产或发生固定资产毁损，应当处置收入扣除其账面价值、相关税费和清理费用后的净额，计入营业外收入或营业外支出。固定资产处置一般通过“固定资产清理”科目进行核算。

企业因出售、报废或毁损、对外投资、非货币性资产交换、债务重组等处置固定资产，其会计处理一般经过以下几个步骤：

第一，固定资产转入清理。固定资产转入清理时，按固定资产账面价值，借记“固定资产清理”科目；按已计提的累计折旧，借记“累计折旧”科目；按固定资产账面余额，贷记“固定资产”科目。

第二，发生的清理费用。固定资产清理过程中发生的有关费用以及应支付的相关税费，借记“固定资产清理”科目，贷记“银行存款”“应交税费——应交增值税”等科目。

第三，出售收入和残料等的处理。企业收回出售固定资产的价款、残料价值和变价收入等，应冲减清理支出。按实际收到的出售价款以及残料变价收入等，借记“银行存款”“原材料”等科目，贷记“固定资产清理”科目。

第四，保险赔偿的处理。企业计算或收到的应由保险公司或过失人赔偿的损失，应冲减清理支出，借记“其他应收款”“银行存款”等科目，贷记“固定资产清理”

科目。

第五，清理净损益的处理。固定资产清理完成后的净损失，属于生产经营期间正常的处理损失，借记“营业外支出——处置非流动资产损失”科目，贷记“固定资产清理”科目；属于生产经营期间由于自然灾害等非正常原因造成的，借记“营业外支出——非常损失”科目，贷记“固定资产清理”科目。固定资产清理完成后的净收益，借记“固定资产清理”科目，贷记“营业外收入”科目。

【例 7–23】 某企业出售一台机器设备，该机器设备原价 200 000 元，累计已计提折旧 100 000 元，支付清理费用 2 000 元，出售取得价款 130 000 元，支付相关税费 7 500 元。该企业有关的会计分录如下：

（1）固定资产转入清理：

借：固定资产清理	100 000	
累计折旧	100 000	
贷：固定资产		200 000

（2）发生清理费用和相关税费：

借：固定资产清理	9 500	
贷：银行存款		2 000
应交税费——应交增值税		7 500

（3）收到出售收入：

借：银行存款	130 000	
贷：固定资产清理		130 000

（4）结转固定资产清理净损益：

借：固定资产清理	20 500	
贷：营业外收入		20 500

第四节　小企业会计准则与企业会计准则的比较

一、固定资产的初始计量

小企业会计准则和企业会计准则都要求，以固定资产取得时的成本作为固定资产的初始成本。

1. 外购固定资产

在小企业会计准则和企业会计准则下，外购固定资产的成本，都是包括购买价款、相关税费以及相关的运输费、装卸费、安装费等，但不包括按照税法规定可以抵扣的增值税税额。

2. 自行建造固定资产

（1）自营建造的固定资产。

自营建造的固定资产的核算，小企业会计准则和企业会计准则存在以下区别：

①固定资产成本的截止日期不同。小企业会计准则下，截止到竣工结算前。企业会计准则下，截止到预定可使用状态。

②在建造过程中发生的借款费用的资本化条件和范围不同。小企业会计准则下，小企业为购建固定资产在竣工结算前发生的借款费用，应当计入固定资产的成本，而不计入财务费用。企业会计准则下，符合资本化条件的资产发生在资本化期间的有关借款费用应该资本化，资本化金额的计算需要区分一般借款和专门借款。符合资本化条件的资产，是指需要经过相当长时间的购建或者生产活动才能达到预定可使用或者可销售状态的固定资产、投资性房地产和存货等资产。

（2）出包建造固定资产。

在小企业会计准则和企业会计准则下，出包建造固定资产的成本确定规则一致，都是按照应支付给承包单位的工程价款作为固定资产的成本，核算都要通过“在建工程”科目过渡到“固定资产”科目。

3. 投资者投入的固定资产

小企业会计准则下，应当按照投资合同或者协议约定的价值确定。企业会计准则下，投资者投入的固定资产的成本，应当按照投资合同或协议约定的价值确定，但合同或协议约定价值不公允的除外。

二、固定资产的后续计量

1. 固定资产折旧

（1）折旧范围不同。小企业会计准则下，房屋、建筑物以外未投入使用的固定资产不计提折旧。企业会计准则下，需要计提折旧。

（2）折旧年限不同。小企业会计准则下，折旧年限有最低限制。企业会计准则下，是固定资产的预期使用年限。

2. 固定资产后续支出

（1）固定资产大修理支出不同。小企业会计准则下，符合税法规定的通过“长期待摊费用”科目核算。企业会计准则下，符合资本化条件的，计入固定资产，不符合资本化条件的应当计入当期损益。

（2）固定资产日常修理费用处理不同。小企业会计准则下，生产车间发生的固定资产日常修理费用等后续支出，记入“制造费用”科目；行政管理部门等发生的固定资产日常修理费用等后续支出，记入“管理费用”科目。企业会计准则下，应当根据不同情况分别计入当期管理费用或销售费用。

3. 固定资产清查

（1）固定资产清查盘亏净损失的处理不同。企业会计准则下，如属于经营损失，借记“管理费用”科目；如属于非常损失，借记“营业外支出”科目。小企业会计准则下，不需要区分原因，全部记入“营业外支出”科目。

（2）固定资产盘盈的处理不同。小企业会计准则下，通过“待处理财产损溢”科目过渡，盘盈净收益记入“营业外收入”科目。企业会计准则下，作为前期差错处理，在财产清查中盘盈的固定资产，在按管理权限报经批准前应先通过“以前年度损益调整”科目核算。盘盈的固定资产，应按重置成本确定其入账价值，借记“固定资产”科目，贷记“以前年度损益调整”科目。

4. 固定资产减值

小企业会计准则下，固定资产不计提减值，企业会计准则下，要计提减值。

第八章

生 物 资 产

第一节　生物资产概述

一、生物资产的概念及特征

生物资产，是指与农业生产相关的有生命的（即活的）动物和植物。生物资产与企业的存货、固定资产等一般资产一样，都是小企业对其进行经营管理，谋求资金增值的手段，所不同的是，生物资产具有特殊的自然增值性，因此导致其在会计确认、计量和相关信息披露等方面也凸显一定的特殊性。尤其是对于农业企业而言，生物资产通常是其资产的重要组成部分。对生物资产进行正确的确认、计量和相关信息披露，将有助于如实反映企业的资产状况，评估企业的财务状况和经营成果。

（一）生物资产是有生命的动物或植物

有生命的动物和植物具有能够进行生物转化的能力。生物转化，是指导致生物资产质量或数量发生变化的生长、蜕化、生产和繁殖的过程。

将生物资产定义为“有生命的动物和植物”，意味着一旦原有动植物停止其生命活动就不再是“生物资产”。这一界定对生物资产和农产品进行了本质的区分。

农产品与生物资产密不可分，当其附着在生物资产上时，作为生物资产的一部分，不需要单独进行会计处理，而当其从生物资产上收获时开始，离开生物资产这一母体，一般具有鲜活、易腐的特点，因此应该区别于工业企业一般意义上的产成品单独核算。

（二）生物资产与农业生产密切相关

生物资产准则所称“农业”是广义的范畴，即“农林牧渔”，包括种植业、畜牧养殖业、林业和水产业等行业。企业从事农业生产就是要增强生物转化能力，最终获得更多的符合市场需要的农产品。

农业生产与收获时点的农产品相关，但与对收获后的农产品进行加工的活动（以下简称“加工活动”）必须严格加以区分。农业生产活动针对的是有生命的生物资产，而加工活动针对的是收获后的农产品，如将绵羊产出的羊毛加工成毛毯、将收获的甘蔗加工成蔗糖、将奶牛产出的牛奶加工成奶酪、将从果树采摘的水果加工成水果罐头、将用材林采伐下的原木用于盖厂房等。因此，加工活动并不包含在农业生产范畴之内。

（三）生物资产具有转化性和自然增殖性

生物资产最基本的体征是具有生物转化性和自然增殖性。生物资产是有生命的动物或者植物，有生命的动物或植物具有生物转化能力。生物转化能力，是指导致生物资产质量或数量发生变化的生长、蜕化、生产和繁殖的过程。

（四）生物资产具有阶段性

生物资产在生长过程中，都会经历繁育、成长、成熟、蜕化、消亡几个阶段。这是生物资产自身的生长规律。其中每一个阶段都是必不可少的，并且每个阶段都会对应不同的特性。

（五）生物资产具有双重资产特性

生物资产具有流动资产和长期资产的双重特性，而且可以相互转化。消耗性生物资产是一次性消耗的存货，具有流动资产的性质；生产性生物资产可以多次利用，具有长期资产的性质。

（六）生物资产的未来经济利益具有不确定性

生物资产在存续期间内具有较大的风险，自然灾害、疾病瘟疫等不可抗因素使得农作物和动物等生物资产的未来经济利益具有很大的不确定性。

二、生物资产的分类

小企业可以根据分类标准不同，对生物资产进行不同的分类。通常按照价值转移方式的不同可以将生物资产分为以下两类。

（一）消耗性生物资产

消耗性生物资产，是指为出售而持有的，或在将来收获为农产品的生物资产。

消耗性生物资产通常是一次性消耗并终止其服务能力或未来经济利益，因此在一定程度上具有存货特征，应当作为存货在资产负债表中列报。

（二）生产性生物资产

生产性生物资产，是指为产出农产品、提供劳务或出租等目的而持有的生物资产。

与消耗性生物资产相比较，生产性生物资产的最大不同在于，生产性生物资产具有能够在生产经营中长期、反复使用，从而不断地产出农产品或者是长期役用的特征。消耗性生物资产收获农产品之后，该资产就不复存在；而生产性生物资产产出农产品之后，该资产仍然保留，并可以在未来期间继续产出农产品，如薪炭林收获柴薪但仍保留树干等。因此，通常认为生产性生物资产在一定程度上具有固定资产的特征，如果树每年产出水果、奶牛每年产奶等。

一般而言，生产性生物资产通常需要生长到一定阶段才开始具备生产的能力。根据其是否具备生产能力（即是否达到预定生产经营目的），可以对生产性生物资产进行进一步的划分。所谓达到预定生产经营目的，是指生产性生物资产进入正常生产期，可以多年连续稳定地产出农产品、提供劳务或出租。由此，生产性生物资产可以划分为未成熟和成熟两类，前者指尚未达到预定生产经营目的、还不能够多年连续稳定产出农产品、提供劳务或出租的生产性生物资产，如尚未开始挂果的果树、尚未开始产奶的奶牛等，后者则指已经达到预定生产经营目的的生产性生物资产。

第二节　消耗性生物资产

一、消耗性生物资产的定义与确认

（一）消耗性生物资产的定义

消耗性生物资产，是指为出售而持有的、或在将来收获为农产品的生物资产。消耗性生物资产通常是一次性消耗并终止其服务能力或未来经济利益，因此在一定程度上具有存货特征，应当作为存货在资产负债表中列报。

（二）消耗性生物资产的确认

消耗性生物资产同时满足下列条件的，才能予以确认。

（1）企业因过去的交易或者事项而拥有或控制该消耗性生物资产。

消耗性生物资产涵盖收获时点的农产品。农产品与生物资产密不可分，当其附在生物资产上时，构成生物资产的一部分。而收获的农产品从生物资产这一母体分离开始，不再具有生命和生物转化能力，应当作为存货处理，如奶牛产出的牛奶等；如有些生物资产是天然起源的，不同于一般的资产，这就必须有批文或文件等证明天然起源资产归属于企业的事项存在。所确认的消耗性生物资产必须为企业所拥有或即使不为企业所拥有，也是企业所能控制的。

（2）与该消耗性生物资产有关的经济利益或服务潜能很可能流入企业。

企业拥有或控制消耗性生物资产的目的是通过收获或者处置消耗性生物资产能够给企业带来经济利益的流入。当与该生物资产有关的经济利益或服务潜能很可能流入企业时就应该确认为生物资产。

（3）该消耗性生物资产的成本能够可靠地计量。

如果生物资产的成本能够可靠地计量，同时满足其他确认的条件，就可以确认为生物资产；否则，不予确认。

二、消耗性生物资产的初始计量

（一）外购的消耗性生物资产

外购的消耗性生物资产的成本包括购买价款、相关税费、运输费、保险费，以及可直接归属于购买该资产的其他支出。其中，可直接归属于购买该资产的其他支出包括场地整理费、装卸费、栽植费、专业人员服务费等。

企业外购的消耗性生物资产，按应计入生物资产成本的金额，借记“消耗性生物资产”科目，贷记“银行存款”“应付账款”“应付票据”等科目。

【例 8-1】 2×20 年 3 月 1 日，小企业甲从市场上购入 3 000 只小鸡苗，单价为 2 元，此外发生的运输费为 200 元，保险费为 150 元，装卸费为 150 元，款项全部以银行存款支付。甲企业采用小企业会计准则核算。有关会计分录如下：

借：消耗性生物资产	6 500	
贷：银行存款		6 500

企业一笔款项一次性购入多项消耗性生物资产时，在购买过程中发生的相关税费、运输费、保险费等可直接归属于购买该资产的其他支出，应当按照各项生物资产的价款比例进行分配，分别确定各项消耗性生物资产的成本。

【例 8-2】 2×20 年 2 月，甲农业企业从市场上一次性购买了 100 头鲁西黄牛牛苗、100 头小尾寒羊羊苗和 300 头猪苗，单价分别为 1 000 元、350 元和 250 元，支付的价款共计 210 000 元，此外，发生的运输费为 4 500 元，保险费为 3 000 元，装卸费为 3 000 元，款项全部以银行存款支付。

有关计算如下：

（1）确定应分摊的运输费、保险费和装卸费。

分摊比例 =（4 500 + 3 000 + 3 000）÷ 210 000 = 5%

因此，100 头牛苗应分摊：100 × 1 000 × 5% = 5 000（元）

100 头羊苗应分摊：100 × 350 × 5% = 1 750（元）

300 头猪苗应分摊：300 × 250 × 5% = 3 750（元）

（2）确定牛苗、羊苗和猪苗的入账价值。

100 头牛苗的入账价值＝ 100×1 000 ＋ 5 000 ＝ 105 000（元）

100 头羊苗的入账价值＝ 100×350 ＋ 1 750 ＝ 36 750（元）

300 头猪苗的入账价值＝ 300×250 ＋ 3 750 ＝ 78 750（元）

甲农业企业的账务处理如下：

借：消耗性生物资产——牛苗　　105 000

　　　　　　　　　——羊苗　　36 750

　　　　　　　　　——猪苗　　78 750

　贷：银行存款　　220 500

（二）自行繁殖、营造的消耗性生物资产

对自行繁殖、营造的消耗性生物资产而言，其成本确定的一般原则是按照自行繁殖或营造（即培育）过程中发生的必要支出确定，既包括直接材料、直接人工、其他直接费用，也包括应分摊的间接费用。应当按照其取得的成本，借记“消耗性生物资产”科目，贷记“银行存款”等科目。不同种类消耗性生物资产的成本构成：

（1）自行栽培的大田作物和蔬菜的成本，包括在收获前耗用的种子、肥料、农药等材料费，人工费和应分摊的间接费用等必要支出。

【例 8-3】 2×20 年 3 月，甲企业使用一台拖拉机翻耕土地 100 公顷用于小麦和玉米的种植，其中 60 公顷种植玉米、40 公顷种植小麦。该拖拉机原值为 60 300 元，预计净残值为 300 元，按照工作量法计提折旧，预计可以翻耕土地 6 000 公顷。

有关计算如下：

$$\text{应当计提的拖拉机折旧} = \frac{60\,300-300}{6\,000} \times 100 = 1\,000\text{（元）}$$

玉米应当分配的机械作业费＝ 1 000÷（60 ＋ 40）×60 ＝ 600（元）

小麦应当分配的机械作业费＝ 1 000÷（60 ＋ 40）×40 ＝ 400（元）

甲公司的账务处理如下：

借：消耗性生物资产——玉米　　600

　　　　　　　　　——小麦　　400

　贷：累计折旧　　1 000

（2）自行营造的林木类消耗性生物资产的成本，包括郁闭前发生的造林费、抚育费、营林设施费、良种试验费、调查设计费和应分摊的间接费用等必要支出。

【例 8-4】 2×20 年 3 月，A 林业企业下属的甲林班统一组织培植管护一片森林，其中种植作为用材林的杨树 4 000 株，每株购入成本为 10 元，运输费用 400 元，以银行存款支付；种植人员工资 2 000 元，尚未支付，使用库存肥料 1 600 元；种植后森林管护费用共计 4 000 元，其中人员工资 2 000 元，尚未支付，管护设备折旧 2 000 元。

A 企业应做账务处理如下：

借：消耗性生物资产——用材林（杨树）　　48 000
　　贷：银行存款　　40 400
　　　　原材料　　1 600
　　　　应付职工薪酬　　4 000
　　　　累计折旧　　2 000

（3）自行繁殖的育肥畜的成本，包括出售前发生的饲料费、人工费和应分摊的间接费用等必要支出。

【例 8-5】 2×20 年 4 月 1 日，B 企业饲养的 20 头种猪产下 120 只猪苗，计入该批猪苗的农产品成本为 100 元。截止到 2×20 年 7 月 15 日，该批 120 只育肥猪出售前，共支出饲料费 200 000 元，支付人工费 60 000 元，应分摊的养殖场折旧为每月 12 000 元，则该企业应做会计分录如下：

2×20 年 4 月 1 日：

借：消耗性生物资产——育肥猪　　12 000
　　贷：农产品——猪苗　　12 000

2×20 年 7 月 15 日：

借：消耗性生物资产——育肥猪　　296 000
　　贷：原材料——饲料　　200 000
　　　　应付职工薪酬　　60 000
　　　　累计折旧　　36 000

（4）水产养殖的动物和植物的成本，包括在出售或入库前耗用的苗种、饲料、肥料等材料费，人工费和应分摊的间接费用等必要支出。

三、消耗性生物资产的后续计量

（一）消耗性生物资产郁闭或达到预定生产经营目的后的管护费用

消耗性生物资产在郁闭后，为了维护或提高其使用效能，需要对其进行管护、饲养等，但此时的消耗性生物资产能够带来现实的经济利益，因此所发生的这类后续支出应当予以费用化，计入当期损益。借记“管理费用”科目，贷记“银行存款”等科目。

管护费用，是指为了维持郁闭后的消耗性林木资产的正常存在而发生的有关费用，如为林木灭虫发生的人工和药物费用、对育肥猪的饲养管理费用等。

【例 8-6】 2×20 年 8 月 1 日，C 企业养殖场的育肥猪已经成熟可以对外销售，但是由于考虑到市场价格有上涨趋势，所以 C 企业决定继续饲养该批育肥猪，到 9 月 1 日，猪肉价格有回落迹象，此时企业决定出售该批育肥猪。在此期间，共发生饲料费用 5 000 元，人工饲养管理费 2 000 元，应摊销的折旧费用 1 000 元。该企业采用小企业会计准则核算。应做会计处理如下：

借：管理费用 8 000

  贷：原材料 5 000

    应付职工薪酬 2 000

    累计折旧 1 000

（二）林木类消耗性生物资产郁闭前的相关支出应予资本化，郁闭后的相关支出计入当期费用

1. 郁闭及郁闭度的概念

郁闭是林木类消耗性生物资产成本确定中的一个重要界限。郁闭为林学概念，通常是指一块林地上的林木的树干、树冠生长达到一定标准，林木成活率和保持率达到一定的技术规程要求。郁闭通常指林木类消耗性资产的郁闭度达 0.20 以上（含 0.20）。郁闭度是指森林中乔木树冠遮蔽地面的程度，它是反映林的分密度的指标，以林地树冠垂直投影面积与林地面积之比表示，以十分数表示，完全覆盖地面为 1。根据联合国粮农组织规定，郁闭度达 0.20 以上（含 0.20）的为郁闭林［其中一般以 0.20 ~ 0.70（不含 0.70）为中度郁闭；0.70 以上（含 0.70）为密郁闭；0.20 以下（不含 0.20）的为疏林（即未郁闭林）］。

不同林种、不同林的分等对郁闭度指标的要求有所不同。比如，生产纤维原料的工业原材料林一般要求郁闭度相对较高；而以培育珍贵大径材为主要目标的林木要求郁闭度相对较低。企业应当结合历史经验数据和自身实际情况，确定林木类消耗性生物资产的郁闭度及是否达到郁闭。各类林木类消耗性生物资产的郁闭度一经确定，不得随意变更。

2. 郁闭前的相关支出应当予以资本化，郁闭后的相关支出计入当期费用

郁闭是判断消耗性生物资产相关支出（包括借款费用）资本化或者是费用化的时点。郁闭之前的林木类消耗性生物资产处在培植阶段，需要发生较多的造林费、抚育费、营林设施费、良种试验费、调查设计费的相关支出，这些支出应予以资本化计入成本；郁闭之后的林木类消耗性生物资产进入稳定的生长期，基本上可以比较稳定地成活，主要依靠林木本身的自然生长，一般只需要发生较少的管护费用，从重要性和谨慎性考虑应当计入当期费用。

【例 8–7】 甲林业有限责任公司下属的乙林班统一组织培植管护一片森林，2×19 年 3 月，发生森林管护费用共计 40 000 元，其中人员工资 20 000 元，尚未支付；使用库存肥料 16 000 元；管护设备折旧 4 000 元。管护总面积为 5 000 公顷，其中作为用材林的杨树林共计 4 000 公顷，已郁闭的占 75%，其余的尚未郁闭；作为水土保持林的马尾松共计 1 000 公顷，已全部郁闭。假定管护费用按照森林面积比例进行分配。

有关计算如下：

未郁闭杨树林应分配共同费用的比例 = 4 000×（1 − 75%）÷5 000 = 0.2

已郁闭杨树林应分配共同费用的比例 = 4 000×75%÷5 000 = 0.6

已郁闭马尾松应分配共同费用的比例＝1 000÷5 000＝0.2

未郁闭杨树林应分配的共同费用＝40 000×0.2＝8 000（元）

已郁闭杨树林应分配的共同费用＝40 000×0.6＝24 000（元）

已郁闭马尾松应分配的共同费用＝40 000×0.2＝8 000（元）

甲公司的账务处理如下：

借：消耗性生物资产——用材林（杨树）	8 000	
管理费用	32 000	
贷：应付职工薪酬		20 000
原材料		16 000
累计折旧		4 000

（三）林木类生物资产补植

在林木类生物资产的生长过程中，为了使其更好地生长，往往需要进行择伐、间伐或抚育更新性质的采伐（这些采伐并不影响林木的郁闭状态），并且在采伐之后进行相应的补植。在这种情况下发生的后续支出，应当予以资本化，计入林木类生物资产的成本。借记“消耗性生物资产”科目，贷记“库存现金”“银行存款”“其他应付款”等科目。

【例 8–8】 2×20 年 5 月，甲林业有限责任公司对乙林班用材林择伐迹地进行更新造林，应支付临时人员工资 15 000 元，领用材料 20 000 元。

甲企业的账务处理如下：

借：消耗性生物资产——用材林	35 000	
贷：应付职工薪酬		15 000
原材料		20 000

四、消耗性生物资产的收获与处置

（一）消耗性生物资产收获农产品

消耗性生物资产的收获，是指消耗性生物资产生长过程的结束，如收割小麦、采伐用材林等。从收获农产品成本核算的截至时点来看，由于种植业产品和林产品一般具有季节性强、生产周期长、经济再生产与自然再生产相交织的特点，种植业产品和林产品成本计算期因不同产品的特点而异。因此，企业在确定收获农产品的成本时，应特别注意成本计算的截至时点。

1. 成本计算的截至时点

（1）种植业产品：粮豆的成本算至入库或能够销售；棉花算至皮棉；纤维作物、香料作物、人参、啤酒花等算至纤维等初级产品；草成本算至干草；不入库的鲜活产品算至销售；入库的鲜活产品算至入库；年底尚未脱粒的作物，其产品成本算至预提脱粒费用等。

（2）林产品：育苗的成本计算截至出圃；采割阶段，林木采伐算至原木产品；橡胶算至加工成干胶或浓缩胶乳；茶的成本计算截至各种毛茶；水果等其他收获活动计算至产品能够销售等。

从消耗性生物资产上收获农产品后，消耗性生物资产自身完全转为农产品而不复存在，如肉猪宰杀后的猪肉、收获后的蔬菜、用材林采伐后的木材等，企业应当将收获时点消耗性生物资产的账面价值结转为农产品的成本，借记“农产品”科目，贷记“消耗性生物资产”科目；对于不通过入库直接销售的鲜活产品等，按实际成本，借记“主营业务成本”科目，贷记“消耗性生物资产”科目。

【例 8-9】 甲水产养殖企业 2×20 年 2 月，一号养殖池共出产鲫鱼 1 000 余条，鲫鱼的养殖成本为 30 000 元；二号养殖池共出产鲤鱼 1 000 条，鲤鱼的养殖成本为 50 000 元。

甲企业的账务处理如下：

借：主营业务成本——鲫鱼	30 000	
——鲤鱼	50 000	
贷：消耗性生物资产——鲫鱼		30 000
——鲤鱼		50 000

2. 农产品收获过程中发生的费用摊销

（1）直接费用摊销。

农产品收获过程中发生的直接材料、直接人工等直接费用，直接计入相关成本核算对象，借记“农业生产成本——农产品”科目，贷记“库存现金”“银行存款”“原材料”“应付职工薪酬”“生产性生物资产累计折旧”等科目。

【例 8-10】 2×20 年 1 月，甲奶牛养殖企业发生育肥牛（已经到成熟期）的饲养费用如下：领用饲料 5 000 千克，计 5 000 元，应付饲养人员工资 3 000 元，以现金支付防疫费 500 元。

甲企业的账务处理如下：

借：生产成本——农业生产成本（育肥牛）	8 500	
贷：原材料		5 000
应付职工薪酬		3 000
库存现金		500

（2）农产品收获过程中发生的间接费用摊销。

农产品收获过程中发生的间接费用，如材料费、人工费、生产性生物资产的折旧费等应分摊的共同费用，应当在生产成本归集，借记“生产成本——农业生产成本——共同费用”科目，贷记“库存现金”“银行存款”“原材料”“应付职工薪酬”“生产性生物资产累计折旧”等科目；在会计期末按一定的分配标准，分配计入有关的成本核算对象，借记“生产成本——农业生产成本——农产品”科目，贷记“生产成本——农业生产成本——共同费用”科目。

实务中，常用的间接费用分配方法通常以直接费用或直接人工为基础，直接费用比例法以生物资产或农产品相关的直接费用为分配标准，直接人工比例法以直接从事生产的工人工资为分配标准，其计算公式如下：

$$间接费用分配率=\frac{间接费用总额}{分配标准（即直接费用总额或直接人工总额）}\times 100\%$$

$$某项生物资产或农产品应分配的间接费用额=该项资产相关的直接费用或直接人工\times 间接费用分配率$$

除此之外，还可以直接材料、生产工时等为基础进行分配，企业可以根据实际情况加以选用。例如，蔬菜的温床费用分配计算公式如下：

$$蔬菜应分配的温床（温室）费用=\frac{温床（温室）费用总数}{实际使用的格日（平方米日）总数}\times 该种蔬菜占用的格日（平方米日）数$$

其中，温床格日数，是指某种蔬菜占用温床格数和在温床生产日数的乘积，温室平方米日数是指某种蔬菜占用温室的平方米数和在温室生长日数的乘积。

【例 8-11】 甲农场利用温床培育黄瓜、土豆两种秧苗，温床费用为 3 200 元，其中黄瓜占用温床 40 格，生长期为 30 天；土豆占用温床 10 格，生长期为 40 天。秧苗育成移至温室栽培后，发生温室费用 15 200 元，其中黄瓜占用温室 1 000 平方米，生长期为 70 天；土豆占用温室 1 500 平方米，生长期为 80 天。两种蔬菜发生的直接生产费用为 3 000 元，其中黄瓜 1 360 元，土豆 1 640 元。应负担的间接费用共计 4 500 元，采用直接费用比例法分配。黄瓜和土豆两种蔬菜的产量分别为 38 000 千克和 29 000 千克。

有关计算如下：

$$黄瓜应分配的温床费用=\frac{3\ 200}{40\times 30+10\times 40}\times 40\times 30=2\ 400（元）$$

$$黄瓜应分配的温室费用=\frac{15\ 200}{1\ 000\times 70+1\ 500\times 80}\times 1\ 000\times 70=5\ 600（元）$$

$$黄瓜应分配的间接费用=\frac{4\ 500}{1\ 360+1\ 640}\times 1\ 360=2\ 040（元）$$

$$土豆应分配的温床费用=\frac{3\ 200}{40\times 30+10\times 40}\times 10\times 40=800（元）$$

$$土豆应分配的温室费用=\frac{15\ 200}{1\ 000\times 70+1\ 500\times 80}\times 1\ 500\times 80=9\ 600（元）$$

$$土豆应分配的间接费用=\frac{4\ 500}{1\ 360+1\ 640}\times 1\ 640=2\ 460（元）$$

（3）成本结转方法。

在收获时点，企业应当将该时点归属于某农产品生产成本的账面价值结转为农产品的成本，借记“农产品”科目，贷记“农业生产成本——农产品”科目。具体的成本结转方法包括加权平均法、个别计价法、蓄积量比例法、轮伐期年限法等。企业可以根据实际情况选用合适的成本结转方法，但是一经确定，不得随意变更。

【例 8-12】 2×20 年 5 月月末，甲畜牧养殖企业养殖的肉猪账面余额为 24 000 元，共计 40 头；6 月 6 日花费 7 000 元新购入一批肉猪养殖，共计 10 头；6 月 30 日屠宰并出售肉猪 20 头，支付屠宰费用 100 元，出售取得价款 16 000 元；6 月份共发生饲养费用 500 元（其中，应付专职饲养员工资 300 元，饲料 200 元）。甲企业采用移动加权平均法结转成本。

甲企业的账务处理如下：

$$\text{平均单位成本}=\frac{24\,000+7\,000+500}{40+10}=630\text{（元）}$$

出售猪肉的成本＝ 630×20 ＝ 12 600（元）

①6 月 6 日，新购入肉猪：

借：消耗性生物资产——肉猪　　7 000
　　贷：银行存款　　7 000

②支付饲料费 500 元：

借：消耗性生物资产——肉猪　　500
　　贷：应付职工薪酬　　300
　　　　原材料　　200

③6 月 30 日，屠宰出售时：

借：农产品——猪肉　　12 700
　　贷：消耗性生物资产——肉猪　　12 600
　　　　库存现金　　100

借：库存现金　　16 000
　　贷：主营业务收入　　16 000

借：主营业务成本　　12 700
　　贷：农产品——猪肉　　12 700

蓄积量比例法、轮伐期年限法、折耗率法是林业中通常使用的方法，具有林业的特殊性。

①蓄积量比例法。蓄积量比例法以达到经济成熟可供采伐的林木为“完工”标志，将包括已成熟和未成熟的所有林木按照完工程度（林龄、林木培育程度、费用发生程度等）折算为达到经济成熟可供采伐的林木总体蓄积量，然后，按照当期采伐林木的蓄积量占折算的林木总体蓄积量的比例，确定应该结转的林木资产成本。该方法主要适用于择伐方式和林木资产由于择伐更新使其价值处于不断变动的情况下。计算公式如下：

$$\begin{array}{c}\text{某期应结转的}\\\text{林木资产成本}\end{array}=\left(\frac{\text{当期采伐林木的蓄积量}}{\text{林木总体蓄积量}}\right)\times\text{期初林木资产账面总值}$$

②轮伐期年限法。轮伐期年限法将林木原始价值按照可持续经营的要求，在其轮伐期的年份内平均摊销，并结转林木资产成本。其中，轮伐期，是指将一块林地上的林木均衡分批、轮流采伐一次所需要的时间（通常以年为单位计算）。其计算公式如下：

某期应结转的林木资产成本＝林木资产原值 ÷ 轮伐期

③折耗率法。折耗率法也是林业上常用的方法之一。该方法按照采伐林木所消耗林木蓄积量占到采伐为止预计该地区、该树种可能达到的总蓄积量摊销、结转所采伐林木资产成本。其计算公式如下：

采伐的林木应摊销的林木资产价值＝折耗率 × 所采伐林木的蓄积量

$$折耗率=\frac{林木资产总价值}{到采伐为止预计的总蓄积量}$$

其中的折耗率应分树种、地区分别测算；林木资产总价值，是指该地区、该树种的营造林历史成本总和；预计总蓄积量，是指到采伐为止预计该地区、该树种可能达到的总蓄积量。

（二）消耗性生物资产出售

消耗性生物资产出售时，企业应按实际收到的金额，借记“银行存款”等科目，贷记“主营业务收入”等科目；应按其账面余额，借记“主营业务成本”等科目，贷记“消耗性生物资产”等科目。

【例 8-13】 2×20 年 10 月，甲畜牧养殖企业将育成的 40 头肉猪出售给乙食品加工厂，价款总额为 80 000 元，将育成的 20 头育肥牛出售给丙食品加工厂，价款为 60 000 元，货款尚未收到。出售时肉猪的账面余额为 48 000 元，育肥牛的账面余额为 36 000 元。

甲企业的账务处理如下：

借：应收账款——乙食品加工厂	80 000	
——丙食品加工厂	60 000	
贷：主营业务收入		140 000
借：主营业务支出	84 000	
贷：消耗性生物资产——肉猪		48 000
——育肥牛		36 000

（三）消耗性生物资产盘亏或死亡、毁损

消耗性生物资产盘亏或死亡、毁损时，应当将处置收入扣除其账面价值和相关税费后的余额先记入“待处理财产损溢”科目，待查明原因后，根据企业的管理权限，经股东大会、董事会、经理（场长）会议或类似机构批准后，在期末结账前处理完毕。生物资产因盘亏或死亡、毁损造成的损失，在减去过失人或者保险公司等的赔款和残余价值之后，计入营业外支出。

【例 8-14】 2×20 年 8 月 4 日，甲企业丢失 3 头育肥牛，账面原值为 12 000 元；8 月 29 日经查实，饲养员赵五应赔偿 3 000 元。甲企业的账务处理如下：

借：待处理财产损溢　　12 000
　　贷：消耗性生物资产——育肥牛　　12 000
借：其他应收款——赵五　　3 000
　　营业外支出　　9 000
　　贷：待处理财产损溢　　12 000

（四）消耗性生物资产转换

消耗性生物资产改变用途后的成本应当按照改变用途时的账面价值确定，也就是说，将转出生物资产的账面价值作为转入资产的实际成本。通常包括如下情况：

（1）产畜或役畜淘汰转为育肥畜，或者林木类生产性生物资产转为林木类消耗性生物资产时，按转群或转变用途时的账面价值，借记“消耗性生物资产”科目，按已计提的累计折旧，借记“生产性生物资产累计折旧”科目，按其账面余额，贷记“生产性生物资产”科目。

（2）育肥畜转为产畜或役畜，或者林木类消耗性生物资产转为林木类生产性生物资产时，应按其账面余额，借记“生产性生物资产”科目，贷记“消耗性生物资产”科目。

【例 8-15】 2×20 年 4 月，甲企业将自行繁殖的 50 头种猪转为育肥猪，此批种猪的账面原价为 500 000 元，已经计提的累计折旧为 200 000 元。

甲企业的账务处理如下：

借：消耗性生物资产——育肥猪　　300 000
　　生产性生物资产累计折旧　　200 000
　　贷：生产性生物资产——成熟生产性生物资产（种猪）　　500 000

第三节　生产性生物资产

一、生产性生物资产的定义与确认

（一）生产性生物资产的定义

生产性生物资产是指小企业（农、林、牧、渔业）为生产农产品、提供劳务或出租等目的而持有的生物资产，包括经济林、薪炭林、产畜和役畜等。生产性生物资产具备自我生长性，能够在持续的基础上予以消耗并在未来的一段时间内保持其服务能力或未来经济利益，属于劳动手段，包括经济林、薪炭林、产畜和役畜等。

从生产性生物资产的定义看，生产性生物资产具有以下两个特征。

1. 为生产农产品、提供劳务或出租等目的而持有

小企业持有生产性生物资产的目的是为了生产商品、提供劳务或出租，这意味着，小企业持有的固定资产是企业的劳动工具或手段，而不是直接用于出售的产品。与消耗性生物资产相比较，生产性生物资产的最大不同在于，生产性生物资产具有能够在生产经营中长期、反复使用，从而不断地产出农产品或者是长期役用的特征。消耗性生物资产收获农产品之后，该资产就不复存在；而生产性生物资产产出农产品之后，该资产仍然保留，并可以在未来期间继续产出农产品。因此，通常认为生产性生物资产在一定程度上具有固定资产的特征，例如果树每年产出水果、奶牛每年产奶等。

2. 生产性生物资产具有生物资产的特殊性

生物资产是指与农业生产相关的有生命的（即活的）动物和植物。由于具有动植物的自然再生产和经济再生产相互交织的特点，生物资产具有自身的特殊性。生物资产最基本的特征是具有生物转化性和自然增殖性。生物转化，是指导致生物资产质量或数量发生变化的生长、蜕化、生产和繁殖的过程。在生物转化过程中，生物自身的价值往往又会增加。此外，生物资产具有阶段性、周期性、多样性、双重资产特性、未来经济利益不确定性以及需要在存续期间连续不断地投入的特点。

（二）生产性生物资产的确认条件

生产性生物资产在符合定义的前提下，应当同时满足以下两个条件，才能加以确认。

1. 与该生产性生物资产有关的经济利益很可能流入小企业

小企业在确认生产性生物资产时，需要判断与该生产性生物资产有关的经济利益是否很可能流入小企业。如果与该生产性生物资产有关的经济利益很可能流入小企业，并同时满足生产性生物资产确认的其他条件，那么，小企业应将其确认为生产性生物资产；否则，不应将其确认为生产性生物资产。

在实务中，判断与生产性生物资产有关的经济利益是否很可能流入小企业，主要判断与该生产性生物资产相关的风险和报酬是否转移到了小企业。与生产性生物资产所有权相关的风险，是指由于经营情况变化造成的相关受益的变动，以及由于闲置等原因造成的损失；与生产性生物资产相关的报酬，是指在生产性生物资产使用寿命内使用该生产性生物资产而获得的收入，以及处置该资产所实现的利得等。

2. 该生产性生物资产的成本能够可靠地计量

成本能够可靠地计量是资产确认的一项基本条件。小企业在确定生产性生物资产成本时必须取得确凿证据，但是，有时需要根据所获得的最新资料，对生产性生物资产的成本进行合理的估计。

二、生产性生物资产的初始计量

生产性生物资产的初始计量是指确定生产性生物资产的取得成本。生产性生物资

产应当按照成本进行初始计量。

在实务中，小企业取得生产性生物资产的方式多种多样，包括外购、自行营造或繁殖、育肥畜转为产畜或役畜等，取得的方式不同，其成本的具体构成内容及确定方法也不同。

（一）外购的生产性生物资产

外购的生产性生物资产的成本，包括购买价款、相关税费、运输费、保险费，以及可以直接归属于购买该资产的其他支出。

外购的生产性生物资产按照应计入生产性生物资产成本的金额，借记“生产性生物资产”科目，贷记“银行存款”“应付账款”等科目。

在实际工作中，企业可能以一笔款项购入多项没有单独标价的生产性生物资产，在购买过程中发生的相关税费、运输费、保险费，以及不能直接归属于购买某资产的其他支出，应当按各项生产性生物资产的价款比例对总成本进行分配，分别确定生产性生物资产的成本。

【例 8–16】 2×20 年 2 月，甲企业从市场上一次性购买了 20 头种猪和 10 头种牛，单价分别是 1 600 元和 5 000 元，支付的价款共计 82 000 元，此外，之后发生的运输费用 3 500 元，保险费用 1 810 元，装卸费用 1 250 元，款项全部以银行存款支付。甲企业采用小企业会计准则核算，甲企业应编制会计分录如下：

（1）确定应分摊的运输费、保险费和装卸费：

分摊比例 =（3 500 + 1 810 + 1 250）÷ 82 000 = 8%

种猪分摊的运输费、保险费和装卸费 = 20 × 1 600 × 8%

= 2 560（元）

种牛分摊的运输费、保险费和装卸费 = 10 × 5 000 × 8%

= 4 000（元）

（2）确定种猪、种牛的入账价值：

种猪的入账价值 = 32 000 + 2 560 = 34 560（元）

种牛的入账价值 = 50 000 + 4 000 = 54 000（元）

因此，甲企业应当作会计处理如下：

借：生产性生物资产——种猪	34 560	
——种牛	54 000	
贷：银行存款		88 560

（二）自行营造或繁殖的生产性生物资产

对自行营造、繁殖的生产性生物资产而言，如企业自己繁育的奶牛、种猪，自行营造的橡胶树、果树、茶树等，其成本确定的一般原则是按照其达到预定生产经营目的前发生的必要支出确定，包括直接材料、直接人工、其他直接费用和应分摊的间接费用。

自行营造或繁殖的生产性生物资产的成本，应当按照下列规定确定：

（1）自行营造的林木类生产性生物资产的成本包括：达到预定生产经营目的前发生的造林费、抚育费、营林设施费、良种试验费、调查设计费和应分摊的间接费用等必要支出。

（2）自行繁殖的产畜和役畜的成本包括：达到预定生产经营目的前发生的饲料费、人工费和应分摊的间接费用等必要支出。在达到预定生产经营目的后发生的管护、饲养费用等后续支出，应当计入当期损益，不能计入成本。

达到预定生产经营目的，是指生产性生物资产进入正常生产期，可以多年连续稳定产出农产品、提供劳务或出租。达到预定生产经营目的是区分生产性生物资产成熟和未成熟的分界点，同时也是判断其相关费用停止资本化的时点，是区分其是否具备生产能力，从而是否计提折旧的分界点，企业应当根据具体情况结合正常生产期的确定，对生产性生物资产是否达到预定生产经营目的进行判断。例如，一般就海南橡胶园而言，同林段内离地 100 厘米处、树围 50 厘米以上的芽接胶树，占林段总株数的 50% 以上时，该橡胶园就属于进入正常生产期，即达到预定生产经营目的。

自行繁殖的产畜和役畜，应按照产畜和役畜的成本，借记“生产性生物资产（未成熟生产性生物资产）”科目，贷记“原材料”“银行存款”等科目。

未成熟生产性生物资产达到预定生产经营目的时，按其账面余额，借记“生产性生物资产（成熟生产性生物资产）”科目，贷记“生产性生物资产（未成熟生产性生物资产）”科目。

【例 8-17】 2×19 年年初，甲企业自行营造 100 亩苹果树。当年发生种苗费 180 000 元，平整土地所需机械作业费 20 000 元，当年肥料 90 000 元，农药 10 000 元，人工费 80 000 元，管护费 50 000 元。苹果树 3 年后挂果。从 2×20 年起，年抚育发生化肥费用 70 000 元，农药 10 000 元，人工费 15 000 元，管护费 20 000 元。2×22 年，该苹果树开始挂果，即达到预期经营目的。

（1）2×19 年的账务处理如下：

借：生产性生物资产——未成熟生产性生物资产	430 000	
贷：原材料——种苗		180 000
——化肥		90 000
——农药		10 000
应付职工薪酬		80 000
累计折旧		20 000
银行存款		50 000

（2）2×20 年及 2×21 年的账务处理如下：

借：生产性生物资产——未成熟生产性生物资产	115 000	
贷：原材料——化肥		70 000
——农药		10 000
应付职工薪酬		15 000
银行存款		20 000

（3）2×22 年的账务处理：2×22 年达到预期经营目的，其成本为 660 000 元（430 000 + 115 000 + 115 000）。

借：生产性生物资产——成熟生产性生物资产　　660 000

　　贷：生产性生物资产——未成熟生产性生物资产　　660 000

（三）育肥畜转为产畜或役畜

育肥畜转为产畜或役畜，应当按其账面价值，借记“生产性生物资产”科目，贷记“消耗性生物资产”科目。

【例 8-18】 2×20 年 3 月，小企业甲购入 1 000 只猪苗，单价 300 元，共支付价款 300 000 元，因种猪市场供不应求，并且这批猪苗属于优良品种，与此同时企业分析这批猪苗长成成年肉猪后，市场价格存在风险，所以企业决定将其中 700 只猪苗变成种猪。在变成种猪之前，这 1 000 只猪苗的账面价值为 350 000 元，因此，企业应当作会计处理如下：

借：生产性生物资产　　245 000

　　贷：消耗性生物资产　　245 000

三、生产性生物资产的后续计量

生产性生物资产的后续计量主要包括生产性生物资产折旧的计提以及后续支出的计量。

（一）生产性生物资产折旧

1. 生产性生物资产折旧的定义

成熟的生产性生物资产进入正常生产期，可以多年连续稳定地产出农产品、提供劳务或出租。因此，应当按期计提折旧，以与其给企业带来的经济利益流入相配比。例如，已经开始挂果的苹果树的折旧额与从苹果树上采摘的苹果取得的收入相配比，役牛每期的折旧额与其犁地为企业带来的经济利益流入相配比等。

生产性生物资产的折旧，是指在生产性生物资产的折旧年限内，按照确定的方法对应计折旧额进行系统分摊。其中，应计折旧额，是指应当计提折旧的生产性生物资产的原价扣除预计净残值后的余额。预计净残值，是指预计生产性生物资产使用寿命结束时，在处置过程中所发生的处置收入扣除处置费用后的余额。

小企业应当按期对达到预定生产经营目的的生产性生物资产计提折旧，并根据受益对象分别计入收获的农产品成本、劳务成本、出租费用等。对成熟生产性生物资产按期计提折旧时，借记“生产成本”“管理费用”等科目，贷记“生产性生物资产累计折旧”科目。

2. 影响生产性生物资产折旧的因素

（1）生产性生物资产原值，是指生产性生物资产的成本。

（2）预计净残值，是指假定生产性生物资产折旧年限结束时，在处置过程中所发生的处置收益扣除处置费用后的余额。小企业（农、林、牧、渔业）应当根据生产性生物资产的性质和使用情况，并考虑税法的规定，合理确定生产性生物资产的预计净残值。生产性生物资产的预计净残值一经确定，不得随意变更。

3. 生产性生物资产的折旧范围、折旧方法

小企业应当结合本企业的具体情况，根据生产性生物资产的类别，制定适合本企业的生产性生物资产目录、分类方法。对于达到预定经营目的的生产性生物资产，还应根据生产性生物资产的性质、使用情况和有关经济利益的预期实现方式，合理确定生产性生物资产的使用寿命、预计净残值和折旧方法，作为进行生产性生物资产核算的依据。

小企业（农、林、牧、渔业）应当自生产性生物资产投入使用月份的下月起按月计提折旧；停止使用的生产性生物资产，应当自停止使用月份的下月起停止计提折旧。当期增加的成熟生产性生物资产应当计提折旧，一旦提足折旧，不论能否继续使用，均不再计提折旧。需要注意的是，以融资租赁租入的生产性生物资产和以经营租赁方式租出的生产性生物资产，应当计提折旧；以融资租赁方式租出的生产性生物资产和以经营租赁方式租入的生产性生物资产，不应计提折旧。

4. 生产性生物资产的使用寿命

生产性生物资产的使用寿命和折旧方法一经确定，不得随意变更。小企业会计准则规定，生产性生物资产应当按照年限平均法计提折旧，生产性生物资产计提折旧的最低年限如下：

（1）林木类生产性生物资产为 10 年。

（2）畜产类生产性生物资产为 3 年。

小企业（农、林、牧、渔业）应当根据生产性生物资产的性质和使用情况，并考虑税法的规定，合理确定生产性生物资产的使用寿命和折旧方法，企业确定生产性生物资产的使用寿命，应当考虑下列因素：①该资产的预计产出能力或实物产量；②该资产的预计有形损耗，如产畜和役畜衰老、经济林老化等；③该资产的预计无形损耗，如因新品种的出现而使现有的生产性生物资产的产出能力和产出农产品的质量等方面相对下降、市场需求的变化使生产性生物资产产出的农产品相对过时等。在实务中，企业应当在考虑这些因素的基础上，结合不同生产性生物资产的具体情况做判断。例如，在考虑林木类生产性生物资产的使用寿命时，可以考虑诸如温度、湿度和降水量等生物特征、灌溉特征、嫁接和修剪程序、植物的种类和分类、植物的株的间距、所使用初生主根的类型、采摘或收割的方法、所生产产品的预计市场需求等。在相同的环境下，同样的生产性生物资产的预计使用寿命应该基本相同。

【例 8-19】 甲企业的果木林中共有苹果树 50 株，每株苹果树到成熟、挂果大约支付 2 000 元；桃树 50 株，每株桃树从培育到挂果的成本为 2 500 元。另外，该企业养殖场中饲养奶牛，其成本为 72 000 元。假设甲公司果木林按 10 年计提折旧，奶牛按 3 年计提折旧。甲企业采用小企业会计准则核算，甲企业每年计提折旧应编制会计

分录如下：

借：生产成本——农业生产成本　　46 500
　贷：生产性生物资产累计折旧——苹果林　　10 000
　　　　　　　　　　　　　　——桃树林　　12 500
　　　　　　　　　　　　　　——奶牛　　24 000

【例 8-20】 2×20 年 5 月，大丰养殖场 5 头奶牛成熟，开始产奶，奶牛账面余额为 36 000 元，按照 3 年计提折旧。

（1）2019 年 5 月奶牛由未成熟转为成熟

借：生产性生物资产——成熟生产性生物资产　　36 000
　贷：生产性生物资产——未成熟生产性生物资产　　36 000

（2）2019 年 6 月及以后各月计提折旧

借：农业生产成本　　1 000
　贷：生产性生物资产累计折旧　　1 000

（二）生产性生物资产的后续支出

1. 林木类生物资产补植

择伐、间伐或抚育更新等生产性采伐而补植林木类生产性生物资产发生的后续支出，借记“生产性生物资产”科目，贷记“银行存款”等科目。

【例 8-21】 A 林业有限公司下属的甲种植队，2×20 年 6 月 1 日开始在马尾松商品林中对上半年择伐的马尾松进行补植，马尾松是以采脂为目的的树种。补植持续到 2×20 年 6 月 30 日，其中共花费 10 000 元购置树苗，人工工资支出 10 000 元，生产工具累计折旧分摊额为 1 000 元。A 企业应作会计处理如下：

借：生产性生物资产——马尾松　　21 000
　贷：银行存款　　10 000
　　　应付职工薪酬　　10 000
　　　累计折旧　　1 000

2. 生产性生物资产发生的管护、饲养费用

生产性生物资产发生的管护、饲养费用等后续支出，借记“管理费用”科目，贷记“银行存款”等科目。

【例 8-22】 承［例 8-17］，该苹果树成长期 2 年，即从开始挂果至稳产成熟期需要 2 年时间。成长期年抚育发生化肥费 47 000 元，农药 10 000 元，人工费 10 000 元，管护费 10 000 元。该苹果树从挂果时起，预期经济寿命 12 年。该苹果树 2023 年进入成熟期，成熟期后，年化肥 20 000 元，农药 10 000 元，人工费 3 000 元，其他管护费 2 000 元（假定该苹果树采用成本模式计量，采用年限平均法计提折旧，假定该苹果树期满无残值）。

（1）① 2×22 年年折旧额＝660 000÷12＝55 000（元）

2×22 年折旧的会计处理如下：

借：生产成本——农业生产成本　55 000
　　贷：生产性生物资产累计折旧　55 000

②2×22年有关支出予以资本化，作为生产性生物资产增值成本处理。

借：生产性生物资产——成熟期生物资产　77 000
　　贷：原材料——化肥　47 000
　　　　　　　——农药　10 000
　　　　应付职工薪酬　10 000
　　　　银行存款　10 000

（2）①年初成长期生物资产成本＝660 000＋77 000＝737 000（元）

2×20年年折旧额＝（737 000－55 000）÷（12－1）＝62 000（元）

借：生产成本——农业生产成本　62 000
　　贷：生产性生物资产累计折旧　62 000

②2×23年有关支出予以资本化，作为生产性生物资产增值成本处理，其会计分录如下：

借：生产性生物资产——成熟期生物资产　77 000
　　贷：原材料——化肥　47 000
　　　　　　　——农药　10 000
　　　　应付职工薪酬　10 000
　　　　银行存款　10 000

（3）2×23年其账面成本为814 000（660 000＋77 000＋77 000）元。

2×23年苹果树进入成熟期，2023—2032年（共10年）的账务处理如下：

各年折旧额＝（814 000－55 000－62 000）÷10＝69 700（元）

借：生产成本——农业生产成本　69 700
　　贷：生产性生物资产累计折旧　69 700

成熟期后各年后续支出不符合资本化条件，予以费用化处理：

借：管理费用　35 000
　　贷：原材料——化肥　20 000
　　　　　　　——农药　10 000
　　　　应付职工薪酬　3 000
　　　　银行存款　2 000

四、生产性生物资产的收获与处置

（一）生产性生物资产的收获

生产性生物资产的收获，是指农产品从生产性生物资产上分离，如从苹果树上采摘下苹果、奶牛产出牛奶、绵羊产出羊毛等。

1. 收获农产品核算的一般要求

农产品按照所处行业，一般可以分为种植业产品（如小麦、水稻、玉米、棉花、糖料、烟叶等）、畜牧养殖业产品（如牛奶、羊毛、肉类、禽蛋等）、林产品（如苗木、原木、水果等）和水产品（如鱼、虾、贝类等）。从收获农产品成本核算的截至时点来看，由于种植业产品和林产品一般具有季节性强、生产周期长、经济再生产与自然再生产相交织的特点，种植业产品和林产品成本计算期因不同产品的特点而异。因此，企业在确定收获农产品的成本时，应特别注意成本计算的截至时点。例如，不入库的鲜活产品算至销售；入库的鲜活产品算至入库；育苗的成本计算截至出圃；采割阶段，林木采伐算至原木产品；橡胶算至加工成干胶或浓缩胶乳；茶的成本计算截至各种毛茶；水果等其他收获活动计算至产品能够销售等。

2. 生产性生物资产收获农产品

生产性生物资产具备自我生长性，能够在生产经营中长期、反复使用，从而不断地产出农产品。从生产性生物资产上收获农产品后，生产性生物资产这一母体仍然存在，如奶牛产出牛奶、从果树上采摘下水果等。农业生产过程中发生的各项生产费用，按照经济用途可以分为直接材料、直接人工等直接费用以及间接费用，企业应当区别处理：

（1）农产品收获过程中发生的直接材料、直接人工等直接费用，直接计入相关成本核算对象，借记“农业生产成本——农产品”科目，贷记“库存现金”“银行存款”“原材料”“应付职工薪酬”“生产性生物资产累计折旧”等科目。

【例 8-23】 2×20 年 1 月，甲奶牛养殖企业发生奶牛（已进入产奶期）的饲养费用如下：领用饲料 5 000 千克，计 5 000 元，应付饲养人员工资 3 000 元，以现金支付防疫费 500 元。

甲企业的账务处理如下：

借：生产成本——农业生产成本（牛奶）	8 500
贷：原材料	5 000
应付职工薪酬	3 000
库存现金	500

【例 8-24】 大丰养殖场 2×20 年 1 月发生奶牛（已进入产奶期）的饲养费用如下：领用饲料 5 000 公斤，计 1 200 元，应付饲养人员工资 3 000 元，以现金支付防疫费 500 元。

借：生产成本——农业生产成本（牛奶）	4 700
贷：原材料	1 200
应付职工薪酬	3 000
库存现金	500

【例 8-25】 春光农业公司 2×20 年 6 月收割小麦发生机械作业费 2 000 元，人员工资 1 500 元。

借：生产成本——农业生产成本（小麦）　　3 500

　　贷：累计折旧　　2 000

　　　　应付职工薪酬　　1 500

（2）农产品收获过程中发生的间接费用，如材料费、人工费、生产性生物资产的折旧费等应分摊的共同费用，应当在生产成本归集，借记“农业生产成本——共同费用”科目，贷记“库存现金”“银行存款”“原材料”“应付职工薪酬”“生产性生物资产累计折旧”等科目；在会计期末按照一定的分配标准，分配计入有关的成本核算对象，借记“农业生产成本——农产品”科目，贷记“农业生产成本——共同费用”科目。

在实务中，常用的间接费用分配方法通常以直接费用或直接人工为基础，直接费用比例法以生物资产或农产品相关的直接费用为分配标准，直接人工比例法以直接从事生产的工人工资为分配标准，其计算公式如下：

$$\text{间接费用分配率}=\frac{\text{间接费用总额}}{\text{分配标准（即直接费用总额或直接人工总额）}}\times 100\%$$

$$\text{某项生物资产或农产品应分配的间接费用额}=\text{该项资产相关的直接费用或直接人工}\times\text{间接费用分配率}$$

除此之外，还可以直接材料、生产工时等为基础进行分配，企业可以根据实际情况加以选用。

（二）生产性生物资产出售

生产性生物资产出售时，应当按照其账面价值结转成本。企业应按实际收到的金额，借记“银行存款”等科目，按已计提的累计折旧，借记“生产性生物资产累计折旧”科目，按其账面余额，贷记“生产性生物资产”科目，按其差额，借记“营业外支出——处置非流动资产损失”科目或贷记“营业外收入——处置非流动资产收益”科目。

【例 8-26】 2×17 年 4 月，甲畜牧养殖企业有 15 头种猪成熟开始产仔，种猪的账面价值为 36 000 元，2×20 年 9 月，将这 15 头种猪作价 25 000 元出售。甲企业按照 3 年对种猪计提折旧，甲企业采用小企业会计准则核算，应编制会计分录如下：

（1）2×17 年 4 月：

借：生产性生物资产——成熟生产性生物资产　　36 000

　　贷：生产性生物资产——未成熟生产性生物资产　　36 000

（2）2×17 年 5 月至 2×20 年 9 月，每月计提折旧：

借：生产成本——农业生产成本　　1 000

　　贷：生产性生物资产累计折旧　　1 000

（3）2×20 年 9 月：

借：银行存款　　25 000

　　生产性生物资产累计折旧　　29 000

　　贷：生产性生物资产　　36 000

　　　　营业外收入　　18 000

【例 8-27】 大丰养殖场 2×20 年 7 月 5 日将 3 头奶牛作价 27 000 元转让给王某家。这批奶牛的账面原值为 36 000 元，已计提折旧 15 000 元，未计提减值准备。先收现款 10 000 元，年底结清。

借：库存现金　　10 000

　　应收账款——王某　　17 000

　　生产性生物资产累计折旧　　15 000

　　贷：生产性生物资产——成熟生产性生物资产（奶牛）　　36 000

　　　　营业外收入——处置非流动资产利得（奶牛）　　6 000

（三）生产性生物资产盘亏或死亡、毁损

生产性生物资产盘亏或死亡、毁损时，应当将处置收入扣除其账面价值和相关税费后的余额先记入“待处理财产损溢”科目，待查明原因后，根据企业的管理权限，经批准后，在期末结账前处理完毕。生物资产因盘亏或死亡、毁损造成的损失，在减去过失人或者保险公司等的赔款和残余价值之后，计入营业外支出。

【例 8-28】 2×20 年 1 月 10 日，甲养猪企业死亡 2 ~ 4 个月的种猪 3 头，其账面余额为 300 元；1 月 28 日，经查明，这 3 头种猪是因为体弱而被其他种猪踩踏而死。甲企业采用小企业会计准则核算，甲企业的账务处理如下：

（1）1 月 10 日：

借：待处理财产损溢　　300

　　贷：生产性生物资产——2 ~ 4 个月的种猪　　300

（2）1 月 28 日：

借：营业外支出　　300

　　贷：待处理财产损溢　　300

【例 8-29】 大丰养殖场 2×20 年 7 月 5 日丢失三头种猪，账面原值为 26 000 元，已经计提折旧 8 000 元；7 月 30 日经查实，饲养员李牛应赔偿 3 000 元。

借：待处理财产损益　　18 000

　　生产性生物资产累计折旧　　8 000

　　贷：生产性生物资产——种猪　　26 000

借：其他应收款——李牛　　3 000

　　管理费用　　15 000

　　贷：待处理财产损益　　18 000

【例 8-30】 大丰养殖场因地震猪舍倒塌，损失育肥猪 5 头，价值 2 500 元。应由保险公司赔偿 1 500 元。

借：待处理财产损益　　2 500
　　贷：消耗性生物资产——育肥猪　　2 500
借：其他应收款——保险公司　　1 500
　　营业外支出——非常损失　　1 000
　　贷：待处理财产损益　　2 500

【例 8-31】 2×12 年至 2×17 年某林业有限责任公司自行营造的具有生产性特点的油茶林 10 公顷，共发生造林抚育成本 61 000 元；2×20 年继续追加投入直接材料费用 8 910 元，人员工资 8 000 元，计提福利费 1 120 元，以银行存款支付技术服务费 6 000 元；2019 年年未该油茶林达到预定生产经营目的。2×17 年的账务处理。

借：生产性生物资产——未成熟生产性生物资产　　24 030
　　贷：原材料　　8 910
　　　　应付职工薪酬——工资　　8 000
　　　　　　　　　　——职工福利　　1 120
　　　　银行存款　　6 000
借：生产性生物资产——成熟生产性生物资产　　85 030
　　贷：生产性生物资产——未成熟生产性生物资产　　85 030

（四）生产性生物资产转换

生产性生物资产改变用途后的成本应当按照改变用途时的账面价值确定，也就是说，将转出生物资产的账面价值作为转入资产的实际成本。通常包括如下情况：

（1）产畜或役畜淘汰转为育肥畜，或者林木类生产性生物资产转为林木类消耗性生物资产时，按照转群或转变用途时的账面价值，借记“消耗性生物资产”科目；按已计提的累计折旧，借记“生产性生物资产累计折旧”科目；按其账面余额，贷记“生产性生物资产”科目。

（2）育肥畜转为产畜或役畜，或者林木类消耗性生物资产转为林木类生产性生物资产时，应按其账面余额，借记“生产性生物资产”科目，贷记“消耗性生物资产”科目。

【例 8-32】 2×20 年 4 月，甲企业自行繁殖的 200 头种猪转为育肥猪，此批种猪的账面原价为 500 000 元，已经计提的累计折旧为 200 000 元。

甲企业的账务处理如下：

借：消耗性生物资产——育肥猪　　300 000
　　生产性生物资产累计折旧　　200 000
　　贷：生产性生物资产——成熟生产性生物资产
　　　　（种猪）　　500 000

第四节　小企业会计准则和企业会计准则的比较

一、消耗性生物资产

消耗性生物资产的减值处理不同。小企业会计准则下，消耗性生物资产不计提减值；企业会计准则下，消耗性生物资产计提减值，按照《企业会计准则第 1 号——存货》确定消耗性生物资产的可变现净值。

二、生产性生物资产

1. 折旧的处理不同

小企业会计准则下，折旧年限采用与税法规定相同的最低限额管理，折旧方法采用直线法。企业会计准则下，折旧年限为预计生产性生物资产的使用寿命，折旧方法根据具体情况合理选择。

2. 减值处理不同

小企业会计准则下，生产性生物资产不计提减值；企业会计准则下，生产性生物资产计提减值，按照《企业会计准则第 8 号——生物资产》确定生产性生物资产的可收回金额。

第九章

无 形 资 产

第一节　无形资产的确认和初始计量

一、无形资产的定义及其特征

无形资产有广义和狭义之分，在知识经济时代，广义的无形资产打破了传统的范畴，形式越来越趋多样化，如绿色食品标志使用权、ISO9000 质量认证体系、环境管理体系认证、人力资源、注册的域名、企业形象、企业精神等，使无形资产的内容变得日益丰富，已成为企业生存发展的基石。狭义的无形资产，是指小企业为生产产品、提供劳务、出租或经营管理而持有的、没有实物形态的可辨认非货币性资产。无形资产具有以下几方面特征。

（一）由企业拥有或者控制，并能为其带来未来经济利益的资源

预计能为小企业带来未来经济利益是作为一项资产的本质特征，无形资产也不例外。通常情况下，小企业拥有或者控制的无形资产应当是拥有其所有权并且能够为企业带来未来经济利益的。但是，在某些情况下并不需要小企业拥有其所有权，如果小企业有权获得某项无形资产产生的经济利益，同时又能约束其他人获得这些经济利益，则说明小企业控制了该项无形资产，或者说控制了该项无形资产产生的经济利益，具体表现为小企业拥有该无形资产的法定所有权或者使用权，并受到法律的保护。比如，小企业与其他企业签订合约转让商标权，由于合约的签订，使商标使用权转让方的相关权利受到法律的保护。

（二）无形资产不具有实物形态

无形资产通常表现为某种权利、某项技术，或是某种获取超额利润的综合能力，

它们不具有实物形态，比如，土地使用权、非专利技术等。小企业的无形资产很大程度上是通过自身所具有的技术等优势为企业带来未来经济利益。

某些无形资产的存在有赖于实物载体。比如，计算机软件需要存储在磁盘中，但这并不改变无形资产本身不具有实物形态的特性。在确定一项包含无形和有形要素的资产是属于固定资产，还是属于无形资产时，需要通过判断来加以确定，通常以哪个要素更重要作为判断的依据。例如，计算机控制的机械工具没有特定计算机软件就不能运行时，说明该软件是构成相关硬件不可缺少的组成部分，该软件应作为固定资产处理；如果计算机软件不是相关硬件不可缺少的组成部分，则该软件应作为无形资产核算。无论是否存在实物载体，只要将一项资产归类为无形资产，则不具有实物形态仍然是无形资产的特征之一。

（三）无形资产具有可辨认性

符合以下条件之一的，则认为其具有可辨认性：

（1）能够从小企业中分离或者划分出来，并能单独用于出售或转让等，而不需要同时处置在同一获利活动中的其他资产，表明无形资产可以辨认。某些情况下无形资产可能需要与有关的合同一起用于出售转让等，这种情况下也视为可辨认无形资产。

（2）产生于合同性权利或其他法定权利，无论这些权利是否可以从小企业或其他权利和义务中转移或者分离。如一方通过与另一方签订特许权合同而获得的特许使用权通过法律程序申请获得的商标权、专利权等。

如果小企业有权获得一项无形资产产生的未来经济利益，并能约束其他方获取这些利益，则表明小企业控制了该项无形资产。例如，对于会产生经济利益的技术知识，若其受到版权、贸易协议约束（如果允许）等法定权利或雇员保密法定职责的保护，那么说明该小企业控制了相关利益。

客户关系、人力资源等，由于小企业无法控制其带来的未来经济利益，不符合无形资产的定义，不应将其确认为无形资产。

内部产生的品牌、报刊名、刊头、客户名单和实质上类似的项目支出，由于不能与整个业务开发成本区分开来。因此，这类项目不应确认为无形资产。

（四）无形资产属于非货币性资产

非货币性资产，是指小企业持有的货币资金和将以固定或可确定的金额收取的资产以外的其他资产。无形资产由于没有发达的交易市场，一般不容易转化成现金，在持有过程中为小企业带来未来经济利益的情况不确定，不属于以固定或可确定的金额收取的资产，属于非货币性资产。

二、无形资产的分类

（一）按经济内容分类

小企业的无形资产按其反映的经济内容，可以分为：土地使用权、专利权、商标权、著作权、非专利技术等。

自行开发建造厂房等建筑物，相关的土地使用权与建筑物应当分别进行处理。外购土地及建筑物支付的价款应当在建筑物与土地使用权之间按照合理的方法进行分配；难以合理分配的，应当全部作为固定资产。

1. 土地使用权

土地使用权，是指国家准许某企业在一定期间内对国有土地享有开发、利用、经营的权利。根据我国《土地管理法》的规定，我国土地实行公有制，任何单位和个人不得侵占、买卖或者以其他形式非法转让。国家和集体可以依照法定程序对土地使用权实行有偿出让，企业也可以依照法定程序取得土地使用权，或将已取得的土地使用权依法转让。企业取得土地使用权的方式大致有以下几种：行政划拨取得、外购取得及投资者投资取得。

2. 专利权

专利权，是指国家专利主管机关依法授予发明创造专利申请人，对其发明创造在法定期限内所享有的专有权利，包括发明专利权、实用新型专利权和外观设计专利权。根据我国的专利法规定，专利权分为发明专利和实用新型及外观设计专利两种，自申请日起计算，发明专利权的期限为 20 年，实用新型及外观设计专利权的期限为 10 年。发明者在取得专利权后，在有效期内将享有专利的独占权。

3. 商标权

商标权，是指专门在某类指定的商品或产品上使用特定的名称或图案的权利，依法注册登记后，取得的受法律保护的独家使用权利。商标是用来辨认特定的商品或劳务的标记，代表着企业的一种信誉，从而具有相应的经济价值。根据我国商标法规定，注册商标的有效期限为 10 年，期满可依法延长。

4. 著作权

著作权又称版权，是指作者对其创作的文学、科学和艺术作品依法享有的某些特殊权利。著作权包括作品署名权、发表权、修改权和保护作品完整权，还包括复制权、发行权、出租权、展览权、表演权、放映权、广播权、信息网络传播权、摄制权、改编权、翻译权、汇编权以及应当由著作权人享有的其他权利。

5. 非专利技术

非专利技术也称专有技术，是指不为外界所知、在生产经营活动中已采用的、不享有法律保护的、可以带来经济效益的各种技术和诀窍。非专利技术一般包括工业专有技术、商业贸易专有技术、管理专有技术等。非专利技术因为未经法定机关按法律程序批准和认可，所以不受法律保护。非专利技术没有法律上的有效年限，只有经济上的有效年限。

6. 特许权

特许权又称特许经营权、专营权，是指企业在某一地区经营或销售某种特定商品的权利，或是一家企业接受另一家企业使用其商标、商号、秘密技术等权利。前者一般是由政府机构授权准许企业使用或在一定地区享有经营某种业务的特权，如烟草专卖权；后者是指企业间依照签订的合同，有期限或无期限使用另一家企业的某些权利，如连锁店分店使用总店的名称等。

（二）按来源途径分类

无形资产按其来源途径，可以分为外来无形资产和自创无形资产。

外来无形资产，是指企业通过从国内外科研单位及其他企业购进、接受投资的无形资产等方式从企业外部取得。

自创无形资产，是指企业自行开发、研制的无形资产。

三、无形资产的确认条件

（一）与该资产有关的经济利益很可能流入小企业

作为无形资产确认的项目，必须具备产生的经济利益很可能流入企业。通常情况下，无形资产产生的未来经济利益很可能包括在销售商品、提供劳务的收入中，或者小企业使用该项无形资产而减少或节约的成本中，或体现在获得的其他利益中。因此在实务中，要确定无形资产创造的经济利益是否很可能流入小企业，需要实施职业判断。

（二）该无形资产的成本能够可靠地计量

成本能够可靠地计量是资产确认的一项基本条件。对于无形资产来说，这个条件更为重要。比如，企业内部产生的品牌、报刊名等，因其成本无法可靠地计量，不作为无形资产确认。

四、无形资产的初始计量

无形资产科目核算小企业持有的无形资产成本，借方登记取得的无形资产成本，贷方登记出售无形资产转出的无形资产账面余额，期末借方余额，反映企业无形资产的成本，如表 9-1 所示。本科目应按无形资产项目设置明细账，进行明细核算。

表 9-1 无形资产的核算

借方	贷方
1. 取得的无形资产	2. 销售、报废的无形资产
期末借方反映企业无形资产的价值	

无形资产应当按照成本进行计量，即以取得无形资产并使之达到预定用途而发生的全部支出，作为无形资产的成本。对于不同来源取得的无形资产，其初始成本的构成也不尽相同。

（1）外购无形资产的成本。外购的无形资产，其成本包括：购买价款、相关税费和相关的其他支出（含相关的借款费用）。其中，直接归属于使该项资产达到预定用途所发生的其他支出，包括使无形资产达到预定用途所发生的专业服务费用、测试无形资产是否能够正常发挥作用的费用等，但不包括为引入新产品进行宣传发生的广告费、管理费用及其他间接费用，也不包括在无形资产已经达到预定用途以后发生的费用。

小企业外购无形资产，应当按照实际支付的价款。借记"无形资产"科目，贷记"银行存款"等科目。

外购房产所支付的价款中包括土地使用权和建筑物的价值的，所支付的价款应当在建筑物与土地使用权之间按照合理的方法进行分配，其中属于土地使用权的部分，借记"无形资产"科目，贷记"银行存款"等科目。

【例 9-1】 甲小企业购入一项非专利技术，支付买价 8 000 元，发生测试费 1 000 元，均以银行存款支付。甲小企业应做会计处理如下：

借：无形资产——非专利技术　　9 000

　　贷：银行存款　　9 000

【例 9-2】 为了拓展新业务，甲小企业购入一栋房产（包括占用的土地使用权），共支付价款 1 000 万元。经相关机构评估后，该项建筑物与占用的土地使用权价值相对比例为 3 ∶ 2，甲小企业应做会计处理如下：

借：固定资产——建筑物　　6 000 000

　　无形资产——土地使用权　　4 000 000

　　贷：银行存款　　10 000 000

（2）投资者投入的无形资产的成本，应当按照评估价值和相关税费确定。

【例 9-3】 因乙公司创立的商标已有较好的声誉，甲小企业预计使用乙公司商标后可使其未来利润增长 30%。为此，甲小企业与乙公司协议购买该商标权，该商标权评估价格为 5 万元，甲小企业另支付印花税等相关税费 200 元，款项已通过银行转账支付。

该商标权的初始计量，应当以取得时的成本为基础。取得时的成本为投资协议约定的价格 5 万元，加上支付的相关税费 200 元。

甲小企业的账务处理如下：

借：无形资产——商标权　　50 200

　　贷：银行存款　　50 200

【例 9-4】 创立于 1980 年的乙公司经过多年发展，公司商标已有较好的声誉，甲小企业预计使用乙公司商标后可大幅度提高其获利能力。为此，甲小企业与乙公司协议商定，乙公司以其商标权投资于甲小企业，双方协议价格为 100 万元。甲小企业应做会计处理如下：

借：无形资产——商标权　　1 000 000

　　贷：实收资本　　1 000 000

【例 9-5】 某企业接受投资者土地使用权投资，经资产评估机构评估，土地使用权作价 550 000 元。根据以上资料，编制会计分录如下：

借：无形资产——土地使用权　　550 000

　　贷：实收资本　　550 000

（3）自行开发的无形资产的成本，由符合资本化条件后至达到预定用途前发生的支出（含相关的借款费用）构成。

第二节　内部开发的无形资产费用的确认和计量

一、开发阶段有关支出资本化的条件

小企业自行开发无形资产发生的支出，同时满足下列条件的，才能确认为无形资产。

（一）完成该无形资产以使其能够使用或出售在技术上具有可行性

判断无形资产的开发在技术上是否具有可行性，应当以目前阶段的成果为基础，并提供相关证据和材料，证明企业进行开发所需的技术条件等已经具备，不存在技术上的障碍或其他不确定性。比如，企业已经完成了全部计划、设计和测试活动，这些活动是使资产能够达到设计规划书中的功能、特征和技术所必需的活动或经过专家鉴定等。

（二）具有完成该无形资产并使用或出售的意图

开发某项产品或专利技术产品等，通常是根据管理当局决定该项研发活动的目的或者意图加以确定，也就是说，研发项目形成成果以后，是为出售还是为自己使用并从使用中获得经济利益，应当依管理当局的决定为依据。因此，企业的管理当局应当明确表明其持有拟开发无形资产的目的，并具有完成该项无形资产开发并使其能够使用或出售的可能性。

（三）能够证明运用该无形资产生产的产品存在市场或无形资产自身存在市场，无形资产将在内部使用的，应当证明其有用性

开发支出资本化作为无形资产确认，其基本条件是能够为小企业带来未来经济利益。如果有关的无形资产在形成以后，主要是用于形成新产品或新工艺的，小企业应对运用该无形资产生产的产品市场情况进行估计，应能够证明所生产的产品存在市场，能够带来经济利益的流入；如果有关的无形资产开发以后主要是用于对外出售的，则企业应能够证明市场上存在对该类无形资产的需求，开发以后存在外在的市场可以出售并带来经济利益的流入；如果无形资产开发以后不是用于生产产品，也不是用于对外出售，而是在小企业内部使用的，则小企业应能够证明在内部使用时对该企业的有用性。

（四）有足够的技术、财务资源和其他资源支持，以完成该无形资产的开发，并有能力使用或出售该无形资产

这一条件主要包括：

（1）为完成该项无形资产开发具有技术上的可靠性。开发的无形资产并使其形成成果在技术上的可靠性是继续开发活动的关键。因此，必须有确凿证据证明小企业继续开发该项无形资产有足够的技术支持和技术能力。

（2）财务资源和其他资源支持。财务和其他资源支持是能够完成该项无形资产开发的经济基础，因此，小企业必须能够说明为完成该项无形资产的开发所需的财务和其他资源，是否能够足以支持完成该项无形资产的开发。

（3）能够证明小企业获取在开发过程中所需的技术、财务和其他资源，以及小企业获得这些资源的相关计划等。如在小企业自有资金不足以提供支持的情况下，是否存在外部其他方面的资金支持，如银行等借款机构愿意为该无形资产的开发提供所需资金的声明等来证实。

（4）有能力使用或出售该无形资产以取得收益。

（五）归属于该无形资产开发阶段的支出能够可靠地计量

企业对于研究开发活动发生的支出应单独核算，如发生的研究开发人员的工资、材料费等。在企业同时从事多项研究开发活动的情况下，所发生的支出同时用于支持多项研究开发活动的，应按照一定的标准在各项研究开发活动之间进行分配，无法明确分配的，应予费用化计入当期损益，不计入开发活动的成本。

二、内部开发的无形资产的计量

内部开发活动形成的无形资产，其成本由可直接归属于该资产的创造、生产并使该资产能够以管理层预定的方式运作的所有必要支出组成。可直接归属于该资产的成

本包括：开发该无形资产时耗费的材料、劳务成本、注册费；在开发该无形资产过程中使用的其他专利权和特许权的摊销，以及按照借款费用的处理原则可以资本化的利息支出；为使该无形资产达到预定用途前所发生的其他费用。

在开发无形资产过程中发生的除上述可直接归属于无形资产开发活动的其他销售费用、管理费用等间接费用；无形资产达到预定用途前发生的可辨认的无效和初始运作损失；为运行该无形资产发生的培训支出等不构成无形资产的开发成本。

值得强调的是，内部开发无形资产的成本仅包括在满足资本化条件的时点至无形资产达到预定用途前发生的支出总和，对于同一项无形资产在开发过程中达到资本化条件之前已经费用化计入损益的支出不再进行调整。

三、内部开发费用的会计处理

（一）基本原则

无形资产准则规定，小企业开发阶段的支出符合条件的才能资本化，不符合资本化条件的计入当期损益（管理费用）。只有同时满足无形资产准则规定的各项条件的，才能确认为无形资产，否则计入当期损益。

（二）具体账务处理

（1）企业自行开发无形资产发生的研发支出，未满足资本化条件的，借记“研发支出——费用化支出”科目，满足资本化条件的，借记“研发支出——资本化支出”科目，贷记“原材料”“银行存款”“应付职工薪酬”等科目。

（2）企业购买正在进行中的研究开发项目，应按确定的金额，借记“研发支出——资本化支出”科目，贷记“银行存款”等科目。以后发生的研发支出，应当比照上述（1）的规定进行处理。

（3）研究开发项目达到预定用途形成无形资产的，应按照“研发支出——资本化支出”科目的余额，借记“无形资产”科目，贷记“研发支出——资本化支出”科目。

【例 9-6】 某小企业自行研究开发一项新产品专利技术，在研究开发过程中发生材料费 40 000 元、人员工资 10 000 元，以及用银行存款支付其他费用 30 000 元，总计 80 000 元，其中，符合资本化条件的支出为 50 000 元，期末，该专利技术已经达到预定用途。假定不考虑相关税费。

相关费用发生时：

借：研发支出——费用化支出	30 000	
——资本化支出	50 000	
贷：原材料		40 000
应付职工薪酬		10 000
银行存款		30 000

期末：

借：管理费用　　30 000

　　无形资产　　50 000

贷：研发支出——费用化支出　　30 000

　　　　　　——资本化支出　　50 000

【例 9-7】 小企业甲公司 2×20 年 1 月 1 日，的董事会批准研发某项新型技术，该公司董事会认为，研发该项目具有可靠的技术和财务等资源的支持，并且一旦研发成功将降低该公司的生产成本。2×20 年 1 月 31 日，该项新型技术研发成功并已经达到预定用途。研发过程中所发生的直接相关的必要支出情况如下：

（1）2×20 年度发生材料费用 900 000 元，人工费用 450 000 元，计提专用设备折旧 75 000 元，以银行存款支付其他费用 300 000 元，总计 1 725 000 元，其中，符合资本化条件的支出为 750 000 元。

（2）2×20 年 1 月 31 日前发生材料费用 80 000 元，人工费用 50 000 元，计提专用设备折旧 5 000 元，其他费用 2 000 元，总计 137 000 元。

本例中，甲公司经董事会批准研发某项新型技术，并认为完成该项新型技术无论从技术上，还是财务等方面都能够得到可靠的资源支持，一旦研发成功将降低公司的生产成本，并且有确凿证据予以支持。因此，符合条件的开发费用可以资本化。

其次，甲公司在开发该项新型技术时，累计发生了 1 862 000 元的研究与开发支出，其中符合资本化条件的开发支出为 887 000 元，符合“归属于该无形资产开发阶段的支出能够可靠地计量”的条件。

甲公司的账务处理为：

（1）2×20 年度发生研发支出

借：研发支出——×× 技术——费用化支出　　975 000

　　　　　　　　　　　——资本化支出　　750 000

　贷：原材料　　900 000

　　　应付职工薪酬　　450 000

　　　累计折旧　　75 000

　　　银行存款　　300 000

（2）2×20 年 12 月 31 日，将不符合资本化条件的研发支出转入当期管理费用

借：管理费用——研究费用　　975 000

　贷：研发支出——×× 技术——费用化支出　　975 000

（3）2×20 年 1 月份发生研发支出

借：研发支出——×× 技术——资本化支出　　137 000

　贷：原材料　　80 000

　　　应付职工薪酬　　50 000

　　　累计折旧　　5 000

　　　银行存款　　2 000

（4）2×20 年 1 月 31 日，该项新型技术已经达到预定用途

借：无形资产——×× 技术　　887 000

　　贷：研发支出——×× 技术——资本化支出　　887 000

第三节　无形资产的后续计量

一、无形资产后续计量的原则

无形资产应当在其使用寿命内采用平均年限法进行摊销，计入相关资产的成本或管理费用，并冲减无形资产。

摊销期自其可供使用时开始至停止使用或出售时止。有关法律规定或合同约定了使用年限的，可以按照规定或约定的使用年限分期摊销。企业不能可靠地估计无形资产使用寿命的，摊销期不短于 10 年。

小企业一般按月进行账务处理，因此，企业应当按月对无形资产进行摊销，自无形资产可供使用（即其达到预定用途）当月起开始摊销，处置当月不再摊销。

无形资产的摊销额一般应当计入当期损益，企业自用的无形资产，其摊销额计入管理费用；出租的无形资产，其摊销金额计入其他业务成本；某项无形资产包含的经济利益通过所生产的产品或其他资产实现的，其摊销金额应当计入相关资产成本。

二、具体账务处理

（一）摊销期和摊销方法

无形资产的摊销期自其可供使用时（即其达到预定用途）开始至终止确认时止。在无形资产的使用寿命内系统地分摊其应摊销金额，应采用年限平均法。

【例 9-8】 甲小企业购买了一项专利使用权，成本为 48 000 元，合同规定受益年限为 10 年，甲小企业每月应摊销 400 元，每月月末摊销时，甲小企业应做会计处理如下：

借：管理费用　　400

　　贷：累计摊销　　400

【例 9-9】 2×20 年 7 月 1 日，甲小企业将其非专利技术出租给乙公司，该非专利技术成本为 360 000 元，双方约定的租赁期限为 5 年，甲小企业每月应摊销 6 000（360 000÷5÷12）元。甲小企业 2×20 年计提的摊销额为 36 000（6 000×6）元，当年应作会计处理如下：

借：其他业务支出　　36 000

　　贷：累计摊销　　36 000

无形资产的摊销一般应计入当期损益，但如果某项无形资产是专门用于生产某种产品的，其所包含的经济利益是通过转入所生产的产品中体现的，无形资产的摊销费用应构成产品成本的一部分。

【例 9-10】 2×20 年 10 月 15 日，甲公司自其母公司处取得一项非专利技术，一次性支付款项 10 万元，该技术协议中未明确规定合同终止时间，同时，因为该技术生产的产品存在广阔、可预期的市场前景，甲公司无法可靠地估计该技术的使用寿命。甲公司管理层经研究决定对该无形资产按照 20 年的期限采用直线法进行摊销。

2×20 年，甲公司应做会计处理如下：

借：无形资产　　100 000

　　贷：银行存款　　100 000

借：生产成本（100 000÷20÷12×3）　　1 250

　　贷：累计摊销　　1 250

（二）残值的确定

无形资产的残值一般为零，除非有第三方承诺在无形资产使用寿命结束时愿意以一定的价格购买该项无形资产，或者存在活跃的市场，通过市场可以得到无形资产使用寿命结束时的残值信息，并且从目前情况来看，在无形资产使用寿命结束时，该市场还可能存在的情况下，可以预计无形资产的残值。

【例 9-11】 某小企业取得一项专利技术，法律保护期为 20 年，小企业预计运用该专利生产的产品在未来 15 年内会为企业带来经济利益。就该项专利技术，第三方向该小企业承诺在 5 年内以其取得之日公允价值的 60% 购买该项专利权，从企业管理层目前的持有计划来看，准备在 5 年内将其出售给第三方，该项专利技术应在企业持有期 5 年内摊销，残值为该专利在取得之日公允价值的 60%。

第四节　无形资产的处置

无形资产的处置，主要是指无形资产出售、对外出租、对外捐赠，或者是无法为企业带来未来经济利益时，应予终止确认并转销。处置无形资产所得到的处置收入扣除其账面价值、相关税费等后的净额，应当计入营业外收入或营业外支出。其中，无形资产的账面价值，是指无形资产的成本扣减累计摊销后的金额。

小企业处置某项无形资产，表明企业放弃无形资产的所有权，应按照实际收到的价款，借记“银行存款”等科目，按照应支付的相关税费及其他费用，按照已计提的累计摊销金额，借记“累计摊销”科目，贷记“应交税费——应交增值税”“银行存款”

等科目，按照其账面余额，贷记“无形资产”科目，按其差额，贷记“营业外收入”或“营业外支出”科目。

【例 9-12】 甲小企业拥有某项专利技术的成本为 10 万元，已摊销金额为 5 万元。甲小企业将该项专利技术出售给乙公司，取得出售收入 6 万元，应缴纳的相关税费为 3 600 元。

甲小企业的账务处理如下：

借：银行存款　　60 000
　　累计摊销　　50 000
　　贷：无形资产　　100 000
　　　　应交税费　　3 600
　　　　营业外收入　　6 400

第五节　小企业会计准则与企业会计准则的比较

一、两准则的相同点

无形资产后续计量中，小企业会计准则和企业会计准则均要求摊销额按照不同的受益对象，分别计入相关成本、费用科目，且摊销起止点相同，均自无形资产可供使用当月起开始摊销，处置当月不再摊销。

二、两准则的不同点

（1）减值处理不同。企业会计准则规定无形资产发生减值时要计提无形资产减值准备，小企业会计准则中不用考虑减值。

（2）摊销方法不同。小企业会计准则下，只能采用年限平均法计提摊销。企业会计准则下，可采用年限平均法、年数总和法等。

（3）对于不能可靠地估计使用寿命的无形资产，企业会计准则中规定可以不摊销，但需每期进行减值测试，小企业会计准则中规定要按照不短于 10 年的期限进行摊销。

（4）无形资产出售时，小企业会计准则和企业会计准则均规定处置净损益记入当期损益、“营业外收入”或“营业外支出”科目。不同的是，企业会计准则中，应结转相应的“无形资产”“累计摊销”和“无形资产减值准备”科目金额，而小企业会计准则中，需结转无形资产账面价值。

第十章
负　债

负债，是指小企业过去的交易或者事项形成的，预期会导致经济利益流出小企业的现时义务。小企业的负债按照其流动性，可分为流动负债和非流动负债。

第一节　流动负债

小企业的流动负债，是指预计在1年内或者超过1年的一个正常营业周期内清偿的债务。

小企业的流动负债包括：短期借款、应付及预收款项、应付职工薪酬、应交税费、应付利息等，各项流动负债应当按照其实际发生额入账。小企业确实无法偿付的应付款项，应当计入营业外收入。

一、短期借款

（一）短期借款的概念

短期借款，是指小企业为了满足日常生产经营的需要，向银行或其他金融机构等借入的期限在1年内（含1年）的各种借款。小企业借入的短期借款构成了一项负债，短期借款应当按照借款本金和借款合同利率在应付利息日计提利息费用，计入财务费用。

对于小企业发生的短期借款，为了反映短期借款的取得、偿还等情况，小企业应设置“短期借款”科目核算，按照借款种类、贷款人和币种进行明细核算。“短期借款”科目属于负债类科目，其贷方表示小企业取得借款的本金数额，借方表示小企业偿还短期借款的本金数额，“短期借款”科目期末贷方余额，表示小企业尚未偿还的短期借款本金。

（二）短期借款的主要账务处理

短期借款的账务处理主要包括小企业借入款项、计提利息和偿还款项三方面，具体账务处理如下：

（1）小企业借入各种短期借款，借记“银行存款”科目，贷记“短期借款”科目，偿还借款，做相反的会计分录，借记“短期借款”科目，贷记“银行存款”科目，如表 10-1 所示。

（2）银行承兑汇票到期，小企业无力支付票款的，按照银行承兑汇票的票面金额，借记“应付票据”科目，贷记“短期借款”科目。

持未到期的商业汇票向银行贴现，应当按照实际收到的金额（即减去贴现息后的净额），借记“银行存款”科目，按照贴现息，借记“财务费用”科目，按照商业汇票的票面金额，贷记“应收票据”（银行无追索权情况下）或“短期借款”科目（银行有追索权情况下）。

在应付利息日，小企业应当按照短期借款合同利率计算确定的利息费用，借记“财务费用”科目，贷记“应付利息”等科目。

表 10-1　短期借款的账务处理

借方	贷方
1. 企业取得的短期借款	2. 归还的短期借款
	期末借方余额反映企业需要归还的短期借款

【例 10-1】 2×20 年 7 月 1 日，A 企业从 B 银行取得短期借款 20 000 元，期限 6 个月，年利率 6%，要求到期时一次性还本付息。至 2×20 年 12 月 31 日，A 企业按照借款协议归还该项短期借款的本金和利息。

根据上述经济业务，A 企业做账务处理如下：

（1）2×20 年 7 月 1 日，A 企业借入款项：

借：银行存款　　20 000

　　贷：短期借款　　20 000

2×20 年下半年，A 企业每月月末应确认应付利息。

（2）2×20 年 7 月 31 日，A 企业确认当月应付利息：

当月应付利息＝20 000×（6%÷2）÷6＝100（元）

借：财务费用　　100

　　贷：应付利息　　100

（3）2×20 年 12 月 31 日，A 企业借款到期：

借：短期借款　　20 000
　　应付利息　　600
　　贷：银行存款　　20 600

【例 10-2】 某公司于 2×20 年 1 月 1 日向银行借入 80 万元，期限 9 个月，年利率 4.5%，该借款的利息按季支付，本金到期归还。有关处理如下：

（1）1 月 1 日借入款项时：

借：银行存款　　800 000
　　贷：短期借款　　800 000

（2）1 月末预提当月利息 800 000*4.5%/12 = 3 000（元）

借：财务费用　　3 000
　　贷：应付利息　　3 000

2 月末预提当月利息的处理相同。

（3）3 月末支付本季度应付利息时：

借：财务费用　　3 000
　　应付利息　　6 000
　　贷：银行存款　　9 000

第二季、第三季度的债务处理同上。

（4）10 月 1 日偿还借款本金时：

借：短期借款　　800 000
　　贷：银行存款　　800 000

二、应付票据

（一）应付票据的概念

应付票据，是指由出票人出票，委托付款人在指定日期无条件支付确定的金额给收款人或者持票人的票据。应付票据按是否带息分为带息应付票据和不带息应付票据两种。

为了核算应付票据的增减变动情况，小企业应设置“应付票据”科目进行核算，按照债权人进行明细核算。“应付票据”科目核算小企业因购买材料、商品和接受劳务等日常生产经营活动开出、承兑的商业汇票（银行承兑汇票和商业承兑汇票）。由于我国商业汇票的付款期限最长不得超过 6 个月，因此，应付票据属于流动负债的范围。

“应付票据”科目属于负债类科目，其贷方表示小企业开出的应付票据的面值，借方表示偿还的应付票据的面值，期末贷方余额，表示小企业开出、承兑的尚未到期的商业汇票的票面金额，如表 10-2 所示。

商业汇票，是指收款人或付款人（或承兑申请人）签发，由承兑人承兑，并于到期日向收款人或被背书人支付款项的票据。商业汇票按承兑人的不同分为商业承兑汇票和银行承兑汇票。如承兑人是银行的票据，则为银行承兑汇票；如承兑人为购货单位的票据，则为商业承兑汇票。商业汇票按是否带息，分为带息票据和不带息票据。带息票据，是指按票据上表明的利率，在票据票面金额上加上利息的票据，所以，到期承兑时，除支付票面金额外，还要支付利息。不带息票据，是指票据到期时按面值支付，票据上无利息的规定。目前我国常用的是不带息票据。

（二）应付票据的主要账务处理

（1）小企业开出、承兑商业汇票或以承兑商业汇票抵付货款、应付账款等，借记“材料采购”或“在途物资”“库存商品”等科目，贷记“应付票据”科目。涉及增值税进项税额的，还应进行相应的账务处理。

（2）小企业支付银行承兑汇票的手续费，借记“财务费用”科目，贷记“银行存款”科目。支付票款，借记“应付票据”科目，贷记“银行存款”科目。

（3）银行承兑汇票到期，小企业无力支付票款的，按照银行承兑汇票的票面金额，借记“应付票据”科目，贷记“短期借款”科目，对计收的利息，按短期借款利息的办法处理。商业承兑汇票到期，小企业无力支付票款的，按照商业汇票账面价值转入“应付账款”科目，待协商后再行处理。如果重新签发新的票据以清偿原应付票据的，再从“应付账款”科目转入“应付票据”科目。

（4）小企业应当设置“应付票据备查簿”，详细登记商业汇票的种类、号数和出票日期、到期日、票面金额、交易合同号和收款人姓名或单位名称以及付款日期和金额等资料，商业汇票到期结清票款后，在备查簿中应予注销。

表 10-2 应付票据的账务处理

借方	贷方
2. 收到支付通知到期支付数	1. 开出承兑的票据金额
	期末贷方尚未支付的应付票据

【例 10-3】 某小企业 2×20 年 4 月 1 日购买商品 60 000 元，同时出具一张面值为 67 800 元，期限为 3 个月的带息银行承兑汇票，年利率为 10%，支付银行承兑手续费 351 元。

（1）购买商品，出具银行承兑汇票时

借：库存商品 60 000
　　应交税费——应交增值税（进项税） 7 800
　　贷：应付票据——银行承兑汇票 67 800

（2）支付银行承兑手续费

借：财务费用　　351

　　贷：银行存款　　351

（3）4 月 30 日，计提应付利息 67 800×10%/12 = 565（元）

借：财务费用　　565

　　贷：应付票据　　565

（4）5 月 31 日和 6 月 30 日计提应付利息（分录同上）

（5）7 月 1 日，票据到期，支付本息时

借：应付票据　　69 495

　　贷：银行存款　　69 495

【例 10-4】 2×20 年 6 月 1 日，A 企业作为增值税一般纳税人购买所需产品，采用商业汇票方式结算货款，收到的增值税专用发票上注明货物价款为 40 000 元，增值税税率为 13%，增值税税额为 5 200 元，产品已经验收入库。A 企业因暂时周转困难，开出一张期限为 3 个月、面值为 45 200 元的不带息商业承兑汇票，用于支付上述款项。

根据上述经济业务，A 企业做出账务处理如下：

2×20 年 6 月 1 日，A 企业开出商业承兑汇票：

借：库存商品　　40 000

　　应交税费——应交增值税（进项税额）　　5 200

　　贷：应付票据　　45 200

2×20 年 8 月 31 日，A 企业票据到期，分为两种情况。

（1）当 A 企业按时偿付到期票据时：

借：应付票据　　45 200

　　贷：银行存款　　45 200

（2）当 A 企业没有能力偿付票据时：

借：应付票据　　45 200

　　贷：应付账款　　45 200

【例 10-5】 2×20 年 7 月 1 日，B 企业作为增值税一般纳税人，购买成批的原材料，采用银行承兑汇票方式结算货款，收到的增值税专用发票上注明货物价款为 60 000 元，增值税税率为 13%，增值税税额为 7 800 元，原材料已经验收入库。B 企业开出一张期限为 3 个月、面值为 67 800 元的不带息银行承兑汇票，用于支付上述款项。此外，B 企业还用银行存款支付了手续费 100 元。

根据上述经济业务，B 企业做出账务处理如下：

2×20 年 7 月 1 日，B 企业开出银行承兑汇票：

借：库存商品　　60 000

　　应交税费——应交增值税（进项税额）　　7 800

　　贷：应付票据　　67 800

借：财务费用　　100

　　贷：银行存款　　100

2×20 年 9 月 30 日，B 企业票据到期，分为两种情况。

（1）当 B 企业按时偿付到期票据时：

借：应付票据　　67 800

　　贷：银行存款　　67 800

（2）当 B 企业没有能力偿付票据时：

借：应付票据　　67 800

　　贷：短期借款　　67 800

【例 10-6】 2×20 年 8 月 1 日，C 企业作为增值税一般纳税人，需要购买所需的半成品，采用银行承兑汇票方式结算货款，收到的增值税专用发票上注明货物的价款为 80 000 元，增值税税率为 13%，增值税税额为 10 400 元，产品已经验收入库。C 企业开出一张期限为 3 个月、面值为 90 400 元的带息银行承兑汇票，用于支付上述款项，由于属于带息银行承兑汇票，票面年利率为 6%。此外，C 企业还支付了手续费 50 元。

根据上述经济业务，C 企业做出账务处理如下：

2×20 年 8 月 1 日，C 企业开出银行承兑汇票：

借：库存商品　　80 000

　　应交税费——应交增值税（进项税额）　　10 400

　　贷：应付票据　　90 400

借：财务费用　　50

　　贷：银行存款　　50

2×20 年 8 月月底开始，C 企业应当在以后的 3 个月计提利息。

2×20 年 8 月 31 日，C 企业计提利息：

借：财务费用　　452

　　贷：应付票据　　452

2×20 年 10 月 31 日，C 企业票据到期，分为两种情况。

（1）当 C 企业按时偿付到期票据时：

应付票据账面余额＝90 400＋452×3＝91 756（元）

借：应付票据　　91 756

　　贷：银行存款　　91 756

（2）当 C 企业没有能力偿付票据时：

借：应付票据　　91 756

　　贷：短期借款　　91 756

三、应付账款

（一）应付账款的概念

应付账款，是指小企业因购买材料、商品或接受劳务供应等而发生的债务，这是买卖双方由于取得物资或服务与支付货款在时间上不一致而产生的负债。小企业因购买商品等而产生的应付账款，应设置“应付账款”科目进行核算，用于反映这部分负债的价值。“应付账款”科目核算小企业因购买材料、商品和接受劳务等日常生产经营活动应支付的款项，应按照对方单位（或个人）进行明细核算。

（二）应付账款入账时间的确定

应付账款入账时间的确定，一般应以与所购买物资所有权有关的风险和报酬已经转移或劳务已经接受为标志。但在实际工作中，一般是区别下列情况：一是在物资和发票账单同时到达的情况下，应付账款一般待物资验收入库后，才按发票账单登记入账，这主要是为了确认所购入的物资是否在质量、数量和品种上都与合同上订明的条件相符，以免因先入账而在验收入库时发现购入物资有错、漏、破损等问题再行调账，在会计期末仍未完成验收的，则应先按合理估计金额将物资和应付债务入账，事后发现问题再行更正；二是在物资和发票账单未同时到达的情况下，由于应付账款需根据发票账单登记入账，有时货物已到，发票账单要间隔较长时间才能到达，由于这笔负债已经成立，应作为一项负债反映。为了在资产负债表上客观地表示小企业所拥有的资产和承担的债务，在实际工作中采用在月份终了将所购物资和应付债务估计入账，待下月月初再用红字予以冲回的办法。

【例 10-7】 根据供电部门的通知，A 企业本月应付电费 14.8 万元，其中，生产车间的动力用电 10 万元，生产车间的照明用电 3.2 万元，企业行政部门 1.6 万元，款项尚未支付。

借：生产成本　　100 000
　　制造费用　　32 000
　　管理费用　　16 000
　　贷：应付账款　　148 000

【例 10-8】 2×20 年 5 月 1 日，A 企业作为增值税一般纳税人，和 B 企业签订合同，购买其一种畅销商品，商品已经送达 A 企业并且验收入库，但是发票没有送达 A 企业。5 月 31 日，A 企业还是没有收到发票账单，这批商品的暂估价值为 80 000 元。6 月 20 日，A 企业才收到增值税专用发票，上面注明货物价款为 100 000 元，增值税税率为 13%，增值税税额为 13 000 元。

根据上述经济业务，A 企业做出账务处理如下：

2×20 年 5 月 1 日，A 企业收到商品时，暂不进行会计处理。

5 月 31 日，A 企业因没有收到发票，按商品暂估价值处理。

借：库存商品　　80 000
　　贷：应付账款　　80 000

6 月 1 日，A 企业用红字冲回：

借：库存商品　　　　　　　　　　　　　　　　　　　　　　— 80 000

　　贷：应付账款　　　　　　　　　　　　　　　　　　　　　— 80 000

6 月 20 日，A 企业终于收到发票：

借：库存商品　　　　　　　　　　　　　　　　　　　　　　100 000

　　应交税费——应交增值税（进项税额）　　　　　　　　　13 000

　　贷：应付账款　　　　　　　　　　　　　　　　　　　　　113 000

应付账款一般按应付金额入账，而不按到期应付金额的现值入账，也就是说，应付账款的入账金额应以发票金额为依据，不管是存在商业折扣还是有现金折扣。如果购入的资产在形成一笔应付账款时是带有现金折扣的，应付账款入账金额的确定，应按发票上记载的应付金额的总值（即不扣除折扣）记账。在这种方法下，应按发票上记载的全部应付金额，借记有关科目，贷记“应付账款”科目，等到实际发生现金折扣时，再直接冲减财务费用。

（三）应付账款的主要账务处理

（1）小企业购入材料、商品等未验收入库，货款尚未支付，应当根据有关凭证（发票账单、随货同行发票上记载的实际价款或暂估价值），借记“在途物资”科目，按照可抵扣的增值税进项税额，借记“应交税费——应交增值税（进项税额）”科目，按照应付的价款，贷记“应付账款”科目。

小企业接受供应单位提供劳务而发生的应付未付款项，应当根据供应单位的发票账单，借记“生产成本”“管理费用”等科目，贷记“应付账款”科目。

（2）小企业偿付应付账款，借记“应付账款”科目，贷记“银行存款”等科目。小企业确实无法偿付的应付账款，借记“应付账款”科目，贷记“营业外收入”科目。“应付账款”科目期末贷方余额，反映小企业尚未支付的应付账款，如表 10-3 所示。

表 10–3　应付账款的账务处理

借方	贷方
3. 清偿的应付账款	1. 采购发生的应付账款 2. 售后回购融资方式下发出商品时
期末借方反应预付的款项	期末贷方反映企业尚未支付的应付款项

【例 10–9】　2×20 年 5 月 1 日，A 企业作为增值税一般纳税人，和 B 企业签订合同，购买其一种先进的科技产品，收到的增值税专用发票上注明货物价款为 200 000 元，增值税税率为 13%，增值税税额为 26 000 元，产品已经验收入库，但是价款还没有支付。直到 5 月 20 日，A 企业用银行存款偿付了所欠 B 企业的货款。

根据上述经济业务，A 企业做出账务处理如下：

2×20 年 5 月 1 日，A 企业确认应付账款：

借：库存商品　200 000

　　应交税费——应交增值税（进项税额）　26 000

　　贷：应付账款　226 000

5 月 20 日，A 企业偿付应付账款：

借：应付账款　226 000

　　贷：银行存款　226 000

【例 10-10】 2×20 年 5 月 1 日，C 企业作为增值税一般纳税人，和 D 企业签订合同，购买其一大批生产所需的原材料，收到的增值税专用发票上注明原材料价款为 50 000 元，增值税税率为 13%，增值税税额为 6 500 元，原材料已经验收入库，但是价款还没有支付。D 企业与 C 企业有经常的业务往来，所以 D 企业为 C 企业提供一定现金折扣为“1/20、n/30”。假定计算现金折扣时不考虑增值税税额。直到 5 月 15 日，C 企业付清账款。

根据上述经济业务，C 企业做出账务处理如下：

2×20 年 5 月 1 日，C 企业确认应付账款：

借：原材料　50 000

　　应交税费——应交增值税（进项税额）　6 500

　　贷：应付账款　56 500

5 月 15 日，C 企业付清应付账款：

C 企业在 20 天之内偿还账款，所以有 1% 的现金折扣：

现金折扣 = 50 000 × 1% = 500（元）

借：应付账款　56 500

　　贷：财务费用　500

　　　　银行存款　56 000

【例 10-11】 某小企业于 2×20 年 6 月 2 日从甲公司购入一批产品并已验收入库。增值税专用发票上注明该批产品的价款为 155.31 万元，增值税额为 20.19 万元。合同中规定的现金折扣条件为 2/10，1/20，n/30，假定计算现金折扣时不考虑增值税。该企业在 2×20 年 6 月 11 日付清货款。

借：库存商品　155.31

　　应交税费——应交增值税（进项税额）　20.19

　　贷：应付账款　175.5

借：应付账款　175.5

　　贷：银行存款　172.5

　　　　财务费用（150×2%）　3

四、预收账款

（一）预收账款的概念

预收账款，是指小企业的买卖双方通过协议商定，由购货方预先支付一部分货款给供应方而发生的一项负债，预收账款虽然表现为小企业货币资金的增加，但它并不是小企业的收入，其实质是一项负债，要求小企业在短期内以某种商品、提供劳务或服务来补偿。预收账款通常包括预收销售货款、预收租金、预收工程款等，预收账款核算小企业按照合同规定预收的款项。

（二）预收账款的主要账务处理

预收账款的核算应视小企业的具体情况而定，分为两种情况：一是如果小企业预收账款比较多的，可以设置“预收账款”科目；二是如果小企业预收账款情况不多的，也可以不设置“预收账款”科目，而是将预收的款项直接记入“应收账款”科目的贷方。“预收账款”科目应按照对方单位（或个人）进行明细核算。

对于小企业单独设置“预收账款”科目核算的，“预收账款”科目的贷方表示企业预收的款项和购货方补付的款项，借方表示企业应收的款项和退回多收的款项，“预收账款”科目期末贷方余额，反映小企业预收的款项，期末如为借方余额，反映小企业尚未转销的款项，如表 10-4 所示。具体会计处理如下：

（1）小企业向购货单位预收的款项，借记“银行存款”等科目，贷记“预收账款”科目。

（2）小企业销售收入实现时，按照实现的收入金额，借记“预收账款”科目，贷记“主营业务收入”科目。涉及增值税销项税额的，还应进行相应的账务处理。

表 10-4　预收账款的账务处理

借方	贷方
2. 发货结算数	1. 预先收到的货款
	期末贷方反映企业预收账款，但尚未结算收入金额

【例 10-12】 2×20 年 10 月 1 日，A 企业和 B 企业签订货物买卖合同，约定当天，A 企业收到 B 企业预付的货物价款 40 000 元，至 10 月 5 日，A 企业按合同约定向 B 企业发送货物，开出的增值税专用发票上注明货款为 30 000 元，增值税税率为

13%，增值税税额为 3 900 元。

根据上述经济业务，A 企业做出账务处理如下：

2015 年 10 月 1 日，A 企业收到 B 企业预付货款：

借：银行存款　　40 000

　　贷：预收账款　　40 000

10 月 5 日，A 企业实现销售：

借：预收账款　　33 900

　　贷：主营业务收入　　30 000

　　　　应交税费——应交增值税（销项税额）　　3 900

10 月 5 日，A 企业退回多预付的货款：

借：预收账款　　6 100

　　贷：银行存款　　100

【例 10-13】 根据［例 10-8］，如果 A 企业不设置“预收账款”科目，则应当通过“应收账款”科目来处理相关账务。

2×20 年 10 月 1 日，A 企业收到 B 企业预付货款：

借：银行存款　　40 000

　　贷：应收账款　　40 000

10 月 5 日，A 企业实现销售：

借：应收账款　　33 900

　　贷：主营业务收入　　30 000

　　　　应交税费——应交增值税（销项税额）　　3 900

10 月 5 日，A 企业退回多付的货款：

借：应收账款　　6 100

　　贷：银行存款　　6 100

【例 10-14】 小企业 A 公司为一般纳税企业，与丁公司签订供销合同，供货价款 50 000 元，应纳增值税 6 500 元。丁公司先预付全部款项的 30%，剩余款项交货后付清。

1. 收到丁公司交来预付款：　$56\ 500\times30\% = 16\ 950$（元）

借：银行存款　　16 950

　　贷：预收账款——丁公司　　16 950

2. 按合同规定向丁公司发出货物，确认销售实现：

借：预收账款——丁公司　　56 500

　　贷：主营业务收入　　50 000

　　　　应交税费——应交增值税（销项税额）　　6 500

3. 收到丁公司补付的欠款 39 550 元：

借：银行存款　　39 550

　　贷：预收账款——丁公司　　39 550

五、应付职工薪酬

（一）应付职工薪酬的概念

应付职工薪酬，是指小企业为获得职工提供的服务而应付给职工的各种形式的报酬以及其他相关支出。这里所称“职工”比较宽泛，主要包括三类人员：一是与小企业订立劳动合同的所有人员，含全职、兼职和临时职工；二是未与小企业订立劳动合同、但由小企业正式任命的企业治理层和管理层人员，如董事会成员、监事会成员等，尽管有些董事会、监事会成员不是本企业员工，未与小企业订立劳动合同，但对其发放的津贴、补贴等仍属于职工薪酬；三是在小企业的计划和控制下，虽未与企业订立劳动合同或未由其正式任命，但为其提供与职工类似服务的人员，如通过中介机构签订用工合同，为小企业提供与本企业职工类似服务的人员。

职工薪酬核算小企业因职工提供服务而支付或放弃的对价，小企业需要全面综合考虑职工薪酬的内容，以确保其准确性。职工薪酬分为货币性薪酬和非货币性薪酬，主要作用是维持劳动力生产和再生产，激励职工更好地工作以及优化劳动力资源的配置。

小企业应当设置“应付职工薪酬”科目，从而核算小企业根据有关规定应付给职工的各种薪酬。小企业（外商投资）按照规定从净利润中提取的职工奖励及福利基金，也通过“应付职工薪酬”科目核算。

小企业职工薪酬主要包括以下内容。

1. 职工工资、奖金、津贴和补贴

职工工资、奖金、津贴和补贴，是指构成工资总额的计时工资、计件工资、支付给职工的超额劳动报酬和增收节支的劳动报酬、为了补偿职工特殊或额外的劳动消耗和因其他特殊原因支付给职工的津贴，以及为了保证职工工资水平不受物价影响支付给职工的物价补贴等。职工工资是职工劳动收入的主体部分，具有相对固定性和综合性的特点。

2. 职工福利费

职工福利费，是指尚未实行医疗统筹企业职工的医疗费用、职工因公负伤赴外地就医路费、职工生活困难补助，以及按照国家规定开支的其他职工福利支出。

3. 医疗保险费、养老保险费、失业保险费、工伤保险费和生育保险费等社会保险费

医疗保险费、养老保险费、失业保险费、工伤保险费和生育保险费等社会保险费，是指小企业按照国务院、各地方政府规定的基准和比例计算，向社会保险经办机构交纳的医疗保险费、养老保险费、失业保险费、工伤保险费和生育保险费。小企业按照年金计划规定的基准和比例计算，向企业年金管理人交纳的补充养老保险，以及企业以购买商业保险形式提供给职工的各种保险待遇属于企业提供的职工薪酬，应当按照职工薪酬的原则进行确认、计量和披露。

（1）养老保险是国家和社会根据一定的法律和法规，为解决劳动者在达到国家规定的解除劳动义务的劳动年龄界限，或因年老丧失劳动能力退出劳动岗位后的基本生活而建立的一种社会保险制度。

我国规定，为了享受养老保险，需要累计交纳养老保险 15 年以上，并且达到法定退休年龄，具体如下：

一是按月领取按规定发放的基本养老金，直至死亡。

二是死亡待遇，包括丧葬费、一次性抚恤费，以及符合供养条件的直系亲属生活困难的补助，按月发放，直至供养直系亲属死亡。

根据我国具体国情，我国是一个发展中国家，经济还不发达，为了促使养老保险既能发挥保障生活和安定社会的作用，又能适应不同经济条件的需要，以利于劳动生产率的提高，我国的养老保险具体分为三个组成部分：一是基本养老保险制度；二是补充养老保险制度；三是个人储蓄养老保险。

基本养老保险是按国家统一的法规政策强制建立和实施的社会保险制度。企业和职工依法交纳养老保险费，在职工达到国家规定的退休年龄或因其他原因而退出劳动岗位并办理退休手续后，社会保险经办机构向退休职工支付基本养老保险金。基本养老金由基础养老金和个人账户养老金组成。目前，按照国家对基本养老保险制度的总体思路，未来基本养老保险目标替代率确定为 58.5%。基本养老金主要目的在于保障广大退休人员的晚年基本生活。

根据我国养老保险制度相关文件的规定，职工养老保险待遇即受益水平与企业在职工提供服务各期的缴费水平不直接挂钩，企业承担的义务仅限于按照标准提存的金额，属于国际财务报告准则中所称的设定提存计划。设定提存计划，是指企业向一个独立主体支付固定提存金，如果该基金不能拥有足够资产以支付与当前和以前期间职工服务相关的所有职工福利，企业不再负有进一步支付提存金的法定义务和推定义务。因此，在设定提存计划下，企业在每一期间的义务取决于企业在该期间提存的金额，由于提存额一般都在职工提供服务期末 12 个月以内到期支付，计量该类义务一般不需要折现。

在我国，企业为职工建立的其他社会保险如医疗保险、失业保险、工伤保险和生育保险，也是根据国务院条例的规定，由社会保险经办机构负责收缴、发放和保值增值，企业承担的义务亦仅限于按照国务院规定由企业所在地政府规定的标准，与基本养老保险一样，同样属于设定提存计划。

（2）企业补充养老保险，是指由企业根据自身经济实力，在国家规定的实施政策和实施条件下为本企业职工所建立的一种辅助性的养老保险。它居于多层次的养老保险体系中的第二层次，由国家宏观指导、企业内部决策执行。

为了更好地保障企业职工退休后的生活，依法参加基本养老保险，并且履行缴费义务、具有相应的经济负担能力，并且已经建立集体协商机制的企业，经过有关部门批准，可以申请建立企业年金，企业年金是企业及其职工在依法参加基本养老保险的基础上，自愿建立的补充养老保险制度。我国以年金形式建立的补充养老保险制度属于企业“缴费确定型”计划，即以缴费的情况确定企业年金待遇的养老金模式，企业缴费亦是根据参加计划职工的工资、级别、工龄等因素，在计划中明确规定，以后期间不再调整。从企业承担义务的角度来看，我国企业的补充养老保险缴费也属于设定提存计划。

在我国，无论是基本养老保险还是补充养老保险制度，企业对职工的义务仅限于按照省、自治区、直辖市或地（市）政府或企业年金计划规定缴费的部分，没有进一步支付的义务，均应当按照与国际财务报告准则中设定提存计划相同的原则处理。因此，无论是支付的基本养老保险费，还是补充养老保险费，企业都应当在职工提供服务的会计期间根据规定标准计提，按照受益对象进行分配，计入相关资产成本或者当期损益。

基本养老保险与企业补充养老保险既有区别又有联系。其区别主要体现在两种养老保险的层次和功能上的不同，其联系主要体现在两种养老保险的政策和水平相互联系、密不可分。企业补充养老保险由劳动保障部门管理，单位实行补充养老保险，应选择经劳动保障行政部门认定的机构经办。企业补充养老保险的资金筹集方式有现收现付制、部分积累制和完全积累制三种。企业补充养老保险费可由企业完全承担，或由企业和员工双方共同承担，承担比例由劳资双方协议确定，企业内部一般都设有由劳资双方组成的董事会，负责企业补充养老保险事宜。

（3）职工个人储蓄性养老保险是我国多层次养老保险体系的一个组成部分，是由职工自愿参加、自愿选择经办机构的一种补充保险形式。由社会保险机构经办的职工个人储蓄性养老保险，由社会保险主管部门制定具体办法，职工个人根据自己的工资收入情况，按规定交纳个人储蓄性养老保险费，记入当地社会保险机构在有关银行开设的养老保险个人账户，并应按照不低于或高于同期城乡居民储蓄存款利率计息，以提倡和鼓励职工个人参加储蓄性养老保险，所得利息记入个人账户，本息一并归职工个人所有。职工达到法定退休年龄经批准退休后，凭个人账户将储蓄性养老保险金一次总付或分次支付给本人。职工跨地区流动，个人账户的储蓄性养老保险金应随之转移。职工未到退休年龄而死亡，记入个人账户的储蓄性养老保险金应由其指定人或法定继承人继承。

（4）医疗保险，是指劳动者因疾病、伤残或生育等原因需要治疗时，由国家和社会提供必要的医疗服务和物质帮助的一种社会保险制度。医疗保险的享受待遇按照各个地方的规定各不相同，基本内容包括急诊医疗费用和住院医疗等。

（5）工伤保险，是指劳动者因为工作受伤致残，暂时或者永久丧失劳动能力时，由国家和社会给予一定的物质帮助的一种社会保险制度。在我国，工伤保险的待遇，包括参保单位的参保人员发生工伤事故，经过劳动保障行政部门认定工伤后，参保单位及时携带工伤认定的相关证明材料到所属区、县社保经办机构建立工伤职工支付信息数据库后，可享受医疗费用的报销待遇。

（6）生育保险，是指国家和社会对女职工由于妊娠、分娩而暂时丧失劳动能力时给予物质帮助的一种社会保险制度。在我国，生育保险的享受待遇也因各个地方而有所不同，一般包括生育津贴、生育医疗费用、计划生育手术医疗费用和其他费用等。

（7）失业保险，是指国家通过建立失业保险基金的办法，对由于某种情形失去工作而暂时中断生活来源的劳动者提供一定基本生活需要，并且帮助其重新就业的一种社会保险制度。

小企业应当按照《社会保险登记管理暂行办法》规定的相关期限及时到工商企业执照注册地所在的区县社会保险经办机构申请办理社会保险登记。小企业需要持有《企业法人营业执照》副本，填报《社会保险登记表》，申请办理社会保险登记，市或者区县社会保险经办机构对于小企业填报的《社会保险登记表》和其他相关的证件、材料应当及时受理，10 日内审核完毕，符合规定的，予以登记，并且发给《社会保险登记证》。

小企业的社会保险登记事项中的单位名称、住所地址、法定代表人、单位类型、主管部门和开户银行等发生变更时，应当依法向原社会保险登记机构申请办理变更登记。小企业应当自工商行政管理机关办理变更登记或者有关机关批准变更之日起 30 日内，持《变更社会保险登记申请书》《社会保险登记证》、工商变更登记表和工商执照到原社会保险登记机构办理变更手续。社会保险变更登记的内容涉及社会保险登记证件的内容需要更改的，社会保险经办机构将收回原社会保险登记证，并且按照更改后的内容，重新核发社会保险登记证。

小企业发生解散、破产、撤销、合并以及其他情形，依法终止社会保险缴费义务时，应当及时向原社会保险登记机构申请办理注销《社会保险登记证》。小企业应当自工商行政管理机关办理注销登记之日起 30 日内，向原社会保险登记机构申请办理注销社会保险登记，小企业被工商行政管理机关吊销营业执照的，应当自营业执照被吊销之日起 30 日内，向原社会保险登记机构申请办理注销登记。

4. 住房公积金

住房公积金，是指单位及其在职职工缴存的长期住房储金，是住房分配货币化、社会化和法制化的主要形式，住房公积金应当按照国家规定的基准和比例计算，向住房公积金管理机构缴存。住房公积金制度是国家法律规定的重要的住房社会保障制度，具有强制性、互助性、保障性。单位和职工个人必须依法履行缴存住房公积金的义务。

小企业按照就近原则，应当到各地管理部门办理住房公积金的缴存登记手续，小企业应当提供的材料包括：《企业法人营业执照》副本原件及复印件，法定代表人或负责人身份证原件及复印件，单位经办人的身份证原件及复印件，单位填制的管理中心统一印制的《单位登记表》一份，加盖单位公章。

小企业建立住房公积金时，应当填写一式两份的“住房公积金登记表”和“住房公积金汇缴清册”报归集部门，同时提供单位印鉴卡一式两张完成初始登记。“住房公积金汇缴清册”的实际张数要与“住房公积金登记表”上附汇缴清册的张数一致。住房公积金的月缴存额原则上每年核定一次，以后每年 5 月 1 日至 31 日，都要向归集部门编报本单位下年度的“住房公积金登记表”和“住房公积金汇缴清册”。缴存额核定后，在住房公积金缴存年度内可变更一次，企业应当重新填报“住房公积金登记表”和“住房公积金汇缴清册”，并且在“住房公积金登记表”空白处注明新汇缴起始汇缴月份。

5. 工会经费和职工教育经费

工会经费和职工教育经费，是指企业为了改善职工文化生活、为职工学习先进技术和提高文化水平和素质，用于开展工会活动和职工教育及职业技能培训等相关支出。工会经费，是指工会依法取得并开展正常活动所需的费用。按《中华人民共和国工会法》，工会经费的主要来源是工会会员交纳的会费和按每月全部职工工资总额的 2% 向工会拨交的经费这两项，其中 2% 的工会经费是经费的最主要来源。职工教育经费，是指企业按工资总额的一定比例提取用于职工教育事业的一项费用，是企业为职工学习先进技术和提高文化水平而支付的费用。

6. 非货币性福利

非货币性福利，包括企业以自产产品或外购商品发放给职工作为福利、将企业拥有的资产无偿提供给职工使用、为职工无偿提供医疗保健服务等。

7. 因解除与职工的劳动关系给予的补偿

因解除与职工的劳动关系给予的补偿，是指由于分离办社会职能、实施主辅分离辅业改制分流安置富余人员、实施重组、改组计划、职工不能胜任等原因，企业在职工劳动合同尚未到期之前解除与职工的劳动关系，或者为了鼓励职工自愿接受裁减而提出补偿建议的计划中给予职工的经济补偿，即国际财务报告准则中所指的辞退福利。

8. 其他与获得职工提供的服务相关的支出

其他与获得职工提供的服务相关的支出，是指除了上述七种薪酬之外的其他为了获得职工提供服务而给予的报酬，比如，企业提供给职工以权益形式结算的认股权、以现金形式结算但以权益工具公允价值为基础确定的现金股票增值权等。

（二）应付职工薪酬的主要账务处理

“应付职工薪酬”科目应按照“职工工资”“奖金、津贴和补贴”“职工福利费”“社会保险费”“住房公积金”“工会经费”“职工教育经费”“非货币性福利”“辞退福利”等科目进行明细核算。“应付职工薪酬”科目贷方表示企业实际应付的职工薪酬，借方表示企业实际支付的职工薪酬。“应付职工薪酬”科目期末贷方余额，反映小企业应付未付的职工薪酬，如表 10-5 所示。

小企业应当在职工为其提供服务的会计期间，将应付的职工薪酬确认为负债，并根据职工提供服务的受益对象，分别按照下列情况进行会计处理：

（1）应由生产产品、提供劳务负担的职工薪酬，计入产品成本或劳务成本。生产产品、提供劳务中的直接生产人员和直接提供劳务人员发生的职工薪酬，计入存货成本，但非正常消耗的直接生产人员和直接提供劳务人员的职工薪酬，应当计入当期损益。

（2）应由在建工程、无形资产开发项目负担的职工薪酬，计入固定资产成本或无形资产成本。自行建造固定资产和自行研究开发无形资产过程中发生的职工薪酬，能否计入固定资产或无形资产成本，取决于相关资产的成本确定原则。比如，企业在研究阶段发生的职工薪酬不能计入自行开发无形资产的成本，在开发阶段发生的职工薪酬，符合无形资产资本化条件的，应当计入自行开发无形资产的成本。

（3）其他职工薪酬（含因解除与职工的劳动关系给予的补偿），计入当期损益。除了直接生产人员、直接提供劳务人员、符合准则规定条件的建造固定资产人员、开发无形资产人员以外的职工，包括企业总部管理人员、董事会成员、监事会成员等人员相关的职工薪酬，因难以确定直接对应的受益对象，均应当在发生时计入当期损益。

（4）月末，小企业应当将本月发生的职工薪酬区分以下情况进行分配：

①生产部门（提供劳务）人员的职工薪酬，借记"生产成本""制造费用"等科目，贷记"应付职工薪酬"科目。

②应由在建工程、无形资产开发项目负担的职工薪酬，借记"在建工程""研发支出"等科目，贷记"应付职工薪酬"科目。

③管理部门人员的职工薪酬和因解除与职工的劳动关系给予的补偿，借记"管理费用"科目，贷记"应付职工薪酬"科目。

④销售人员的职工薪酬，借记"销售费用"科目，贷记"应付职工薪酬"科目。

表 10-5　应付职工薪酬的账务处理

借方	贷方
2. 支付的各项职工薪酬	1. 应当支付的各项职工薪酬
	期末贷方反映应当支付的职工薪酬

【例 10-15】 2×20 年 10 月，某市 A 企业统计本月应当发放的工资总额具体包括如下项目：A 企业生产部门（提供劳务）人员工资 600 000 元，生产部门管理人员工资 200 000 元，企业管理部门人员工资 100 000 元，企业销售部门人员工资 300 000 元。

根据本市政府规定，企业应当按照职工工资总额的 9%、10%、3% 和 8% 计提医疗保险费、养老保险费、失业保险费和住房公积金，交纳给本市社会保险经办机构和住房公积金管理机构。企业应该承担的职工福利费义务金额为职工工资总额的 4%，职工福利受益对象为上述所有人员。此外，企业分别按照职工工资总额的 2% 和 1.5% 计提工会经费和职工教育经费。

根据上述经济业务，A 企业做出账务处理如下：

2×20 年 10 月，A 公司统计本月应发工资：

应当计入生产成本的职工薪酬 = 600 000 + 600 000 ×（9% + 10% + 3% + 8% + 4% + 2% + 1.5%）= 825 000（元）

应当计入制造费用的职工薪酬 = 200 000 + 200 000 ×（9% + 10% + 3% + 8% + 4% + 2% + 1.5%）= 275 000（元）

应当计入管理费用的职工薪酬 = 100 000 + 100 000 ×（9% + 10% + 3% + 8% + 4% + 2% + 1.5%）= 137 500（元）

应当计入销售费用的职工薪酬 = 300 000 + 300 000 ×（9% + 10% + 3% + 8% + 4% + 2% + 1.5%）= 412 500（元）

借：生产成本	825 000	
制造费用	275 000	
管理费用	137 500	
销售费用	412 500	
贷：应付职工薪酬——工资		1 200 000
——职工福利		48 000
——社会保险费		264 000
——住房公积金		96 000
——工会经费		24 000
——职工教育经费		18 000

（5）小企业发放职工薪酬应当区分以下情况进行处理：

①向职工支付工资、奖金、津贴、福利费等，从应付职工薪酬中扣还的各种款项（代垫的家属药费、个人所得税等），借记“应付职工薪酬”科目，贷记“库存现金”“银行存款”“其他应收款”“应交税费——应交个人所得税”等科目。

②支付工会经费和职工教育经费用于工会活动和职工培训，借记“应付职工薪酬”科目，贷记“银行存款”等科目。

③按照国家有关规定交纳的社会保险费和住房公积金，借记“应付职工薪酬”科目，贷记“银行存款”科目。

④以其自产产品发放给职工的，按照其销售价格，借记“应付职工薪酬”科目，贷记“主营业务收入”科目；同时，还应结转产成品的成本。涉及增值税销项税额的，还应进行相应的账务处理。

【例 10-16】 甲公司结算本月应付职工薪酬 300 000 元，代扣职工个人所得税 20 000 元，社会保险费 30 000 元和住房公积金 20 000，实发工资 230 000 元。账务处理如下：

（1）月末，分配工资，其中：产品生产人员工资为 200 000 元，车间管理人员工资为 30 000 元，企业行政管理人员工资为 70 000 元。

借：生产成本	200 000	
制造费用	30 000	
管理费用	70 000	
贷：应付职工薪酬		300 000

（2）发放工资并结算代扣代缴

借：应付职工薪酬（应发工资） 300 000
　　贷：银行存款（实发工资） 230 000
　　　　其他应付款——社会保险费（代缴） 30 000
　　　　　　　　　——住房公积金（代缴） 20 000
　　　　应交税费——应交个人所得税（代扣） 20 000

【例 10-17】 2×20 年 12 月 1 日，B 企业作为增值税一般纳税人，为了年终奖励企业员工，决定将自己生产的一批电脑和外购的一批手机作为福利发放给企业职工，自己生产的电脑每台成本为 1 000 元，售价为 4 000 元，外购的手机不含税价格每部为 2 000 元，增值税税率为 13%，2×20 年 12 月 20 日，电脑已发放给员工，手机也已经购买回来发放给员工。此外，B 企业有 200 名员工，其中，生产部门的直接生产人员有 160 名，管理部门的管理人员有 40 名。

根据上述经济业务，B 企业做出账务处理如下：

（1）2×20 年 12 月 1 日，B 公司决定发放福利（电脑）时：

电脑的售价总额＝4 000×200＝800 000（元）

电脑的增值税销项税额＝800 000×13%＝104 000（元）

借：生产成本 723 200
　　管理费用 180 800
　　贷：应付职工薪酬——非货币性福利 904 000

2×20 年 12 月 20 日，B 公司实际发放福利（电脑）时：

借：应付职工薪酬——非货币性福利 904 000
　　贷：主营业务收入 800 000
　　　　应交税费——应交增值税（销项税额） 104 000

借：主营业务成本 200 000
　　贷：库存商品 200 000

（2）2×20 年 12 月 1 日，B 公司决定发放福利（手机）时：

手机的进价总额＝2 000×200＝400 000（元）

手机的进项税额＝400 000×13%＝52 000（元）

借：生产成本 361 600
　　管理费用 90 400
　　贷：应付职工薪酬——非货币性福利 452 000

2×20 年 12 月 20 日，B 公司购买并发放福利（手机）时：

借：应付职工薪酬——非货币性福利 452 000
　　贷：银行存款 452 000

⑤支付的因解除与职工的劳动关系给予职工的补偿，借记“应付职工薪酬”科目，贷记“库存现金”“银行存款”等科目。

（6）小企业在确定应付职工薪酬和应计入成本费用的职工薪酬时，还有两种特殊情况：一是，对于国务院有关部门、省、自治区、直辖市人民政府或经批准的企业年金计划规定了计提基础和计提比例的职工薪酬项目，企业应当按照规定的计提标准，计量企业承担的职工薪酬义务和计入成本费用的职工薪酬。其中：对于“五险一金”，即医疗保险费、养老保险费、失业保险费、工伤保险费、生育保险费和住房公积金，企业应当按照国务院、所在地政府或企业年金计划规定的标准计量应付职工薪酬义务和应当计入成本费用的薪酬金额。对于工会经费和职工教育经费，企业应当按照国家相关规定，分别按照职工工资总额的 2% 和 1.5% 计量应付职工薪酬（工会经费、职工教育经费）义务金额和应相应计入成本费用的薪酬金额。从业人员技术要求高、培训任务重、经济效益好的企业，可以根据国家有关规定，按照职工工资总额的 2.5% 计量计入成本费用的职工教育经费。按照明确标准计算确定应承担的职工薪酬义务后，再根据受益对象计入相关资产的成本或者当期费用。二是，对于国家相关法律、法规没有明确规定计提基础和计提比例的职工福利费，企业应当根据历史经验数据和自身实际情况，预计应付职工薪酬金额和应计入成本费用的薪酬金额，每个资产负债表日，企业应当对实际发生的福利费金额和预计金额进行调整。

六、应交税费

（一）应交税费的概念

小企业在一定时期内取得的营业收入和实现的利润或发生特定经营行为，要按照规定向国家交纳各种税金，这些应交的税金，应按照权责发生制的原则确认。这些应交的税金在尚未交纳之前，形成企业的一项负债。

“应交税费”科目核算小企业按照税法等规定计算应交纳的各种税费，包括：增值税、消费税、城市维护建设税、企业所得税、资源税、土地增值税、城镇土地使用税、房产税、车船税、教育费附加、矿产资源补偿费、排污费等。小企业代扣代缴的个人所得税等，也通过“应交税费”科目核算。

“应交税费”科目按照应交的税费项目进行明细核算。“应交税费”科目属于负债类科目，其借方表示企业实际交纳的税金，其贷方表示企业应交纳的各种税金，以及出口退税、税务机关退回多交的税金等。“应交税费”科目期末贷方余额，反映小企业尚未交纳的税费，期末如为借方余额，反映小企业多交或尚未抵扣的税费。

应交增值税还应当分别“进项税额”“销项税额”“出口退税”“进项税额转出”“已交税金”等设置专栏。小规模纳税人只需设置“应交增值税”明细科目，不需要在“应交增值税”明细科目中设置上述专栏。

（二）应交增值税的主要账务处理

增值税是就货物或应税劳务的增值部分征收的一种税，是对在我国境内销售货物、进口货物，或者提供加工、修理修配劳务的增值额征收的一种流转税。营改增后，对在我国境内提供劳务、转让无形资产或者销售不动产的单位和个人，也征收增值税。

按照增值税暂行条例规定，企业购入货物或接受应税劳务支付的增值税（即进项税额），可以从销售货物或提供劳务按规定收取的增值税（即销项税额）中扣除。按照纳税人的经营规模和会计核算的健全程度，增值税的纳税义务人分为一般纳税人和小规模纳税人两种，对于增值税，一般纳税人和小规模纳税人的账务处理是不同的，总体而言，一般纳税人比小规模纳税人的账务处理更加复杂。

按照规定，企业购入货物或接受劳务必须具备以下凭证，其进项税额才能予以扣除。值得注意的是，按照修订后的《中华人民共和国增值税暂行条例》，企业购入的机器设备等生产经营用固定资产所支付的增值税在符合税收法规规定情况下，也应从销项税额中扣除，不再计入固定资产成本。按照税收法规规定，购入的用于集体福利或个人消费等目的的固定资产而支付的增值税，不能从销项税额中扣除，仍应计入固定资产成本。

增值税专用发票。实行增值税以后，一般纳税企业销售货物或者提供应税劳务均应开具增值税专用发票，增值税专用发票记载了销售货物的售价、税率以及税额等，购货方以增值税专用发票上记载的购入货物已支付的税额，作为扣税和记账的依据。

完税凭证。企业进口货物必须交纳增值税，其交纳的增值税在完税凭证上注明，进口货物交纳的增值税根据从海关取得的完税凭证上注明的增值税税额，作为扣税和记账的依据。

购买免税农产品，按照经税务机关批准的收购凭证上注明的价款或收购金额的一定比率计算进项税额，并以此作为扣税和记账的依据。

企业购入货物或者接受应税劳务，没有按照规定取得并保存增值税扣税凭证，或者增值税扣税凭证上未按照规定注明增值税税额及其他有关事项的，其进项税额不能从销项税额中抵扣。在会计核算中，如果企业不能取得有关的扣税凭证，则购进货物或接受应税劳务支付的增值税税额不能作为进项税额扣税，其已支付的增值税只能计入购入货物或接受劳务的成本。

小企业应交的增值税，在“应交税费”科目下设置“应交增值税”明细科目进行核算。“应交增值税”明细科目的借方发生额，表示企业购进货物或接受应税劳务支付的进项税额、实际已交纳的增值税等；贷方发生额，表示销售货物或提供应税劳务应交纳的增值税税额、出口货物退税、转出已支付或应分担的增值税等；期末借方余额，反映企业尚未抵扣的增值税。“应交税费——应交增值税”科目分别设置“进项税额”“销项税额”“出口退税”“进项税额转出”“已交税金”等专栏。

1. 小规模纳税人的账务处理

小规模纳税人是指年销售额在规定标准以下，并且会计核算不健全，不能按规定报送有关税务资料的增值税纳税人，所称会计核算不健全，是指不能正确核算增值税的销项税额、进项税额和应纳税额。

从税务角度看，实行增值税的小规模纳税企业，一是企业销售商品或提供劳务，一般情况下，只能开具普通发票，不能开具增值税专用发票；二是小规模纳税企业销售商品或提供劳务，使用简易办法计算应纳税额，按照销售额的一定比例计算；三是小规模纳税企业的销售额不包含其应纳税额。如果企业销售货物或者提供劳务采用销售额和应纳税额合并定价方法的，根据公式：销售额＝含税销售额 ÷（1 ＋征收率），从而还原成不含税销售额。

从会计核算角度，小规模纳税企业的账务处理特点如下：

一是小规模纳税企业购买货物无论是否具有增值税专用发票，其支付的增值税均不计入进项税额，不得用销项税额抵扣，应该计入购买货物的成本。同时，其他企业从小规模纳税企业购买货物或接受劳务，支付的增值税，如果不能取得增值税专用发票，也不能作为进项税额抵扣，而是应该计入货物或者劳务的成本；二是小规模纳税企业的销售收入按不含税的价格计算；三是对于小规模纳税企业的“应交税费——应交增值税”科目，其贷方表示企业应交纳的增值税，借方表示企业已交纳的增值税，期末贷方余额表示企业尚未交纳的增值税，借方余额表示企业多交纳的增值税。

【例 10-18】 2×20 年 6 月 23 日，B 公司（小规模纳税人）购入原材料一批，取得增值税专用发票，不含税金额 10 000 元，税额 1300 元。货物已验收入库，款项暂未付。其账务处理为：

借：库存商品（10 000 ＋ 1 300）　　11 300

　　贷：银行存款（10 000 ＋ 1 300）　　11 300

【例 10-19】 2×20 年 7 月 22 日，B 公司（小规模纳税人）又购入原材料，取得的增值税普通发票上注明的金额为 150 000 元，款已用银行存款付清，材料已验收入库，其账务处理为：

借：原材料　　150 000

　　贷：银行存款　　150 000

【例 10-20】 B 公司（小规模纳税人）取得含税收入 103 元（假设该笔销售收入需要缴纳增值税），其账务处理为：

借：银行存款　　103

　　贷：主营业务收入［103÷（1 ＋ 3％）］　　100

　　　　应交税费——应交增值税（100×3％）　　3

2. 一般纳税人的账务处理

一般纳税人是指年应征增值税销售额（包括一个公历年度内的全部应税销售额）超过财政部规定的小规模纳税人标准的企业和企业性单位。

从税务角度看，实行增值税的一般纳税企业，一是可以使用增值税专用发票，企业销售商品或提供劳务可以开具增值税专用发票；二是购入商品取得的增值税专用发票上注明的增值税税额可以用销项税额抵扣；三是如果企业销售货物或者提供劳务是采用销售额和销项税额合并定价方法的，根据公式：销售额＝含税销售额 ÷（1 ＋增值税税率），从而还原成不含税销售额，并且按照不含税销售额计算销项税额。

从会计核算角度，一般纳税人的账务处理特点如下：

一是在购买商品时，会计处理实行价与税分离，价税分离是通过增值税专用发票上注明的价款和增值税分离来实现的，属于价款的部分，计入商品的成本，属于增值税的部分，计入增值税进项税额；二是在销售商品时，销售价格中不含有增值税，向购买方收取的增值税作为销项税额，如果定价时含税，应该还原为不含税价格作为销售收入。

【例 10-21】 2×20 年 5 月 1 日，B 企业作为增值税一般纳税人，购买了一批材料，收到的增值税专用发票上注明货物价款 500 000 元，增值税税率为 13%，增值税税额为 65 000 元，这批材料已经验收入库，货款也已经支付。同年 6 月 1 日，该企业销售商品 600 000 元（不含增值税），货款尚未收到。

根据上述经济业务，B 企业做账务处理如下：

2×20 年 5 月 1 日，B 企业购买材料：

借：原材料　　500 000

　　应交税费——应交增值税（进项税额）　　65 000

　　贷：银行存款　　565 000

2×20 年 6 月 1 日，B 企业销售商品：

借：应收账款　　678 000

　　贷：主营业务收入　　600 000

　　　　应交税费——应交增值税（销项税额）　　78 000

（1）小企业采购物资等，按照应计入采购成本的金额，借记“材料采购”或“在途物资”“原材料”“库存商品”等科目，按照税法规定可抵扣的增值税进项税额，借记本科目（应交增值税——进项税额），按照应付或实际支付的金额，贷记“应付账款”“银行存款”等科目。购入物资发生退货的，做相反的会计分录。

【例 10-22】 2×20 年 5 月 1 日，A 企业作为增值税一般纳税人，购买了 B 企业的一套产品，收到的增值税专用发票上注明货物价款 90 000 元，增值税税率为 13%，增值税税额为 11 700 元，产品已经验收入库，货款也已经支付。

根据上述经济业务，A 企业做账务处理如下：

2×20 年 5 月 1 日，A 企业购买产品：

借：库存商品　　90 000

　　应交税费——应交增值税（进项税额）　　11 700

　　贷：银行存款　　101 700

按照增值税暂行条例规定，对于农业生产销售的自产农产品、古旧图书等部分项目免征增值税。企业销售免征增值税项目的产品，不能开具增值税专用发票，只可以开具普通发票。企业购买免税产品，一般情况下不能扣税，但是按照税法规定，对于购买的免税农业产品、收购废旧物资等可以按照收购价格的一定比例计算进项税额，并且准许从销项税额中抵扣。

购进免税农业产品，按照购入农业产品的买价和税法规定的税率计算的增值税进项税额，借记本科目（应交增值税——进项税额），按照买价减去税法规定计算的增值税进项税额后的金额，借记“原材料”“材料采购”或“在途物资”等科目，按照应付或实际支付的价款，贷记“应付账款”“库存现金”“银行存款”等科目。

【例 10-23】 2×20 年 8 月 1 日，B 企业作为增值税一般纳税人，购买了 B 企业的一套免税农产品，实际支付价款 50 000 元，农产品已经验收入库，货款也已经支付。（假设规定的扣除率为 9%）

根据上述经济业务，B 企业做账务处理如下：

2×20 年 8 月 1 日，B 企业购买农产品。

可抵扣的进项税额＝50 000×9%＝4 500（元）

农产品的购买成本＝50 000－4 500＝45 500（元）

借：原材料	45 500	
应交税费——应交增值税（进项税额）	4 500	
贷：银行存款		50 000

（2）销售商品（提供劳务），按照收入金额和应收取的增值税销项税额，借记“应收账款”“银行存款”等科目，按照税法规定应交纳的增值税销项税额，贷记本科目（应交增值税——销项税额），按照确认的营业收入金额，贷记“主营业务收入”“其他业务收入”等科目。发生销售退回的，做相反的会计分录。

随同商品出售但单独计价的包装物，应当按照实际收到或应收的金额，借记“银行存款”“应收账款”等科目，按照税法规定应交纳的增值税销项税额，贷记本科目，按包装物销售收入，贷记“其他业务收入”科目。

【例 10-24】 2×20 年 5 月 1 日，C 企业作为增值税一般纳税人，销售给 B 企业的一套产品，开出的增值税专用发票上注明货物价款为 60 000 元，增值税税率为 13%，增值税税额为 7 800 元，货款已经收到。

根据上述经济业务，C 企业做账务处理如下：

2×20 年 5 月 1 日，C 企业销售商品。

借：银行存款	67 800	
贷：主营业务收入		60 000
应交税费——应交增值税（销项税额）		7 800

（3）有出口产品的小企业，其出口退税的账务处理如下：

实行“免、抵、退”管理办法的小企业，按照税法规定计算的当期出口产品不予免征、抵扣和退税的增值税税额，借记“主营业务成本”科目，贷记本科目（应交增值税——进项税额转出）。按照税法规定计算的当期应予抵扣的增值税税额，借记本科目（应交增值税——出口抵减内销产品应纳税额），贷记本科目（应交增值税——出口退税）。由于应抵扣的税额大于应纳税额而未全部抵扣，出口产品按照税法规定应予退回的增值税税额，借记“其他应收款”科目，贷记本科目（应交增值税——出口退税）。

【例 10-25】 A企业实行“免、抵、退”管理办法。2×20年5月1日，A企业进项税额为30 000元，本期进项税额为50 000元，所有进项税额均可抵扣。本期，A企业出口产品销售收入为1 000 000元，内销产品销售收入为600 000元，按照规定其出口产品的退税率为11%。

根据上述经济业务，A企业做账务处理如下：

计算当期不予免抵的税额：

当期不予免抵的税额＝1 000 000×（13%－11%）＝20 000（元）

借：主营业务成本　　20 000

　　贷：应交税费——应交增值税（进项税额转出）　　20 000

计算当期应予抵扣的税额：

当期内销产品销项税额＝600 000×13%＝78 000（元）

当期内销产品应纳税额＝78 000－（30 000＋50 000－20 000）

＝18 000（元）

当期出口退税额＝1 000 000×11%＝110 000（元）

应退税款＝110 000－18 000＝92 000（元）

借：应交税费——应交增值税（出口抵减内销产品应纳税额）　　18 000

　　其他应收款　　92 000

　　贷：应交税费——应交增值税（出口退税）　　110 000

【例 10-26】 B企业实行“免、抵、退”管理办法。2×20年5月1日，B企业进项税额40 000元，本期进项税额60 000元，所有进项税额均可抵扣。本期，B企业出口产品销售收入为900 000元，内销产品销售收入为2 000 000元，按照规定其出口产品的退税率为11%。

根据上述经济业务，B企业做账务处理如下：

计算当期不予免抵的税额：

当期不予免抵的税额＝900 000×（13%－11%）＝18 000（元）

借：主营业务成本　　18 000

　　贷：应交税费——应交增值税（进项税额转出）　　18 000

计算当期应予抵扣的税额：

当期内销产品销项税额＝2 000 000×13%＝260 000（元）

当期内销产品应纳税额＝260 000－（40 000＋60 000－18 000）

＝178 000（元）

当期出口退税额＝900 000×11%＝99 000（元）

由于出口退税99 000元小于内销产品应纳税额178 000元，可在当期全部扣抵。

借：应交税费——应交增值税（出口抵减内销产品应纳税额）　　99 000

　　贷：应交税费——应交增值税（出口退税）　　99 000

未实行“免、抵、退”管理办法的小企业，出口产品实现销售收入时，应当按照应收的金额，借记“应收账款”等科目，按照税法规定应收的出口退税，借记“其他应收款”科目，按照税法规定不予退回的增值税税额，借记“主营业务成本”科目，按照确认的销售商品收入，贷记“主营业务收入”科目，按照税法规定应交纳的增值税税额，贷记本科目（应交增值税——销项税额）。

【例 10-27】 C 企业未实行“免、抵、退”管理办法。从 2×20 年 5 月 1 日开始，本期内 C 企业出口产品销售收入为 800 000 元，按照规定其出口产品的退税率为 11%。

根据上述经济业务，C 企业做账务处理如下：

计算当期不予免抵的税额：

当期不予免抵的税额＝800 000×（13% － 11%）＝16 000（元）

当期出口退税额＝800 000×11% ＝ 88 000（元）

借：应收账款　　800 000
　　其他应收款　　88 000
　　主营业务成本　　16 000
　　贷：主营业务收入　　800 000
　　　　应交税费——应交增值税（销项税额）　　104 000

【例 10-28】 某小企业 A 公司属于未实行“免、抵、退”办法的一般纳税人。2×20 年 5 月，其相关业务及账务处理为：

购进商品 1 130 000 元（含税），取得增值税专用发票：

借：库存商品　　1 000 000
　　应交税费——应交增值税（进项税额）　　130 000
　　贷：银行存款　　1 130 000

出口销售，实现收入 1 500 000 元：

借：银行存款　　1 500 000
　　贷：主营业务收入　　1 500 000

借：主营业务成本　　1 000 000
　　贷：库存商品　　1 000 000

假设进项全额退税：

借：应收出口退税款　　130 000
　　贷：应交税费——应交增值税（出口退税）　　130 000

假设只退回 11 万元，则：

借：应收出口退税款　　110 000
　　贷：应交税费——应交增值税（出口退税）　　110 000

借：主营业务成本　　20 000
　　贷：应交税费——应交增值税（进行税额转出）　　20 000

（4）小企业购入材料等按照税法规定不得从增值税销项税额中抵扣的进项税额，其进项税额应计入材料等的成本，借记“原材料”“材料采购”或“在途物资”等科目，贷记“银行存款”等科目，不通过本科目（应交增值税——进项税额）核算。

【例 10-29】 2×20 年 7 月 1 日，A 企业向 B 企业购买一批生产所需材料，收到的增值税专用发票上注明材料价款为 200 000 元，增值税税额为 26 000 元，材料已经验收入库，货款已经支付。按照税法规定，属于不得从增值税销项税额中抵扣的进项税额。

根据上述经济业务，A 企业做账务处理如下：

2×20 年 7 月 1 日，A 企业购买材料：

借：原材料　　226 000

　　贷：银行存款　　226 000

（5）将自产的产品等用作福利发放给职工，应视同产品销售，计算应交增值税，借记“应付职工酬薪”科目，贷记“主营业务收入”、本科目（应交增值税——销项税额）等科目。

【例 10-30】 2×20 年 9 月 10 日，为庆祝中秋佳节的到来，D 企业作为增值税一般纳税人，将自己生产的一批月饼用作福利发放给职工，这批月饼的实际成本是 80 000 元，计税价格是 100 000 元，增值税税率为 13%，而且 D 企业将月饼已经发放。

根据上述经济业务，D 企业做账务处理如下：

2×20 年 9 月 10 日，D 企业发放月饼：

应交增值税＝ 100 000×13% ＝ 13 000（元）

借：应付职工薪酬　　113 000

　　贷：主营业务收入　　100 000

　　　　应交税费——应交增值税（销项税额）　　13 000

（6）小企业购进的物资、在产品、产成品因盘亏、毁损、报废、被盗以及购进物资改变用途等原因按照税法规定不得从增值税销项税额中抵扣的进项税额，其进项税额应转入有关科目，借记“待处理财产损溢”等科目，贷记本科目（应交增值税——进项税额转出）。

由于工程而使用本企业的产品或商品，应当按照成本，借记“在建工程”科目，贷记“库存商品”科目。同时，按照税法规定应交纳的增值税销项税额，借记“在建工程”科目，贷记本科目（应交增值税——销项税额）。

【例 10-31】 2×20 年 6 月 10 日，某地因暴雨受灾，B 企业存放材料的仓库遭受雨水侵蚀，损失了一大批生产材料，这些材料的实际成本为 70 000 元，增值税进项税额为 9 100 元。

根据上述经济业务，B 企业做账务处理如下：

2×20 年 6 月 10 日，B 企业损失材料：

借：待处理财产损溢　79 100

　　贷：原材料　70 000

　　　　应交税费——应交增值税（进项税额转出）　9 100

（7）交纳的增值税，借记“应交税费——应交增值税（已交税金）”，贷记“银行存款”科目。

【例 10-32】 2×20 年 2 月，C 企业用银行存款交纳本月增值税税额 50 000 元。根据上述经济业务，C 企业做账务处理如下：

2×20 年 2 月，C 企业交纳税费：

借：应交税费——应交增值税（已交税金）　50 000

　　贷：银行存款　50 000

（三）应交消费税的主要账务处理

在我国，在征收增值税的基础上，选择部分消费品，再征收一道消费税，从而正确引导消费方向，合理调节消费结构。消费税的征收方法采取从价定率和从量定额两种方法。

实行从价定率办法计征的应纳税额的税基为销售额，计算公式如下：

应纳税额＝销售额 × 适用税率

应税消费品的销售额中未扣除增值税税款，或者因不能开具增值税专用发票而发生价款和增值税税款合并收取的，在计算消费税时，按公式“应税消费品的销售额＝含增值税的销售额 ÷（1＋增值税税率或征收率）”换算为不含增值税税款的销售额。

实行从量定额办法计征的应纳税额的销售数量，是指应税消费品的数量，计算公式是：应纳税额＝销售数量 × 单位税额。其中，属于销售应税消费品的，为应税消费品的销售数量；属于自产自用应税消费品的，为应税消费品的移送使用数量；属于委托加工应税消费品的，为纳税人收回的应税消费品数量；进口的应税消费品，为海关核定的应税消费品进口征税数量。

企业按规定应交的消费税，在“应交税费”科目下设置“应交消费税”明细科目核算。“应交消费税”明细科目的借方发生额，表示小企业实际交纳的消费税和待扣的消费税；贷方发生额，表示小企业按规定应交纳的消费税；期末贷方余额，反映尚未交纳的消费税；期末借方余额，反映多交或待扣的消费税。

（1）小企业销售需要交纳消费税的物资应交的消费税，借记“税金及附加”等科目，贷记本科目（应交消费税）。

【例 10-33】 2×20 年 8 月 1 日，A 企业作为增值税一般纳税人，和 B 企业签订协议，向 B 企业销售一批高档化妆品，这些化妆品属于应纳税消费品，价格为 600 000 元，产品成本为 200 000 元，增值税税率为 13%，增值税税额为 78 000 元，消费税税率为 15%，消费税税额为 90 000 元，化妆品已经发出，符合收入确认条件，但是货款尚未收到。

根据上述经济业务，A 企业做账务处理如下：

2015 年 8 月 1 日，A 企业销售商品：

借：应收账款　678 000

　贷：主营业务收入　600 000

　　应交税费——应交增值税（销项税额）　78 000

借：税金及附加　90 000

　贷：应交税费——应交消费税　90 000

借：主营业务成本　200 000

　贷：库存商品　200 000

（2）小企业以生产的产品用于在建工程、非生产机构等，按照税法规定应交纳的消费税，应计入有关的成本，借记“在建工程”“管理费用”等科目，贷记本科目（应交消费税）。例如，企业以应税消费品用于在建工程项目，应交的消费税计入在建工程成本。

【例 10-34】 2×20 年 5 月 1 日，B 企业作为增值税一般纳税人，将自己生产的一批产品用于在建工程，按照相关规定，这些产品属于应税消费品。这批产品的销售价格为 30 000 元（不含增值税），生产成本为 10 000 元，增值税税率为 13%，增值税税额为 3 900 元，消费税税率为 15%，消费税税额为 4 500 元。

根据上述经济业务，B 企业做账务处理如下：

2×20 年 5 月 1 日，B 企业将产品用于在建工程：

借：在建工程　18 400

　贷：库存商品　10 000

　　应交税费——应交增值税（销项税额）　3 900

　　　　——应交消费税　4 500

【例 10-35】 2×20 年 6 月 5 日，为了迎接端午节的到来，C 企业作为增值税一般纳税人，将自己生产的一批白酒用于职工福利，发放给职工，按照相关规定，这些产品属于应税消费品。这批产品的销售价格为 70 000 元（不含增值税），生产成本为 20 000 元，增值税税率为 13%，增值税税额为 9 100 元，消费税税额为 14 500 元。

根据上述经济业务，C 企业做账务处理如下：

2×20 年 6 月 5 日，C 企业将高档粽子发放给职工：

借：应付职工薪酬——非货币型福利　93 600

　贷：主营业务收入　70 000

　　应交税费——应交增值税（销项税额）　9 100

　　　　——应交消费税　14 500

借：主营业务成本　20 000

　贷：库存商品　20 000

小企业随同商品出售但单独计价的包装物，按照税法规定应交纳的消费税，借记“税金及附加”科目，贷记本科目（应交消费税）。小企业出租、出借包装物逾期未收回而没收的押金应交的消费税，借记“税金及附加”科目，贷记本科目（应交消费税）。

【例 10-36】 2×20 年 5 月 1 日，D 企业作为增值税一般纳税人，出售一批商品时随同出售相关包装物（属于单独计价），这些包装物属于应税消费品。这些包装物的销售价格为 6 780 元（含增值税），增值税税率为 13%，增值税税额为 780 元，消费税税率为 15%，消费税税额为 900 元。

根据上述经济业务，D 企业做账务处理如下：

2×20 年 5 月 1 日，D 企业出售相关包装物：

实际销售额（不含税）= 6 780 ÷（1 + 13%）= 6 000（元）

应交增值税 = 6 000 × 13% = 780（元）

应交消费税 = 6 000 × 15% = 900（元）

借：银行存款	6 780	
贷：其他业务收入		6 000
应交税费——应交增值税（销项税额）		780
借：税金及附加	900	
贷：应交税费——应交消费税		900

（3）小企业需要交纳消费税的委托加工物资，由受托方代收代缴税款（除受托加工或翻新改制金银首饰按照税法规定由受托方交纳消费税外）。小企业（受托方）按照应交税款金额，借记“应收账款”“银行存款”等科目，贷记本科目（应交消费税）。

委托加工应税消费品，是指由委托方提供原料和主要材料，受托方只收取加工费和代垫部分辅助材料加工的应税消费品，对于由受托方提供原材料生产的应税消费品，或者受托方先将原材料卖给委托方，然后再接受加工的应税消费品，以及由受托方以委托方名义购买原材料生产的应税消费品，都不作为委托加工应税消费品，应当按照销售自制应税消费品交纳消费税。委托加工的应税消费品直接出售的，不再征收消费税。

委托加工物资收回后，直接用于销售的，小企业（委托方）应将代收代缴的消费税计入委托加工物资的成本，借记“委托加工物资”等科目，贷记“应付账款”“银行存款”等科目；委托加工物资收回后用于连续生产，按照税法规定准予抵扣的，按照代收代缴的消费税，借记本科目（应交消费税），贷记“应付账款”“银行存款”等科目。

【例 10-37】 2×20 年 9 月 1 日，A 企业作为增值税一般纳税人，委托 B 企业加工一批材料，发出的原材料价款为 300 000 元，加工费用为 100 000 元，由受托方 B 企业代收代缴的消费税为 5 000 元（不考虑增值税）。2×20 年 9 月 25 日，材料已经加工完毕，并且已验收入库，加工费用及相关款项暂时还没有支付。A 企业收回加工材料后，这批材料继续用于生产用途，生产应税消费品。

根据上述经济业务，A企业做账务处理如下：

2×20年9月1日，A企业发出材料：

借：委托加工物资　　300 000

　　贷：原材料　　300 000

2×20年9月1日，A企业计算加工费、消费税：

借：委托加工物资　　100 000

　　应交税费——应交消费税　　5 000

　　贷：应付账款　　105 000

2×20年9月25日，A企业收回加工物品：

借：库存商品　　400 000

　　贷：委托加工物资　　400 000

【例10-38】 2×20年10月1日，B企业作为增值税一般纳税人，委托C企业加工一系列产品，发出的产品价款为400 000元，加工费用为20 000元，由受托方C企业代收代缴的消费税为10 000元（不考虑增值税）。2×20年10月15日，产品已经加工完毕，并且已验收入库，加工费用及相关款项已经用银行存款支付，B企业收回加工产品后，这批产品直接用于销售，属于应税消费品。

根据上述经济业务，B企业做账务处理如下：

2×20年10月1日，B企业发出产品：

借：委托加工物资　　400 000

　　贷：库存商品　　400 000

2×20年10月1日，B企业计算加工费、消费税：

借：委托加工物资　　30 000

　　贷：银行存款　　30 000

2×20年10月15日，B企业收回加工产品：

借：库存商品　　430 000

　　贷：委托加工物资　　430 000

（4）如果有金银首饰零售业务的以及采用以旧换新方式销售金银首饰的小企业，在营业收入实现时，按照应交的消费税，借记“税金及附加”科目，贷记本科目（应交消费税）。有金银首饰零售业务的小企业因受托代销金银首饰按照税法规定应交纳的消费税，借记“税金及附加”科目，贷记本科目（应交消费税）；以其他方式代销金银首饰的，其交纳的消费税，借记“税金及附加”科目，贷记本科目（应交消费税）。

有金银首饰批发、零售业务的小企业将金银首饰用于馈赠、赞助、广告、职工福利、奖励等方面的，应于物资移送时，按照应交的消费税，借记“营业外支出”“销售费用”“应付职工薪酬”等科目，贷记本科目（应交消费税）。

小企业随同金银首饰出售但单独计价的包装物，按照税法规定应交纳的消费税，借记“税金及附加”科目，贷记本科目（应交消费税）。

小企业因受托加工或翻新改制金银首饰按照税法规定应交纳的消费税，在向委托方交货时，借记“税金及附加”科目，贷记本科目（应交消费税）。

（5）小企业需要交纳消费税的进口物资，其交纳的消费税应计入该项物资的成本，而不通过“应交税费——应交消费税”科目核算，借记“原材料”“材料采购”或“在途物资”“库存商品”“固定资产”等科目，贷记“银行存款”等科目。

【例 10-39】 2×20 年 2 月 1 日，C 企业进口一批高档手表，这些手表属于应税消费品，按照规定需要交纳 120 000 元的消费税，消费税已经通过银行存款支付。

根据上述经济业务，C 企业做账务处理如下：

2×20 年 2 月 1 日，C 企业进口高档箱包的消费税：

借：库存商品　　120 000

　贷：银行存款　　120 000

（6）小企业免征消费税的出口应税消费品具体分为不同的情况进行会计核算：一是小企业（生产性）直接出口或通过外贸企业出口的物资，按照税法规定直接予以免征消费税的，可不计算应交消费税；二是委托外贸企业代理出口应税消费品的小企业（生产性），应在计算消费税时，按照应交消费税税额，借记“应收账款”科目，贷记“应交税费——应交消费税”科目。应税消费品出口收到外贸企业退回的税金时，借记“银行存款”科目，贷记“应收账款”科目。发生退关、退货而补交已退的消费税，做相反的会计分录。

【例 10-40】 2×20 年 3 月 1 日，D 企业委托一家外贸企业出口一系列高级芯片，这些高级芯片属于应税消费品，按照规定需要交纳 90 000 元的消费税，并且实行先征后退。2×20 年 3 月 18 日，D 企业收到退回的税金。

根据上述经济业务，D 企业做账务处理如下：

2×20 年 3 月 1 日，D 企业委托出口：

借：应收账款　　90 000

　贷：应交税费——应交消费税　　90 000

2×20 年 3 月 18 日，D 企业收到退回的税金：

借：银行存款　　90 000

　贷：应收账款　　90 000

（7）交纳的消费税，借记“应交税费——应交消费税”，贷记“银行存款”科目。

【例 10-41】 2×20 年 12 月 31 日，A 企业通过银行存款交纳了消费税 140 000 元。

根据上述经济业务，A 企业做账务处理如下：

2×20 年 12 月 31 日，A 企业交税：

借：应交税费——应交消费税　　140 000

　贷：银行存款　　140 000

（四）应交城市维护建设税和教育费附加的主要账务处理

城市维护建设税，是我国为了加强城市的维护建设，扩大和稳定城市维护建设资金的来源，对有经营收入的单位和个人征收的一个税种，它是1984年工商税制全面改革中设置的一个新税种。

城市维护建设税以纳税人实际交纳的增值税、消费税税额为计税依据。从商品生产到消费流转过程中只要发生增值税、消费税的其中一种税的纳税行为，就要以这种税为依据计算交纳城市维护建设税。城市维护建设税的计算公式如下：

应纳税额＝（增值税＋消费税）× 适用税率

城市维护建设税税率按纳税人所在地分别规定为：市区7%，县城和镇5%，乡村1%。大中型工矿企业所在地不在城市市区、县城、建制镇的，税率为5%。

教育费附加是对交纳增值税、消费税的单位和个人征收的一种附加费。教育费附加的主要作用是作为发展地方性教育事业，扩大地方教育经费的资金来源。教育费附加是以纳税人实际交纳的增值税、消费税的税额为计费依据。教育费附加计算公式如下：

应纳教育费附加＝（实际交纳的增值税＋消费税）× 适用税率

（1）小企业按照税法规定应交的城市维护建设税、教育费附加，借记"税金及附加"科目，贷记本科目（应交城市维护建设税、应交教育费附加）。

（2）小企业交纳的城市维护建设税和教育费附加，借记本科目（应交城市维护建设税、应交教育费附加），贷记"银行存款"科目。

【例10-42】 2×20年5月30日，A企业计提当月应该交纳的城市维护建设税，A企业5月份实际交纳的增值税税额为50 000元，消费税税额为30 000元，适用的城市维护建设税税率应为7%。2×19年6月3日，A企业通过银行存款实际交纳了5月份的城市维护建设税。

根据上述经济业务，A企业做账务处理如下：

2×20年5月30日，A企业计提应交纳的城市维护建设税：

应交城市维护建设税＝（增值税＋消费税）× 适用税率

＝（50 000 ＋ 30 000）×7%

＝ 5 600（元）

借：税金及附加　　5 600

　　贷：应交税费——应交城市维护建设税　　5 600

2×20年6月3日，A企业实际上交城市维护建设税：

借：应交税费——应交城市维护建设税　　5 600

　　贷：银行存款　　5 600

【例10-43】 2×20年8月31日，B企业计提当月应该交纳的教育费附加，B

企业 8 月份实际交纳的增值税税额为 60 000 元，消费税税额为 40 000 元，适用教育费附加的附加率为 3%。2×20 年 9 月 3 日，B 企业通过银行存款实际交纳了 8 月份的教育费附加。

根据上述经济业务，B 企业做账务处理如下：

2×20 年 8 月 31 日，B 企业计提应交纳的教育费附加：

应交教育费附加＝（增值税＋消费税）× 适用税率

＝（60 000 ＋ 40 000）×3%

＝ 3 000（元）

借：税金及附加　　　　3 000

　　贷：应交税费——应交教育费附加　　　　3 000

2×20 年 9 月 3 日，B 企业实际上交教育费附加：

借：应交税费——应交教育费附加　　　　3 000

　　贷：银行存款　　　　3 000

（五）应交企业所得税的主要账务处理

企业所得税是对我国内资企业和经营单位的生产经营所得和其他所得征收的一种税。企业所得税的征税对象是纳税人取得的所得。包括销售货物所得、提供劳务所得、转让财产所得、股息红利所得、利息所得、租金所得、特许权使用费所得、接受捐赠所得和其他所得。

（1）小企业按照税法规定应交的企业所得税，借记“所得税费用”科目，贷记本科目（应交企业所得税）。

（2）交纳的企业所得税，借记本科目（应交企业所得税），贷记“银行存款”科目。

（六）应交资源税的主要账务处理

资源税是国家对在我国境内开采矿产品或者生产盐的单位和个人征收的一种税。资源税按照应税产品的课税数量和规定的单位税额，其计算公式如下：

应纳税额＝课税数量 × 单位税额

这里的课税数量为：开采或者生产应税产品销售的，以销售数量为课税数量；开采或者生产应税产品自用的，以自用数量为课税数量。

小企业按规定应交的资源税，在“应交税费”科目下设置“应交资源税”明细科目核算。“应交资源税”明细科目的借方发生额，表示企业已交的或按规定允许抵扣的资源税，贷方发生额，表示应交的资源税。“应交资源税”明细科目期末借方余额，反映多交或尚未抵扣的资源税，期末贷方余额，反映尚未交纳的资源税。

（1）小企业销售商品按照税法规定应交纳的资源税，借记“税金及附加”科目，贷记本科目（应交资源税）。

【例 10-44】 2×20 年 1 月，A 企业向 B 企业销售一批铜矿资源，按照相关规定，A 企业应交纳资源税 170 000 元。

根据上述经济业务，A 企业做账务处理如下：

2×20 年 1 月，A 企业应交纳的资源税：

借：税金及附加　　170 000

　　贷：应交税费——应交资源税　　170 000

（2）小企业自产自用的物资应交纳的资源税，借记“生产成本”科目，贷记本科目（应交资源税）。

【例 10-45】 2×20 年 2 月，B 企业将自己生产的铝矿资源用于产品生产，总共需要 5 000 吨铝矿，每吨应该交纳资源税 16 元。

根据上述经济业务，B 企业做账务处理如下：

2×20 年 2 月，B 企业应交纳的资源税：

应交资源税＝课税数量 × 单位税额＝ 5 000×16

＝ 80 000（元）

借：生产成本　　80 000

　　贷：应交税费——应交资源税　　80 000

（3）小企业收购未税矿产品，按照实际支付的价款，借记“材料采购”或“在途物资”等科目，贷记“银行存款”等科目，按照代扣代缴的资源税，借记“材料采购”或“在途物资”等科目，贷记本科目（应交资源税）。

【例 10-46】 2×20 年 3 月，C 企业作为收购未税矿产品的一家企业，收购了一批未税矿产品，实际支付价款为 300 000 元，代扣代缴的资源税为 60 000 元。

根据上述经济业务，C 企业做账务处理如下：

2×20 年 3 月，C 企业收购未税矿产品：

借：材料采购　　360 000

　　贷：银行存款　　300 000

　　　　应交税费——应交资源税　　60 000

（4）小企业外购液体盐加工固体盐：在购入液体盐时，按照税法规定所允许抵扣的资源税，借记本科目（应交资源税），按照购买价款减去允许抵扣的资源税后的金额，借记“材料采购”或“在途物资”“原材料”等科目，按照应支付的购买价款，贷记“银行存款”“应付账款”等科目；加工成固体盐后，在销售时，按照销售固体盐应交纳的资源税，借记“税金及附加”科目，贷记本科目（应交资源税）；将销售固体盐应交资源税抵扣液体盐已交资源税后的差额上交时，借记本科目（应交资源税），贷记“银行存款”科目。

（5）小企业交纳的资源税，借记本科目（应交资源税），贷记“银行存款”科目。

（七）应交土地增值税的主要账务处理

土地增值税是对土地使用权转让及出售建筑物时所产生的价格增值量征收的税种。土地增值税，是指转让国有土地使用权、地上的建筑物及其附着物并取得收入的单位和个人，以转让所取得的收入包括货币收入、实物收入和其他收入为计税依据向国家交纳的一种税赋，不包括以继承、赠予方式无偿转让房地产的行为。土地增值税按照转让房地产取得的增值额和规定的税率计算征收。这里的增值额，是指转让房地产取得的收入，减除规定扣除项目金额后的余额。企业转让房地产所取得的收入，包括货币收入、实物收入和其他收入。计算土地增值额的主要扣除项目有：①取得土地使用权所支付的金额；②开发土地的成本、费用；③新建房屋及配套设施的成本、费用，或者旧房及建筑物的评估价格；④与转让房地产有关的税金。

（1）小企业转让土地使用权应交纳的土地增值税，土地使用权与地上建筑物及其附着物一并在“固定资产”科目核算的，借记“固定资产清理”科目，贷记本科目（应交土地增值税）。

土地使用权在“无形资产”科目核算的，按照实际收到的金额，借记“银行存款”科目，按照应交纳的土地增值税，贷记本科目（应交土地增值税），按照已计提的累计摊销，借记“累计摊销”科目，按照其成本，贷记“无形资产”科目，按照其差额，贷记“营业外收入——非流动资产处置净收益”科目或借记“营业外支出——非流动资产处置净损失”科目。

（2）小企业（房地产开发经营）销售房地产应交纳的土地增值税，借记“税金及附加”科目，贷记本科目（应交土地增值税）。

（3）小企业交纳的土地增值税，借记本科目（应交土地增值税），贷记“银行存款”科目。

（八）应交城镇土地使用税、房产税、车船税、矿产资源补偿费、排污费的主要账务处理

城镇土地使用税，是指国家为了合理利用城镇土地，调节土地级差收入，提高土地使用效益，加强土地管理而开征的一种税，它以开征范围的土地为征税对象，以实际占用的土地面积为计税标准，按规定税额对拥有土地使用权的单位和个人征收的一种行为税。其公式计算如下：

应纳税额＝实际占用的土地面积 × 适用税额

房产税，是指国家对在城市、县城、建制镇和工矿区征收的由产权所有人交纳的一种税。房产税依照房产原值一次减除 10% ~ 30% 后的余额计算交纳。没有房产原值作为依据的，由房产所在地税务机关参考同类房产核定；房产出租的，以房产租金收入为房产税的计税依据。

车船税，是指以车船为征税对象，向拥有车船的单位和个人征收的一种税。车船税的征收范围，是指依法应当在我国车船管理部门登记的车船(除规定减免的车船外)。车船税采用定额税率，即对征税的车船规定单位固定税额。车船税确定税额总的原则是：非机动车船的税负轻于机动车船；人力车的税负轻于畜力车；小吨位船舶的税负轻于大船舶。

矿产资源补偿费，是指国家作为矿产资源所有者，依法向开采矿产资源的单位和个人收取的费用。矿产资源补偿费属于政府非税收入，全额纳入财政预算管理，体现国家对矿产资源的财产权益。

排污费，是指直接向环境排放污染物的单位和个体工商户应当按规定交纳排污费。

（1）小企业按照规定应交纳的城镇土地使用税、房产税、车船税、矿产资源补偿费、排污费，借记“税金及附加”科目，贷记本科目（应交城镇土地使用税、应交房产税、应交车船税、应交矿产资源补偿费、应交排污费）。

（2）交纳的城镇土地使用税、房产税、车船税、矿产资源补偿费、排污费，借记本科目（应交城镇土地使用税、应交房产税、应交车船税、应交矿产资源补偿费、应交排污费），贷记“银行存款”科目。

（九）应交个人所得税的主要账务处理

个人所得税是对本国公民、居住在本国境内的个人的所得和境外的个人来源于本国的所得征收的一种所得税。2018 年 10 月 1 日开始实施的是，中国内地个税免征额调至 5 000 元。个人所得税计算公式如下：

应纳个人所得税税额＝应纳税所得额 × 适用税率－速算扣除数

（1）小企业按照税法规定应代扣代缴的职工个人所得税，借记“应付职工薪酬”科目，贷记本科目（应交个人所得税）。

（2）交纳的个人所得税，借记本科目（应交个人所得税），贷记“银行存款”科目。

（十）小企业按照规定实行企业所得税、增值税、消费税等先征后返的，应当在实际收到返还的企业所得税、增值税（不含出口退税）、消费税等时，借记“银行存款”科目，贷记“营业外收入”科目。

七、应付利息

（一）应付利息的概念

应付利息，是指小企业按照合同约定应支付的利息，包括吸收存款，分期付息到期还本的长期借款，企业债券等应支付的利息。“应付利息”科目核算小企业按照合同约定应支付的利息费用。“应付利息”科目应当按照贷款人等进行明细核算，其期末贷方余额，反映小企业应付未付的利息费用，如表 10-6 所示。

（二）应付利息的主要账务处理

（1）在应付利息日，小企业应当按照合同利率计算确定的利息费用，借记“财务费用”“在建工程”等科目，贷记“应付利息”科目。

（2）实际支付的利息，借记“应付利息”科目，贷记“银行存款”等科目。

表 10-6　应付利息的账务处理

借方	贷方
支付的利息	2. 企业根据合同应当支付尚未支付的利息。
	期末贷方反映应当支付的利息

【例 10-47】 A 企业借入 5 年期到期还本每年付息的长期借款 5 000 000 元，合同约定年利率为 3.5%，假定不符合资本化条件。该企业的有关会计处理如下：

（1）每年计算确定利息费用时：

借：财务费用　175 000

　贷：应付利息　175 000

企业每年应支付的利息 = 5 000 000 × 3.5% = 175 000（元）

（2）每年实际支付利息时：

借：应付利息　175 000

　贷：银行存款　175 000

八、应付利润

（一）应付利润的概念

应付利润，是指小企业在接受投资或联营、合作期间，按协议或合同规定应支付给投资者或合作伙伴的利润。小企业对其实现的经营成果，除了按照税法及有关法规规定交税，还必须给投资者一定的回报，向投资者分配利润，利润在尚未实际支付以前，构成企业的一项流动负债。为了核算企业经董事会或股东大会，或类似机构决议并经批准分配的利润，企业应设置“应付利润”科目，用于核算小企业向投资者分配的利润。“应付利润”科目的贷方表示企业应付给投资者的利润，借方表示企业已经支付给投资者的利润；本科目应按照投资者进行明细核算，其期末贷方余额，反映小企业应付未付的利润，如表 10-7 所示。

（二）应付利润的主要账务处理

（1）小企业根据规定或协议确定的应分配给投资者的利润，借记“利润分配”科目，贷记“应付利润”科目。

（2）向投资者实际支付利润，借记“应付利润”科目，贷记“库存现金”“银行存款”科目。

表 10-7　应付利润的账务处理

借方	贷方
1. 支付公司利润	2. 企业根据股东决议应当支付的公司利润。
	期末贷方反映应当支付的利润

【例 10-48】 2×20 年 5 月 1 日，A 企业宣布向投资者发放利润 200 000 元，5 月 10 日，A 企业用银行存款发放了该笔利润。

根据上述经济业务，A 企业做账务处理如下：

（1）2×20 年 5 月 1 日，A 企业计提股利：

借：利润分配——应付利润　　200 000

　　贷：应付利润　　200 000

（2）5 月 10 日，A 企业支付股利：

借：应付利润　　200 000

　　贷：银行存款　　200 000

九、其他应付款

（一）其他应付款的概念

其他应付款，是指小企业除应付票据、应付账款、预收账款、应付职工薪酬、应付利息、应付利润、应交税费、长期应付款等以外的其他各项应付、暂收款项，如应付租入固定资产和包装物的租金、职工未按期领取的工资、存入保证金、其他应付、暂收款项等。“其他应付款”科目应按照其他应付款的项目和对方单位（或个人）进行明细核算。“其他应付款”科目贷方表示企业发生的各种其他应付款项，借方表示企业支付或转销的各种其他应付款。“其他应付款”科目期末贷方余额，反映小企业应付未付的其他应付款项。

小企业采用售后回购方式融入资金的，应按实际收到的金额，借记“银行存款”科目，贷记“其他应付款”“应交税费”等科目。回购价格与原销售价格之间的差额，应在售后回购期间内按期计提利息费用，借记“财务费用”科目，贷记“其他应付款”

科目。按照合同约定购回该项商品时，应按实际支付的金额，借记“其他应付款”和“应交税费”科目，贷记“银行存款”科目，如表10-8所示。

（二）其他应付款的主要账务处理

（1）小企业发生的其他各种应付、暂收款项，借记“管理费用”“银行存款”等科目，贷记“其他应付款”科目。

（2）支付或退回其他各种应付、暂收款项，借记“其他应付款”科目，贷记“银行存款”等科目。小企业无法支付的其他应付款，借记“其他应付款”科目，贷记“营业外收入”科目。

表10-8 其他应付款的账务处理

借方	贷方
支付或者转销的其他应付款	1. 应付租入固定资产或者包装物的租金 2. 存入的保证金 3. 暂收的其他单位或者个人的款项 4. 售后回购业务销售方实际收到价款与计提利息时
	期末贷方尚未支付的其他应付款

【例10-49】 2×20年9月6日，A企业销售给B学校用于教师节晚会舞台布置的相关货物，同时出租给B学校一批服装，收到B学校支付的押金2 000元。9月10日，晚会结束后，B学校按时归还了所有服装，A企业也及时退回了押金。

根据上述经济业务，A企业做账务处理如下：

2×20年9月6日，A企业收到服装押金：

借：银行存款　　2 000

　　贷：其他应付款　　2 000

9月10日，A企业退回押金：

借：其他应付款　　2 000

　　贷：银行存款　　2 000

【例10-50】 小企业A公司以经营性租赁方式租入厂房一幢，按租赁合同规定，每月租金于次月底支付，本月计提应付租金2 500元。应记录：

借：制造费用　　2 500

　　贷：其他应付款——应付租金　　2 500

次月通过银行转账支付应付租金，应记录：

借：其他应付款——应付租金　　2 500

　　贷：银行存款　　2 500

十、递延收益

（一）递延收益的概念

递延收益，是指尚待确认的收入或收益，也可以说是暂时未确认的收益，它是权责发生制在收益确认上的运用。“递延收益”科目核算小企业已经收到、应在以后期间计入损益的政府补助，本科目应按照相关项目进行明细核算。

政府补助，是指企业从政府无偿取得货币性资产或非货币性资产，但不包括政府作为企业所有者投入的资本。政府补助的主要形式有：财政拨款、财政贴息、税收返还、无偿划拨非货币性资产。

1. 财政拨款

财政拨款是指政府为了支持企业无偿拨付给企业的资金，通常在拨款时明确规定了资金的用途。这类拨款通常具有严格的政策条件，只有符合条件的企业才可以申请拨款。比如，财政部门拨付给企业开展研发活动的研发经费，拨付给企业用于购建固定资产或进行技术改造的专项资金，拨付给企业的粮食定额补贴等。

2. 财政贴息

财政贴息是指政府为支持特定领域或区域发展，根据国家宏观经济形势和政策目标，对承贷企业的银行贷款利息给予的补贴。财政贴息主要有两种方式：第一，财政将贴息资金直接拨付给受益企业；第二，财政将贴息资金拨付给贷款银行，由贷款银行以政策性优惠利率向企业提供贷款，受益企业按照实际发生的利率计算和确认利息费用。

3. 税收返还

税收返还是指政府按照国家有关规定采取先征后返（退）、即征即退等办法向企业返还的税款，属于以税收优惠形式给予的一种政府补助。增值税出口退税不属于政府补助。除税收返还外，税收优惠还包括直接减征、免征、增加计税抵扣额、抵免部分税额等形式。这类税收优惠并未直接向企业无偿提供资产，因此不作为政府补助准则规范的政府补助。

4. 无偿划拨非货币性资产

无偿划拨非货币性资产的情况包括：行政划拨土地使用权、天然起源的天然林等。这种情况比较少见。

政府补助一般分为两大类，即与资产相关的政府补助和与收益相关的政府补助。两类政府补助给企业带来经济利益或者弥补相关成本或费用的形式不同，从而在具体账务处理上存在差别。与资产相关的政府补助是指企业取得的、用于购建或以其他方式形成长期资产的政府补助；与收益相关的政府补助是指除了与资产相关的政府补助之外的政府补助。例如，某些国有粮食企业实行商业化经营后国家给予的经营补贴。

与收益相关的政府补助应当在其补偿的相关费用或损失发生的期间计入当期损

益。如果是用于补偿企业以后期间费用或损失的，在取得时先确认为递延收益，然后再确认相关费用期间计入当期营业外收入；如果是用于补偿企业已发生费用或损失的，取得时直接计入当期营业外收入。

与资产相关的政府补助不能全额确认为当期收益，应当随着相关资产的使用逐渐计入以后各期的收益，应当先确认为递延收益，然后自相关资产可供使用时起，在该项资产使用寿命内平均分配，计入当期营业外收入。

政府补助有两种会计处理方法：收益法与资本法。所谓收益法是将政府补助计入当期收益或递延收益；所谓资本法是将政府补助计入所有者权益。收益法又有两种具体方法：总额法与净额法。总额法是在确认政府补助时，将其全额确认为收益，而不是作为相关资产账面余额或者费用的扣减。净额法是将政府补助确认为对相关资产账面余额或者所补偿费用的扣减。

政府补助准则要求采用的是收益法中的总额法，以便更真实、完整地反映政府补助的相关信息。并要求通过“其他应收款”“营业外收入”和“递延收益”科目核算。“递延收益”科目就是专为核算不能一次而应分期计入当期损益的政府补助而设置的。

（二）递延收益的主要账务处理

（1）小企业收到与资产相关的政府补助，借记“银行存款”等科目，贷记“递延收益”科目。在相关资产的使用寿命内平均分配递延收益，借记“递延收益”科目，贷记“营业外收入”科目。

【例 10-51】 2×20 年 1 月 1 日，A 企业需要购买一台噪声处理器，预计价值为 400 000 元，因为 A 企业作为小企业其资金能力有限，按相关规定，向有关政府部门申请补助 100 000 元，同年 1 月 20 日，政府部门核准了 A 企业的补助申请，并且拨付给 A 企业 100 000 元，作为鼓励其环保举措。2 月 1 日，A 企业购入了该噪声处理器，实际成本为 360 000 元，使用寿命为 20 年，采用直线法计提折旧，假设无残值，而且无安装费用。

根据上述经济业务，A 企业做账务处理如下：

2×20 年 1 月 20 日，A 企业收到财政拨款，确认政府补助：

借：银行存款	100 000	
贷：递延收益		100 000

2 月 1 日，A 企业购入该噪音处理器：

借：固定资产	360 000	
贷：银行存款		360 000

从 2×20 年 2 月 1 日开始，A 企业在每个资产负债表日都计提折旧。

同时，分摊递延收益。

2 月 28 日，计提折旧，分摊递延收益：

借：管理费用 1 500

　　贷：累计折旧 1 500

借：递延收益 417

　　贷：营业外收入 417

【例 10-52】 2×19 年 1 月 1 日，B 企业为了开展建设一项污水处理工程，向银行贷款 200 000 元，期限 3 年，年利率 6%。同年年末，12 月 31 日，B 企业向当地政府部门申请财政贴息。经过一系列的程序和审核，当地政府部门批准按照实际的贷款额 200 000 元拨付给 B 企业年利率 4% 的财政贴息，共计 24 000 元，分两次支付。2×20 年 2 月 1 日，第一笔财政贴息资金 10 000 元拨付给 B 企业。2×20 年 7 月 1 日，污水处理工程顺利完工，第二笔财政贴息资金 14 000 元拨付给 B 企业，这项工程预计使用寿命是 10 年。

根据上述经济业务，B 企业做账务处理如下：

2×20 年 2 月 1 日，B 企业收到财政贴息，确认政府补助：

借：银行存款 10 000

　　贷：递延收益 10 000

7 月 1 日，B 企业收到财政贴息，确认政府补助：

借：银行存款 14 000

　　贷：递延收益 14 000

7 月 1 日，污水处理工程顺利完工，B 企业开始分配递延收益。

从 2×20 年 7 月 1 日起，B 企业在每个资产负债表日进行账务处理：

借：递延收益 200

　　贷：营业外收入 200

（2）小企业收到的其他政府补助，用于补偿本企业以后期间的相关费用或亏损的，应当按照收到的金额，借记“银行存款”等科目，贷记“递延收益”科目。在发生相关费用或亏损的未来期间，应当按照应补偿的金额，借记“递延收益”科目，贷记“营业外收入”科目。

小企业用于补偿本企业已发生的相关费用或亏损的，应当按照收到的金额，借记“银行存款”等科目，贷记“营业外收入”科目。

“递延收益”科目期末贷方余额，反映小企业已经收到、但应在以后期间计入损益的政府补助。

【例 10-53】 2×20 年 6 月 1 日，A 企业为了购买储备性食品，向国家农业发展银行贷款 240 000 元，年利率为 8%。从 2×20 年 6 月开始，A 企业向当地政府部门申请财政贴息，经过一系列程序和审核，从 2016 年 7 月 1 日开始，当地政府部门批准按照有关规定，在每季度初，按照 A 企业的实际贷款额和贷款利率拨付给 A 企业财政贴息。

根据上述经济业务，A 企业做账务处理如下：

2×20 年 7 月 1 日，A 企业收到财政贴息，确认政府补助：

借：银行存款　　4 800

　　贷：递延收益　　4 800

同时，A 企业将补偿 7 月份利息费用的财政贴息计入当期收益。

7 月份：

借：递延收益　　1 600

　　贷：营业外收入　　1 600

8 月份：

借：递延收益　　1 600

　　贷：营业外收入　　1 600

9 月份：

借：递延收益　　1 600

　　贷：营业外收入　　1 600

【例 10-54】 2×20 年 1 月 1 日，B 企业开始一项关于手机芯片的高新技术研发，预计总投资为 1 000 000 元，时间为 4 年，至 2×20 年 12 月份，已经投入 200 000 元，但是 B 企业由于受销售不景气的影响，其研发资金出现一些问题，所以 B 企业针对自身的科技研发，开始向国家政府部门申请财政补贴，这项科技研发项目，还需要 800 000 元投资，B 企业决定自行筹集资金 300 000 元、申请财政拨款 500 000 元。

2×20 年 1 月 1 日，相关政府部门批准了 B 企业的申请，决定拨付给 B 企业财政补贴 500 000 元，批准当天拨付 300 000 元，项目结束时拨付其余 200 000 元。

根据上述经济业务，B 企业做账务处理如下：

2×20 年 1 月 1 日，B 企业收到财政拨款 300 000 元。

借：银行存款　　300 000

　　贷：递延收益　　300 000

从 2×20 年 1 月 1 日至 2020 年 1 月 1 日。

B 企业在每个资产负债表日，分配递延收益（按年分配）。

借：递延收益　　100 000

　　贷：营业外收入　　100 000

2×23 年 1 月 1 日，项目完工，收到财政拨款 200 000 元。

借：银行存款　　200 000

　　贷：营业外收入　　200 000

第二节　非流动负债

小企业的非流动负债，是指流动负债以外的负债。小企业的非流动负债包括：长期借款、长期应付款等，非流动负债应当按照其实际发生额入账。

非流动负债按筹措方式分类包括：长期借款、应付债券、长期应付款和专项应付款等。非流动负债的优点：一是可以保持企业原有的股权结构不变和股票价格稳定；二是不影响原有股东对企业的控制权；三是举债可以增加股东的收益；四是非流动负债支付的利息具有抵税功能。非流动负债的不利影响：一是举借非流动负债可能带来股东收益的减少；二是举借非流动负债必须按规定到期偿还；三是举借非流动负债可能会给企业带来较大的财务风险。

一、长期借款

（一）长期借款的概念

长期借款，是指小企业向银行或其他金融机构借入的期限在 1 年以上的各项借款。我国股份制企业的长期借款主要是向金融机构借入的各项长期性借款，如从商业银行取得的贷款。长期借款与短期借款相比较，长期借款除了期限比较长之外，其不同点还在于对借款费用的会计处理上，表现为对借款费用是资本化计入相关资产的成本，还是费用化计入当期的损益。

“长期借款”科目应按照借款种类、贷款人和币种进行明细核算。长期借款应当按照借款本金和借款合同利率在应付利息日计提利息费用，计入相关资产成本或财务费用。“长期借款”科目期末贷方余额，反映小企业尚未偿还的长期借款本金，如表 10-9 所示。

（二）长期借款的主要账务处理

（1）小企业借入长期借款，借记“银行存款”科目，贷记“长期借款”科目。

（2）在应付利息日，应当按照借款本金和借款合同利率计提利息费用，借记“财务费用”“在建工程”等科目，贷记“应付利息”科目。

（3）偿还长期借款本金，借记“长期借款”科目，贷记“银行存款”科目。

表 10–9　长期借款的账务处理

借方	贷方
1. 借款时发生的交易费用做利息调整 2. 归还长期借款借款	1. 企业借贷的长期借款 2. 利息费用调整
	期末贷方反映企业尚未归还的长期借款余额

【例 10–55】 2×19 年 1 月 1 日，A 企业借入为期 2 年的长期专门借款 600 000 元，从而满足建设一处厂房的资金需要，款项已经存入银行。借款利率按照市场利率确定为 8%，每年付息一次，2 年后一次性还清本金。2×19 年 1 月，A 企业用银行存

款支付了工程价款共计 400 000 元，2×20 年 1 月，A 企业又用银行存款支付了工程价款 200 000 元。这项工程在 2×20 年 6 月月底完工，达到了预定可使用状态。假设先不考虑专门借款资金存款的利息收入或者投资收益。

根据上述经济业务，A 企业做账务处理如下：

2×19 年 1 月 1 日，A 企业借入长期借款：

借：银行存款　　600 000

　　贷：长期借款　　600 000

2×19 年 1 月 1 日，A 企业第一次支付工程价款：

借：在建工程　　400 000

　　贷：银行存款　　400 000

2×19 年 12 月 31 日，A 企业计算长期借款利息：

借款利息＝600 000×8%＝48 000（元）

借：在建工程　　48 000

　　贷：应付利息　　48 000

2×19 年 12 月 31 日，A 企业支付借款利息：

借：应付利息　　48 000

　　贷：银行存款　　48 000

2×19 年 1 月 1 日，A 企业第二次支付工程价款：

借：在建工程　　200 000

　　贷：银行存款　　200 000

2×20 年 6 月 30 日，A 企业工程达到预定可使用状态：

应计入工程成本的利息＝（600 000×8%÷12）×6＝24 000（元）

借：在建工程　　24 000

　　贷：应付利息　　24 000

借：固定资产　　672 000

　　贷：在建工程　　672 000

2×20 年 12 月 31 日，计算 2×19 年 7 月至 12 月应计入财务费用的利息：

应计入财务费用的利息＝（600 000×8%÷12）×6＝24 000（元）

借：财务费用　　24 000

　　贷：应付利息　　24 000

2×20 年 12 月 31 日，A 企业支付利息：

借：应付利息　　48 000

　　贷：银行存款　　48 000

2×20 年 1 月 1 日，A 企业到期偿还本金：

借：长期借款　　600 000

　　贷：银行存款　　600 000

（4）长期借款利息的会计处理，一方法是在发生时直接确认为当期费用（即费用化）；另一方法则是于发生时直接计入该项资产（即资本化）。

需要注意，关于“长期借款”科目，小企业会计准则和企业会计准则的相关处理有所区别：一是筹建期间利息费用记入科目不同，根据小企业会计准则，小企业应当仅仅涉及“财务费用”“在建工程”科目。而在企业会计准则下，企业应该涉及“财务费用”“在建工程”“制造费用”“研发支出”等科目。二是利息费用的确定不同，根据小企业会计准则，小企业应当按照借款本金和借款合同利率计算利息费用。而在企业会计准则下，企业应当按照摊余成本和实际利率计算确定长期借款的利息费用。

具体会计处理方法是：

①为购建固定资产而发生的长期借款利息，在固定资产达到预定可使用状态之前所发生的，计入所建固定资产价值，予以资本化。

②为购建固定资产而发生的长期借款利息，在固定资产达到预定可使用状态之后所发生的，直接计入当期损益，予以费用化。

③属于流动负债性质的借款利息，或者虽然是长期负债性质但不是用于购建固定资产的借款利息，直接计入当期损益。

④为进行投资而发生的借款利息，直接计入当期损益。

⑤筹建期间发生的长期借款利息（除为购建固定资产而发生的长期借款利息外），应当根据其发生额先计入长期待摊费用，然后在开始生产经营当月一次性计入当期损益。

（5）长期借款的借款费用的会计处理，借款费用，是指企业因借款而发生的利息、折价或者溢价的摊销和辅助费用，以及因外币借款而发生的汇兑差额。它反映的是企业借入资金所付出的代价。

借款利息，包括企业向银行或者其他金融机构等借入资金发生的利息、发行公司债券发生的利息，以及为购建或者生产符合资本化条件的资产而发生的带息债务所承担的利息等。

折价或者溢价的摊销，主要是指发行债券等所发生的折价或者溢价，发行债券中折价或溢价，其实质是对债券票面利息的调整，属于借款费用的范畴。包括发行公司债券等所发生的折价或者溢价在每期的摊销金额。

辅助费用，包括企业在借款过程中发生的诸如手续费、佣金、印刷费等交易费用。这些相关费用是因为长期借款而发生的，也属于借入资金所付出的代价，所以也是借款费用的构成部分。

因外币借款而发生的汇兑差额，是指由于汇率变动导致市场汇率与账面汇率出现差异，从而对外币借款本金及其利息的记账本位币金额所产生的影响金额。因为汇率的变化，一般会和利率的变化相互联动，属于企业外币借款所需承担的风险，所以，由于外币借款相关汇率变化所导致的汇兑差额属于借款费用的构成部分。

借款费用应予资本化的借款范围既包括专门借款，也包括一般借款。专门借款，是指为购建或者生产符合资本化条件的资产而专门借入的款项。

专门借款应当有明确的专门用途，即为购建或者生产某项符合资本化条件的资产而专门借入的款项，通常应当有标明专门用途的借款合同。

一般借款，是指除专门借款之外的借款，一般借款在借入时，通常没有特指必须用于符合资本化条件的资产的购建或者生产。

其中，符合资本化条件的资产，是指需要经过相当长时间的购建或者生产活动才能达到预定可使用或者可销售状态的固定资产、投资性房地产和存货等资产。建造合同成本、确认为无形资产的开发支出等在符合条件的情况下，也可以认定为符合资本化条件的资产。

符合资本化条件的存货，主要包括房地产开发企业开发的用于对外出售的房地产开发产品、企业制造的用于对外出售的大型机械设备等，这类存货通常需要经过相当长时间的建造或者生产过程，才能达到预定可销售状态。其中“相当长时间”应当是指为资产的购建或者生产经过了 1 年的时间。

【例 10-56】 2×20 年 3 月 1 日开始，A 企业用银行存款开始建设一套崭新的生产用厂房，厂房于 6 月 20 日建成完工，达到预定可使用状态。

分析：在以上例子中，虽然 A 企业将借款用于建造固定资产，但是因为这项固定资产的建造时间仅仅几个月，比较短，不符合需要经过相当长时间的购建才能达到预定可使用状态的要求，所以，这期间发生的借款费用不应当予以资本化计入在建工程成本，而是应当根据发生的费用计入当期财务费用。

【例 10-57】 2×20 年 2 月开始，B 企业向银行借入长期借款，分别用于生产 C 产品和 D 产品，而且 C 产品由于流程简易，生产时间较短，为 3 个月，D 产品技术系统比较复杂，生产时间较长，为 2 年。

分析：在以上例子中，因为 C 产品的生产时间短，不符合需要经过相当长时间的生产才能达到预定可使用状态的资产，所以，与 C 产品相关的借款发生的借款费用不应当计入 C 产品的生产成本，而是应当计入当期财务费用。而对于 D 产品，由于其生产时间比较长，需要 2 年，确实需要经过相当长时间的生产才能达到预定可使用状态，符合资本化的条件，有关借款费用可以资本化，计入 D 产品的成本中。

借款费用的确认需要明确每期发生的借款费用是应当资本化、计入相关资产的成本，还是应当费用化、计入当期损益。借款费用确认的基本原则是：企业发生的借款费用，可以直接归属于符合资本化条件的资产的购建或者生产的，应当予以资本化，计入相关资产成本；而其他借款费用，应当在发生时根据费用，计入当期损益。

企业只有发生在资本化期间的相关借款费用，才可以资本化，资本化期间的确定是借款费用确认和计量的主要依据。借款费用资本化期间，是指从借款费用开始资本化时点到停止资本化时点的期间，但不包括借款费用暂停资本化的期间。

借款费用同时满足下列条件的，才能开始资本化。

1. 资产支出已经发生

资产支出只包括为购建或者生产符合资本化条件的资产而以支付现金、转移非现金资产或者承担带息债务形式发生的支出。其中，支付现金，是指用货币资金支付符合资本化条件的资产的购建或者生产支出。转移非现金资产，是指企业将自己的非现金资产直接用于符合资本化条件的资产的购建或者生产。承担带息债务，是指企业为了购建或者生产符合资本化条件的资产所需要物资等而承担的带息应付款项。此外，企业以赊购方式购买物资所产生的债务可能带息，也可能不带息。如果企业赊购这些物资承担的是不带息债务，就不应当将购买价款计入资产支出，因为这项债务在偿付前不需要承担利息，也没有占用借款资金。如果企业赊购的物资承担的是带息债务，则企业需要为这项债务支付利息，所以，应当将带息债务作为资产支出。

2. 借款费用已经发生

借款费用已经发生，是指企业已经发生了因构建或者生产符合资本化条件的资产而专门借入款项的借款费用，或者占用了一般借款的借款费用。

【例 10-58】 2×20 年 6 月 1 日，C 企业购买了一批工程用物资，用于长期工程的建设，同时由于资金短缺，借入长期借款 100 000 元，当日开始计息。

分析：在以上例子中，从 2×20 年 6 月 1 日开始，应当认为借款费用已经发生。

3. 为使资产达到预定可使用或可销售状态所必要的购建或者生产活动已经开始

为使资产达到预定可使用或可销售状态所必要的购建或者生产活动已经开始，是指符合资本化条件的资产的实体建造或者生产工作已经开始，例如，主要项目的开工等。如果是仅仅持有资产，但是没有开始实质性的建造或者生产活动，则不属于这种情形。

企业只有在上述三个条件同时满足的情况下，有关借款费用才可开始资本化，只要其中有一个条件没有满足，借款费用就不能开始资本化。

【例 10-59】 2×20 年 1 月，A 企业使用自有资金购买了工程物资，为了能够建造符合资本化条件的固定资产厂房，这项固定资产已经开始建设施工，但是专门借款资金还没有到位，也没有占用一般借款资金。

分析：在以上例子中，A 企业虽然满足了借款费用资本化的第一个和第三个条件，但是没有满足借款费用开始资本化的“借款费用已经发生”这个要求，所以不能将借款费用进行资本化处理。

【例 10-60】 2×20 年 2 月，B 企业使用专门借款开始建造一项符合资本化条件的固定资产，相关的借款费用已经发生，而且这项工程的实际建设工作也已经展开，但是固定资产建造的应用物资都是赊销的，且属于不带息的负债。

分析：在以上例子中，B 企业虽然满足了借款费用资本化的第二个和第三个条件，但是没有满足借款费用开始资本化的“资产支出已经发生”这个要求，所以不能将借款费用进行资本化处理。

【例 10-61】 2×20 年 3 月，C 企业使用专门借款计划开始建造一项符合资本化条件的固定资产，相关的借款费用已经发生，而且已经使用银行存款购买了一系列生产用物资，但是这项固定资产建造的实际工作却迟迟没有开始。

分析：在以上例子中，C 企业虽然满足了借款费用资本化的第一个和第二个条件，但是没有满足借款费用开始资本化的“为使资产达到预定可使用或可销售状态所必要的购建或者生产活动已经开始”这个要求，所以不能将借款费用进行资本化处理。

借款费用满足下列条件的，应当暂停资本化：

符合资本化条件的资产在购建或者生产过程中发生非正常中断，且中断时间连续超过 3 个月的，应当暂停借款费用的资本化。在中断期间所发生的借款费用，应当计入当期损益，直至购建或者生产活动重新开始。但是，如果中断是使所购建或者生产的符合资本化条件的资产达到预定可使用或者可销售状态必要的程序，中断期间所发生的借款费用应当继续资本化。中断的原因必须是由于非正常中断，如果是由于正常中断，则相关的借款费用可以继续资本化。

非正常中断，通常是由于企业管理决策上的原因或者其他不可预见的原因等所导致的中断。例如，企业的工程所需物资没有及时供应、企业和合同企业发生了合同纠纷、企业的工程建设发生了安全事故、企业的资金周转遇到了困难、企业施工期间和施工方发生了劳动纠纷等。

【例 10-62】 2×19 年 1 月 1 日，A 企业使用专门借款开始一项厂房的长期建设工作，相关支出已经发生，借款费用从 2×19 年 1 月 1 日开始资本化，工程预计需要耗时 2 年，但是在 2×20 年 2 月 1 日，由于工程施工计划安排不周，发生了严重的资金短缺，导致工程中断，直到 7 月 1 日才恢复施工。

分析：在以上例子中，A 企业的中断就属于非正常中断，所以，按照相关规定，专门借款的借款费用从 2×20 年 2 月 1 日至 2×20 年 7 月 1 日期间，不应予以资本化，而应当作为财务费用计入当期损益。

正常中断通常仅限于因购建或者生产符合资本化条件的资产达到预定可使用或者可销售状态所必要的程序，或者事先可预见的不可抗力因素导致的中断。例如，某些地区的工程在建造过程中，到了一定工程进度，需要停下来进行质量检查，检查符合相应阶段的标准才可以继续进行施工。这类中断是施工之前可以预见的，属于正常中断。例如，企业在工程的建设过程中，由于可预见的不可抗力因素（如雨季或冰冻季节等原因）导致施工出现停顿，也属于正常中断。

【例 10-63】 2×19 年 5 月 1 日，B 企业使用专门借款开始一项厂房的长期建设工作，相关支出已经发生，借款费用从 2×19 年 5 月 1 日开始资本化，工程预计需要耗时 2 年，但是在 2×20 年 6 月 1 日，由于遭遇暴雨连续侵袭，发生了严重的工程中断，直到 10 月 1 日才恢复施工。

分析：在以上例子中，B 企业的中断是由于夏季遭遇连续的暴雨，这属于可预见的不可抗力因素，是季节的正常情况，所以这次施工中断属于正常中断，按照相关规定，专门借款的借款费用从 2×20 年 6 月 1 日至 2×20 年 10 月 1 日期间，应当予以资本化，计入相关资产的成本。

借款费用满足下列条件的，应当停止资本化。购建或者生产符合资本化条件的资产达到预定可使用或者可销售状态时，借款费用应当停止资本化。在符合资本化条件的资产达到预定可使用或者可销售状态之后所发生的借款费用，应当在发生时根据其发生额确认为费用，计入当期损益。

资产达到预定可使用或者可销售状态，是指所购建或者生产的符合资本化条件的资产已经达到建造方、购买方或者企业自身等预先设计、计划或者合同约定的可以使用或者可以销售的状态。企业在确定借款费用停止资本化的时点时需要运用职业判断，应当遵循实质重于形式的原则。依据经济实质判断所购建或者生产的符合资本化条件的资产达到预定可使用或者可销售状态的时点，具体可从以下几个方面进行判断：

（1）符合资本化条件的资产的实体建造（包括安装）或者生产活动已经全部完成或者实质上已经完成。

（2）所购建或者生产的符合资本化条件的资产与设计要求、合同规定或者生产要求相符或者基本相符，即使有极个别与设计、合同或者生产要求不相符的地方，也不影响其正常使用或者销售。

（3）继续发生在所购建或生产的符合资本化条件的资产上的支出金额很少或者几乎不再发生。

购建或者生产符合资本化条件的资产需要试生产或者试运行的，在试生产结果表明资产能够正常生产出合格产品，或者试运行结果表明资产能够正常运转或者营业时，应当认为该资产已经达到预定可使用或者可销售状态。

【例 10-64】 2×19 年 3 月 1 日，A 企业借入一项长期借款，开始用于施工建造一套厂房，采取外包的方式，由 B 企业承包此项工程。2×20 年 6 月 20 日，厂房的工程已经建设完毕，达到了合同的要求。7 月 15 日，A 企业进行工程验收活动，当天完成工程竣工结算，7 月 25 日，A 企业完成全部资产移交手续，8 月 1 日，这套新建厂房正式投入生产使用。

分析：在以上例子中，A 企业应当将 2×20 年 6 月 20 日，即厂房的工程已经建设完毕的日子作为工程达到预定可使用状态的时点，当天就是借款费用停止资本化的时点。

如果小企业购建或者生产的资产分为多个部分，各个部分分别完工，且资产只有当整体完工后才可以使用或者对外销售的，应当在资产整体全部完工时停止借款费用的资本化。此时，即使各个部分资产已经完工，也不能认为这些部分资产达到了预定可使用状态或者可销售状态，企业只有在所购建的固定资产整体完工时，才能认定资产已经达到了预定可使用状态，此时可以将借款费用停止资本化。

【例 10-65】 2×19 年 2 月 1 日，B 企业开始建设一项程序复杂的建设工程，每个单项工程都是根据总工程的流程来安排的，分为 a 工程、b 工程、c 工程、d 工程。因此只有当所有的各个工程建造完毕后，整个建设工程才能有效运作，达到生产使用的要求。2×20 年 5 月 1 日，a 工程、b 工程相继完工，2×20 年 5 月 15 日 c 工程、d 工程也相继完工。2×20 年 5 月 20 日，整个工程完成施工，达到可使用状态。

分析：在以上例子中，B 企业应当将 2×20 年 5 月 20 日，即整个工程已经建设完毕的日子作为工程达到预定可使用状态的时点，当天就是借款费用停止资本化的时点。

而不能选择2×20年5月1日或者2×20年5月15日作为停止资本化的时点。

【例10-66】 2×19年1月1日，C企业向商业银行借入一项长期借款2 000 000元，借款期限为2年，年利率为6%。这笔借款计划用于建设新的厂房，所借资金已经到位，存入银行。2×19年3月1日，这项建设工程开始施工，到2×20年5月31日建设完毕。2×20年1月1日，C企业按照协议偿还了这项长期借款。

根据上述经济业务，C企业做账务处理如下：

2×19年1月1日，C企业借入长期借款：

借：银行存款　　2 000 000

　　贷：长期借款　　2 000 000

2×19年12月31日，C企业计提长期借款利息：

应计利息＝2 000 000×6%＝120 000（元）

借款费用资本化期间为10个月：

借款费用资本化金额＝120 000÷12×10＝100 000（元）

借：在建工程　　100 000

　　财务费用　　20 000

　　　　贷：应付利息　　120 000

2×20年5月31日，C企业计提长期借款利息：

应计利息＝2 000 000×6%÷12×5＝50 000（元）

借：在建工程　　50 000

　　贷：应付利息　　50 000

2×20年12月31日，C企业计提长期借款利息：

应计利息＝2 000 000×6%÷12×7＝70 000（元）

借：财务费用　　70 000

　　贷：应付利息　　70 000

2×20年1月1日，C企业偿还长期借款：

借：长期借款　　2 000 000

　　应付利息　　240 000

　　贷：银行存款　　2 240 000

二、长期应付款

（一）长期应付款的概念

长期应付款是指除了长期借款和应付债券以外的其他多种长期应付款，主要有以分期付款方式购入固定资产发生的应付款项和应付融资租入固定资产租赁费等。“长期应付款”科目应按照长期应付款的种类和债权人进行明细核算。“长期应付款”科目贷方表示企业发生的长期应付款，借方表示企业归还的长期应付款，本科目期末贷方余额，反映小企业应付未付的长期应付款项，如表 10-10 所示。

（二）长期应付款的主要账务处理

（1）小企业通过融资租赁方式租入固定资产是取得固定资产的一种重要方法。由于融资租入固定资产而发生的长期应付款，属于企业的一项长期负债。小企业融资租入固定资产，在租赁期开始日，按照租赁合同约定的付款总额和在签订租赁合同过程中发生的相关税费等，借记“固定资产”或“在建工程”科目，贷记本科目等。

（2）以分期付款方式购入固定资产，应当按照实际支付的购买价款和相关税费（不包括按照税法规定可抵扣的增值税进项税额），借记“固定资产”或“在建工程”科目，按照税法规定可抵扣的增值税进项税额，借记“应交税费——应交增值税（进项税额）”科目，贷记本科目。

表 10-10　长期应付款的账务处理

借方	贷方
1. 支付的长期应付款	1. 应当支付的融资租赁款 2. 应当支付的具有融资性质的延期付款购买资产的款项
	期末贷方反映尚未支付的长期应付款

【例 10-67】 2×20 年 6 月 1 日，A 企业作为增值税一般纳税人，以分期付款方式向 B 企业购入一项重要的生产设备，作为固定资产，按照双方协议，这项固定资产的购买不含税价款为 200 000 元，增值税税率为 13%，增值税税额为 26 000 元，按照税法规定属于可抵扣的增值税进项税额。此外，A 企业为了获得这项固定资产，用银行存款支付了运输费、途中保险费、调试费共计为 5 000 元。

根据上述经济业务，A 企业做账务处理如下：

2×20 年 6 月 1 日，A 企业购买固定资产：

借：固定资产	205 000	
应交税费——应交增值税（进项税额）	26 000	
贷：银行存款		5 000
长期应付款		226 000

【例 10-68】 2×16 年 12 月 28 日，A 公司于 B 公司签订了一份租赁合同。合同主要条款如下：

（1）租赁标的物：数控机床。

（2）租赁期开始日：租赁物运抵 A 公司生产车间之日（即 2×17 年 1 月 1 日）。

（3）租赁期：从租赁期开始日算起 36 个月（即 2×17 年 1 月 1 日至 2×20 年 12

月 31 日）。

（4）租金支付方式：自租赁期开始日起每年年末支付租金 900 000 元。

（5）该机床在 2×17 年 1 月 1 日的公允价值为 2 500 000 元。

（6）租赁合同规定的利率为 8%（年利率）。

（7）该机床为全新设备，估计使用年限为 5 年，不需安装调试，采用年限平均法计提折旧。

（8）2×19 年和 2×20 年，A 公司每年按该机床所生产产品的年销售收入的 1% 向 B 公司支付经营分享收入。

A 公司在租赁谈判和签订租赁合同过程中发生可归属于租赁项目的手续费、差旅费 9 800 元。2×19 年和 2×20 年，A 公司使用该数控机床生产产品的销售收入分别为 8 000 000 元和 10 000 000 元。2×19 年 12 月 31 日，A 公司以银行存款支付该机床的维护费 2 800 元。2×20 年 12 月 31 日，A 公司将该机床退还 B 公司。

A 公司（承租人）的会计处理如下：

（1）租赁开始日的会计处理

第一步，判断租赁类型。

A 公司应当将该项租赁认定为融资租赁。

第二步，计算租赁开始日最低租赁付款额的现值，确定租赁资产的入账价值。

本例中 A 公司不知道出租人的租赁内含利率，因此应选择租赁合同规定的利率 8% 作为最低租赁付款额的折现率。

最低租赁付款额 ＝ 各期租金之和＋承租人担保的资产余值 ＝ 900 000×3 ＋ 0 ＝ 2 700 000（元）

最低租赁付款额的现值 ＝ 900 000×（P/A, 8%, 3）＝ 900 000×2.5771 ＝ 2 319 390（元）＜租赁资产公允价值 2 500 000 元

租赁资产的入账价值应为其折现值 2 319 390 元加上初始直接费用 9 800 元，即 2 329 190 元。

第三步，计算未确认融资费用。

未确认融资费用＝最低租赁付款额－最低租赁付款额现值＝ 2 700 000 － 2 319 390 ＝ 380 610（元）

第四步，进行具体账务处理。

借：固定资产——融资租入固定资产——数控机床　　2 329 190
　未确认融资费用　　380 610
　贷：长期应付款——B 公司——应付融资租赁款　　2 700 000
　　银行存款　　9 800

（2）分摊未确认融资费用的会计处理

第一步，确定融资费用分摊率。

由于租赁资产的入账价值为其最低租赁付款额的折现值，因此该折现率就是其融资费用分摊率，即 8%。

第二步，在租赁期内采用实际利率法分摊未确认融资费用（见表 10-11）。

表 10-11 未确认融资费用分摊表（实际利率法） 单位：元

日 期	租金	确认的融资费用	应付本金减少额	应付本金余额
	（a）	（b）＝期初（d）×8%	（c）＝（a）－（b）	（d）＝期初（d）－（c）
（1）2×17 年 1 月 1 日				2 319 390
（2）2×17 年 12 月 31 日	900 000	185 551.2	714 448.8	1 604 941.2
（3）2×19 年 12 月 31 日	900 000	128 395.3	771 604.7	833 366.5
（4）2×20 年 12 月 31 日	900 000	66 663.5*	833 336.5	0
合 计	2 700 000	380 610	2 319 390	——

* 尾数调整：900 000 － 833 336.5 ＝ 66 663.5（元）

第三步，进行具体账务处理。

2×17 年 12 月 31 日，支付第 1 期租金时

借：长期应付款——B 公司——应付融资租赁款 900 000

  贷：银行存款 900 000

2×17 年 1 月至 12 月，每月分摊未确认融资费用时

每月财务费用＝185 551.2÷12 ＝ 15 462.6（元）

借：财务费用 15 462.6

  贷：未确认融资费用 15 462.6

20×17 年 2 月至 12 月，每月计提折旧时

每月折旧费用＝2 329 190÷（3×12 － 1）＝ 66 548.29（元），下同

借：制造费用 66 548.29

  贷：累计折旧 66 548.29

2×19 年 12 月 31 日，支付第 2 期租金时

借：长期应付款——B 公司——应付融资租赁款 900 000

  贷：银行存款 900 000

2×19 年 1 月至 12 月，每月分摊未确认融资费用时

每月财务费用＝128 395.3÷12 ＝ 10 699.61（元）

借：财务费用　　　　　　　　　　　　　　　　　　　10 699.61

　　贷：未确认融资费用　　　　　　　　　　　　　　　10 699.61

2×20 年 12 月 31 日，支付第 3 期租金时

借：长期应付款——B 公司——应付融资租赁款　　　　　900 000

　　贷：银行存款　　　　　　　　　　　　　　　　　　900 000

2×20 年 1 月至 12 月，每月分摊未确认融资费用时

每月财务费用＝66 663.5÷12＝5 555.29（元）

借：财务费用　　　　　　　　　　　　　　　　　　　5 555.29

　　贷：未确认融资费用　　　　　　　　　　　　　　　5 555.29

（3）履约成本的会计处理

2×19 年 12 月 31 日，A 公司发生该机床的维护费 2 800 元时

借：管理费用　　2 800

贷：银行存款　　2 800

（4）或有租金的会计处理

2×19 年 12 月 31 日，根据合同规定，A 公司应向 B 公司支付经营分享收入 80 000 元

借：销售费用　　　　　　　　　　　　　　　　　　　80 000

　　贷：其他应付款——B 公司　　　　　　　　　　　　80 000

2×20 年 12 月 31 日，根据合同规定，A 公司应向 B 公司支付经营分享收入 100 000 元

借：销售费用　　　　　　　　　　　　　　　　　　　100 000

　　贷：其他应付款——B 公司　　　　　　　　　　　　100 000

（5）租赁期届满时的会计处理

2×20 年 12 月 31 日，A 公司将该机床退还 B 公司时

借：累计折旧　　　　　　　　　　　　　　　　　　　2 329 190

　　贷：固定资产——融资租入固定资产——数控机床　　　2 329 190

第十一章 所有者权益

第一节　所有者权益概述

所有者权益，是指小企业的资产扣除负债后由所有者享有的剩余权益，所有者权益又称为股东权益。小企业的所有者权益包括：实收资本（或股本，下同）、资本公积、盈余公积和未分配利润，其中，盈余公积和未分配利润又统称为留存收益。可以通过对会计恒等式的变形来表示，即：资产－负债＝所有者权益。

所有者权益的特征主要有：

（1）所有者权益是企业投资人对企业净资产的所有权。它受总资产和总负债变动的影响而发生增减变动。

（2）所有者权益包含所有者以其出资额的比例分享企业利润，与此同时，所有者也必须以其出资额承担企业的经营风险。

（3）所有者权益还意味着所有者有法定的管理企业和委托他人管理企业的权利。

所有者权益的来源包括所有者投入的资本、直接计入所有者权益的利得和损失、留存收益等。

所有者投入的资本，是指所有者投入企业的资本部分，它既包括构成企业注册资本或者股本部分的金额，也包括投入资本超过注册资本或者股本部分的金额，即资本溢价或者股本溢价，这部分投入资本计为资本公积，并在资产负债表中的资本公积项目下反映。

直接计入所有者权益的利得和损失，是指不应计入当期损益、会导致所有者权益发生增减变动的、与所有者投入资本或者向所有者分配利润无关的利得或者损失。直接计入所有者权益的利得和损失，主要包括可供出售金融资产的公允价值变动额、现金流量套期中套期工具公允价值变动额等。

利得，是指由企业非日常活动所形成的、会导致所有者权益增加的、与所有者投入资本无关的经济利益的流入。分为：①直接计入所有者权益的利得；②直接计入当期利润的利得。

损失，是指由企业非日常活动所发生的、会导致所有者权益减少的、与向所有者分配利润无关的经济利益的流出。分为：①直接计入所有者权益的损失；②直接计入当期利润的损失。

留存收益，是指企业从历年实现的利润中提取或留存于企业的内部积累，它来源于企业的生产经营活动所实现的净利润，包括企业的盈余公积和未分配利润两个部分。

任何小企业，其资产形成的资金来源不外乎两种：一种是债权人提供（对企业而言，即为负债）；另一种是所有者提供（对企业而言，即为所有者权益）。所有者权益是所有者对企业资产的剩余索取权，表示企业资产中扣除债权人权益之后应由所有者享有的部分。所有者权益既可以表示所有者投入资本的保值增值情况，又可以表示对债权人保护的理念。负债表示的是企业债权人对企业资产的索取权，在一般情况下，债权人对企业资产的索取权比所有者对企业资产的索取权优先。

所有者权益与债权人权益比较，一般具有以下四个基本特征：

（1）所有者权益在企业经营期内可供企业长期、持续地使用，企业不必向投资人返还资本金。而负债则须按期返还给债权人，成为企业的负担。

（2）企业所有人凭其对企业投入的资本，享受税后分配利润的权利。所有者权益是企业分配税后净利润的主要依据，而债权人除按规定取得利息外，无权分配企业的盈利。

（3）企业所有人有权行使企业的经营管理权，或者授权管理人员行使经营管理权。但债权人并没有经营管理权。

（4）企业的所有者对企业的债务和亏损负有无限的责任或有限的责任，而债权人对企业的其他债务不发生关系，一般也不承担企业的亏损。

第二节 实收资本

一、实收资本的概念

实收资本，是指投资者按照合同协议约定或相关规定投入小企业，构成小企业注册资本的部分。所有者向小企业投入的资本，是企业进行经营活动的初始资金来源，在一般情况下无须偿还，可以长期周转使用。实收资本的构成比例是小企业据以向投资者进行利润或股利分配的主要依据，除了符合规定条件的增资和减资之外，企业的实收资本一般不得随意变动。

小企业应按照企业章程、合同、协议或有关规定，根据实际收到的货币、实物及无形资产来确认投入资本。

（1）对于以货币投资的，主要根据收款凭证加以确认与验证。对于外方投资者的外汇投资，应取得利润来源地外汇管理局的证明。

（2）对于以房屋建筑物、机器设备、材料物资等实物资产作价出资的，应以各项有关凭证为依据进行确认，并应进行实物清点、实地勘察以核实有关投资。房屋建筑物应具备产权证明。

（3）对于以专利权、专有技术、商标权、土地使用权等无形资产作价出资的，应以各项有关凭证及文件资料作为确认与验证的依据。外方合营者出资的工业产权与专有技术，必须符合规定的条件。

一般小企业（指非股份有限公司）收到投资者以现金或非货币性资产投入的资本，应当按照其在本企业注册资本中所占的份额计入实收资本；其他小企业（指股份有限公司）应当将"实收资本"科目的名称改为"股本"科目。"实收资本"科目属于所有者权益类科目，其贷方表示实收资本的增加数额，其借方表示实收资本的减少数额。本科目期末贷方余额，反映小企业实收资本总额。

小企业收到投资者出资超过其在注册资本中所占份额的部分，作为资本溢价，在"资本公积"科目核算，不在本科目核算，"实收资本"科目应按照投资者进行明细核算。小企业（中外合作经营）根据合同规定在合作期间归还投资者的投资，应在本科目设置"已归还投资"明细科目进行核算。

投资者根据有关规定对小企业进行增资或减资，小企业应当增加或减少实收资本。小企业增加资本的途径主要有以下几种。

1. 将资本公积转为实收资本

在会计上，应借记"资本公积"科目，贷记"实收资本"科目。

2. 将盈余公积转为实收资本

在会计上，应借记"盈余公积"科目，贷记"实收资本"科目。这里要注意的是，资本公积和盈余公积均属于所有者权益，转为实收资本时，如为独资企业比较简单，直接结转即可；如为股份公司或有限责任公司，应按原投资者所持股份同比例增加各股东的股权，股份公司具体可以采取发放新股的办法。

3. 所有者投入

企业应在收到投资者投入的资金时，借记"银行存款""固定资产"等科目，贷记"实收资本"等科目。

小企业实收资本减少的原因有：一是资本过剩；二是小企业发生重大亏损而需要减少实收资本。企业因资本过剩而减资，一般要发还股款。有限责任公司和一般企业发还投资比较简单，按发还投资的数额，借记"实收资本"科目，贷记"银行存款"

等科目；三是股份公司发展到一定时期，资本结构须发生改变，通过股票回购的方式来减少公司实收资本，达到调节资本结构的目的。

二、实收资本的主要账务处理

（1）小企业收到投资者的出资，分别按照现金资产和非现金资产，借记“银行存款”“其他应收款”“固定资产”“无形资产”等科目，按照其在注册资本中所占的份额，贷记“实收资本”科目，按照其差额，贷记“资本公积”科目，如表11-1所示。其中，需要注意区分在接受非现金资产投资时，小企业会计准则与企业会计准则的不同，在企业会计准则下，投资者投入固定资产的成本，企业应当按照投资合同或协议约定的价值确定，但是合同或者协议约定价值不公允的除外；在小企业会计准则下，小企业应当按照投资合同或协议约定的价值确定。

表 11-1 实收资本的账务处理

借方	贷方
2. 减少的实收资本	1. 企业收到的各项投资（包括货币资金，实物，无形资产，资本公积转增股本，盈余公积转增资本）
	期末贷方余额，反映企业实收资本或股本总额

【例 11-1】 2×20 年 1 月 1 日，A 企业作为有限责任公司成立，由甲、乙、丙、丁四人共同出资，公司注册资本为 6 000 000 元，其中，甲、乙、丙、丁的持股比例分别为 40%、30%、20% 和 10%，当日，所有的投资都已经一次性存入相关银行账户。

根据上述经济业务，A 企业做账务处理如下：

2×19 年 1 月 1 日，A 企业收到实收资本：

借：银行存款	6 000 000	
贷：实收资本——甲		2 400 000
——乙		1 800 000
——丙		1 200 000
——丁		600 000

【例 11-2】 2×20 年 2 月 1 日，B 企业作为股份有限公司，发行普通股为 3 000 000 股，每股面值 1 元，发行价格 5 元。股款为 15 000 000 元，而且已经于 2×20 年 3 月 1 日全部收到，存入相关银行账户，此外，此次股票发行中发生了相关税费 20 000 元。

根据上述经济业务，B企业做账务处理如下：

2×20年3月1日，B企业实际收到股本：

计入股本的金额＝3 000 000×1＝3 000 000（元）

计入资本公积的金额＝3 000 000×5－300 000×1－20 000

＝11 980 000（元）

借：银行存款　　14 980 000

　　贷：股本　　3 000 000

　　　　资本公积——股本溢价　　11 980 000

【例11-3】 2×20年3月1日，C企业收到D企业的非现金资产投资，D企业用一台高技术的生产设备投入C企业，从而可以参加C企业的加速成长过程，分享发展成果，这台机器设备可以折合成C企业8%的股份，计价为100 000元，经过协商，这台机器设备可以确认的价值是120 000元。

根据上述经济业务，C企业做账务处理如下：

2×20年3月1日，C企业实际收到固定资产投资：

借：固定资产　　120 000

　　贷：实收资本——D企业　　100 000

　　　　资本公积——资本溢价　　20 000

【例11-4】 2×20年4月1日，D企业收到A企业的非现金资产投资，A企业用自己的手机生产专利技术投入D企业，从而可以参加D企业的加速成长过程，分享发展成果，这台机器设备可以折合成D企业15%的股份，计价为200 000元，经过协商，这台机器设备可以确认的价值是250 000元。

根据上述经济业务，D企业做账务处理如下：

2×20年4月1日，D企业实际收到无形资产投资：

借：无形资产　　250 000

　　贷：实收资本——A企业　　200 000

　　　　资本公积——资本溢价　　50 000

（2）小企业根据有关规定增加注册资本，借记“银行存款”“资本公积”“盈余公积”等科目，贷记“实收资本”科目。根据有关规定减少注册资本，借记“实收资本”“资本公积”等科目，贷记“库存现金”“银行存款”等科目。

小企业（中外合作经营）根据合同规定在合作期间归还投资者的投资，应当按照实际归还投资的金额，借记本科目（已归还投资），贷记“银行存款”等科目；同时，借记“利润分配——利润归还投资”科目，贷记“盈余公积——利润归还投资”科目。

【例11-5】 2×19年5月1日，某城市B企业作为股份有限公司成立，由甲、乙、丙三人共同出资，公司注册资本为 2 000 000 元，其中，甲、乙、丙的持股比例分别为 60%、30% 和 10%。2×20 年 6 月 1 日，由于 B 企业转变发展方向，为了缩小生产经营规模，决定按照相关规定减资 800 000 元，全部用银行存款支付。

根据上述经济业务，B 企业做账务处理如下：

2×20 年 6 月 1 日，B 企业实现减少资本：

借：股本——甲　　480 000

　　　　——乙　　240 000

　　　　——丙　　80 000

　　贷：银行存款　　800 000

第三节　资本公积

一、资本公积的概念

资本公积，是指小企业收到的投资者出资额超过其在注册资本或股本中所占份额的部分，主要是指资本溢价。资本溢价，是指企业收到投资者超出其在企业注册资本中所占份额的投资。股本溢价，是指股份有限公司溢价发行股票时实际收到的款项超过股票面值总额的数额。

小企业用资本公积转增资本，应当冲减资本公积。小企业的资本公积不得用于弥补亏损。为了核算小企业资本公积的增减变动情况，企业应该设置“资本公积”科目，本科目属于所有者权益类科目，其贷方表示企业资本公积的增加数额，其借方表示企业资本公积的减少数额。本科目期末贷方余额，反映小企业资本公积总额。

一般的资本公积是归所有者共有，且由非收益转化而形成的资本，主要包括资本溢价（或股本溢价）和直接计入所有者权益的利得和损失。其中需要注意，关于“资本公积”科目，小企业会计准则与企业会计准则的相同点在于，企业收到现金或者非现金资产价值与该投资方在企业注册资本中享有的份额之间的差额都应该记入“资本公积——资本溢价（或者股本溢价）”科目。但是，与企业会计准则不同的是，小企业会计准则下只有“资本公积——资本溢价（或者股本溢价）”科目。而在企业会计准则下，应该还包括“资本公积——其他资本公积”明细科目，是属于直接计入所有者权益的利得和损失，而小企业不包括这些，应该注意区分。直接计入所有者权益的利得和损失包括以下内容：

直接计入所有者权益的利得和损失，是指不应计入当期损益、会导致所有者权益变动的、与所有者投入资本或向所有者分配利润无关的利得或损失。直接计入所有者权益的利得或损失主要有以下几方面。

1. 可供出售金融资产的公允价值变动

当可供出售金融资产的公允价值上升，则会增加“资本公积——其他资本公积”科目，借记“可供出售金融资产——公允价值变动”科目，贷记“资本公积——其他资本公积”科目；反之，减少资本公积，则作相反的会计分录。

2. 权益法下被投资单位其他所有者权益的变动

对于被投资单位除净利润以外其他所有者权益的变动，在持股比例不变的情况下，企业按照持股比例计算应享有或承担的部分，调整长期股权投资的账面价值，同时增加或减少“资本公积——其他资本公积”科目。

3. 与记入所有者权益项目相关的所得税

资产负债表日，与直接记入所有者权益项目相关的递延所得税资产，要借记“递延所得税资产”科目，贷记“资本公积——其他资本公积”科目，与之相关的递延所得税负债，则借记“资本公积——其他资本公积”科目，贷记“递延所得税负债”科目，而不构成所得税费用。

4. 固定资产等转为投资性房地产时公允价值变动

自用房地产、无形资产或存货等转换为采用公允价值模式计量的投资性房地产时，应当按照转换当日的公允价值计量。转换当日的公允价值大于原账面价值的，其差额为利得，增加“资本公积——其他资本公积”科目，计入所有者权益。

5. 以权益结算的股份支付而形成的费用

对于权益结算涉及职工的股份支付，应当按照授予日权益工具的公允价值计入成本费用，相应增加“资本公积——其他资本公积”科目。

6. 利用衍生工具进行套期时

在资产负债表日，满足运用套期会计方法条件的现金流量套期和境外经营净投资套期产生的利得或损失，属于有效套期的，借记或贷记有关科目，贷记或借记“资本公积——其他资本公积”科目。

二、资本公积的主要账务处理

（1）小企业收到投资者的出资，借记“银行存款”“其他应收款”“固定资产”“无形资产”等科目，按照其在注册资本中所占的份额，贷记“实收资本”科目，按照其差额，贷记“资本公积”科目。

【例 11-6】 2×19 年 1 月 1 日，某城市 A 企业作为有限责任公司成立，由甲、乙、丙三人共同出资，公司注册资本为 2 200 000 元，其中，甲、乙、丙的持股比例分别为50%、30%和20%。2×20年7月1日，由于企业发展形势良好，为了扩大生产经营规模，当日，所有的投资者甲、乙、丙三人决定新增注册资本700 000元，且全部由丁投资者用现金资产投入，丁投资者实际出资800 000元。

根据上述经济业务，A企业做账务处理如下：

2×19年1月1日，某城市A企业收到实收资本：

借：银行存款	800 000	
贷：实收资本——丁		700 000
资本公积——资本溢价		100 000

（2）根据有关规定用资本公积转增资本，借记“资本公积”科目，贷记“实收资本”科目。根据有关规定减少注册资本，借记“实收资本”“资本公积”等科目，贷记“库存现金”“银行存款”等科目。

【例11-7】 2×19年2月1日，某城市B企业作为有限责任公司成立，由甲、乙、丙三人共同出资，公司注册资本为5 000 000元，其中，甲、乙、丙三人的持股比例分别为40%、40%和20%。2×20年2月1日，由于企业发展形势良好，为了扩大生产经营规模，当日，所有的投资者甲、乙、丙三人决定按照原出资比例将资本公积1 000 000元转增资本。

根据上述经济业务，B企业做账务处理如下：

2×20年2月1日，B企业实现增加资本：

借：资本公积	1 000 000	
贷：实收资本——甲		400 000
——乙		400 000
——丙		200 000

第四节 盈余公积

一、盈余公积的概念

盈余公积是指小企业按照法律规定在税后利润中提取的法定公积和任意公积。法定公积和任意公积的区别在于各自计提的依据不同，前者是以国家的法律或行政规章为依据提取；后者则由企业自行决定提取。

小企业为了反映企业盈余公积的提取和使用变动情况，应该设置“盈余公积”科目，该科目下设置“法定盈余公积”和“任意盈余公积”进行明细核算。

小企业（外商投资）按照法律规定在税后利润中提取储备基金和企业发展基金也在本科目核算。

小企业（中外合作经营）根据合同规定在合作期间归还投资者的投资，应在本科目设置“利润归还投资”明细科目进行核算。小企业用盈余公积弥补亏损或者转增资本，应当冲减盈余公积。小企业的盈余公积还可以用于扩大生产经营。

“盈余公积”科目贷方表示企业按照规定提取的各项盈余公积的数额，借方表示企业盈余公积的减少和使用情况。本科目期末贷方余额，反映小企业（公司制）的法定公积和任意公积总额、小企业（外商投资）的储备基金和企业发展基金总额。

根据《公司法》等有关法规的规定，企业当年实现的净利润，一般应当按照如下顺序进行分配。

1. 提取法定公积

法定公积是依照法律规定必须提取的，企业在不存在年初累计亏损的前提下，法定盈余公积按照税后利润的 10% 的比例提取。法定公积累计额达到企业注册资本的 50% 时，可不再提取。提取的法定公积用于弥补以前年度亏损或转增资本金，但转增资本金后留存的法定盈余公积不得低于注册资本的 25%。企业的法定公积不足以弥补以前年度亏损的，在提取法定公积之前，应当先用当年利润弥补亏损。

2. 提取任意公积

企业从税后利润中提取法定公积后，经股东会或者股东大会决议，还可以从税后利润中提取任意公积。任意公积提取标准由股东大会确定。

3. 向投资者分配股利（或利润）

企业弥补亏损和提取公积金后所余税后利润，有限责任公司股东按照实缴的出资比例分取红利，但是，全体股东约定不按照出资比例分取红利的除外；股份有限公司按照股东持有的股份比例分配，但股份有限公司章程规定不按持股比例分配的除外。企业以前年度未分配的利润，可以并入本年度一起分配。

股东会或董事会违反上述利润分配顺序，在弥补亏损和提取法定公积之前向股东分配利润的，必须将违反规定发放的利润退还公司。

企业提取盈余公积的主要作用有以下几个方面。

1. 弥补亏损

企业发生亏损时，应由企业自行弥补。弥补亏损的渠道主要有三条：一是用以后年度税前利润弥补。按照现行制度规定，企业发生亏损时，可以用以后 5 年内实现的税前利润弥补，即税前利润弥补亏损的期间为 5 年；二是用以后年度税后利润弥补。企业发生的亏损经过 5 年期间未弥补足额的，尚未弥补的亏损应用所得税后的利润弥补；三是以盈余公积弥补亏损。企业以提取的盈余公积弥补亏损时，应当由公司董事会提议，并经股东大会批准。

2. 转增资本

企业将盈余公积转增资本时，必须经股东大会决议批准。在实际将盈余公积转增资本时，要按股东原有持股比例结转。盈余公积转增资本时，转增后留存的盈余公积的数额不得少于注册资本的 25%。盈余公积的提取实际上是企业当期实现的净利润向投资者分配利润的一种限制。提取盈余公积本身就属于利润分配的一部分，提取盈余公积相对应的资金，一经提取形成盈余公积后，在一般情况下不得用于向投资者分配利润或股利。盈余公积的用途，并不是指其实际占用形态，提取盈余公积也并不是单独将这部分资金从企业资金周转过程中抽出。企业提取的盈余公积，无论是用于弥补亏损，还是用于转增资本，只不过是在企业所有者权益内部结构的调整，如企业以盈余公积弥补亏损时，实际是减少盈余公积留存的数额，以此抵补未弥补亏损的数额，并不引起企业所有者权益总额的变动；企业以盈余公积转增资本时，也只是减少盈余公积结存的数额，但同时增加企业实收资本或股本的数额，也并不引起所有者权益总额的变动。

3. 扩大企业生产经营

至于企业盈余公积的结存数，实际只表现企业所有者权益的组成部分，表明企业生产经营资金的一个来源而已，其形成的资金可能表现为一定的货币资金，也可能表现为一定的实物资产，如存货和固定资产等，随同企业的其他来源所形成的资金进行循环周转。

二、盈余公积的主要账务处理

表 11-2　盈余公积的账务处理

借方	贷方
4. 盈余公积转增股本金额	1. 提取的法定盈余公积，任意盈余公积等 2. 储备基金、企业发展基金（外商投资企业） 3. 利润归还投资金额（中外合作企业）
	期末贷方余额，反映企业的盈余公积

（1）小企业（公司制）按照公司法规定提取法定公积和任意公积，借记“利润分配——提取法定盈余公积、提取任意盈余公积”科目，贷记本科目（法定盈余公积、任意盈余公积），如表 11-2 所示。

小企业（外商投资）按照规定提取储备基金、企业发展基金、职工奖励及福利基金，借记“利润分配——提取储备基金、提取企业发展基金、提取职工奖励及福利基金”科目，贷记“盈余公积——储备基金、企业发展基金”及“应付职工薪酬”科目。

【例 11-8】 2×20 年，A 企业作为股份有限公司，实现了净利润 2 000 000 元，经过股东大会决议批准，按照 10% 的比例提取法定盈余公积，按照 6% 的比例提取任意盈余公积。

根据上述经济业务，A 企业做账务处理如下：

2×20 年，A 企业提取法定盈余公积和任意盈余公积：

借：利润分配——提取法定盈余公积	200 000	
——提取任意盈余公积	120 000	
贷：盈余公积——法定盈余公积		200 000
——任意盈余公积		120 000

（2）小企业用盈余公积弥补亏损或者转增资本，借记本科目，贷记“利润分配——盈余公积补亏”或“实收资本”科目。

小企业用盈余公积转增资本时，应当按照转增资本前的实收资本比例，将盈余公积转增资本的数额记入“实收资本”科目下各所有者的投资明细账，相应增加各所有者对企业的投资。此外，盈余公积转增资本时，以转增后留存的盈余公积不得少于注册资本的 25% 为限。

【例 11-9】 2×20 年，B 企业作为有限责任公司，经过股东大会决议批准，决定将法定盈余公积 800 000 元转增资本，B 企业有三位股东甲、乙、丙，其中各自的股份分别为 40%、30% 和 30%，而且 B 企业已经办理好了相关的手续。

根据上述经济业务，B 企业做账务处理如下：

2×20 年，B 企业将法定盈余公积转增资本：

借：盈余公积——法定盈余公积	800 000	
贷：实收资本——甲		320 000
——乙		240 000
——丙		240 000

【例 11-10】 2×20 年，C 企业作为有限责任公司，经过股东大会决议批准，决定将法定盈余公积 300 000 元弥补经营亏损，C 企业已经办理好了相关的手续。

根据上述经济业务，C 企业做账务处理如下：

2×20 年，C 企业将法定盈余公积弥补经营亏损：

借：盈余公积——法定盈余公积	300 000	
贷：利润分配——盈余公积补亏		300 000

（3）小企业（中外合作经营）根据合同规定在合作期间归还投资者的投资，应当按照实际归还投资的金额，借记“实收资本——已归还投资”科目，贷记“银行存款”等科目；同时，借记“利润分配——利润归还投资”科目，贷记“盈余公积——利润归还投资”。

第五节　未分配利润

一、未分配利润的概念

未分配利润，是指小企业实现的净利润，经过弥补亏损、提取法定盈余公积和任意盈余公积、向投资者分配利润后，留存在本企业的、历年结存的利润。未分配利润是企业未做分配的利润，是企业留待以后年度进行分配的结存利润，它在以后年度可继续进行分配，在未进行分配之前，属于所有者权益的组成部分。从数量上来看，未分配利润是期初未分配利润，加上本期实现的净利润，减去提取的各种盈余公积和分出的利润后的余额。

在会计处理上，未分配利润是通过“利润分配”科目进行核算的，核算小企业利润的分配（或亏损的弥补）和历年分配（或弥补）后的余额。“利润分配”科目应按照“应付利润”“未分配利润”等进行明细核算。

二、未分配利润的主要账务处理

（1）小企业根据有关规定分配给投资者的利润，借记“利润分配——应付利润”科目，贷记“应付利润”科目。

（2）用盈余公积弥补亏损，借记“盈余公积”科目，贷记“利润分配——盈余公积补亏”科目。

小企业（中外合作经营）根据合同规定在合作期间归还投资者的投资，应按照实际归还投资的金额，借记“实收资本——已归还投资”科目，贷记“银行存款”等科目；同时，借记“利润分配”科目（利润归还投资），贷记“盈余公积——利润归还投资”科目。

（3）年度终了，小企业应当将本年实现的净利润，自“本年利润”科目转入本科目，借记“本年利润”科目，贷记本科目（未分配利润）；为净亏损的，做相反的会计分录。同时，将“利润分配”科目所属明细科目（应付利润、盈余公积补亏）的余额转入本科目明细科目（未分配利润）。结转后，“利润分配”科目除“未分配利润”明细科目外，其他明细科目应无余额。“利润分配”科目年末余额，反映小企业的未分配利润（或未弥补亏损）。

【例 11-11】 2×19 年，A 企业作为股份有限公司，其股本为 9 000 000 元，每股面值 1 元。2×19 年年初，未分配利润贷方为 1 000 000 元，2×19 年实现净利润 6 000 000 元。经过股东大会决议批准，按照 10% 的比例提取法定盈余公积，按照 6%

的比例提取任意盈余公积。同时，按照每股0.3元向企业股东派发现金股利，按照每10股送2股的比例派发股票股利。

2×20年2月20日，A企业支付了全部的现金股利，使用银行存款。同时，新增股本也已经办理好了相关的股权登记手续和增长手续。

根据上述经济业务，A企业做账务处理如下：

2×19年12月31日，A企业结转本年实现的利润：

借：本年利润　　6 000 000

　　贷：利润分配——未分配利润　　6 000 000

2×19年12月31日，A企业提取法定盈余公积和任意盈余公积：

借：利润分配——提取法定盈余公积　　600 000

　　　　　　——提取任意盈余公积　　360 000

　　贷：盈余公积——法定盈余公积　　600 000

　　　　　　　　——任意盈余公积　　360 000

A企业结转"利润分配"明细科目：

借：利润分配——未分配利润　　960 000

　　贷：利润分配——提取法定盈余公积　　600 000

　　　　　　　　——提取任意盈余公积　　360 000

2×19年年底，A企业计算"利润分配——未分配利润"科目余额。

余额＝1 000 000＋6 000 000－960 000＝6 040 000（元）

表示"利润分配——未分配利润"科目余额为6 040 000元。

2×19年，A企业批准发放现金股利：

现金股利＝9 000 000×0.3＝2 700 000（元）

借：利润分配——应付现金股利　　2 700 000

　　贷：应付股利　　2 700 000

2×20年2月20日，A企业实际支付现金股利：

借：应付股利　　2 700 000

　　贷：银行存款　　2 700 000

2×20年2月20日，A企业实际发放股票股利：

股票股利＝9 000 000×1×20%＝1 800 000（元）

借：利润分配——转作股本的股利　　1 800 000

　　贷：股本　　1 800 000

【例11-12】 甲股份有限公司年初未分配利润为0，本年实现净利润1 000 000元，本年提取法定盈余公积100 000元，宣告发放现金股利400 000元。假定不考虑其他因素，甲股份有限公司会计处理如下：

（1）结转本年利润：

借：本年利润　　1000 000

　　贷：利润分配——未分配利润　　1 000 000

（2）提取法定盈余公积、宣告发放现金股利：

借：利润分配——提取法定盈余公积　　100 000

　　　　　　——应付现金股利　　400 000

　　贷：盈余公积　　100 000

　　　　应付股利　　400 000

同时，

借：利润分配——未分配利润　　500 000

　　贷：利润分配——提取法定盈余公积　　100 000

　　　　　　　　——应付现金股利　　400 000

第十二章
收　入

第一节　收入的定义及其分类

一、收入的定义

收入可分为狭义收入和广义收入。

广义收入，是指会计期间内经济利益的总流入，其表现形式为资产增加或负债减少而引起的所有者权益增加，但不包括与所有者出资有关的资产增加或负债减少。

狭义收入，是指小企业在销售商品、提供劳务等日常生产经营活动中形成的、会导致所有者权益增加、与所有者投入资本无关的经济利益的总流入。我国小企业会计准则将收入定义为狭义收入。根据收入的定义，收入具有以下几方面的特征。

1. 收入是企业在日常活动中形成的

日常活动，是指企业为完成其经营目标所从事的经常性活动以及与之相关的其他活动。例如，工业企业制造并销售产品、商业企业销售商品、保险公司签发保单等，均属于企业的日常活动。明确界定日常活动是为了将收入与利得区分，因为企业非日常活动所形成的经济利益的流入不能确认为收入，而应当计入利得。

收入是与所有者投入资本无关的经济利益的总流入。收入应当会导致经济利益的流入，从而导致资产的增加。例如，企业销售商品，应当收到现金或者在未来有权收到现金，才表明该交易符合收入的定义。但是在实务中，经济利益的流入有时是所有者投入资本的增加所导致的，所有者投入资本的增加不应当确认为收入，应当将其直接确认为所有者权益。

2. 收入会导致所有者权益增加

与收入相关的经济利益的流入应当会导致所有者权益的增加，不会导致所有者权益增加的经济利益的流入不符合收入的定义，不应确认为收入。例如，企业向银行借入款项，尽管也导致了企业经济利益的流入，但该流入并不导致所有者权益的增加，反而使企业承担了一项现时义务。企业对于因借入款项所导致的经济利益的增加，不应将其确认为收入，应当确认为一项负债。

二、收入的分类

按照小企业从事日常活动的性质，可以将收入分为：销售商品收入和提供劳务收入。销售商品收入，是指小企业通过销售商品实现的收入，如工业企业制造并销售产品、商业企业销售商品等实现的收入。提供劳务收入，是指小企业通过提供劳务实现的收入，如咨询公司提供咨询服务、软件开发企业为客户开发软件、安装公司提供安装服务等实现的收入。

第二节　销售商品收入

一、销售商品收入的确认和计量

商品包括企业为销售而生产的产品和为转售而购进的商品，如工业企业生产的产品、商业企业购进的商品等，企业销售的其他存货，如原材料、包装物等，也视同企业的商品。通常，小企业应当在发出商品且收到货款或取得收款权利时，确认销售商品收入。

收入准则规定，销售商品收入同时满足下列条件的，才能予以确认。

1. 与收入相关的经济利益应当很可能流入企业

相关的经济利益很可能流入小企业，是指销售商品价款收回的可能性大于不能收回的可能性，即销售商品价款收回的可能性超过 50% 的。小企业在确定销售商品价款收回的可能性时，应当结合以前和买方交往的直接经验、政府有关政策、其他方面取得信息等因素进行分析。企业销售的商品符合合同或协议要求，已将发票账单交付买方，买方承诺付款，通常表明满足本确认条件（相关的经济利益很可能流入企业）。如果小企业根据以前与买方交往的直接经验判断买方信誉较差，或销售时得知买方在另一项交易中发生了巨额亏损，资金周转十分困难；或在出口商品时不能肯定进口企业所在国政府是否允许将款项汇出等，就可能会出现与销售商品相关的经济利益不能流入企业的情况，不应确认收入。如果小企业判断销售商品收入满足确认条件确认了一笔应收债权，以后由于购货方资金周转困难无法收回该债权时，不应调整原确认的收入，而应对该债权确认坏账损失。

2. 经济利益流入企业的结果会导致资产的增加或者负债的减少

在确认收入的同时，要确认资产的增加或负债的减少。例如，企业销售商品，确认销售收入增加，同时要确认库存现金或银行存款或应收账款等资产项目的增加；如果现在销售的商品，原来已经预收货款，则在确认销售收入增加的同时，还要确认预收货款这项负债的减少。

3. 收入的金额能够可靠地计量

收入的金额能够可靠地计量，是指收入的金额能够合理地估计。如果收入的金额不能够合理地估计，则无法确认收入。通常情况下，小企业在销售商品时，商品销售价格已经确定，企业应当按照从购货方已收或应收的合同或协议价款确定收入金额。如果销售商品涉及现金折扣、商业折扣、销售折让等因素，还应当考虑这些因素后确定销售商品收入金额。如果小企业从购货方应收的合同或协议价款延期收取具有融资性质，小企业应按应收的合同或协议价款的公允价值确定销售商品收入金额。

有时，由于销售商品过程中某些不确定因素的影响，也有可能存在商品销售价格发生变动的情况，如附有销售退回条件的商品销售。如果小企业不能合理地估计退货的可能性，就无法确定销售商品的价格，也就不能够合理地估计收入的金额，在这种情况下，不应在发出商品时确定收入，而应当在售出商品退货期满商品销售价格能够可靠地计量时确定收入。

小企业从购货方已收或应收的合同或协议价款不公允的，应按公允的交易价格确定收入金额，不公允的价款不应确定为收入金额。

4. 相关的已发生或将发生的成本能够可靠地计量

通常情况下，销售商品相关的已发生或将发生的成本能够合理地估计，如库存商品的成本、商品运输费用等。如果库存商品是本企业生产的，其生产成本能够可靠地计量；如果是外购的，购买成本能够可靠地计量。有时，销售商品相关的已发生或将发生的成本不能够合理地估计，此时企业不应确认为收入，已收到的价款应确认为负债。

【例 12-1】 甲小企业与乙公司签订协议，约定甲小企业生产并向乙公司销售一台大型设备。限于自身生产能力的不足，甲小企业委托丙公司生产该大型设备的一个主要部件。甲小企业与丙公司签订的协议约定，丙公司生产该主要部件发生的成本经甲公司认定后，其总额的108%即为甲小企业应支付给丙公司的款项。假定甲小企业本身负责的部件生产任务和丙公司负责的部件生产任务均已完成，并由甲小企业组装后运抵乙公司，乙公司验收合格后及时支付了货款。但是，丙公司尚未将由其负责的部件相关的成本资料交付甲小企业认定。

本例中，虽然甲小企业已将大型设备交付乙公司，且已收到货款。但是，甲小企业为该大型设备发生的相关成本因丙公司相关资料未送达而不能可靠地计量，也不能合理地估计。因此，甲小企业收到货款时不应确认为收入。

如果甲小企业为该大型设备发生的相关成本因丙公司相关资料未送达而不能可靠地计量，但是甲小企业基于以往经验能够合理地估计出该大型设备的成本，仍应认为满足本确认条件。

二、销售商品收入的账务处理

小企业应当按照从购买方已收或应收的合同或协议价款，确定销售商品收入金额。确认销售商品收入时，企业应按已收或应收的合同或协议价款，加上应收取的增值税税额，借记“银行存款”“应收账款”“应收票据”等科目，按确定的收入金额，贷记“主营业务收入”“其他业务收入”等科目，按应收取的增值税税额，贷记“应交税费——应交增值税（销项税额）”科目；同时在资产负债表日，按应交纳的消费税、资源税、城市维护建设税、教育费附加等税费金额，借记“税金及附加”科目，贷记“应交税费——应交消费税（应交资源税、应交城市维护建设税等）”科目。

1. 托收承付方式销售商品的处理

托收承付，是指企业根据合同发货后，委托银行向异地付款单位收取款项，由购货方向银行承诺付款的销售方式。小企业会计准则下，销售商品采用托收承付方式的，在办妥托收手续时确认收入。但在企业会计准则下，企业通常应在发出商品且办妥托收手续时确认收入。如果商品已经发出且办妥托收手续，但由于各种原因与发出商品所有权有关的风险和报酬没有转移的，企业不应确认收入。

【例 12-2】 2×20 年 5 月 12 日，甲公司向乙公司销售一批商品，开出的增值税专用发票上注明的销售价格为 200 000 元，增值税税额为 26 000 元，商品已经发出且办妥托收手续；该批商品成本为 120 000 元。甲公司 2×20 年 6 月 20 日收到款项。假设甲公司采用小企业会计准则核算，则其账务处理如下：

（1）2×20 年 5 月 12 日，发出商品时：

借：应收账款	22 600	
贷：主营业务收入		200 000
应交税费——应交增值税（销项税额）		26 000
借：主营业务成本	120 000	
贷：库存商品		120 000

（2）2×20 年 6 月 20 日，收到款项时：

借：银行存款	22 600	
贷：应收账款		22 600

2. 预收款销售商品

预收款销售商品，是指购买方在商品尚未收到前按合同或协议约定分期付款，销售方在收到最后一笔款项时才交货的销售方式。销售商品采取预收款方式的，在发出商品时确认收入，在此之前预收的货款应确认为负债。

【例 12-3】 甲公司与乙公司签订协议，采用预收款方式向乙公司销售一批商品。该批商品实际成本为 700 000 元。协议约定，该批商品销售价格为 1 000 000 元，增值税税额为 130 000 元，乙公司应在协议签订时预付 60% 的货款（按不含增值税销售价格计算），剩余货款于 2 个月后支付。假设甲公司采用小企业会计准则核算，甲公司的账务处理如下：

（1）收到 60% 货款时：

借：银行存款	600 000	
贷：预收账款		600 000

（2）收到剩余货款及增值税税额并确认收入时：

借：预收账款	600 000	
银行存款	530 000	
贷：主营业务收入		1 000 000
应交税费——应交增值税（销项税额）		130 000
借：主营业务成本	700 000	
贷：库存商品		700 000

3. 销售商品需要安装和检验

销售商品需要安装和检验的，在购买方接受商品以及安装和检验完毕时确认收入。安装程序比较简单的，可在发出商品时确认收入。

4. 支付手续费方式委托代销

销售商品采用支付手续费方式委托代销的，在收到代销清单时确认收入。在小企业会计准则下，发出商品时不需要核算，而企业会计准则下，需要将库存商品转入发出商品科目。除此以外，收入的确认时点及金额完全相同。

【例 12-4】 甲公司委托丙公司销售商品 200 件，商品已经发出，每件成本为 60 元。合同约定应按每件 100 元对外销售，甲公司按不含增值税的售价的 10% 向丙公司支付手续费。丙公司对外实际销售 100 件，开出的增值税专用发票上注明的销售价款为 10 000 元，增值税税额为 1 300 元，款项已经收到。甲公司收到丙公司开具的代销清单时，向丙公司开具一张相同金额的增值税专用发票。假定甲公司发出商品时纳税义务尚未发生，甲公司采用小企业会计准则核算，不考虑其他因素，甲公司的账务处理如下：

发出商品时不需要核算。

（1）收到代销清单时：

借：应收账款	11 300	
贷：主营业务收入		10 000
应交税费——应交增值税（销项税额）		1 300

借：主营业务成本 6 000

贷：库存商品 6 000

借：销售费用 1 000

贷：应收账款 1 000

（2）收到丙公司支付的货款时：

借：银行存款 10 600

贷：应收账款 10 600

5. 以旧换新销售商品

以旧换新销售，是指销售方在销售商品的同时回收与所售商品相同的旧商品。在这种销售方式下，销售的商品应当按照销售商品收入确认条件确认收入，回收的商品作为购进商品处理。

【例 12-5】 甲公司响应我国政府有关部门倡导的家电以旧换新的相关政策，积极开展家电以旧换新业务。2×20 年 5 月份，甲公司共销售电视机 100 台，每台不含增值税销售价格 2 000 元，每台销售成本为 900 元，同时回收 100 台旧型号电视机，每台回收价格为 226 元（含增值税），款项均已收付。假设甲公司采用小企业会计准则核算，甲公司的账务处理如下：

（1）2×20 年 5 月份，甲公司销售 100 台电视机：

借：银行存款 226 000

贷：主营业务收入 200 000

应交税费——应交增值税（销项税额） 26 000

借：主营业务成本 90 000

贷：库存商品 90 000

（2）2×20 年 5 月份，甲公司回收 100 台旧型号电视机：

借：原材料 20 000

应交税费——应交增值税（进项税额） 2 600

贷：银行存款 22 600

6. 销售商品涉及现金折扣、商业折扣的处理

企业销售商品有时也会遇到现金折扣、商业折扣、销售折让等问题，应当分别不同情况进行处理：

（1）现金折扣，是指债权人为鼓励债务人在规定的期限内付款而向债务人提供的债务扣除。销售商品涉及现金折扣的，应当按照扣除现金折扣前的金额确定销售商品收入金额。现金折扣应当在实际发生时，计入当期损益。

（2）商业折扣，是指小企业为促进商品销售而在商品标价上给予的价格扣除。销售商品涉及商业折扣的，应当按照扣除商业折扣后的金额确定销售商品收入金额。

【例 12-6】 2×20 年 5 月 1 日，甲小企业向乙公司销售一批商品，开出的增值

税专用发票上注明的销售价格为10 000元，增值税税额为1 300元。为及早收回货款，甲小企业和乙公司约定的现金折扣条件为："2/10，1/20，n/30"。假定计算现金折扣时不考虑增值税税额。甲小企业的账务处理如下：

5月1日，销售实现时，按销售总价确认收入：

借：应收账款　　11 300

　　贷：主营业务收入　　10 000

　　　　应交税费——应交增值税（销项税额）　　1 300

如果乙公司在5月9日付清货款，则按销售总价10 000元的2%享受现金折扣200（10 000×2%）元，实际付款11 100（11 300－200）元。

借：银行存款　　11 100

　　财务费用　　200

　　贷：应收账款　　11 300

（1）如果乙公司在5月18日付清货款，则按销售总价10 000元的1%享受现金折扣100（10 000×1%）元，实际付款11 200（11 300－100）元。

借：银行存款　　11 200

　　财务费用　　100

　　贷：应收账款　　11 300

（2）如果乙公司在5月月底才付清货款，则按全额付款。

借：银行存款　　11 300

　　贷：应收账款　　11 300

7. 销售折让、销售退回的处理

（1）销售折让，是指小企业因售出商品的质量不合格等原因而在售价上给予的减让。小企业已经确认销售商品收入的售出商品发生的销售折让，应当在发生时冲减当期销售商品收入。

（2）销售退回，是指小企业售出的商品由于质量、品种不符合要求等原因发生的退货。小企业已经确认销售商品收入的售出商品发生的销售退回（不论属于本年度还是属于以前年度的销售），应当在发生时冲减当期销售商品收入。

非资产负债表日后期间发生的销售退回，小企业会计准则和企业会计准则的处理相同。但是若销售退回发生在资产负债表日后期间，小企业会计准则下冲减退回当期的收入和成本，而企业会计准则下冲减报告年度的收入和成本。

【例12-7】 2×20年6月1日，甲小企业向乙公司销售一批商品，开出的增值税专用发票上注明的销售价格为8 000元，增值税税额为1 040元，款项尚未收到；该批商品成本为6 400元。乙公司在验收过程中发现商品外观上存在瑕疵，基本上不影响使用，要求甲小企业在价格上（不含增值税税额）给予5%的减让。假定甲小企业已确认销售收入，与销售折让有关的增值税额，经税务机关允许冲减，销售折让不属于资产负债表日后事项。甲小企业的账务处理如下：

（1）2×20 年 6 月 1 日，销售实现时：

借：应收账款 9 040

  贷：主营业务收入 8 000

    应交税费——应交增值税（销项税额） 1 040

借：主营业务成本 6 400

  贷：库存商品 6 400

（2）发生销售折让时：

借：主营业务收入 400

  应交税费——应交增值税（销项税额） 52

  贷：应收账款 452

（3）实际收到货款时：

借：银行存款 8 588

  贷：应收账款 8 588

【例 12-8】 2×20 年 5 月 18 日，甲小企业向乙公司销售一批商品，开出的增值税专用发票上注明的销售价格为 50 000 元，增值税税额为 6 500 元，该批商品成本为 26 000 元。乙公司在 2×20 年 5 月 27 日支付货款，2×20 年 7 月 5 日，该批商品因质量问题被乙公司退回，甲小企业当日支付有关款项。假定销售退回不属于资产负债表日后事项。甲小企业的账务处理如下：

（1）2×20 年 5 月 18 日，销售实现时，按销售总价确认收入。

借：应收账款 56 500

  贷：主营业务收入 50 000

  应交税费——应交增值税（销项税额） 6 500

借：主营业务成本 26 000

  贷：库存商品 26 000

（2）2×20 年 5 月 27 日，收到货款时：

借：银行存款 56 500

  贷：应收账款 56 500

（3）2×20 年 7 月 5 日，发生销售退回时：

借：主营业务收入 50 000

  应交税费——应交增值税（销项税额） 6 500

  贷：银行存款 56 500

借：库存商品 26 000

  贷：主营业务成本 26 000

第三节 提供劳务收入

小企业提供劳务的收入，是指小企业从事建筑安装、修理修配、交通运输、仓储租赁、邮电通信、咨询经纪、文化体育、科学研究、技术服务、教育培训、餐饮住宿、中介代理、卫生保健、社区服务、旅游、娱乐、加工以及其他劳务服务活动取得的收入。

一、提供劳务收入确认的条件

（1）收入的金额能够可靠地计量，是指提供劳务收入的总额能够合理地估计。通常情况下，企业应当按照从接受劳务方已收或应收的合同或协议价款确定提供劳务收入总额。随着劳务的不断提供，可能会根据实际情况增加或减少已收或应收的合同或协议价款，此时，企业应及时调整提供劳务收入总额。

（2）相关的经济利益很可能流入企业，是指提供劳务收入总额收回的可能性大于不能收回的可能性。企业在确定提供劳务收入总额能否收回时，应当结合接受劳务方的信誉、以前的经验以及双方就结算方式和期限达成的合同或协议条款等因素，综合进行判断。

企业在确定提供劳务收入总额收回的可能性时，应当进行定性分析。如果确定提供劳务收入总额收回的可能性大于不能收回的可能性，即可认为提供劳务收入总额很可能流入企业。通常情况下，企业提供的劳务符合合同或协议要求，接受劳务方承诺付款，就表明提供劳务收入总额收回的可能性大于不能收回的可能性。如果企业判断提供劳务收入总额不是很可能流入企业，应当提供确凿证据。

（3）交易的完工进度能够可靠地确定，是指交易的完工进度能够合理地估计。企业确定提供劳务交易的完工进度，可以选用下列方法：

①已完工作的测量，这是一种比较专业的测量方法，由专业测量师对已经提供的劳务进行测量，并按一定方法计算确定提供劳务交易的完工程度。

②已经提供的劳务占应提供劳务总量的比例，这种方法主要以劳务量为标准确定提供劳务交易的完工程度。

③已经发生的成本占估计总成本的比例，这种方法主要以成本为标准确定提供劳务交易的完工程度。只有已提供劳务的成本才能包括在已经发生的成本中，只有已提供或将提供劳务的成本才能包括在估计总成本中。

交易中已发生和将发生的成本能够可靠地计量，是指交易中已经发生和将要发生的成本能够合理地估计。企业应当建立完善的内部成本核算制度和有效的内部财务预算及报告制度，准确地提供每期发生的成本，并对完成剩余劳务将要发生的成本做出科学、合理的估计。同时应随着劳务的不断提供或外部情况的不断变化，随时对将要发生的成本进行修订。

二、提供劳务交易

1. 在同一会计期间内开始并完成的劳务

同一会计年期间开始并完成的劳务，应当在提供劳务交易完成且收到款项或取得收款权利时，确认提供劳务收入。提供劳务收入的金额为从接受劳务方已收或应收的合同或协议价款。

企业对外提供劳务，如果属于企业的主营业务，所实现的收入应作为主营业务收入处理，结转的相关成本应作为主营业务成本处理；如果属于主营业务以外的其他经营活动，所实现的收入应作为其他业务收入处理，结转的相关成本应作为其他业务成本处理。企业对外提供劳务发生的支出一般先通过“劳务成本”科目予以归集，待确认为费用时，再由“劳务成本”科目转入“主营业务成本”或“其他业务成本”科目。

对于一次就能完成的劳务，企业应在提供劳务完成时确认收入及相关成本。对于持续一段时间但在同一会计期间内开始并完成的劳务，企业应在为提供劳务发生相关支出时确认劳务成本，劳务完成时再确认劳务收入，并结转相关劳务成本。

【例 12-9】 2×20 年 3 月 10 日，甲公司接受一项设备安装任务，该安装任务可在 3 月底完成，合同总价款为 10 万元，实际发生安装成本 6 万元，均为职工薪酬。假定安装业务属于甲公司的主营业务，假设甲公司采用小企业会计准则进行核算，甲公司在安装完成时做会计分录如下：

借：应收账款　　100 000

　　贷：主营业务收入　　100 000

借：主营业务成本　　60 000

　　贷：应付职工薪酬　　60 000

假定上述安装业务当年 8 月安装完成，假定甲公司不对外提供季报。

3 ~ 8 月发生成本：

借：劳务成本　　60 000

　　贷：应付职工薪酬　　60 000

安装完成确认所提供劳务收入并结转该项劳务总成本时：

借：应收账款　　100 000

　　贷：主营业务收入　　100 000

借：主营业务成本　　60 000

　　贷：劳务成本　　60 000

2. 劳务的开始和完成分属于不同会计期间

劳务的开始和完成分属不同会计年度的，应当按照完工进度确认提供劳务收入。年度资产负债表日，按照提供劳务收入总额乘完工进度再扣除以前会计年度累计已确认提供劳务收入后的金额，确认本年度提供劳务的收入；同时，按照估计提供劳务成本总额乘完工进度再扣除以前会计年度累计已确认营业成本后的金额，结转本年度营业成本。

完工百分比法，是指按照提供劳务交易的完工进度确认收入和费用的方法。在这种方法下，确认的提供劳务收入金额能够提供各个会计期间关于提供劳务交易及其业绩的有用信息。

企业应当在资产负债表日按照提供劳务收入总额乘完工进度再扣除以前会计期间累计已确认提供劳务收入后的金额，确认当期提供劳务收入；同时，按照提供劳务估计总成本乘完工进度再扣除以前会计期间累计已确认劳务成本后的金额，结转当期劳务成本。用公式表示如下：

$$\text{本期确认的收入} = \text{劳务总收入} \times \text{本期期末止劳务的完工进度} - \text{以前期间确认的收入}$$

$$\text{本期确认的费用} = \text{劳务估计总成本} \times \text{本期期末止劳务的完工进度} - \text{以前期间确认的费用}$$

在采用完工百分比法确认提供劳务收入的情况下，发生劳务成本时，借记“劳务成本”科目，贷记“应付职工薪酬”等科目。企业应按计算确定的提供劳务收入金额，借记“应收账款”“银行存款”等科目，贷记“主营业务收入”科目。结转提供劳务成本时，借记“主营业务成本”科目，贷记“劳务成本”科目。

【例 12-10】 2×20 年 12 月 1 日，A 公司接受一项设备安装任务，安装期为 3 个月，合同总收入 60 000 元，至年底已预收安装费 44 000 元，实际发生安装费用为 28 000 元（假定均为安装人员薪酬），估计还会发生安装费用 12 000 元。假定甲公司按实际发生的成本占估计总成本的比例确定劳务的完工进度。甲公司的会计处理如下：

实际发生的成本占估计总成本的比例 = 28 000÷（28 000 + 12 000）= 70%

2×20 年 12 月 31 日确认的劳务收入 = 60 000×70% − 0 = 42 000（元）

2×20 年 12 月 31 日结转的劳务成本 = （28 000 + 12 000）×70% − 0

= 28 000（元）

（1）实际发生劳务成本时：

借：劳务成本 28 000

　贷：应付职工薪酬 28 000

（2）预收劳务款时：

借：银行存款 44 000

　贷：预收账款 44 000

（3）2×20 年 12 月 31 日，确认劳务收入并结转劳务成本时：

借：预收账款 42 000

　贷：主营业务收入 42 000

借：主营业务成本 28 000

　贷：劳务成本 28 000

三、同时销售商品和提供劳务交易

小企业与其他企业签订的合同或协议包含销售商品和提供劳务时，销售商品部分和提供劳务部分能够区分且能够单独计量的，应当将销售商品的部分作为销售商品处理，将提供劳务的部分作为提供劳务处理。

销售商品部分和提供劳务部分不能够区分的，或虽能区分但不能够单独计量的，应当作为销售商品处理。

【例 12-11】 甲小企业与乙公司签订合同，向乙公司销售一部机器并负责安装。甲小企业开出的增值税专用发票上注明的价款合计为 100 000 元，其中机器销售价格为 98 000 元，安装费为 2 000 元，增值税税额为 13 000 元。机器的成本为 56 000 元；机器在安装过程中发生安装费为 1 200 元，均为安装人员薪酬。假定机器已经安装完成并经验收合格，款项尚未收到；安装工作是销售合同的重要组成部分。甲小企业的账务处理如下：

（1）实际发生安装费用 1 200 元。

借：劳务成本 1 200

　贷：应付职工薪酬 1 200

（2）确认销售机器和提供劳务收入 100 000 元。

借：应收账款 113 000

　贷：主营业务收入——销售商品 98 000

　　　　　　　　——提供劳务 2 000

　　应交税费——应交增值税（销项税额） 13 000

（3）结转销售商品成本 56 000 元和安装成本 1 200 元。

借：主营业务成本　　56 000
　　贷：库存商品　　56 000
借：主营业务成本　　1 200
　　贷：劳务成本　　1 200

【例 12-12】 沿用［例 12-11］，同时假定机器销售价格和安装费用无法区分。甲小企业的会计处理如下：

（1）发生安装费用 1 200 元。

借：劳务成本　　1 200
　　贷：应付职工薪酬　　1 200

（2）销售实现，确认收入 100 000 元，并结转成本 57 200 元。

借：应收账款　　113 000
　　贷：主营业务收入　　100 000
　　　　应交税费——应交增值税（销项税额）　　13 000
借：主营业务成本　　57 200
　　贷：库存商品　　56 000
　　　　劳务成本　　1 200

第四节　建造合同收入

建造合同，是指为了建造一项或数项在设计、技术、功能、最终用途等方面密切相关的资产而订立的合同。合同的甲方称为客户，乙方称为建造承包商。

小企业进行合同建造时发生的人工费、材料费、机械使用费以及施工现场材料的二次搬运费，生产工具和用具使用费、检验试验费、临时设施折旧费等其他直接费用，借记“工程施工（合同成本）”科目，贷记“应付职工薪酬”“原材料”等科目。

发生的施工、生产单位管理人员职工薪酬、固定资产折旧费、财产保险费、工程保修费、排污费等间接费用，借记“工程施工（间接费用）”科目，贷记“累计折旧”“银行存款”等科目。期末，将间接费用分配计入有关合同成本，借记“工程施工（合同成本）”科目，贷记“工程施工（间接费用）”科目。

确认合同收入和合同费用时，借记“应收账款”“预收账款”等科目，贷记“主营业务收入”科目；按照应结转的合同成本，借记“主营业务成本”科目，贷记“工程施工（合同成本）”。

小企业（建造承包商）及其内部独立核算的施工单位、机械站和运输队使用自有施工机械和运输设备进行机械作业（包括机械化施工和运输作业等）所发生的各项费用，通过“机械作业”科目核算。小企业发生的机械作业支出，借记“机械作业”科目，贷记“原材料”“应付职工薪酬”“累计折旧”等科目。期末，小企业及其内部独立核算的施工单位、机械站和运输队为本单位承包的工程进行机械化施工和运输作业的成本，应转入承包工程的成本，借记“工程施工”科目，贷记“机械作业”科目。对外单位、专项工程等提供机械作业（包括运输设备）的成本，借记“劳务成本”科目，贷记“机械作业”科目。

小企业及其内部独立核算的施工单位，从外单位或本企业其他内部独立核算的机械站租入施工机械发生的机械租赁费，在“工程施工”科目核算。

不同于企业会计准则要求确认合同预计损失，在小企业会计准则下，不确认合同损失。

（一）完工进度的确定

完工进度的确定方法主要有以下三种方法：

（1）根据累计实际发生的合同成本占合同预计总成本的比例确定。该方法是确定合同完工进度比较常用的方法。其计算公式如下：

$$合同完工进度=\frac{累计实际发生的合同成本}{合同预计总成本}\times 100\%$$

累计实际发生的合同成本，是指形成工程完工进度的工程实体和工作量所耗用的直接成本和间接成本，不包括与合同未来活动相关的合同成本（如施工中尚未安装、使用或耗用的材料成本），以及在分包工程的工作量完成之前预付给分包单位的款项（根据分包工程进度支付的分包工程进度款，应构成累计实际发生的合同成本）。

（2）根据已经完成的合同工作量占合同预计总工作量的比例确定。该方法适用于合同工作量容易确定的建造合同，如道路工程、土石方挖掘、砌筑工程等。其计算公式如下：

$$合同完工进度=\frac{已经完成的合同工作量}{合同预计总工作量}\times 100\%$$

（3）根据实际测定的完工进度确定。该方法是在无法根据上述两种方法确定合同完工进度时所采用的一种特殊的技术测量方法，适用于一些特殊的建造合同，如水下施工工程等。需要注意的是，这种技术测量并不是由建造承包商自行随意测定，而应由专业人员现场进行科学测定。

（二）完工百分比法的运用

确定建造合同的完工进度后，就可以根据完工百分比法确认和计量当期的合同收入和费用。当期确认的合同收入和费用可用下列公式计算：

$$\text{当期确认的合同收入}=\text{合同总收入}\times\text{完工进度}-\text{以前会计期间累计已确认的收入}$$

$$\text{当期确认的合同费用}=\text{合同预计总成本}\times\text{完工进度}-\text{以前会计期间累计已确认的费用}$$

当期确认的合同毛利＝当期确认的合同收入－当期确认的合同费用

上述公式中的完工进度，是指累计完工进度。

【例 12-13】 某建筑企业签订了一项总金额为 2 500 000 元的固定造价合同，合同完工进度按照累计实际发生的合同成本占合同预计总成本的比例确定。工程已于 2×18 年 2 月开工，预计 2×19 年 12 月完工。根据合同规定，甲方在动工前支付该建筑企业工程款 200 000 元，2×18 年年底甲方支付工程款 700 000 元。其余款项工程完成后支付。相关情况见表 12-1。

表 12-1　建造某工程的有关资料　　单位：元

项目	2×18 年	2×19 年
累计实际发生成本	800 000	2 200 000
预计完成合同尚需发生的成本	1 400 000	0
甲方实际累计支付工程款	900 000	2 500 000
根据进度确认累计收入	909 000	2 500 000

假设 2×18 年成本中使用自有施工机械和运输设备进行机械作业所发生的成本为 100 000 元，从外单位租入施工机械发生的成本 50 000 元，人工和原材料成本共计发生 650 000 元。

假设该建筑企业采用小企业会计准则核算，该建筑企业对本项建造合同的有关账务处理如下：

（1）2×18 年的账务处理如下：年初收到预收工程款：

借：银行存款　　200 000

　　贷：预收账款　　200 000

2×18 年发生成本账务处理：

借：工程施工——合同成本　　650 000

　　贷：原材料、应付职工薪酬等　　650 000

借：机械作业　　100 000
　　贷：原材料、应付职工薪酬等　　100 000
借：工程施工——合同成本　　50 000
　　贷：机械作业　　50 000
借：工程施工——合同成本　　100 000
　　贷：机械作业　　100 000

确认计量当年的合同收入和费用，并登记入账：

$$2\times 18\text{ 年完工进度}=\frac{800\ 000}{800\ 000+1\ 400\ 000}\times 100\%=36.36\%$$

$$2\times 18\text{ 年确认的合同收入}=2\ 500\ 000\times 36.36\%=909\ 000\text{（元）}$$

借：预收账款　　200 000
　　应收账款　　709 000
　　贷：主营业务收入　　909 000
借：主营业务成本　　800 000
　　贷：工程施工——合同成本　　800 000

2×18 年底又收到工程款：

借：银行存款　　700 000
　　贷：应收账款　　700 000

（本年末，应收甲方工程款为 9 000 元。）

2×19 年成本中使用自有施工机械和运输设备进行机械作业所发生的成本为 200 000 元，从外单位租入施工机械发生的成本 100 000 元，人工和原材料成本共计发生 1 100 000 元。

（2）2×19 年的账务处理如下：

借：工程施工——合同成本　　1 100 000
　　贷：原材料、应付职工薪酬等　　1 100 000
借：机械作业　　200 000
　　贷：原材料、应付职工薪酬等　　200 000
借：工程施工——合同成本　　100 000
　　贷：机械作业　　100 000
借：工程施工——合同成本　　200 000
　　贷：机械作业　　200 000

结转全部工程收入和成本：

借：应收账款　　1 591 000
　　贷：主营业务收入　　1 591 000

借：主营业务成本　　　　1 400 000

　　贷：工程施工——合同成本　　　　1 400 000

收到工程款：

借：银行存款　　　　1 600 000

　　贷：应收账款　　　　1 600 000

第十三章
费　用

第一节　费用的定义和特征

一、费用的定义

费用也分为狭义费用和广义费用。狭义费用，是指企业在日常活动中为了取得狭义收入而发生的耗费。广义费用，是指会计期间经济利益的总流出，其表现形式为资产减少或负债增加而引起的所有者权益减少，但不包括与向所有者分配等有关的资产减少或负债增加。本章所涉及的费用均为狭义定义的费用。

费用，是指小企业在日常生产经营活动中发生的、会导致所有者权益减少、与向所有者分配利润无关的经济利益的总流出。

二、费用的特征

1. 费用是小企业在日常活动中发生的经济利益的总流出

日常活动，是指小企业为完成其经营目标所从事的经常性活动以及与之相关的其他活动。费用形成于小企业日常活动的特征使其与产生于非日常活动的损失相区分。小企业从事或发生的某些活动或事项也能导致经济利益流出小企业，但不属于小企业的日常活动。例如，小企业处置固定资产、无形资产等非流动资产的损失，因违约支付罚款，对外捐赠等，这些活动或事项形成的经济利益的总流出属于小企业的损失而不是费用。

2. 费用会导致小企业所有者权益的减少

费用既可能表现为资产的减少，如减少银行存款、库存商品等，也可能表现为负债的增加。因此根据会计恒等式，费用一定会导致小企业所有者权益的减少。

小企业经营管理中的某些支出并不减少小企业的所有者权益，也就不构成费用。例如，小企业以银行存款偿还一项负债，只是一项资产和一项负债的等额减少，对所有者权益没有影响，因此，不构成小企业的费用。

3. 费用与向所有者分配利润无关

向所有者分配利润或股利属于小企业利润分配的内容，不构成企业的费用。

第二节　费用的核算

费用，是指小企业在日常生产经营活动中发生的经济利益的总流出，主要指小企业为取得营业收入进行产品销售等营业活动所发生的货币资金流出，具体包括成本费用和期间费用。成本费用包括营业成本、税金及附加等。期间费用，是指企业日常活动发生的不能计入特定核算对象的成本，而应计入发生当期损益的费用，包括销售费用、管理费用和财务费用等。

一、成本费用

（1）营业成本是指小企业所销售商品的成本和所提供劳务的成本。

（2）税金及附加是指小企业开展日常生产经营活动应负担的消费税、城市维护建设税、资源税、土地增值税、城镇土地使用税、房产税、车船税、印花税、教育费附加、矿产资源补偿费、排污费等。

【例 13-1】 甲小企业 12 月份应交城市维护建设税 644 元，应交教育费附加 276 元。编制会计分录如下：

借：税金及附加　　920
　　贷：应交税费——应交城市维护建设税　　644
　　　　　　　　——应交教育费附加　　276

【例 13-2】 小企业 A 公司是增值税一般纳税人，5 月发生以下经济业务，本月会计分录及当月交纳的增值税、城建税、教育 附加和地方教育附加计算情况如下，销售为月末一次结转成本。

（1）5 日购进 A 材料，取得增值税专用发票，价税合计 113 000 元，材料已入库，银行转账支付。

（2）8 日用银行存款支广告费，取得增值税专用发票价款 50 000 元，税额 3 000 元。

（3）10 日销售 A 产品 100 件，专用发票上标明价税合计 339 000 元，款项已入银行账。

（4）15 日赊销给丁公司 A 材料一批，价税合计 45 200 元。

（5）计算并结转当月未交的增值税。

（6）计算当月应交的城建税、教育附加和地方教育附加。

（1）会计分录

借：原材料——A 材料　　100 000

　　应交税费——应交增值税（进项税额）　　13 000

　　贷：银行存款　　113 000

（2）会计分录

借：销售费用——广告费　　50 000

　　应交税费——应交增值税（进项税额）　　3 000

　　贷：银行存款　　53 000

（3）会计分录

借：银行存款　　339 000

　　贷：主营业务收入　　300 000

　　　　应交税费——应交增值税（销项税额）　　39 000

（4）会计分录

借：应收账款——丁公司　　45 2000

　　贷：其他业务收入　　40 000

　　　　应交税费——应交增值税（销项税额）　　5 200

（5）当月应交纳的增值税＝销项税额——进项税额

　　＝（39 000 ＋ 5 200）－（13 000 ＋ 3 000）＝ 28 200（元）

会计分录是：

借：应交税费——应交增值税（销项税额）　　44 200

　　贷：应交税费——应交增值税（进项税额）　　16 000

　　　　　　　——应交增值税（转出未交增值税）　　28 200

借：应交税费——应交增值税（转出未交增值税）　　28 200

　　贷：应交税费——未交增值税　　28 200

（6）当月应交纳的城建税＝ 28 200×7% ＝ 1 974（元）

当月应交纳的教育附加＝ 28 200×3% ＝ 846（元）

当月应交纳的地方教育附加＝ 28 200×2% ＝ 564（元）

会计分录是：

借：税金及附加　　3 384

　　贷：应交税费——应交城市维护建设税　　1 974

　　　　　　　——应交教育费附加　　846

　　　　　　　——应交地方教育费附加　　564

二、期间费用

（一）销售费用

销售费用是指小企业在销售商品或提供劳务过程中发生的各种费用。包括：销售人员的职工薪酬、商品维修费、运输费、装卸费、包装费、保险费、广告费、业务宣传费、展览费等费用。小企业（批发业、零售业）在购买商品过程中发生的费用（包括：运输费、装卸费、包装费、保险费、运输途中的合理损耗和入库前的挑选整理费等）也构成销售费用。

销售费用明细说明：

1. 销售费用——工资：公司营销部门人员的工资、奖金，含销售部门及售后服务部门及外地销售网点、售后网点人员工资，包括加班、值班工资、其他为销售服务的临工工资；

2. 销售费用——职工福利费：销售部门福利费用、体检费、所有医疗性支出、节假日发放的职工福利、等所有与职工福利相关的费用；发生时凭据直接计入，另包括计提福利；

3. 销售费用——运输费：通过各种途径发生的为产品销售而产生的国内、国际运费，发生时凭票直接列支；

4. 销售费用——运杂费：为销售产品而发生的装卸费、力支费、整理费等劳务费；

5. 销售费用——保险费

6. 销售费用——广告费：各种为宣传、促销产品而发生的费用，另包括各种展会而发生的会费及其他服务费用；

7. 销售费用——差旅费：所有内销及外销人员为销售及收款而发生的出差费用；

8. 销售费用——服务费、样品费：为促销产品发服务费用；

9. 销售费用——其他：各种为销售而发生不在上述列举中费用，如运输途中的合理损耗等；

10. 销售费用——折旧费：营业部使用的固定资产每月所计提的折旧。

小企业应通过"销售费用"科目核算销售费用发生和结转的情况。该科目借方登记企业所发生的各项销售费用，贷方登记期末转入"本年利润"科目的销售费用，结转后该科目应无余额，如表13-1所示。该科目应按销售费用的费用项目进行明细核算。

表13-1　销售费用的核算

借方	贷方
2. 企业在销售产品和提供劳务等日常经营过程中发生的各类费用	1. 销售费用期末结转计入本年利润
期末为零	期末为零

【例13-3】12月份，乙小企业报销发生的销售费用，其中：应付销售人员薪酬1 140元，用银行存款支付广告费6 000元。编制会计分录如下：

计提销售人员薪酬：

借：销售费用　　1 140

　　贷：应付职工薪酬　　1 140

银行存款支付广告费：

借：销售费用　　6 000

　　贷：银行存款　　6 000

【例 13-4】 某公司为宣传新产品发生广告费 80 000 元，均用银行存款支付。假设采用小企业会计准则核算，其会计处理如下：

借：销售费用　　80 000

　　贷：银行存款　　80 000

【例 13-5】 8 月份，某公司销售部共发生费用 220 000 元，其中：销售人员薪酬 100 000 元，销售部专用办公设备折旧费 50 000 元，保险费 70 000 元，假设采用小企业会计准则核算，其会计处理如下：

借：销售费用　　220 000

　　贷：应付职工薪酬　　100 000

　　　　累计折旧　　50 000

　　　　银行存款　　70 000

【例 13-6】 某公司销售一批产品，在销售过程中发生运输费 5 000 元、装卸费 2 000 元，均用银行存款支付。假设采用小企业会计准则核算，其会计处理如下：

借：销售费用　　7 000

　　贷：银行存款　　7 000

（二）管理费用

管理费用，是指小企业为组织和管理生产经营发生的其他费用，包括小企业在筹建期间内发生的开办费、行政管理部门发生的费用（包括固定资产折旧费、修理费、办公费、水电费、差旅费、管理人员的职工薪酬等）、业务招待费、研究费用、技术转让费、相关长期待摊费用摊销、财产保险费、聘请中介机构费、咨询费（含顾问费）、诉讼费等费用，其核算方式如表 13-2 所示。

小企业管理费用不多的，可不设置“管理费用”科目，本科目的核算内容可并入“销售费用”科目核算。

（1）小企业在筹建期间内发生的开办费，包括人员薪酬，办公费、培训费、差旅费、印刷费、注册登记费以及不计入固定资产成本的借款费用等在实际发生时，借记“管理费用”（开办费）科目，贷记“银行存款”等科目。

【例 13-7】 某企业在筹建期间发生办公费、差旅费等开办费 25 000 元，均用银行存款支付。假设采用小企业会计准则核算，其会计处理如下：

借：管理费用——开办费　　25 000

　　贷：银行存款　　25 000

（2）行政管理部门人员的职工薪酬及其他职工薪酬（包括因解除与职工的劳动关系给予的补偿），借记“管理费用”科目，贷记“应付职工薪酬”科目。

（3）行政管理部门计提的固定资产折旧和发生的修理费，借记“管理费用”科目，贷记“累计折旧”“银行存款”等科目。

小企业会计准则下，为生产服务的固定资产在使用过程中发生的日常修理费记入“制造费用”科目，而企业会计准则通过“管理费用”科目核算。

表 13–2　管理费用的核算

借方	贷方
2. 企业发生的各项管理费用	1. 结转管理费用计入本年利润
期末为零	期末为零

【例 13–8】　某企业当月生产车间发生设备大修理费用 45 000 元（以银行存款支付），行政管理部门发生设备日常修理费用 1 000 元（以现金支付），均不满足固定资产确认条件。假设采用小企业会计准则核算，其会计处理如下：

借：管理费用　　1 000
　　制造费用　　45 000
　　贷：银行存款　　45 000
　　　　库存现金　　1 000

（4）发生的办公费，水电费、业务招待费、聘请中介机构费、咨询费、诉讼费、技术转让费等，借记“管理费用”科目，贷记“银行存款”等科目。

【例 13–9】　9 月份，某企业行政部共发生费用 224 000 元，其中：行政人员薪酬 150 000 元，行政部专用办公设备折旧费 45 000 元，行政人员报销差旅费 21 000 元（假定报销人均未预借差旅费，用库存现金支付），其他办公、水电费 8 000 元（均用银行存款支付）。假设采用小企业会计准则核算，其会计处理如下：

借：管理费用　　224 000
　　贷：应付职工薪酬　　150 000
　　　　累计折旧　　45 000
　　　　库存现金　　21 000
　　　　银行存款　　8 000

【例 13–10】　某企业 12 月份发生的费用有：销售人员工资 15 万元，外设销售机构费用 20 万元，发生车间管理人员工资 30 万元，计提车间用固定资产折旧 10 万元，发生厂部固定资产修理费用 5 万元，支付厂部下年度报刊费 6 万，支付广告费用 30 万元，计提短期借款利息 20 万元，企业管理部门一项专利技术本期摊销额为 7 万。假设上述费用除折旧外均用银行存款支付。

按照销售费用与管理费用先行进行区分：

销售费用＝15＋20＋30＝65（万元），

管理费用＝5＋7＝12（万元）

会计分录：

借：销售费用　　650 000

　　管理费用　　120 000

　　贷：银行存款　　600 000

　　　　累计折旧　　170 000

（三）财务费用

财务费用，是指小企业为筹集生产经营所需资金发生的筹资费用，包括利息费用（减利息收入）、汇兑损失、银行相关手续费、小企业给予的现金折扣（减享受的现金折扣）等费用。

小企业发生的财务费用，借记“财务费用”科目，贷记“银行存款”“应付利息”等科目；发生的应冲减财务费用的利息收入等，借记“银行存款”等科目，贷记“财务费用”科目，其核算如表 13-3 所示。

表 13-3　财务费用的核算

借方	贷方
2. 企业发生的各项财务费用手续费	1. 财务费用的利息收入、汇兑损益 3. 期末结转财务费用计入本年利润
期末为零	期末为零

【例 13-11】 甲企业于 2×20 年 1 月 1 日向银行借入生产经营用短期借款 300 000 元，期限 6 个月，年利率 5%，该借款本金到期后一次归还，利息分月预提，按季支付。假定所有利息均不符合利息资本化条件。会计处理如下：

每月末，预提当月份应计利息：

300 000×5%÷12＝1 250（元）

借：财务费用　　1 250

　　贷：应付利息　　1 250

【例 13-12】 甲企业于 2×20 年 1 月 1 日向银行借入生产经营用短期借款 300 000 元，期限 6 个月，年利率 5%，该借款本金到期后一次归还，利息分月预提，按季支付。假定 1 月份其中 100 000 元暂时作为闲置资金存入银行，并获得利息收入 350 元。假定所有利息均不符合利息资本化条件。会计处理如下：

1 月末，预提当月份应计利息：

300 000×5%÷12＝1 250（元）

借：财务费用　　1 250

　　贷：应付利息　　1 250

同时，当月取得的利息收入350元应作为冲减财务费用处理。

借：银行存款　　350

　　贷：财务费用　　350

【例13-13】 某企业于2×20年1月1日平价发行公司债券，面值400 000 000元，期限2年，年利率5%，到期后本息一次归还。债券发行过程中，发生手续费1 500 000元。有关手续费的会计分录如下：

借：财务费用　　1 500 000

　　贷：银行存款　　1 500 000

小企业会计准则与企业会计准则下，财务费用处理的区别：

（1）费用核算的范围不同。小企业会计准则下，不包括汇兑收益。企业会计准则下，包括汇兑收益的内容。

（2）利息支出或利息收入计算标准不同。小企业会计准则下，通过票面金额及票面利率核算。企业会计准则下，则通过实际利率和摊余成本确定。

（3）借款费用资本化的条件和范围不同。小企业会计准则下，小企业为购建固定资产在竣工决算前发生的借款费用，应当计入固定资产的成本，而不计入财务费用。企业会计准则下，符合资本化条件的资产发生在资本化期间的有关借款费用应该资本化，资本化金额的计算需要区分一般借款和专门借款。符合资本化条件的资产，是指需要经过相当长时间的购建或者生产活动才能达到预定可使用或者可销售状态的固定资产、投资性房地产和存货等资产。

在不考虑折旧因素下，不同准则资本化金额不同，对企业的累计损益及各期损益的影响也不同。若考虑折旧影响的话，对企业累计损益的影响是相同的，因资本化不同导致的固定资产入账价值不同，最终会通过折旧额转入期间费用或者营业成本等。

第十四章

利润及利润分配

第一节　利润的定义及其构成

利润，是指小企业在一定会计期间的经营成果。包括营业利润、利润总额和净利润。

一、营业利润

营业利润，是指营业收入减去营业成本、税金及附加、销售费用、管理费用、财务费用，加上投资收益（或减去投资损失）后的金额。其中，营业收入，是指小企业销售商品和提供劳务实现的收入总额。投资收益，由小企业股权投资取得的现金股利（或利润）、债券投资取得的利息收入和处置股权投资与债券投资取得的处置价款扣除成本或账面余额、相关税费后的净额三部分构成。

营业利润＝主营业务收入＋其他业务收入－主营业务成本－主营业务税金及附加－销售费用－管理费用－财务费用＋投资收益

二、利润总额

利润总额，是指营业利润加上营业外收入、减去营业外支出后的金额。

利润总额＝营业利润＋营业外收入－营业外支出

三、净利润

净利润，是指利润总额减去所得税费用后的净额。其中，所得税费用，是指小企业确认的应从当期利润总额中扣除的所得税费用。小企业应当在利润总额的基础上，按照企业所得税法规定进行纳税调整，计算出当期应纳税所得额，按照应纳税所得额与适用所得税税率为基础计算确定当期应纳税额，然后确认所得税费用。

净利润＝利润总额－所得税费用

第二节　营业外收支

一、营业外收入

营业外收入，是指小企业非日常生产经营活动形成的、应当计入当期损益、会导致所有者权益增加、与所有者投入资本无关的经济利益的净流入。

（一）营业外收入的核算内容

小企业的营业外收入包括非流动资产处置净收益、政府补助、捐赠收益、盘盈收益、汇兑收益、出租包装物和商品的租金收入、逾期未退包装物押金收益、确实无法偿付的应付款项、已作坏账损失处理后又收回的应收款项、违约金收益等。小企业按照规定实行企业所得税、增值税、消费税等先征后返的，应当在实际收到返还的企业所得税、增值税（不含出口退税）、消费税时，计入营业外收入。

（二）营业外收入的会计处理

通常，小企业的营业外收入应当在实现时按照其实现金额计入当期损益。小企业应通过“营业外收入”科目，核算营业外收入的取得及结转情况。该科目贷方登记企业确认的各项营业外收入，借方登记期末结转本年利润的营业外收入，结转后该科目应无余额，如表 14-1 所示。该科目应按照营业外收入的项目进行明细核算。

企业确认营业外收入，借记“固定资产清理”“银行存款”“待处理财产损溢”等科目，贷记“营业外收入”科目。期末，应将“营业外收入”科目余额转入“本年利润”科目，借记“营业外收入”科目，贷记“本年利润”科目。

表 14-1　营业外收入的核算

借方	贷方
7. 期末结转该科目计入本年利润	1. 非流动资产处置利得包括固定资产处置利得和无形资产出售利得 2. 出售无形资产收益 3. 盘盈利得 4. 因债权人原因确实无法支付的应付款项 5. 政府补助 6 其他营业之外的收入

（续表）

借方	贷方
期末为零	期末为零

【例 14-1】 甲公司现有一台设备由于性能等原因决定提前报废，原价为 500 000 元，已计提折旧 450 000 元，报废时的残值变价收入为 73 500 元，报废清理过程中发生的清理费用 3 500 元。有关收入、支出均通过银行存款办理结算，不考虑相关的税费。该公司应编制会计分录如下：

将报废固定资产转入清理：

借：固定资产清理　　50 000

　　累计折旧　　450 000

　　贷：固定资产　　500 000

收回残值收入：

借：银行存款　　73 500

　　贷：固定资产清理　　73 500

支付清理费用：

借：固定资产清理　　3 500

　　贷：银行存款　　3 500

确认报废净收益：

借：固定资产清理　　20 000

　　贷：营业外收入　　20 000

【例 14-2】 甲公司应付乙公司的货款及增值税款共计 3 510 元，因该公司变更登记而无法偿还。分录如下：

借：应付账款——乙公司　　3 510

　　贷：营业外收入　　3 510

【例 14-3】 乙公司在财产清查中盘盈了材料 1 000 千克，实际单位成本为 60 元，经查属于材料收发计量方面的错误。该公司编制的会计分录如下：

批准处理前：

借：原材料　　60 000

　　贷：待处理财产损溢　　60 000

批准处理后：

借：待处理财产损溢　　60 000

　　贷：营业外收入　　60 000

（三）营业外收入在小企业会计准则与企业会计准则下处理的区别

盘盈收益的处理不同：

小企业会计准则下，存货的盘盈应记入“营业外收入”科目，而企业会计准则下，则冲减“管理费用”科目。

固定资产盘盈时，小企业会计准则下，记入“营业外收入”科目，企业会计准则下，作为前期差错处理，通过“以前年度损益调整”核算，最终转入年初留存收益。

二、营业外支出

（一）营业外支出的核算内容

营业外支出，是指小企业非日常生产经营活动发生的、应当计入当期损益、会导致所有者权益减少、与向所有者分配利润无关的经济利益的净流出。

小企业的营业外支出包括存货的盘亏、毁损、报废损失，非流动资产处置净损失，坏账损失，无法收回的长期债券投资损失，无法收回的长期股权投资损失，自然灾害等不可抗力因素造成的损失，税收滞纳金，罚金，罚款，被没收财物的损失，捐赠支出，赞助支出等。

（二）营业外支出的会计处理

通常，小企业的营业外支出应当在发生时按照其发生额计入当期损益。企业应通过“营业外支出”科目，核算营业外支出的发生及结转情况。该科目借方登记企业发生的各项营业外支出，贷方登记期末结转本年利润的营业外支出，结转后本科目应无余额，如表 14-2 所示。该科目应按照营业外支出项目进行明细核算。

企业发生营业外支出的，借记“营业外支出”科目，贷记“固定资产清理”“待处理财产损溢”“库存现金”等科目。期末，应将“营业外支出”科目余额结转“本年利润”科目，借记“本年利润”科目，贷记“营业外支出”科目。

表 14–2　营业外支出的核算

借方	贷方
1. 企业发生的债务重组损失 2. 企业处置固定资产损失 3. 公益性捐赠支出 4. 资产盘亏发生的损失 5. 罚款支出的损失 6. 其他企业营业外的支出	1. 期末结转该科目计入本年利润
期末为零	期末为零

【例 14–4】 7 月份，A 小企业根据发生的营业外收支业务，编制会计分录如下：处置机器设备一台，原始价值为 14 000 元，累计折旧为 6 000 元，取得处置收入为

12 000 元，增值税税额为 1 560 元。

借：固定资产清理　　8 000
　　累计折旧　　6 000
　　贷：固定资产　　14 000

借：银行存款　　13 560
　　贷：固定资产清理　　12 000
　　　　应交税费——应交增值税（销项税额）　　1 560

借：固定资产清理　　4 000
　　贷：营业外收入　　4 000

用银行存款对外进行非公益性捐赠 1 000 元。

借：营业外支出　　1 000
　　贷：银行存款　　1 000

【例 14-5】 甲小企业将其购买的某专利权转让给乙公司，该专利权的初始入账成本为 600 000 元，已摊销 200 000 元，应交增值税 20 000 元，实际取得的转让价款为 400 000 元，款项已存入银行。甲小企业应做会计处理如下：

借：银行存款　　400 000
　　累计摊销　　200 000
　　营业外支出　　20 000
　　贷：无形资产　　600 000
　　　　应交税费——应交增值税（销项税额）　　20 000

第三节 利 润 分 配

企业净利润分配的内容主要包括弥补以前年度亏损、提取盈余公积和向投资者分配利润等。

小企业以当年净利润弥补以前年度亏损等剩余的税后利润，可用于向投资者进行分配。小企业（公司制）在分配当年税后利润时，应当按照公司法的规定提取法定公积和任意公积。

企业应设置“本年利润”科目，核算企业当期实现的净利润（或发生的净亏损）。企业期末结转利润时，应将各损益类科目的金额转入本科目，结平各损益类科目，结转后本科目的贷方余额为当期实现的净利润；借方余额为当期发生的净亏损，如表 14-3 所示。

年度终了，应将本年收入、利得和费用、损失相抵后结出的本年实现的净利润，转入“利润分配”科目，借记本科目，贷记“利润分配——未分配利润”科目；如为净亏损则做相反的会计分录。结转后本科目应无余额。

表 14-3 利润分配的核算

借方	贷方
4. 提取盈余公积 5. 利润分配 6. 未分配利润转增股本 7. 利润归还投资（外资企业）	1. 盈余公积补亏 2. 本年实现的净利润 3. 将利润分配项目下的其他明细科目转入未分配利润
借方反映企业为弥补亏损	贷方反映企业未分配利润

【例 14-6】 甲小企业年末利润结算如下：

结算本年利润：

借：本年利润　　335 330

　　贷：利润分配——未分配利润　　335 330

结算本年利润分配：

借：利润分配——未分配利润　　335 330

　　贷：利润分配——提取盈余公积　　35 330

　　　　　　　　——应付利润　　300 000

【例 14-7】 乙合伙企业年初未分配利润为 0，本年实现净利润 2 000 000 元，本年提取法定盈余公积 200 000 元，宣告发放利润 800 000 元。假定不考虑其他因素，乙合伙企业做会计处理如下：

结转本年利润：

借：本年利润　　2 000 000

　　贷：利润分配——未分配利润　　2 000 000

如企业当年发生亏损，则应做相反会计分录。

提取法定盈余公积、宣告发放现金股利：

借：利润分配——提取法定盈余公积　　200 000

　　　　　　——应付利润　　800 000

　　贷：盈余公积　　200 000

　　　　应付利润　　800 000

借：利润分配——未分配利润　　1 000 000

　　贷：利润分配——提取法定盈余公积　　200 000

　　　　　　　　——应付利润　　800 000

第十五章

外 币 折 算

第一节　外币折算概述

在经济日益全球化的趋势下，资本的跨国流动和国际贸易的不断扩大，具体从两个方面来看：

一方面，外币资本参股内资银行，外资企业在我国内地开办外商独资、合资企业，向内资企业或国内市场不断注入外币资本；

另一方面，内资企业与国际市场之间的业务往来不断增加，逐步向国际市场拓展业务，参与国际资本市场竞争的程度和规模呈增长趋势，正在由资本输入向资本输出转变，在这种情况下，企业经常会涉及外币折算业务。小企业的外币业务由外币交易和外币财务报表折算构成。

《小企业会计准则》第七十三条至第七十八条主要规范了外币交易的会计处理、外币财务报表的折算和相关信息的披露。

为了反映小企业的经营业绩和财务状况，需要将不同货币计量的资产、负债、收入、费用等折算为一种货币反映，企业选定的用于反映企业经营业绩和财务状况的货币即为记账本位币，记账本位币以外的货币称为外币，以外币计价或者结算的交易称为外币交易，以外币反映的财务报表称为外币财务报表，将外币交易或外币财务报表折算为记账本位币反映的过程即为外币折算。

本章着重讲解了记账本位币的确定、外币交易的会计处理和外币财务报表的折算问题。

第二节 记账本位币的确定

一、记账本位币

记账本位币，是指企业经营所处的主要经济环境中的货币。通常这一货币是企业主要收、支现金的经济环境中的货币。我国会计上所称的记账本位币，与国际财务报告准则中的功能货币，虽然名称不同，但实质内容是一致的。

《小企业会计准则》第七十五条规定，小企业应当选择人民币作为记账本位币。业务收支以人民币以外的货币为主的小企业，可以选定其中一种货币作为记账本位币，但编报的财务报表应当折算为人民币财务报表。

企业选定记账本位币，应当考虑下列因素：

（1）该货币主要影响商品和劳务销售价格，通常以该货币进行商品和劳务销售价格的计价和结算。如国内甲公司为从事贸易的企业，90% 以上的销售收入以人民币计价和结算。人民币是主要影响甲公司商品和劳务销售价格的货币。

（2）该货币主要影响商品和劳务所需人工、材料和其他费用，通常以该货币进行上述费用的计价和结算。如国内乙公司为工业企业，所需机器设备、厂房、人工以及原材料等在国内采购，以人民币计价和结算。人民币是主要影响商品和劳务所需人工、材料和其他费用的货币。

在实务中，企业选定记账本位币，通常应综合考虑上述两项因素，而不是仅考虑其中一项，因为企业的经营活动往往是收支并存的。

（3）融资活动获得的资金以及保存从经营活动中收取款项时所使用的货币。

在有些情况下，企业根据收支情况难以确定记账本位币，需要在收支基础上结合融资活动获得的资金或保存从经营活动中收取款项时所使用的货币，进行综合分析后做出判断。

例如，国内丙公司为外贸自营出口企业，超过 70% 的营业收入来自向欧盟各国的出口，其商品销售价格主要受欧元的影响，以欧元计价，因此，从影响商品和劳务销售价格的角度看，丙公司应选择欧元作为记账本位币。如果丙公司除厂房设施、30% 的人工成本在国内以人民币采购外，生产所需原材料、机器设备及 70% 以上的人工成本以欧元在欧盟市场采购，则可确定丙公司的记账本位币是欧元。但是，如果丙公司的人工成本、原材料及相应的厂房设施、机器设备等 95% 以上在国内采购并以人民币计价，则难以判定丙公司的记账本位币应选择欧元还是人民币，还需要结合第三项因素予以确定。如果丙公司取得的欧元营业收入在汇回国内时直接换成了人民币存款，且丙公司对欧元波动产生的外币风险进行了套期保值，丙公司可以确定其记账本位币为人民币。

又如，丁公司为国内一家婴儿配方奶粉加工企业，其原材料牛奶全部来自澳大利亚，主要加工技术、机器设备及主要技术人员均由澳大利亚方面提供，生产的婴儿配方奶粉面向国内出售。企业依据第一项、第二项因素难以确定记账本位币，需要考虑第三项因素。假定为满足采购原材料牛奶等所需澳元的需要，丁公司向澳大利亚某银行借款 10 亿澳元，期限为 20 年，该借款是丁公司当期流动资金净额的 4 倍。由于原材料采购以澳元结算，且企业经营所需要的营运资金，即融资获得的资金也使用澳元，因此，丁公司应当以澳元作为记账本位币。

需要说明的是，在确定企业的记账本位币时，上述因素的重要程度因企业具体情况不同而不同，需要企业管理层根据实际情况进行判断，但是，这并不能说明企业管理层可以根据需要随意选择记账本位币，而是根据实际情况确定的记账本位币只能有一种货币。

二、记账本位币的变更

小企业记账本位币一经确定，不得随意变更，但小企业经营所处的主要经济环境发生重大变化的除外。主要经济环境发生重大变化，通常是指企业主要产生和支出现金的环境发生重大变化，使用该环境中的货币最能反映企业的主要交易业务的经济结果。

小企业因经营所处的主要经济环境发生重大变化，确需变更记账本位币的，应当采用变更当日的即期汇率将所有项目折算为变更后的记账本位币。这里所称即期汇率，是指中国人民银行公布的当日人民币外汇牌价的中间价。折算后的金额作为以新的记账本位币计量的历史成本，由于采用同一即期汇率进行折算，不会产生汇兑差额。企业需要提供确凿的证据证明企业经营所处的主要经济环境确实发生了重大变化，并应当在附注中披露变更的理由。

第三节　外币交易的会计处理

外币交易，是指小企业以外币计价或者结算的交易。小企业的外币交易包括：买入或者卖出以外币计价的商品或者劳务、借入或者借出外币资金和其他以外币计价或者结算的交易。

买入或者卖出以外币计价的商品或者劳务，通常情况下是指以外币买卖商品，或者以外币结算劳务合同。这里所说的商品，可以是有实物形态的存货、固定资产等，也可以是无实物形态的无形资产、债权或股权等。例如，以人民币为记账本位币的国内甲公司向国外乙公司出口商品，以美元结算货款；企业与银行发生货币兑换业务，都属于外币交易。

借入或者借出外币资金，是指企业向银行或非银行金融机构借入以记账本位币以外的货币表示的资金，或者银行或非银行金融机构向人民银行、其他银行或非银行金融机构借贷以记账本位币以外的货币表示的资金，以及发行以外币计价或结算的债券等。

其他以外币计价或者结算的交易，是指以记账本位币以外的货币计价或结算的其他交易。例如，接受外币现金捐赠等。

外币交易折算的会计处理主要涉及两个环节：一是在交易日对外币交易进行初始确认，将外币金额折算为记账本位币金额；二是在资产负债表日对相关项目进行折算，因汇率变动产生的差额记入当期损益。

一、折算汇率

小企业在交易日对外币交易进行初始确认时，涉及折算汇率的选择，《小企业会计准则》规定了两种折算汇率，即：即期汇率和交易当期平均汇率。

（一）即期汇率

汇率，是指两种货币相兑换的比率，是一种货币单位用另一种货币单位所表示的价格。根据表示方式的不同，汇率可以分为直接汇率和间接汇率，直接汇率，是指一定数量的其他货币单位折算为本国货币的金额，间接汇率，是指一定数量的本国货币折算为其他货币的金额。通常情况下，人民币汇率是以直接汇率表示，银行的汇率有三种表示方式：买入价、卖出价和中间价。买入价，是指银行买入其他货币的价格，卖出价，是指银行出售其他货币的价格，中间价，是指银行买入价与卖出价的平均价，银行的卖出价一般高于买入价，以获取其中的差价。

无论买入价还是卖出价，均为立即交付的结算价格，也就是即期汇率，即期汇率是相对于远期汇率而言的，远期汇率是在未来某一日交付时的结算价格。即期汇率，一般指当日中国人民银行公布的人民币汇率的中间价。企业发生单纯的货币兑换交易或涉及货币兑换的交易时，仅用中间价不能反映货币买卖的损益，需要使用买入价或卖出价折算。

中国人民银行每日仅公布银行间外汇市场人民币兑美元、欧元、日元、港元的中间价。企业发生的外币交易只涉及人民币与这四种货币之间折算的，可直接采用公布的人民币汇率的中间价作为即期汇率进行折算；企业发生的外币交易涉及人民币与其他货币之间折算的，应以国家外汇管理局公布的各种货币对美元折算率采用套算的方法进行折算；企业发生的外币交易涉及人民币以外的货币之间折算的，可直接采用国家外汇管理局公布的各种货币对美元折算率进行折算。

（二）交易当期平均汇率

当汇率变动不大时，为简化核算，企业在外币交易日或对外币报表的某些项目进行折算时也可以选择交易当期平均汇率折算。例如，以美元兑人民币的周平均汇率为例，假定美元兑人民币每天的即期汇率为：周一 7.8，周二 7.9，周三 8.1，周四 8.2，周五 8.15，周平均汇率为 8.03［（7.8 + 7.9 + 8.1 + 8.2 + 8.15）÷ 5］。月平均汇率的计算方法与周平均汇率的计算方法相同。

如果汇率波动使得采用交易当期平均汇率折算不适当时，应当采用交易发生日的即期汇率折算。至于何时不适当，需要企业根据汇率变动情况及计算即期汇率的近似汇率的方法等进行判断。

二、交易日的会计处理

小企业外币交易在初始确认时，采用交易发生日的即期汇率将外币金额折算为记账本位币金额；也可以采用交易当期平均汇率折算。

【例 15-1】 国内甲企业的记账本位币为人民币。2×20 年 10 月 4 日，向国外乙公司出口商品一批，货款共计 800 美元，尚未收到，当日汇率为 1 美元＝6.8 元人民币。

假定不考虑增值税等相关税费。甲企业应进行账务处理如下：

借：应收账款——美元　　5 440

　　贷：主营业务收入　　5 440

【例 15-2】 国内某企业的记账本位币为人民币。2×20 年 5 月 12 日，从国外购入某原材料，共计 500 美元，当日的即期汇率为 1 美元＝6.8 元人民币，货款尚未支付。

相关会计分录如下：

借：原材料　　3 400

　　贷：应付账款——美元　　3 400

【例 15-3】 国内某企业选定的记账本位币是人民币。2×20 年 7 月 18 日从中国工商银行借入欧元 120 元，期限为 6 个月，年利率为 6%，当日的即期汇率为 1 欧元＝10 元人民币。假定借入的欧元暂存银行，相关会计分录如下：

借：银行存款——欧元　　1 200

　　贷：短期借款——欧元　　1 200

小企业收到投资者以外币投入的资本，应当采用交易发生日即期汇率折算，不得采用合同约定汇率和交易当期平均汇率折算。这样，外币投入资本与相应的货币性项目的记账本位币金额相等，不产生外币资本折算差额。

【例 15-4】 国内甲企业的记账本位币为人民币。2×20 年 10 月 12 日，与某外商签订投资合同，当日收到外商投入资本 2 000 美元，当日汇率为 1 美元＝6.8 元人民币，假定投资合同约定汇率为 1 美元＝7.2 元人民币。甲企业应进行账务处理如下：

借：银行存款——美元　　13 600

　　贷：实收资本　　13 600

三、资产负债表日对外币交易余额的会计处理

小企业在资产负债表日，应当按照《小企业会计准则》第七十七条规定对外币货币性项目和外币非货币性项目进行相应的会计处理。

（一）货币性项目的处理

货币性项目，是指小企业持有的货币资金和将以固定或可确定的金额收取的资产或者偿付的负债。货币性项目分为货币性资产和货币性负债。货币性资产包括：库存现金、银行存款、应收账款、其他应收款等；货币性负债包括：短期借款、应付账款、其他应付款、长期借款、长期应付款等。

外币货币性项目，采用资产负债表日的即期汇率折算。因资产负债表日即期汇率与初始确认时或者前一资产负债表日即期汇率不同而产生的汇兑差额，计入当期损益。汇兑收益记入“营业外收入”科目，汇兑损失记入“财务费用”科目。

例如，资产负债表日，以不同于前一资产负债表日即期汇率的汇率折算同一外币金额产生的差额即为汇兑差额。

【例 15-5】 国内甲企业的记账本位币为人民币。2×20 年 12 月 4 日，向国外乙公司出口商品一批，货款共计 800 美元，货款尚未收到，当日即期汇率为 1 美元＝7.8 元人民币。假定 2×20 年 12 月 31 的即期汇率为 1 美元＝7.9 元人民币，则：

对该笔交易产生的外币货币性项目“应收账款”采用 2×20 年 12 月 31 日的即期汇率 1 美元＝7.9 元人民币折算为记账本位币为 6 320 元人民币（800×7.9），与其交易日折算为记账本位币的金额 6 240 元人民币的差额为 80 元人民币，应当计入当期损益，

同时调整货币性项目的原记账本位币金额。相应的会计分录如下：

借：应收账款　　80

　　贷：营业外收入　　80

【例 15-6】 国内 A 公司的记账本位币为人民币。2×20 年 8 月 24 日，向国外 B 供货商购入商品一批，商品已经验收入库。根据双方供货合同，货款共计 1 000 美元，货到后 10 日内 A 公司付清所有货款。当日即期汇率为 1 美元＝ 7.8 元人民币。假定 2×20 年 12 月 31 日的即期汇率为 1 美元＝ 7.9 元人民币，则：

对该笔交易产生的外币货币性项目“应付账款”采用 12 月 31 日即期汇率 1 美元＝ 7.9 元人民币折算为记账本位币为 7 900（1 000×7.9）元人民币，与其交易日折算为记账本位币的金额 7 800（1 000×7.8）元人民币的差额为 100 元人民币，应计入当期损益，相应的会计分录如下：

借：财务费用——汇兑差额　　100

　　贷：应付账款　　100

（二）非货币性项目的处理

非货币性项目，是指货币性项目以外的项目。包括：存货、长期股权投资、固定资产、无形资产等。

以历史成本计量的外币非货币性项目，仍采用交易发生日的即期汇率折算，不改变其记账本位币金额。因为这些项目在取得时已按取得时日即期汇率折算，从而构成这些项目的历史成本，如果再按资产负债表日的即期汇率折算，就会导致这些项目价值不断变动，从而使这些项目的折旧、摊销不断地随之变动。这与这些项目的实际情况不符。

【例 15-7】 某外商投资企业的记账本位币是人民币。2×20 年 8 月 15 日，进口一台机器设备，设备价款 5 000 美元，尚未支付，当日的即期汇率为 1 美元＝ 7.8 元人民币。2×20 年 12 月 31 日的即期汇率为 1 美元＝ 7.9 元人民币。该项设备属于企业的固定资产，在购入时已按当日即期汇率折算为人民币 39 000 元。由于“固定资产”属于非货币性项目，因此，2×20 年 12 月 31 日，不需要按当日即期汇率进行调整。

第四节　外币财务报表的折算

《小企业会计准则》第七十八条规定，小企业对外币财务报表进行折算时，应当采用资产负债表日的即期汇率对外币资产负债表、利润表和现金流量表的所有项目进行折算。

【例 15-8】 国内甲公司的记账本位币为人民币，该公司仅有一全资子公司乙公司，无其他境外经营。乙公司设在美国，自主经营，所有办公设备及绝大多数人工成本等均以美元支付，除极少量的商品购自甲公司外，其余的商品采购均来自当地，乙公司对所需资金自行在当地融资、自担风险。因此，根据记账本位币的选择确定原则，乙公司的记账本位币应为美元。2×20 年 12 月 31 日，甲公司准备编制合并财务报表，需要先将乙公司的美元财务报表折算为人民币表述。乙公司的有关资料如下：

2×20 年 12 月 31 日的即期汇率为 1 美元＝ 8 元人民币，2×20 年的平均汇率为 1 美元＝ 8.2 元人民币。

乙公司相关的资产负债表、利润表、现金流量表的编制分别如表 15-1、表 15-2、表 15-3 所示。

表 15-1　资产负债表

编制单位：乙公司　　　　2×20 年 12 月 31 日

资　产	期末数（美元）	汇率	折算为人民币金额（元）	负债和所有者权益	期末数（美元）	汇率	折算为人民币金额（元）
流动资产：				流动负债：			
货币资金	300	8	2 400	短期借款	100	8	800
应收票据	80	8	640	应付账款	170	8	1 360
应收账款	220	8	1 760	应付职工薪酬	120	8	960
存货	400	8	3 200	应交税费	30	8	240
流动资产合计	1 000		8 000	流动负债合计	420		3 360
非流动资产：				非流动负债：			
固定资产	1 200	8	9 600	长期借款	120	8	960
无形资产	300	8	2 400	长期应付款	200	8	1 600
非流动资产合计	1 500		12 000	非流动负债合计	320		2 560
				所有者权益：			
				实收资本	1 250	8	10 000
				盈余公积	170	8	1 360

（续表）

资　产	期末数（美元）	汇率	折算为人民币金额（元）	负债和所有者权益	期末数（美元）	汇率	折算为人民币金额（元）
				未分配利润	340	8	2 720
				所有者权益合计	1 760		14 080
资产总计	2 500		20 000	负债和所有者权益总计	2 500		20 000

表 15-2　利　润　表

编制单位：乙公司　　　　　　2×20 年度

项　　目	本年累计数（美元）	汇率	折算为人民币金额（元）
一、营业收入	1 050	8	8 400
减：营业成本	400	8	3 200
税金及附加	60	8	480
销售费用	80	8	640
管理费用	120	8	960
财务费用	100	8	800
二、营业利润	290		2 320
加：营业外收入	50	8	400
减：营业外支出	40	8	320
三、利润总额	300		2 400
减：所得税费用	100	8	800
四、净利润	200		1 600
五、每股收益			

表 15-3 现金流量表

编制单位：乙公司 2×20 年度

项 目	本年累计数（美元）	汇率	折算为人民币金额（元）
一、经营活动产生的现金流量：			
销售产成品、商品、提供劳务收到的现金	1 000	8	8 000
收到其他与经营活动有关的现金	800	8	6 400
购买原材料、商品、接受劳务支付的现金	900	8	7 200
支付的职工薪酬	120	8	960
支付的税费	10	8	80
支付其他与经营活动有关的现金	180	8	1 440
经营活动产生的现金流量净额	590		4 720
二、投资活动产生的现金流量：			
收回短期投资、长期债券投资和长期股权投资收到的现金	500	8	4 000
取得投资收益收到的现金	20	8	160
处置固定资产、无形资产和其他长期资产收回的现金净额	230	8	1 840
短期投资、长期债券投资和长期股权投资支付的现金	200	8	1 600
购建固定资产、无形资产和其他长期资产支付的现金	250	8	2 000
投资活动产生的现金流量净额	300		2 400
三、筹资活动产生的现金流量：			
取得借款收到的现金	300	8	2 400
吸收投资者投资收到的现金	300	8	2 400
偿还借款本金支付的现金	100	8	800
偿还借款利息支付的现金	200	8	1 600

（续表）

项　目	本年累计数（美元）	汇率	折算为人民币金额（元）
分配利润支付的现金	30	8	240
筹资活动产生的现金流量净额	270		2 160
四、现金净增加额	1 160		9 280
加：期初现金余额	1 140	8.5	9 690
五、期末现金余额	2 300		18 970

第五节　小企业会计准则与企业会计准则的比较

一、折算汇率

小企业会计准则涉及的折算汇率有即期汇率和交易当期平均汇率。而企业会计准则涉及的折算汇率为即期汇率和即期汇率的近似汇率。其中，即期汇率的近似汇率是“按照系统合理的方法确定的、与交易发生日即期汇率近似的汇率”，通常包括当期平均汇率或加权平均汇率等。月加权平均汇率需要采用当月外币交易的外币金额作为权重进行计算。

二、外币财务报表的折算

小企业会计准则规定，对外币财务报表进行折算时，应当采用资产负债表日的即期汇率对外币资产负债表、利润表和现金流量表的所有项目进行折算。

企业会计准则规定，第一，资产负债表中的资产和负债项目，采用资产负债表日的即期汇率折算，所有者权益项目除“未分配利润”项目外，其他项目采用发生时的即期汇率折算。第二，利润表中的收入和费用项目，采用交易发生日的即期汇率或即期汇率的近似汇率折算。第三，产生的外币财务报表折算差额，在编制合并财务报表时，应在合并资产负债表中所有者权益项目下单独作为“外币报表折算差额”项目列示。

第十六章
财务报表

第一节　财务报表概述

财务报表是对小企业财务状况、经营成果和现金流量的结构性表述。会计要素确认、计量的结果和综合性描述，会计准则中对会计要素确认、计量过程中所采用的各项会计政策被企业实际应用后将有助于促进企业可持续发展，反映企业管理层受托责任的履行情况。企业在生产经营过程中通过应用会计准则实现发展战略，需要经过一套完整的结构化的报表体系，科学地进行列报。投资者等报表使用者通过全面阅读和综合分析财务报表，可以了解和掌握企业过去和当前的状况，预测企业的未来发展趋势，从而做出相关决策。

财务报表按编报期间的不同，可以分为月度财务报表、季度财务报表和年度财务报表。

月度财务报表是以 1 个月度的报告期间为基础编制的财务报表。小企业应当根据实际发生的交易或事项，按照本准则的规定进行确认和计量，在此基础上按月或者按季编制财务报表。

小企业编制的财务报表应当包括资产负债表、利润表、现金流量表和附注。

本章着重讲解了财务报表的组成、资产负债表、利润表、现金流量表和附注的披露内容、结构及其编制方法等问题。

第二节　资产负债表

一、资产负债表概述

（一）资产负债表的定义和作用

资产负债表，是指反映小企业在某一特定日期的财务状况的会计报表。例如，公历每年 12 月 31 日的财务状况，它反映的就是该日的情况。

资产负债表主要提供有关小企业财务状况方面的信息，即某一特定日期关于小企业资产、负债、所有者权益及其相互关系。资产负债表的作用包括：第一，可以提供某一日期资产的总额及其结构，表明小企业拥有或控制的资源及其分布情况，使用者可以一目了然地从资产负债表上了解小企业在某一特定日期所拥有的资产总量及其结构；第二，可以提供某一日期的负债总额及其结构，表明小企业未来需要用多少资产或劳务清偿债务以及清偿时间；第三，可以反映所有者所拥有的权益，据以判断资本保值、增值的情况以及对负债的保障程度。此外，资产负债表还可以提供进行财务分析的基本资料，如将流动资产与流动负债进行比较，计算出流动比率；将速动资产与流动负债进行比较，计算出速动比率等，可以表明小企业的变现能力、偿债能力和资金周转能力，从而有助于报表使用者做出经济决策。

资产负债表中的资产类至少应当单独列示反映的项目有：货币资金、应收及预付款项、存货、长期债券投资、长期股权投资、固定资产、生产性生物资产、无形资产、长期待摊费用。资产负债表中的负债类至少应当单独列示反映的项目有：短期借款、应付及预收款项、应付职工薪酬、应交税费、应付利息、长期借款、长期应付款。资产负债表中的所有者权益类至少应当单独列示反映的项目有：实收资本、资本公积、盈余公积、未分配利润。

（二）资产负债表编制的总体要求

1. 分类别编制

资产负债表的编制，最根本的目标就是应如实反映小企业在资产负债表日所拥有的资源、所承担的负债以及所有者所拥有的权益。因此，资产负债表应当按照资产、负债和所有者权益三大类别分类编制。

2. 资产和负债按流动性列示

资产和负债应当按照流动性分为流动资产和非流动资产、流动负债和非流动负债列示。流动性，通常按资产的变现或耗用时间长短或者负债的偿还时间长短来确定。按照财务报表列报准则的规定，应先列报流动性强的资产或负债，再列报流动性弱的资产或负债。

3. 相关的合计、总计项目

资产负债表中的资产类至少应当列示流动资产和非流动资产的合计项目；负债类至少应当列示流动负债、非流动负债以及负债的合计项目；所有者权益类应当列示所有者权益的合计项目。

资产负债表遵循了“资产＝负债＋所有者权益”这一会计恒等式，把小企业在特定时日所拥有的经济资源和与之相对应的小企业所承担的债务及偿债以后属于所有者的权益充分地反映出来。因此，资产负债表应当分别列示资产总计项目与负债和所有者权益之和的总计项目，并且这两者的金额应当相等。

（三）资产的列示

资产负债表中的资产反映由过去的交易或事项形成、并由小企业在某一特定日期所拥有或控制的、预期会给小企业带来经济利益的资源。资产应当按照流动资产和非流动资产两大类别在资产负债表中列示，在流动资产和非流动资产类别下进一步按性质分项列示，因此区分流动资产和非流动资产就十分重要。资产满足下列条件之一的，应当归类为流动资产：

（1）预计在一个正常营业周期中变现、出售或耗用。这主要包括存货、应收账款等资产。需要指出的是，变现，一般针对应收账款等而言，指将资产变为现金；出售，一般针对产品等存货而言；耗用，一般指将存货（如原材料）转变成另一种形态（如产成品）。

（2）主要为交易目的而持有。

（3）预计在资产负债表日起1年内（含1年）变现。

（4）自资产负债表日起1年内，交换其他资产或清偿负债的能力不受限制的现金或现金等价物。

小企业资产负债表中列示的流动资产包括：货币资金、短期投资、应收票据、应收账款、预付账款、应收股利、应收利息、其他应收款、存货和其他流动资产等。非流动资产包括：长期债券投资、长期股权投资、固定资产、在建工程、工程物资、固定资产清理、生产性生物资产、无形资产、开发支出、长期待摊费用和其他非流动资产等。

（四）负债的列示

资产负债表中的负债反映在某一特定日期小企业所承担的、预期会导致经济利益流出小企业的现时义务。负债应当按照流动负债和非流动负债在资产负债表中进行列示，在流动负债和非流动负债类别下再进一步按性质分项列示。

流动负债的判断标准与流动资产的判断标准相类似。负债满足下列条件之一的，应当归类为流动负债：①预计在一个正常营业周期中清偿；②主要为交易目的而持有；③自资产负债表日起1年内到期应予以清偿；④小企业无权自主地将清偿推迟至资产负债表日后1年以上。

小企业资产负债表中列示的流动负债包括：短期借款、应付票据、应付账款、预收账款、应付职工薪酬、应交税费、应付利息、应付利润、其他应付款和其他流动负债等。非流动负债包括：长期借款、长期应付款、递延收益和其他非流动负债等。

值得注意的是，有些流动负债，如应付账款、应付职工薪酬等，属于小企业正常营业周期中使用的营运资金的一部分。尽管这些经营性项目有时在资产负债表日后超过 1 年才到期清偿，但是它们仍应划分为流动负债。

（五）所有者权益的列示

资产负债表中的所有者权益是小企业资产扣除负债后的剩余权益，反映小企业在某一特定日期股东投资者拥有的净资产的总额。资产负债表中的所有者权益类一般按照净资产的不同来源和特定用途进行分类，应当按照实收资本（或股本）、资本公积、盈余公积、未分配利润等项目分项列示。

二、资产负债表格式及编报说明

小企业（中外合作经营）根据合同规定在合作期间归还投资者的投资，应在“实收资本（或股本）”项目下增加“减：已归还投资”项目单独列示。

表 16-1 资 产 负 债 表

会小企 01 表

编制单位：　　　　＿＿＿＿年＿＿＿＿月＿＿＿＿日　　　　单位：元

资　　产	行次	期末余额	年初余额	负债和所有者权益（或股东权益）	行次	期末余额	年初余额
流动资产：				流动负债：			
货币资金	1			短期借款	31		
短期投资	2			应付票据	32		
应收票据	3			应付账款	33		
应收账款	4			预收账款	34		
预付账款	5			应付职工薪酬	35		
应收股利	6			应交税费	36		
应收利息	7			应付利息	37		
其他应收款	8			应付利润	38		
存货	9			其他应付款	39		
其中：原材料	10			其他流动负债	40		

（续表）

资　　产	行次	期末余额	年初余额	负债和所有者权益（或股东权益）	行次	期末余额	年初余额
在产品	11			流动负债合计	41		
库存材料	12			非流动负债：			
周转材料	13			长期借款	42		
其他流动资产	14			长期应付款	43		
流动资产合计	15			递延收益	44		
非流动资产：				其他非流动负债	45		
长期债券投资	16			非流动负债合计	46		
长期股权投资	17			负债合计	47		
固定资产原价	18						
减：累计折旧	19						
固定资产账面价值	20						
在建工程	21						
工程物资	22						
固定资产清理	23						
生产性生物资产	24			所有者权益（或股东权益）：			
无形资产	25			实收资本（或股本）	48		
开发支出	26			资本公积	49		
长期待摊费用	27			盈余公积	50		
其他非流动资产	28			未分配利润	51		
非流动资产合计	29			所有者权益（或股东权益）合计	52		

（续表）

资　　产	行次	期末余额	年初余额	负债和所有者权益（或股东权益）	行次	期末余额	年初余额
资产总计	30			负债和所有者权益（或股东权益）总计	53		

表 16-1 反映小企业某一特定日期全部资产、负债和所有者权益（或股东权益）的情况。

表 16-1 “年初余额”栏内各项数字，应根据上年年末资产负债表“期末余额”栏内所列数字填列。

表 16-1 “期末余额”各项目的内容和填列方法：

（1）“货币资金”项目，反映小企业库存现金、银行存款、其他货币资金的合计数。本项目应根据“库存现金”“银行存款”和“其他货币资金”科目的期末余额合计填列。

（2）“短期投资”项目，反映小企业购入的能随时变现并且持有时间不超过 1 年的股票、债券和基金投资的余额。本项目应根据“短期投资”科目的期末余额填列。

（3）“应收票据”项目，反映小企业收到的未到期收款也未向银行贴现的应收票据（银行承兑汇票和商业承兑汇票）。本项目应根据“应收票据”科目的期末余额填列。

（4）“应收账款”项目，反映小企业因销售商品、提供劳务等日常生产经营活动应收取的款项。本项目应根据“应收账款”的期末借方余额填列。如“应收账款”科目期末为贷方余额，应当在“预收账款”项目列示。

（5）“预付账款”项目，反映小企业按照合同规定预付的款项。包括：根据合同规定预付的购货款、租金、工程款等。本项目应根据“预付账款”科目的期末借方余额填列；如“预付账款”科目期末为贷方余额，应当在“应付账款”项目列示。

属于超过 1 年期以上的预付账款的借方余额应当在“其他非流动资产”项目列示。

（6）“应收股利”项目，反映小企业应收取的现金股利或利润。本项目应根据“应收股利”科目的期末余额填列。

（7）“应收利息”项目，反映小企业债券投资应收取的利息。小企业购入一次还本付息债券应收的利息，不包括在本项目内。本项目应根据“应收利息”科目的期末余额填列。

（8）“其他应收款”项目，反映小企业除应收票据、应收账款、预付账款、应收股利、应收利息等以外的其他各种应收及暂付款项。包括：各种应收的赔款、应向职工收取的各种垫付款项等。本项目应根据“其他应收款”科目的期末余额填列。

（9）“存货”项目，反映小企业期末在库、在途和在加工中的各项存货的成本。包括：各种原材料、在产品、半成品、产成品、商品、周转材料（包装物、低值易耗品等）、消耗性生物资产等。本项目应根据“材料采购”“在途物资”“原材料”“材料成本差异”“生产成本”“库存商品”“商品进销差价”“委托加工物资”“周转材料”“消耗性生物资产”等科目的期末余额分析填列。

（10）“其他流动资产”项目，反映小企业除以上流动资产项目外的其他流动资产（含1年内到期的非流动资产）。本项目应根据有关科目的期末余额分析填列。

（11）“长期债券投资”项目，反映小企业准备长期持有的债券投资的本息。本项目应根据“长期债券投资”科目的期末余额分析填列。

（12）“长期股权投资”项目，反映小企业准备长期持有的权益性投资的成本。本项目应根据“长期股权投资”科目的期末余额填列。

（13）“固定资产原价”和“累计折旧”项目，反映小企业固定资产的原价（成本）及累计折旧。这两个项目应根据“固定资产”和“累计折旧”科目的期末余额填列。

（14）“固定资产账面价值”项目，反映小企业固定资产原价扣除累计折旧后的余额。本项目应根据“固定资产”科目的期末余额减去“累计折旧”科目的期末余额后的金额填列。

（15）“在建工程”项目，反映小企业尚未完工或虽已完工，但尚未办理竣工决算的工程成本。本项目应根据“在建工程”科目的期末余额填列。

（16）“工程物资”项目，反映小企业为在建工程准备的各种物资的成本。本项目应根据“工程物资”科目的期末余额填列。

（17）“固定资产清理”项目，反映小企业因出售、报废、毁损、对外投资等原因处置固定资产所转出的固定资产账面价值以及在清理过程中发生的费用等。本项目应根据“固定资产清理”科目的期末借方余额填列；如“固定资产清理”科目期末为贷方余额，以“－”号填列。

（18）“生产性生物资产”项目，反映小企业生产性生物资产的账面价值。本项目应根据“生产性生物资产”科目的期末余额减去“生产性生物资产累计折旧”科目的期末余额后的金额填列。

（19）“无形资产”项目，反映小企业无形资产的账面价值。本项目应根据“无形资产”科目的期末余额减去“累计摊销”科目的期末余额后的金额填列。

（20）“开发支出”项目，反映小企业正在进行的无形资产研究开发项目满足资本化条件的支出。本项目应根据“研发支出”科目的期末余额填列。

（21）“长期待摊费用”项目，反映小企业尚未摊销完毕的已提足折旧的固定资产的改建支出、经营租入固定资产的改建支出、固定资产的大修理支出和其他长期待摊费用。本项目应根据“长期待摊费用”科目的期末余额分析填列。

（22）“其他非流动资产”项目，反映小企业除以上非流动资产以外的其他非流动资产。本项目应根据有关科目的期末余额分析填列。

（23）“短期借款”项目，反映小企业向银行或其他金融机构等借入的期限在1年内的、尚未偿还的各种借款本金。本项目应根据“短期借款”科目的期末余额填列。

（24）“应付票据”项目，反映小企业因购买材料、商品和接受劳务等日常生产经营活动开出、承兑的商业汇票（银行承兑汇票和商业承兑汇票）尚未到期的票面金额。本项目应根据“应付票据”科目的期末余额填列。

（25）“应付账款”项目，反映小企业因购买材料、商品和接受劳务等日常生产经营活动尚未支付的款项。本项目应根据“应付账款”科目的期末贷方余额填列。如“应付账款”科目期末为借方余额，应当在“预付账款”项目列示。

（26）“预收账款”项目，反映小企业根据合同规定预收的款项。包括：预收的购货款、工程款等。本项目应根据“预收账款”科目的期末贷方余额填列；如“预收账款”科目期末为借方余额，应当在“应收账款”项目列示。

属于超过1年期以上的预收账款的贷方余额应当在“其他非流动负债”项目列示。

（27）“应付职工薪酬”项目，反映小企业应付未付的职工薪酬。本项目应根据“应付职工薪酬”科目期末余额填列。

（28）“应交税费”项目，反映小企业期末未交、多交或尚未抵扣的各种税费。本项目应根据“应交税费”科目的期末贷方余额填列；如“应交税费”科目期末为借方余额，以“—”号填列。

（29）“应付利息”项目，反映小企业尚未支付的利息费用。本项目应根据“应付利息”科目的期末余额填列。

（30）“应付利润”项目，反映小企业尚未向投资者支付的利润。本项目应根据“应付利润”科目的期末余额填列。

（31）“其他应付款”项目，反映小企业除应付账款、预收账款、应付职工薪酬、应交税费、应付利息、应付利润等以外的其他各项应付、暂收的款项。包括：应付租入固定资产和包装物的租金、存入保证金等。本项目应根据“其他应付款”科目的期末余额填列。

（32）“其他流动负债”项目，反映小企业除以上流动负债以外的其他流动负债（含1年内到期的非流动负债）。本项目应根据有关科目的期末余额填列。

（33）“长期借款”项目，反映小企业向银行或其他金融机构借入的期限在1年以上的、尚未偿还的各项借款本金。本项目应根据“长期借款”科目的期末余额分析填列。

（34）“长期应付款”项目，反映小企业除长期借款以外的其他各种应付未付的长期应付款项。包括：应付融资租入固定资产的租赁费、以分期付款方式购入固定资产发生的应付款项等。本项目应根据“长期应付款”科目的期末余额分析填列。

（35）“递延收益”项目，反映小企业收到的、应在以后期间计入损益的政府补助。本项目应根据“递延收益”科目的期末余额分析填列。

（36）“其他非流动负债”项目，反映小企业除以上非流动负债项目以外的其他非流动负债。本项目应根据有关科目的期末余额分析填列。

（37）“实收资本（或股本）”项目，反映小企业收到投资者按照合同协议约定或相关规定投入的、构成小企业注册资本的部分。本项目应根据“实收资本（或股本）”科目的期末余额分析填列。

（38）“资本公积”项目，反映小企业收到投资者投入资本超出其在注册资本中所占份额的部分。本项目应根据“资本公积”科目的期末余额填列。

（39）“盈余公积”项目，反映小企业（公司制）的法定公积金和任意公积金，小企业（外商投资）的储备基金和企业发展基金。本项目应根据“盈余公积”科目的期末余额填列。

（40）“未分配利润”项目，反映小企业尚未分配的历年结存的利润。本项目应根据“利润分配”科目的期末余额填列。未弥补的亏损，在本项目内以“－”号填列。

表 16-1 中各项目之间的钩稽关系为：

行 15 ＝行 1 ＋行 2 ＋行 3 ＋行 4 ＋行 5 ＋行 6 ＋行 7 ＋行 8 ＋行 9 ＋行 14；

行 9 ≥行 10 ＋行 11 ＋行 12 ＋行 13；

行 29 ＝行 16 ＋行 17 ＋行 20 ＋行 21 ＋行 22 ＋行 23 ＋行 24 ＋行 25 ＋行 26 ＋行 27 ＋行 28；

行 20 ＝行 18 －行 19；

行 30 ＝行 15 ＋行 29；

行 41 ＝行 31 ＋行 32 ＋行 33 ＋行 34 ＋行 35 ＋行 36 ＋行 37 ＋行 38 ＋行 39 ＋行 40；

行 46 ＝行 42 ＋行 43 ＋行 44 ＋行 45；

行 47 ＝行 41 ＋行 46；

行 52 ＝行 48 ＋行 49 ＋行 50 ＋行 51；

行 53 ＝行 47 ＋行 52 ＝行 30。

三、资产负债表编制示例

【例 16-1】 2×20 年 12 月 31 日，红星公司全部总分类账户和所属明细分类账户余额如表 16-2 所示。

表 16-2　2×20 年 12 月 31 日总分类账及明细分类账户余额表

单位：元

总账科目	明细科目	借方余额	贷方余额	总账科目	明细科目	借方余额	贷方余额
库存现金		500		短期借款			30 000
银行存款		8 500		应付账款			5 000
短期投资		7 000			A 工厂		3 500
应收账款		11 500			B 工厂	2 500	
	甲公司	5 000			C 工厂		4 000
	乙公司		1 000	预收款项			500
	丙公司	7 500			A 单位		2 000
预付账款		2 350			B 单位	1 500	
	甲单位	2 500		其他应付款			4 500
	乙单位		150	应付职工薪酬			17 350
其他应收款		500		应交税费			30 000
原材料		13 500		应付利润			11 500
生产成本		4 000		长期借款			15 000
库存商品		10 000		其中一年内到期			5 000
长期债券投资		100 000		实收资本			140 000
固定资产		200 000		盈余公积			11 040
累计折旧			10 000	利润分配	未分配利润		84 960
无形资产		0					
长期待摊费用		2 000					

假设红星公司采用小企业会计准则，红星公司编制的资产负债表如表 16-3 所示。

表 16-3　资 产 负 债 表

会小企 01 表

编制单位：红星公司　　2×20 年 12 月 31 日　　单位：元

资产	期末余额	负债和所有者权益（或股东权益）	期末余额
流动资产：		流动负债：	
货币资金	9 000	短期借款	30 000
短期投资	7 000	应付账款	5 000
应收票据	0	预收账款	500
应收账款	11 500	应付职工薪酬	17 350
预付账款	2 350	应交税费	30 000
应收股利	0	应付利息	0
应收利息	0	应付利润	11 500
其他应收款	500	其他应付款	4 500
存货	27 500	其他流动负债	5 000
其他流动资产	0	流动负债合计	103 850
流动资产合计	57 850	非流动负债：	
非流动资产：		长期借款	10 000
长期债券投资	100 000	递延收益	0
长期股权投资	0	其他非流动负债	0
固定资产原价	200 000	非流动负债合计	10 000
减：累计折旧	10 000	负债合计	113 850
固定资产账面价值	190 000		
固定资产清理	0	所有者权益：	

（续表）

项　　目	行次	本年累计金额	本月金额
广告费和业务宣传费	12		
管理费用	13		
其中：开办费	14		
业务招待费	15		
研究费用	16		
财务费用	17		
其中：利息费用（收入以"—"号填列）	18		
加：投资收益（损失以"—"号填列）	19		
二、营业利润（亏损以"—"号填列）	20		
加：营业外收入	21		
其中：政府补助	22		
减：营业外支出	23		
其中：坏账损失	24		
无法收回的长期债券投资损失	25		
无法收回的长期股权投资损失	26		
自然灾害等不可抗力因素造成的损失	27		
税收滞纳金	28		
三、利润总额（亏损总额以"—"号填列）	29		
减：所得税费用	30		
四、净利润（净亏损以"—"号填列）	31		

表16-4反映小企业在一定会计期间内利润（亏损）的实现情况。

表16-4"本年累计金额"栏反映各项目自年初起至报告期末止的累计实际发生额。

该表“本月金额”栏反映各项目的本月实际发生额;在编报年度财务报表时,应将“本月金额”栏改为“上年金额”栏,填列上年全年实际发生额。

表16-4各项目的内容及其填列方法:

(1)“营业收入”项目,反映小企业销售商品和提供劳务所实现的收入总额。本项目应根据“主营业务收入”科目和“其他业务收入”科目的发生额合计填列。

(2)“营业成本”项目,反映小企业所销售商品的成本和所提供劳务的成本。本项目应根据“主营业务成本”科目和“其他业务支出”科目的发生额合计填列。

(3)“税金及附加”项目,反映小企业开展日常生产活动应负担的消费税、城市维护建设税和教育费附加、矿产资源税、土地增值税、城镇土地使用税、房产税、车船税、印花税、矿产资源补偿费、排污费等。本项目应根据“税金及附加”科目的发生额填列。

(4)“销售费用”项目,反映小企业销售商品或提供劳务过程中发生的费用。本项目应根据“销售费用”科目的发生额填列。

(5)“管理费用”项目,反映小企业为组织和管理生产经营发生的其他费用。本项目应根据“管理费用”科目的发生额填列。

(6)“财务费用”项目,反映小企业为筹集生产经营所需资金发生的筹资费用。本项目应根据“财务费用”科目的发生额填列。

(7)“投资收益”项目,反映小企业股权投资取得的现金股利(或利润)、债券投资取得的利息收入和处置股权投资及债券投资取得的处置价款扣除成本或账面余额、相关税费后的净额。本项目应根据“投资收益”科目的发生额填列;如为投资损失,以“—”号填列。

(8)“营业利润”项目,反映小企业当期开展日常生产经营活动实现的利润。本项目应根据营业收入扣除营业成本、税金及附加、销售费用、管理费用和财务费用,加上投资收益后的金额填列。如为亏损,以“—”号填列。

(9)“营业外收入”项目,反映小企业实现的各项营业外收入金额。包括:非流动资产处置净收益、政府补助、捐赠收益、盘盈收益、汇兑收益、出租包装物和商品的租金收入、逾期未退包装物押金收益、确实无法偿付的应付款项、已作坏账损失处理后又收回的应收款项、违约金收益等。本项目应根据“营业外收入”科目的发生额填列。

(10)“营业外支出”项目,反映小企业发生的各项营业外支出金额。包括:存货的盘亏、毁损、报废损失,非流动资产处置净损失,坏账损失,无法收回的长期债券投资损失,无法收回的长期股权投资损失,自然灾害等不可抗力因素造成的损失,税收滞纳金,罚金,罚款,被没收财物的损失,捐赠支出,赞助支出等。本项目应根据“营业外支出”科目的发生额填列。

（11）“利润总额”项目，反映小企业当期实现的利润总额。本项目应根据营业利润加上营业外收入减去营业外支出后的金额填列。如为亏损总额，以“－”号填列。

（12）“所得税费用”项目，反映小企业根据企业所得税法确定的应从当期利润总额中扣除的所得税费用。本项目应根据“所得税费用”科目的发生额填列。

（13）“净利润”项目，反映小企业当期实现的净利润。本项目应根据利润总额扣除所得税费用后的金额填列。如为净亏损，以“－”号填列。

表 16-4 中各项目之间的钩稽关系为：

行 20 ＝行 1 －行 2 －行 3 －行 10 －行 13 －行 17 ＋行 19；

行 3 ≥行 4 ＋行 5 ＋行 6 ＋行 7 ＋行 8 ＋行 9；

行 10 ≥行 11 ＋行 12；

行 13 ≥行 14 ＋行 15 ＋行 16；

行 17 ≥行 18；

行 19 ＝行 20 ＋行 21 －行 23；

行 21 ≥行 22；

行 23 ≥行 24 ＋行 25 ＋行 26 ＋行 27 ＋行 28；

行 31 ＝行 29 －行 30。

三、利润表编制示例

【例 16-2】 2×20 年度红星公司有关损益类科目本年累计发生净额如表 16-5 所示。

表 16-5　2×20 年度红星公司损益类科目累计发生净额　　单位：元

科目名称	借方发生额	贷方发生额
主营业务收入		1 250 000
其他业务收入		50 000
主营业务成本	750 000	
税金及附加	2 000	
其他业务支出	30 900	
销售费用	20 000	

（续表）

科目名称	借方发生额	贷方发生额
管理费用	157 100	
财务费用	41 500	
投资收益		31 500
营业外收入		50 000
营业外支出	19 700	
所得税费用	85 300	

根据上述资料，2×20 年度编制红星公司利润表，如表 16-6 所示。

表 16-6 利 润 表

会小企 02 表

编制单位：红星公司　　　　2×20 年　　　　单位：元

项目	本期金额	上期金额
一、营业收入	1 300 000	
减：营业成本	780 900	
税金及附加	2 000	
销售费用	20 000	
管理费用	157 100	
财务费用	41 500	
加：投资收益（损失以“—”号填列）	31 500	
二、营业利润（亏损以“—”号填列）	330 000	
加：营业外收入	50 000	
减：营业外支出	19 700	
三、利润总额（亏损总额以“—”号填列）	360 300	
减：所得税费用	85 300	

（续表）

项目	本期金额	上期金额
四、净利润（净亏损以“—”号填列）	275 000	

第四节　现金流量表

一、现金流量表概述

（一）现金流量表的内容

现金流量表，是指反映小企业在一定会计期间现金和现金等价物流入和流出的报表。从编制原则上看，现金流量表按照收付实现制原则编制，将权责发生制下的盈利信息调整为收付实现制下的现金流量信息，便于信息使用者了解企业净利润的质量。从内容上看，现金流量表被划分为经营活动、投资活动和筹资活动三个部分，每类活动又分为各具体项目，这些项目从不同角度反映企业业务活动的现金流入与流出，弥补了资产负债表和利润表提供信息的不足。通过现金流量表，报表使用者能够了解现金流量的影响因素，评价企业的支付能力、偿债能力和周转能力，预测企业未来现金流量，为其决策提供有力依据。

（二）现金流量表的结构

在现金流量表中，现金及现金等价物被视为一个整体，企业现金形式的转换不会产生现金的流入和流出。例如，企业从银行提取现金，是企业现金存放形式的转换，并未流出企业，不构成现金流量。同样，现金与现金等价物之间的转换也不属于现金流量，例如，企业用现金购买 3 个月到期的国库券。根据企业业务活动的性质和现金流量的来源，现金流量表在结构上将企业一定期间产生的现金流量分为三类：经营活动产生的现金流量、投资活动产生的现金流量和筹资活动产生的现金流量。

二、现金流量表格式及编报说明

（一）经营活动产生的现金流量

经营活动，是指小企业投资活动和筹资活动以外的所有交易或事项。

小企业经营活动产生的现金流量应当单独列示反映下列信息的项目有：销售产成品、商品、提供劳务收到的现金；购买原材料、商品、接受劳务支付的现金；支付的职工薪酬和支付的税费。

（二）投资活动产生的现金流量

投资活动，是指小企业的固定资产、无形资产、其他非流动资产的购建和短期投资、长期债券投资、长期股权投资及其处置活动。这里所指的投资活动，既包括实物资产投资，也包括金融资产投资。在这里之所以将“包括在现金等价物范围内的投资”排除在外，是因为已经将包括在现金等价物范围内的投资视同现金。

小企业投资活动产生的现金流量应当单独列示，反映下列信息的项目有：收回短期投资、长期债券投资和长期股权投资收到的现金；取得投资收益收到的现金；处置固定资产、无形资产和其他非流动资产收回的现金净额；短期投资、长期债券投资和长期股权投资支付的现金；购建固定资产、无形资产和其他非流动资产支付的现金。

（三）筹资活动产生的现金流量

筹资活动，是指导致小企业资本及债务规模和构成发生变化的活动。这里所说的资本，既包括实收资本（股本），也包括资本溢价（股本溢价）；这里所说的债务，是指对外举债，包括向银行借款、发行债券以及偿还债务等。通常情况下，应付账款、应付票据等商业应付款等属于经营活动，不属于筹资活动。

此外，对于企业日常活动之外的、不经常发生的特殊项目，如自然灾害损失、保险赔款、捐赠等，应当归并到相关类别中，并单独反映。比如，对于自然灾害损失和保险赔款，如果能够确认，属于流动资产损失，应当列入经营活动产生的现金流量；属于固定资产损失，应当列入投资活动产生的现金流量。

小企业筹资活动产生的现金流量应当单独列示反映下列信息的项目有：取得借款收到的现金；吸收投资者投资收到的现金；偿还借款本金支付的现金；偿还借款利息支付的现金和分配利润支付的现金。

表 16-7 反映小企业一定会计期间内有关现金流入和流出的信息。

表 16-7 “本年累计金额”栏反映各项目自年初起至报告期末止的累计实际发生额。

表 16-7 现金流量表

会小企 03 表

编制单位：　　　　____年____月____日　　　　单位：元

项目	行次	本年累计金额	本月金额
一、经营活动产生的现金流量：			

（续表）

项目	行次	本年累计金额	本月金额
销售产成品、商品、提供劳务收到的现金	1		
收到其他与经营活动有关的现金	2		
购买原材料、商品、接受劳务支付的现金	3		
支付的职工薪酬	4		
支付的税费	5		
支付其他与经营活动有关的现金	6		
经营活动产生的现金流量净额	7		
二、投资活动产生的现金流量：			
收回短期投资、长期债券投资和长期股权投资收到的现金	8		
取得投资收益收到的现金	9		
处置固定资产、无形资产和其他非流动资产收回的现金净额	10		
短期投资、长期债券投资和长期股权投资支付的现金	11		
购建固定资产、无形资产和其他非流动资产支付的现金	12		
投资活动产生的现金流量净额	13		
三、筹资活动产生的现金流量：			
取得借款收到的现金	14		
吸收投资者投资收到的现金	15		
偿还借款本金支付的现金	16		
偿还借款利息支付的现金	17		
分配利润支付的现金	18		
筹资活动产生的现金流量净额	19		
四、现金净增加额	20		

（续表）

项目	行次	本年累计金额	本月金额
加：期初现金余额	21		
五、期末现金余额	22		

该表“本月金额”栏反映各项目的本月实际发生额；在编报年度财务报表时，应将“本月金额”栏改为“上年金额”栏，填列上年全年实际发生额。

表 16-7 中各项目的内容及填列方法如下：

（1）经营活动产生的现金流量。“销售产成品、商品、提供劳务收到的现金”项目，反映小企业本期销售产成品、商品、提供劳务收到的现金。本项目可以根据“库存现金”“银行存款”和“主营业务收入”等科目的本期发生额分析填列。

【例 16-3】 甲企业本期销售一批商品，收到 28 000 元，以银行存款收讫；应收票据期初余额为 2 700 元，期末余额为 600 元；应收账款期初余额为 10 000 元，期末余额为 4 000 元；年度内核销的坏账损失为 200 元。另外，本期因商品质量问题发生退货，支付银行存款 300 元，货款已通过银行转账支付。

本期销售商品、提供劳务收到的现金计算如下：

本期销售商品收到的现金	28 000
加：本期收到前期的应收票据（2 700 — 600）	2 100
本期收到前期的应收账款（10 000 — 4 000 — 200）	5 800
减：本期因销售退回支付的现金	300
本期销售商品、提供劳务收到的现金	35 600

“收到其他与经营活动有关的现金”项目，反映小企业本期收到的其他与经营活动有关的现金。本项目可以根据“库存现金”和“银行存款”等科目的本期发生额分析填列。

“购买原材料、商品、接受劳务支付的现金”项目，反映小企业本期购买原材料、商品、接受劳务支付的现金。本项目可以根据“库存现金”“银行存款”“其他货币资金”“原材料”“库存商品”等科目的本期发生额分析填列。

【例 16-4】 甲公司本期购买原材料，材料价款为 1 500 元，款项已通过银行转账支付；本期支付应付票据 1 000 元；购买工程用物资 1 500 元，货款已通过银行转账支付。

购买原材料、商品、接受劳务支付的现金计算如下：

本期购买原材料支付的价款	1 500
加：本期支付的应付票据	1 000
本期购买原材料、商品、接受劳务支付的现金	2 500

"支付的职工薪酬"项目，反映小企业本期向职工支付的薪酬。本项目可以根据"库存现金""银行存款""应付职工薪酬"科目的本期发生额填列。

"支付的税费"项目，反映小企业本期支付的税费。本项目可以根据"库存现金""银行存款""应交税费"等科目的本期发生额填列。

"支付其他与经营活动有关的现金"项目，反映小企业本期支付的其他与经营活动有关的现金。本项目可以根据"库存现金""银行存款"等科目的本期发生额分析填列。

（2）投资活动产生的现金流量。"收回短期投资、长期债券投资和长期股权投资收到的现金"项目，反映小企业出售、转让或到期收回短期投资、长期股权投资而收到的现金，以及收回长期债券投资本金而收到的现金，不包括长期债券投资收回的利息。本项目可以根据"库存现金""银行存款""短期投资""长期股权投资""长期债券投资"等科目的本期发生额分析填列。

【例 16–5】 甲企业出售某项长期股权投资，收回的全部投资金额为 48 000 元；出售某项长期债券投资，收回的全部投资金额为 41 000 元，其中，6 000 元是债券利息。

本期收回投资所收到的现金计算如下：

收回长期股权投资金额	48 000
加：收回长期债权性投资本金（41 000 — 6 000）	35 000
本期收回投资所收到的现金	83 000

"取得投资收益收到的现金"项目，反映小企业因权益性投资和债权性投资取得的现金股利或利润和利息收入。本项目可以根据"库存现金""银行存款""投资收益"等科目的本期发生额分析填列。

【例 16–6】 甲企业期初长期股权投资余额 200 000 元，其中 150 000 元投资于联营企业 A 企业，占其股本的 25%，采用权益法核算，另外 20 000 元和 30 000 元分别投资于 B 企业和 C 企业，各占接受投资企业总股本的 5% 和 10%，采用成本法核算；当年 A 企业盈利 200 000 元，分配现金股利 80 000 元，B 企业亏损没有分配股利，C 企业盈利 60 000 元，分配现金股利 20 000 元。企业已如数收到现金股利。

本期取得投资收益收到的现金计算如下：

取得 A 企业实际分回的投资收益（80 000×25%）	20 000
加：取得 B 企业实际分回的投资收益	0
取得 C 企业实际分回的投资收益（20 000×10%）	2 000
本期取得投资收益收到的现金	22 000

"处置固定资产、无形资产和其他非流动资产收回的现金净额"项目，反映小企业处置固定资产、无形资产和其他非流动资产取得的现金，减去为处置这些资产而支

付的有关税费等后的净额。本项目可以根据“库存现金”“银行存款”“固定资产清理”“无形资产”“生产性生物资产”等科目的本期发生额分析填列。

【例 16-7】 乙公司出售一台不需用设备，收到价款 3 000 元，该设备原价 4 000 元，已提折旧 1 500 元。支付该项设备拆卸费用 200 元，运输费用 80 元，设备已由购入单位运走。

本期处置固定资产、无形资产和其他非流动资产收回的现金净额计算如下：

本期出售固定资产收到的现金	3 000
减：支付出售固定资产的清理费用	280
本期处置固定资产、无形资产和其他非流动资产收回的现金净额	2 720

“短期投资、长期债券投资和长期股权投资支付的现金”项目，反映小企业进行权益性投资和债权性投资支付的现金。包括：企业取得短期股票投资、短期债券投资、短期基金投资、长期债券投资、长期股权投资支付的现金。本项目可以根据“库存现金”“银行存款”“短期投资”“长期债券投资”“长期股权投资”等科目的本期发生额分析填列。

【例 16-8】 甲企业以银行存款 20 000 元投资于 A 企业的股票。此外，购买中国光大银行发行的金融债券，面值总额 20 000 元，票面利率 8%，实际支付金额为 20 400 元。

本期短期投资、长期债券投资和长期股权投资支付的现金计算如下：

投资于 A 企业的现金总额	20 000
投资于中国光大银行金融债券的现金总额	20 400
本期短期投资、长期债券投资和长期股权投资支付的现金	40 400

“购建固定资产、无形资产和其他非流动资产支付的现金”项目，反映小企业购建固定资产、无形资产和其他非流动资产支付的现金。包括：购买机器设备、无形资产、生产性生物资产支付的现金、建造工程支付的现金等现金支出，不包括为购建固定资产、无形资产和其他非流动资产而发生的借款费用资本化部分和支付给在建工程和无形资产开发项目人员的薪酬。为购建固定资产、无形资产和其他非流动资产而发生借款费用资本化部分，在“偿还借款利息支付的现金”项目反映；支付给在建工程和无形资产开发项目人员的薪酬，在“支付职工薪酬”项目反映。本项目可以根据“库存现金”“银行存款”“固定资产”“在建工程”“无形资产”“研发支出”“生产性生物资产”“应付职工薪酬”等科目的本期发生额分析填列。

（3）筹资活动产生的现金流量。“取得借款收到的现金”项目，反映小企业举借各种短期借款、长期借款收到的现金。本项目可以根据“库存现金”“银行存款”“短期借款”“长期借款”等科目的本期发生额分析填列。

“吸收投资者投资收到的现金”项目，反映小企业收到的投资者作为资本投入的现金。本项目可以根据“库存现金”“银行存款”“实收资本”“资本公积”等科目的本期发生额分析填列。

“偿还借款本金支付的现金”项目，反映小企业以现金偿还各种短期借款、长期借款的本金。本项目可以根据“库存现金”“银行存款”“短期借款”“长期借款”等科目的本期发生额分析填列。

“偿还借款利息支付的现金”项目，反映小企业以现金偿还各种短期借款、长期借款的利息。本项目可以根据“库存现金”“银行存款”“应付利息”等科目的本期发生额分析填列。

“分配利润支付的现金”项目，反映小企业向投资者实际支付的利润。本项目可以根据“库存现金”“银行存款”“应付利润”等科目的本期发生额分析填列。

表 16-7 中各项目之间的钩稽关系为：

行 7 =行 1 +行 2 −行 3 −行 4 −行 5 −行 6；

行 13 =行 8 +行 9 +行 10 −行 11 −行 12；

行 19 =行 14 +行 15 −行 16 −行 17 −行 18；

行 20 =行 7 +行 13 +行 19；

行 22 =行 20 +行 21。

三、现金流量表编制示例

【例 16-9】 红星公司 2×20 年有关资料如下（增值税税率 16%）：

本期主营业务收入为 1 000 万元；收回应收账款 120 万元；预收账款 50 万元。

本期现购材料成本为 700 万元；支付去年应付账款 50 万元；预付账款 110 万元。

本期发放的职工工资总额为 100 万元，其中生产经营及管理人员的工资 70 万元，奖金 15 万元；在建工程人员的工资 12 万元，奖金 3 万元。工资及奖金全部从银行提取现金发放。

本期所得税费用为 160 万元；未交所得税的年初数为 120 万元，年末数为 100 万元。（无调整事项）

为建造厂房，本期以银行存款购入固定资产 100 万元，支付增值税税额 17 万元。

购入股票 100 万股，每股价格 5.2 元，其中包含已宣告而尚未领取的现金股利每股 0.2 元，作为短期投资核算。

到期收回长期债券投资，面值为 100 万元，3 年期，利率为 3%。一次还本付息。

对一台管理用设备进行清理，该设备账面原价 120 万元，已计提折旧 80 万元，以银行存款支付清理费用 2 万元，收到变价收入 13 万元，该设备已清理完毕。

借入短期借款 240 万元，借入长期借款 460 万元，当年以银行存款支付利息 30 万元。

向股东支付上年现金股利 50 万元。

红星公司编制现金流量表如表 16–8 所示。

表 16–8 现金流量表

会小企 03 表

编制单位：红星公司 2×20 年 单位：万元

项目	行次	本年累计金额	本月金额
一、经营活动产生的现金流量：			
销售产成品、商品、提供劳务收到的现金	1	1 330	
收到其他与经营活动有关的现金	2	0	
购买原材料、商品、接受劳务支付的现金	3	972	
支付的职工薪酬	4	100	
支付的税费	5	180	
支付其他与经营活动有关的现金	6	0	
经营活动产生的现金流量净额	7	72	
二、投资活动产生的现金流量：			
收回短期投资、长期债券投资和长期股权投资收到的现金	8	100	
取得投资收益收到的现金	9	9	
处置固定资产、无形资产和其他非流动资产收回的现金净额	10	11	
短期投资、长期债券投资和长期股权投资支付的现金	11	520	
购建固定资产、无形资产和其他非流动资产支付的现金	12	116	
投资活动产生的现金流量净额	13	－516	
三、筹资活动产生的现金流量：			

（续表）

项目	行次	本年累计金额	本月金额
取得借款收到的现金	14	700	
吸收投资者投资收到的现金	15	0	
偿还借款本金支付的现金	16	0	
偿还借款利息支付的现金	17	30	
分配利润支付的现金	18	50	
筹资活动产生的现金流量净额	19	620	
四、现金净增加额	20	182	
加：期初现金余额	21		
五、期末现金余额	22		

（1）“销售产成品、商品、提供劳务收到的现金”项目＝1 000×（1＋16%）＋120＋50＝1 330（万元）。

（2）“购买原材料、商品、接受劳务支付的现金”项目＝700×（1＋16%）＋50＋110＝972（万元）。

（3）“支付职工薪酬”项目＝70＋15＋12＋3＝100（万元）。

（4）“支付税费”项目＝120＋160－100＝180（万元）。

（5）“收回短期投资、长期债券投资和长期股权投资收到的现金”项目＝100（万元）。

（6）“取得投资收益收到的现金”项目＝100×3%×3＝9（万元）。

（7）“处置固定资产、无形资产和其他非流动资产收回的现金净额”项目＝13－2＝11（万元）。

（8）“短期投资、长期债券投资和长期股权投资支付的现金” 项目＝100×5.2＝520（万元）。

（9）“购建固定资产、无形资产和其他非流动资产支付的现金”项目＝100＋16＝116（万元）。

（10）“取得借款收到的现金”项目＝240＋460＝700（万元）。

（11）“偿还借款利息支付的现金”项目＝30（万元）。

（12）“分配利润支付的现金”项目＝50（万元）。

第五节 附 注

一、附注概述

附注是指对在资产负债表、利润表和现金流量表等报表中列示项目的文字描述或明细资料，以及对未能在这些报表中列示项目的说明等。附注是财务报表的重要组成部分。附注应当按照下列顺序披露：

（1）遵循小企业会计准则的声明。

（2）短期投资、应收账款、存货、固定资产项目的说明。

（3）应付职工薪酬、应交税费项目的说明。

（4）利润分配的说明。

（5）用于对外担保的资产名称、账面余额及形成的原因；未决诉讼、未决仲裁以及对外提供担保所涉及的金额。

（6）发生严重亏损的，应当披露持续经营的计划、未来经营的方案。

（7）对已在资产负债表和利润表中列示项目与企业所得税法规定存在差异的纳税调整过程。

（8）其他需要在附注中说明的事项。

二、附注格式及编报说明

（一）遵循小企业会计准则的声明

小企业应当声明编制的财务报表符合小企业会计准则的要求，真实、完整地反映了小企业的财务状况、经营成果和现金流量等有关信息。

（二）短期投资、应收账款、存货、固定资产项目的说明

（1）短期投资的披露格式如表 16-9 所示。

表 16-9 短期投资披露格式表

项 目	期末账面余额	期末市价	期末账面余额与市价的差额
1. 股票			

（续表）

项　目	期末账面余额	期末市价	期末账面余额与市价的差额
2. 债券			
3. 基金			
4. 其他			
合　计			

（2）应收账款按账龄结构披露的格式如表 16-10 所示。

（3）存货的披露格式如表 16-11 所示。

表 16-10　应收账款账龄结构披露格式表

账龄结构	期末账面余额	年初账面余额
1 年以内（含 1 年）		
1 年至 2 年（含 2 年）		
2 年至 3 年（含 3 年）		
3 年以上		
合　计		

表 16-11　存货披露格式表

存货种类	期末账面余额	期末市价	期末账面余额与市价的差额
1. 原材料			
2. 在产品			
3. 库存商品			
4. 周转材料			
5. 消耗性生物资产			
…			

（续表）

存货种类	期末账面余额	期末市价	期末账面余额与市价的差额
合　计			

（4）固定资产的披露格式如表 16-12 所示。

表 16-12　固定资产披露格式表

项　目	原价	累计折旧	期末账面价值
1. 房屋、建筑物			
2. 机器			
3. 机械			
4. 运输工具			
5. 设备			
6. 器具			
7. 工具			
…			
合　计			

（三）应付职工薪酬、应交税费项目的说明

（1）应付职工薪酬的披露格式如表 16-13 所示。

表 16-13　应付职工薪酬明细表

编制单位：　　　　____年____月____日　　　　单位：元

项　目	期末账面余额	年初账面余额
1. 职工工资		
2. 奖金、津贴和补贴		
3. 职工福利费		
4. 社会保险费		

（续表）

项　　目	期末账面余额	年初账面余额
5. 住房公积金		
6. 工会经费		
7. 职工教育经费		
8. 非货币性福利		
9. 辞退福利		
10. 其他		
合　　计		

（2）应交税费的披露格式如表 16-14 所示。

表 16-14　应交税费明细表

编制单位：　　　　____年____月____日　　　　单位：元

项　　目	期末账面余额	年初账面余额
1. 增值税		
2. 消费税		
3. 城市维护建设税		
4. 企业所得税		
5. 资源税		
6. 土地增值税		
7. 城镇土地使用税		
8. 房产税		
9. 车船税		
10. 教育费附加		
11. 矿产资源补偿费		
12. 排污费		

（续表）

项　目	期末账面余额	年初账面余额
13. 代扣代缴的个人所得税		
…		
合　计		

（四）利润分配的说明

表 16-15　利润分配表

编制单位：　　　　　　＿＿年＿＿月＿＿日　　　　　　单位：元

项　目	行次	期末账面余额	年初账面余额
一、净利润	1		
加：年初未分配利润	2		
其他转入	3		
二、可供分配的利润	4		
减：提取法定盈余公积	5		
提取任意盈余公积	6		
提取职工奖励及福利基金 *	7		
提取储备基金 *	8		
提取企业发展基金 *	9		
利润归还投资 **	10		
三、可供投资者分配的利润	11		
减：应付利润	12		
四、未分配利润	13		

* 提取职工奖励及福利基金、提取储备基金、提取企业发展基金这三个项目仅适用于小企业（外商投资）按照相关法律规定提取的三项基金。

** 利润归还投资这个项目仅适用于小企业（中外合作经营）根据合同规定在合作期间归还投资者的投资。

用于对外担保的资产名称、账面余额及形成的原因；未决诉讼、未决仲裁以及对外提供担保所涉及的金额。

发生严重亏损的，应当披露持续经营的计划、未来经营的方案。

对已在资产负债表和利润表中列示项目与企业所得税法规定存在差异的纳税调整过程。参见《中华人民共和国企业所得税年度纳税申报表》。

其他需要说明的事项。

第六节　会计政策、会计估计变更和差错更正

一、会计政策、会计估计变更和差错更正概述

《小企业会计准则》第八十八条规定了小企业对会计政策变更、会计估计变更和会计差错更正应当采用未来适用法进行会计处理。

会计政策，是指小企业在会计确认、计量和报告中所采用的原则、基础和会计处理方法。

会计估计变更，是指由于资产和负债的当前状况及预期经济利益和义务发生了变化，从而对资产或负债的账面价值或者资产的定期消耗金额进行调整。

前期差错包括：计算错误、应用会计政策错误、应用会计估计错误等。

未来适用法，是指将变更后的会计政策和会计估计应用于变更日及以后发生的交易或者事项，或者在会计差错发生或发现的当期更正差错的方法。

二、会计政策变更

（一）会计政策，是指小企业在会计确认、计量和报告中所采用的原则、基础和会计处理方法

原则，是指按照企业会计准则规定的、适合于企业会计核算所采用的具体会计原则。例如，《小企业会计准则》规定的以交易已经完成、经济利益能够流入企业、收入和成本能够可靠地计量作为收入确认的标准，就属于收入确认的具体会计原则。

基础，是指为了将会计原则应用于交易或者事项而采用的基础。

会计处理方法，是指小企业在会计核算中按照法律、行政法规或者国家统一的会计制度等规定采用或者选择的、适合于本企业的具体会计处理方法。

（二）会计政策的特点

在我国，会计准则属于法规，会计政策所包括的具体会计原则、基础和具体会计处理方法由会计准则规定。小企业基本上是在法规所允许的范围内选择适合本小企业实际情况的会计政策。所以，会计政策具有强制性和层次性的特点。

（1）会计政策的强制性。由于小企业经济业务的复杂性和多样化，某些经济业务在符合会计原则和基础的要求下，可以有多种会计处理方法。例如，存货的计价，可以有先进先出法、加权平均法、个别计价法等。但是，小企业在发生某项经济业务时，必须从允许的会计原则、基础和会计处理方法中选择出适合本小企业特点的会计政策。

（2）会计政策的层次性。会计政策包括会计原则、基础和会计处理方法三个层次。其中，会计原则是指导小企业会计核算的具体原则；会计基础是为将会计原则体现在会计核算而采用的基础；处理方法是按照会计原则和基础的要求，由小企业在会计核算中采用或者选择的、适合于本小企业的具体会计处理方法。会计原则、基础和会计处理方法三者之间是一个具有逻辑性、密不可分的整体，通过这个整体，会计政策才能得以应用和落实。

（三）会计政策的判断

原则、基础和会计处理方法构成了会计政策相互关联的有机整体，对会计政策的判断通常应当考虑从会计要素角度出发，根据各项资产、负债、所有者权益、收入、费用等会计确认条件、计量属性以及两者相关的处理方法、列报要求等确定相应的会计政策。比如：

在资产方面，存货的取得和发出计价的处理方法，长期投资的取得及后续计量中的成本法和权益法，固定资产、无形资产的确认条件、金融资产的分类等，属于资产要素的会计政策。

在负债方面，借款费用资本化的条件、应付职工薪酬的确认和计量等，属于负债要素的会计政策。

在所有者权益方面，权益工具的确认和计量等，属于所有者权益要素的会计政策。

在收入方面，商品销售收入和提供劳务的确认条件、合同收入的确认与计量方法，属于收入要素的会计政策。

在费用方面，商品销售成本及劳务成本的结转、期间费用的划分等，属于费用要素的会计政策。

除会计要素相关会计政策外，财务报表编制方面所涉及的编制现金流量表的方法也属于会计政策。

（四）会计政策变更

会计政策变更，是指企业对相同的交易或者事项由原来采用的会计政策改用另一会计政策的行为。为保证会计信息的可比性，使财务报表使用者在比较企业一个以上期间的财务报表时，能够正确判断企业的财务状况、经营成果和现金流量的趋势，一般情况下，企业采用的会计政策，在每一会计期间和前后各期应当保持一致，不得随意变更。否则，势必削弱会计信息的可比性。但是，满足以下条件的，可以变更会计政策。

（1）法律、行政法规或者国家统一的会计制度等要求变更。这种情况是指，按照法律、行政法规以及国家统一的会计制度的规定，要求企业采用新的会计政策，则企业应当按照法律、行政法规以及国家统一的会计制度的规定改变原会计政策，按照新的会计政策执行。

【例 16-10】《小企业会计准则》第十三条规定，小企业应当采用先进先出法、加权平均法或者个别计价法确定发出存货的实际成本。因此对于原先采用后进先出法进行成本核算的小企业，这就要求其按照新规定，将原来以后进先出法核算发出存货成本改为准则规定可以采用的会计政策。

（2）会计政策变更能够提供更可靠、更相关的会计信息。由于经济环境、客观情况的改变，使小企业原采用的会计政策所提供的会计信息，已不能恰当地反映小企业的财务状况、经营成果和现金流量等情况。在这种情况下，应改变原有会计政策，按变更后新的会计政策进行会计处理，以便对外提供更可靠、更相关的会计信息。

需要注意的是，除法律、行政法规以及国家统一的会计制度要求变更会计政策的，应当按照国家的相关规定执行外，小企业因满足上述第（2）个条件变更会计政策时，必须有充分、合理的证据表明其变更的合理性，并说明变更会计政策后，能够提供关于小企业财务状况、经营成果和现金流量等更可靠、更相关的会计信息的理由。

（五）不属于会计政策变更的情况

（1）本期发生的交易或者事项与以前相比具有本质差别而采用新的会计政策。

【例 16-11】 某企业以往租入的设备均为临时需要而租入的，因此按经营租赁会计处理方法核算，但自本年度起租入的设备均采用融资租赁方式，则该企业自本年度起对新租赁的设备采用融资租赁会计处理方法核算。由于该企业原租入的设备均为经营性租赁，本年度起租赁的设备均改为融资租赁，经营租赁和融资租赁有着本质的差别，因而改变会计政策不属于会计政策变更。

（2）对初次发生的或不重要的交易或者事项采用新的会计政策。

三、会计估计变更

（一）会计估计是指小企业对结果不确定的交易或者事项以最近可利用的信息为基础所做的判断

由于商业活动中内在的不确定因素的影响，许多财务报表中的项目不能精确地计量，而只能加以估计。估计涉及以最近可利用的、可靠的信息为基础所做的判断。例如，以下项目可能要求估计：①坏账；②陈旧过时的存货；③应折旧资产的使用寿命或者体现在应折旧资产中的未来经济利益的预期消耗方式等。

（二）会计估计的特点

（1）会计估计的存在是由于经济活动中内在的不确定性因素的影响。在会计核算中，小企业总是力求保持会计核算的准确性，但有些经济业务本身具有不确定性（例如，坏账、固定资产折旧年限、固定资产残余价值、无形资产摊销年限、收入确认，等等），因而需要根据经验做出估计。可以说，在进行会计核算和相关信息披露的过程中，会计估计是不可避免的，并不削弱其可靠性。

（2）进行会计估计时，往往以最近可利用的信息或资料为基础。小企业在会计核算中，由于经营活动中内在的不确定性，不得不经常进行估计。一些估计的主要目的是为了确定资产或负债的账面价值，例如，坏账准备引起的负债；另一些估计的主要目的是确定将在某一期间记录的收益或费用的金额，例如，某一期间的折旧、摊销的金额。小企业在进行会计估计时，通常应根据当时的情况和经验，以一定的信息或资料为基础。但是，随着时间的推移、环境的变化，进行会计估计的基础可能会发生变化，因此，进行会计估计所依据的信息或者资料不得不经常发生变化。由于最新的信息是最接近目标的信息，以其为基础所做的估计最接近实际，所以进行会计估计时，应以最近可利用的信息或资料为基础。

（3）进行会计估计并不会削弱会计确认和计量的可靠性。小企业为了定期、及时地提供有用的会计信息，将延续不断地经营活动人为地划分为一定的期间，并在权责发生制的基础上对小企业的财务状况和经营成果进行定期确认和计量。例如，在会计分期的情况下，许多小企业的交易跨越若干会计年度，以至于需要在一定程度上做出决定：某一年度发生的开支，哪些可以合理地预期能够产生其他年度以收益形式表示的利益，从而全部或部分向后递延；哪些可以合理地预期在当期能够得到补偿，从而确认为费用。也就是说，需要决定在结算日，哪些开支可以在资产负债表中处理，哪些开支可以在利润表中作为当年费用处理。因此，由于会计分期和货币计量的前提，在确认和计量过程中，不得不对许多尚在延续中、其结果尚未确定的交易或事项予以估计入账。

（三）会计估计变更

会计估计变更，是指由于资产和负债的当前状况及预期经济利益和义务发生了变化，从而对资产和负债的账面价值或者资产的定期消耗金额进行调整。由于小企业经营活动中的内在的不确定因素，许多财务报表项目不能准确地计量，只能加以估计，估计过程涉及以最近可以得到的信息为基础所作的判断。

会计估计变更，并不意味着以前期间会计估计是错误的，只是由于情况发生变化，或者掌握了新的信息，积累了更多的经验，使得变更会计估计能够更好地反映小企业的财务状况和经营成果。如果以前期间的会计估计是错误的，则属于会计差错，按会计差错更正的会计处理办法进行处理。

【例 16-12】 某企业的一项无形资产摊销年限原定为 10 年，以后发生的情况表明，该资产的受益年限已不足 10 年，相应调减摊销年限。

【例 16-13】 某企业原根据当时能够得到的信息，对应收账款每年按其余额的 5% 计提坏账准备。现在掌握了新的信息，判定不能收回的应收账款比例已达 15%，企业改按 15% 的比例计提坏账准备。

四、会计政策变更与会计估计变更的划分

小企业可以采用以下具体方法划分会计政策变更与会计估计变更：分析并判断该事项是否涉及会计确认、计量基础选择或列报项目的变更。当至少涉及一项划分基础变更的，该事项是会计政策变更；不涉及划分基础变更时，该事项可以判断为会计估计变更。

【例 16-14】 某企业在前期将自行购建的固定资产相关的一般借款费用计入当期损益，当期根据会计准则的规定，将符合条件的有关借款费用予以资本化，企业因此将对该事项进行变更。该事项的计量基础未发生变更，即都是以历史成本作为计量基础；该事项的会计确认发生变更，即前期将借款费用确认为一项费用，而当期将其确认为一项资产；同时，会计确认的变更导致该事项在资产负债表和利润表相关项目的列报也发生变更。该事项涉及会计确认和列报，所以属于会计政策变更。

【例 16-15】 企业原采用双倍余额递减法计提固定资产折旧，根据固定资产使用的实际情况，企业决定改用直线法计提固定资产折旧。该事项前后采用的两种计提折旧方法都是以历史成本作为计量基础，对该事项的会计确认和列报项目也未发生变更，只是固定资产折旧、固定资产净值等相关金额发生了变化。因此，该事项属于会计估计变更。

五、前期差错

前期差错包括：计算错误、应用会计政策错误、应用会计估计错误等。前期差错，是指由于没有运用或错误运用下列两种信息，而对前期财务报表造成省略或错报：

（1）编报前期财务报表时预期能够取得并加以考虑的可靠信息。

（2）前期财务报告批准报出时能够取得的可靠信息。

六、未来适用法

未来适用法，是指将变更后的会计政策和会计估计应用于变更日及以后发生的交易或者事项，或者在会计差错发生或发现的当期更正差错的方法。

在未来适用法下，不需要计算会计政策变更产生的累积影响数，也无须重编以前年度的财务报表。企业会计账簿记录及财务报表上反映的金额，变更之日仍保留原有的金额，不因会计政策变更而改变以前年度的既定结果，并在现有金额的基础上再按新的会计政策进行核算。

【例 16-16】 甲公司原对发出存货采用后进先出法，由于采用小企业准则，按其规定，公司从2×20年1月1日开始起改用先进先出法。2×20年1月1日存货的价值为25 000元，公司当年购入存货的实际成本为180 000元，2×20年12月31日按先进先出法计算确定的存货价值为45 000元，当年销售额为250 000元，假设该年度其他费用为12 000元。2×20年12月31日按后进先出法计算的存货价值为22 000元。

甲公司由于法律环境变化而改变会计政策变更，应对其采用未来适用法进行处理，即对存货采用先进先出法从2×20年及以后才适用，不需要计算2×20年1月1日以前按先进先出法计算存货应有的余额以及对损益的影响金额。

计算确定会计政策变更对当期净利润的影响数如表16-16所示。

表 16-16 当期利润总额　　单位：元

项　目	先进先出法	后进先出法
营业收入	250 000	250 000
减：营业成本	160 000	183 000
其他费用	12 000	12 000
利润总额	78 000	55 000
差额	23 000	

甲公司由于会计政策变更使当期利润总额增加了23 000元。其中，采用先进先出法的销售成本：期初存货＋购入存货实际成本－期末存货＝25 000＋180 000－45 000＝160 000（元）；采用后进先出法的销售成本：期初存货＋购入存货实际成本－期末存货＝250 00＋180 000－22 000＝183 000（元）

【例 16-17】 ABC公司有一台管理用设备，原始价值为8 400元，预计使用寿命为8年，净残值为400元，自2×15年1月1日起按直线法计提折旧。2×20年1月，由于新技术的发展等原因，需要对原预计使用寿命和净残值做出修正，修改后的预计使用寿命为6年，净残值为200元。假定税法允许按变更后的折旧额在税前扣除。

ABC公司对上述会计估计变更的会计处理如下：

（1）不调整以前各期折旧，也不计算累积影响数。

（2）变更日以后发生的经济业务改按新估计使用寿命提取折旧。

按原估计，每年折旧额为 1 000 元，已提折旧 4 年，共计 4 000 元，固定资产净值为 4 400 元，则第 5 年相关科目的期初余额如下：

固定资产　8 400

　　减：累计折旧　4 000

　　　　固定资产净值　4 400

改变估计使用寿命后，2×20 年 1 月 1 日起每年计提的折旧费用为 2 100［（4 400 － 200）÷（6 － 4）］元。2×19 年不必对以前年度已提折旧进行调整，只需按重新预计的尚可使用寿命和净残值计算确定的年折旧费用，编制会计分录如下：

借：管理费用　2 100

　　贷：累计折旧　2 100

第七节　小企业会计准则与企业会计准则的比较

一、资产负债表的区别

（一）资产负债表项目

资产负债表的项目区别如表 16-17 所示。

表 16-17　资产负债表项目对比

资　产		负债和所有者权益	
小企业会计准则	企业会计准则	小企业会计准则	企业会计准则
流动资产：	流动资产：	流动负债：	流动负债：
货币资金	货币资金	短期借款	短期借款
短期投资	交易性金融资产		交易性金融负债
应收票据	应收票据	应付票据	应付票据
应收账款	应收账款	应付账款	应付账款
预付账款	预付款项	预收款项	预收款项
应收股利	应收股利	应付职工薪酬	应付职工薪酬

（续表）

资　　产		负债和所有者权益	
小企业会计准则	企业会计准则	小企业会计准则	企业会计准则
应收利息	应收利息	应交税费	应交税费
其他应收款	其他应收款	应付利息	应付利息
存货	存货	应付利润	应付股利
	一年内到期的非流动资产	其他应付款	其他应付款
其他流动资产	其他流动资产		一年内到期的非流动负债
流动资产合计	流动资产合计	其他流动负债	其他流动负债
非流动资产：	非流动资产：	流动负债合计	流动负债合计
长期债券投资	可供出售金融资产	非流动负债：	非流动负债：
	持有至到期投资	长期借款	长期借款
	长期应收款		应付债券
长期股权投资	长期股权投资	长期应付款	长期应付款
固定资产原价	投资性房地产		专项应付款
减：累计折旧			预计负债
固定资产账面价值	固定资产	递延收益	递延所得税负债
在建工程	在建工程	其他非流动负债	其他非流动负债
工程物资	工程物资	非流动负债合计	非流动负债合计
固定资产清理	固定资产清理	负债合计	负债合计
生产性生物资产	生产性生物资产		
	油气资产		
无形资产	无形资产	所有者权益（或股东权益）：	所有者权益（或股东权益）：
开发支出	开发支出	实收资本（或股本）	实收资本（或股本）
	商誉	资本公积	资本公积

（续表）

资产		负债和所有者权益	
小企业会计准则	**企业会计准则**	**小企业会计准则**	**企业会计准则**
长期待摊费用	长期待摊费用		减：库存股
	递延所得税资产	盈余公积	盈余公积
其他非流动资产	其他非流动资产	未分配利润	未分配利润
非流动资产合计	非流动资产合计	所有者权益（或股东权益）合计	所有者权益（或股东权益）合计
资产总计	**资产总计**	**负债和所有者权益（或股东权益）总计**	**负债和所有者权益（或股东权益）总计**

（二）资产负债表项目填列

资产负债表项目填列区别如表 16-18 所示。

表 16–18　资产负债表项目填列对比

报表项目	小企业会计准则	企业会计准则
应收票据、应收股利、应收利息、其他应收款	科目的期末余额	科目期末余额减去对应的“坏账准备”的期末余额
应收账款	“应收账款”和“预收账款”明细账借方期末余额合计减去对应的“坏账准备”期末余额	“应收账款”和“预收账款”明细账借方期末余额合计减去对应的“坏账准备”期末余额
预付账款（预付款项）	“预付账款”和“应付账款”明细账借方期末余额合计减去对应的“坏账准备”期末余额	“预付账款”和“应付账款”明细账借方期末余额合计减去对应的“坏账准备”期末余额
存货	多个科目期末余额之和	多个科目期末余额之和减去“存货跌价准备”的期末余额
长期股权投资	“长期股权投资”科目的期末余额	“长期股权投资”科目的期末余额减去“长期股权投资减值准备”
固定资产	分别以“固定资产原价”“累计折旧”和“固定资产账面价值”填列	“固定资产”科目期末余额减去“累计折旧”和“固定资产减值准备”的期末余额

（续表）

报表项目	小企业会计准则	企业会计准则
无形资产	“无形资产”科目的期末余额减去“累计摊销”的期末余额	“无形资产”科目期末余额减去“累计摊销”和“无形资产减值准备”的期末余额
应付账款	“应付账款”和“预付账款”明细账贷方期末余额合计	“应付账款”和“预付账款”明细账贷方期末余额合计
预收账款（预收款项）	“预收账款”和“应收账款”明细账贷方期末余额合计	“预收账款”和“应收账款”明细账贷方期末余额合计

二、利润表的区别

（一）利润表项目

利润表的项目区别如表 16-19 所示。

表 16–19　利润表项目对比

小企业会计准则	企业会计准则
一、营业收入	一、营业收入
减：营业成本	减：营业成本
税金及附加	税金及附加
销售费用	销售费用
管理费用	管理费用
财务费用	财务费用
	资产减值损失
	加：公允价值变动收益（损失以“—”号填列）
加：投资收益（损失以“—”号填列）	投资收益（损失以“—”号填列）
二、营业利润（亏损以“—”号填列）	二、营业利润（亏损以“—”号填列）
加：营业外收入	加：营业外收入

（续表）

小企业会计准则	企业会计准则
三、利润总额（亏损总额以“—”号填列）	三、利润总额（亏损总额以“—”号填列）
减：所得税费用	减：所得税费用
四、净利润（净亏损以“—”号填列）	四、净利润（净亏损以“—”号填列）
	五、每股收益：
	（一）基本每股收益
	（二）稀释每股收益
	六、其他综合收益
	七、综合收益总额

（二）利润表“上期金额”栏填列

小企业会计准则下，需要区分月报和年报。月报，“上期金额”反映的是上月实际发生数；年报，“上期金额”反映的是上年全年实际发生额。

企业会计准则下，不需要区分月报还是年报，“上期金额”反映的均是上年该期利润表“本期金额”栏内所列金额。

三、现金流量表的区别

现金流量表的项目区别如表 16-20 所示。

表 16–20　现金流量表项目对比

小企业会计准则	企业会计准则
一、经营活动产生的现金流量：	一、经营活动产生的现金流量：
销售产成品、商品、提供劳务收到的现金	销售商品、提供劳务收到的现金
	收到的税费返还
收到其他与经营活动有关的现金	收到其他与经营活动有关的现金
	经营活动现金流入小计
购买原材料、商品、接受劳务支付的现金	购买商品、接受劳务支付的现金

（续表）

小企业会计准则	企业会计准则
支付的职工薪酬	支付给职工以及为职工支付的现金
支付的税费	支付的各项税费
支付其他与经营活动有关的现金	支付其他与经营活动有关的现金
	经营活动现金流出小计
经营活动产生的现金流量净额	经营活动产生的现金流量净额
二、投资活动产生的现金流量：	二、投资活动产生的现金流量：
收回短期投资、长期债券投资和长期股权投资收到的现金	收回投资收到的现金
取得投资收益收到的现金	取得投资收益收到的现金
处置固定资产、无形资产和其他非流动资产收回的现金净额	处置固定资产、无形资产和其他长期资产收回的现金净额
	处置子公司及其他营业单位收到的现金净额
	收到其他与投资活动有关的现金
	投资活动现金流入小计
购建固定资产、无形资产和其他非流动资产支付的现金	购建固定资产、无形资产和其他长期资产支付的现金
短期投资、长期债券投资和长期股权投资支付的现金	投资支付的现金
	取得子公司及其他营业单位支付的现金净额
	支付其他与投资活动有关的现金
	投资活动现金流出小计
投资活动产生的现金流量净额	投资活动产生的现金流量净额
三、筹资活动产生的现金流量：	三、筹资活动产生的现金流量：
吸收投资者投资收到的现金	吸收投资收到的现金
取得借款收到的现金	取得借款收到的现金
	收到其他与筹资活动有关的现金
	筹资活动现金流入小计
偿还借款本金支付的现金	偿还债务支付的现金

（续表）

小企业会计准则	企业会计准则
偿还借款利息支付的现金	
分配利润支付的现金	分配股利、利润或偿付利息支付的现金
	支付其他与筹资活动有关的现金
	筹资活动现金流出小计
筹资活动产生的现金流量净额	筹资活动产生的现金流量净额
	四、汇率变动对现金及现金等价物的影响
四、现金净增加额	五、现金及现金等价物净增加额
加：期初现金余额	加：期初现金及现金等价物余额
五、期末现金余额	六、期末现金及现金等价物余额

小企业会计准则下，“现金”是指企业库存现金以及可以随时用于支付的存款。企业会计准则下，“现金”除了企业库存现金以及可以随时用于支付的存款外，还包括期限短、流动性强、易于转换为已知金额的投资。